U1020409

"十四五"职业教育国家规划教材

"十三五"职业教育国家规划教材
"十二五"职业教育国家规划教材
经全国职业教育教材审定委员会审定

新编21世纪高等职业教育精品教材

智慧财经系列

中国税收
税费计算与申报
（第六版）

主　编◎梁文涛
副主编◎苏　杉　张清亮

中国人民大学出版社
·北京·

图书在版编目（CIP）数据

中国税收：税费计算与申报 / 梁文涛主编. --6版
. --北京：中国人民大学出版社，2024.1
新编21世纪高等职业教育精品教材．智慧财经系列
ISBN 978-7-300-32278-0

Ⅰ.①中… Ⅱ.①梁… Ⅲ.①税费－计算－高等职业教育－教材②纳税－税收管理－中国－高等职业教育－教材 Ⅳ.①F810.423②F812.42

中国国家版本馆CIP数据核字（2023）第210769号

“十四五”职业教育国家规划教材
“十三五”职业教育国家规划教材
“十二五”职业教育国家规划教材
经全国职业教育教材审定委员会审定
新编21世纪高等职业教育精品教材·智慧财经系列

中国税收：税费计算与申报（第六版）

主　编　梁文涛
副主编　苏　杉　张清亮

Zhongguo Shuishou：Shuifei Jisuan yu Shenbao

出版发行	中国人民大学出版社		
社　　址	北京中关村大街31号	**邮政编码**	100080
电　　话	010－62511242（总编室）		010－62511770（质管部）
	010－82501766（邮购部）		010－62514148（门市部）
	010－62515195（发行公司）		010－62515275（盗版举报）
网　　址	http://www.crup.com.cn		
经　　销	新华书店		
印　　刷	北京溢漾印刷有限公司	**版　　次**	2016年1月第1版
开　　本	787 mm×1092 mm　1/16		2024年1月第6版
印　　张	26.5	**印　　次**	2025年2月第3次印刷
字　　数	637 000	**定　　价**	59.00元

前　言

“中国税收：税费计算与申报”是高职财经类专业的一门专业基础课程。《中国税收：税费计算与申报（第六版）》以《高等职业学校专业教学标准》和我国现行税法、企业会计准则为依据，以《国家职业教育改革实施方案》为引导，根据企业财税的实际工作过程来设计学习内容，组织和整合了15个工作项目作为主要教学内容。

本教材主要内容包括现行各税种征收的基本规定、应纳税额计算方法以及各税种征收管理的要求与纳税申报实务。通过对本教材的学习，学生可以熟练地掌握各税种征收的基本规定，正确地计算各税种的应纳税额，以及规范地进行各税种的纳税申报。

与同类教材相比，本教材具有以下特色：

1. 落实立德树人根本任务，加强会计职业道德教育。

为贯彻落实党的二十大精神，进一步落实立德树人根本任务，本教材在每个项目开头部分设置“素养目标”和“素养提升设计”栏目，在教材的具体内容中，通过设置“素养提升园地”栏目以及相关知识讲解的方式来体现立德树人的内容。

根据《会计人员职业道德规范》，本教材将新时代会计人员职业道德要求总结提炼为三条核心表述：（1）坚持诚信，守法奉公；（2）坚持准则，守责敬业；（3）坚持学习，守正创新。学习本教材，学生可提升会计职业道德修养。通过教导“坚持诚信，守法奉公”，促使学生在未来涉税工作中符合自律要求；通过教导“坚持准则，守责敬业”，促使学生在未来涉税工作中符合履职要求；通过教导“坚持学习，守正创新”，促使学生在未来涉税工作中符合发展要求。

2. 坚持职教特色，突出质量为先。

知识传授与技术技能培养并重，强化学生职业素养养成和专业技术积累，将专业精神、职业精神和工匠精神融入教材内容。

3. 坚持产教融合，校企双元开发。

强化行业指导、企业参与，实施校企双元合作开发，行业企业专业技术人员、能工巧匠深度参与教材编写，实现产教融合。

4. 服务产业发展，适应行业人才需求。

紧跟产业发展趋势和行业人才需求，及时将产业发展的新技术、新规范、新准则、新税法纳入教材内容，反映税务会计岗位职业能力要求。

5. 应用互联网技术等现代化教育信息技术手段，打造一体化新形态教材。

围绕深化教学改革和“互联网+职业教育”发展需求，通过植入二维码等方式，提供“素养提升园地”“知识链接”等丰富的教学资源，打造新形态一体化教材。

6. 编写体例、形式和内容符合职业教育特点。

本教材采用“项目导向、任务驱动”模式，强调“理实一体、学做合一”，更加突出实践性，力求实现情境化教学。教材编写形式和内容符合职业教育特点。每个项目开头设置“学习目标”，让学生首先能够明确本项目的学习目标；接着设置“素养目标”和“素养提升设计”，让学生明确本项目的素养目标，落实立德树人根本任务；在每个项目具体学习之前，设置“项目引例”，在部分任务具体学习之前，设置“任务引例”，旨在激发学生的学习兴趣；在项目内容的讲授过程中，设置“工作实例”“答疑解惑”“实务咨询”等工作情境，并同时设置“点拨指导”“特别提示”“举例说明”“区别比较”“知识串联”等栏目，让学生体验案例学习的趣味，从而再次激发学生的学习兴趣；通过设置“素养提升园地”来进一步落实立德树人根本任务；通过设置“知识链接”，使学生可利用碎片化时间进行学习；在每个项目最后设置“项目技能训练”，让学生通过技能训练进一步理解和掌握所学知识。

7. 结合“1+X”证书制度试点工作以及初级会计专业技术资格考试，在一定程度上实现课证融通、书证融通。

结合“1+X”证书制度试点第二批职业教育培训评价组织及职业技能等级证书名单中联集团教育科技有限公司的“智能财税”等级证书中部分典型工作任务，以及全国会计专业技术资格考试领导小组办公室发布的《2024年度初级会计专业技术资格考试大纲》中的部分内容，在一定程度上实现课证融通、书证融通。

8. 内容及时反映会计和税收职业发展趋势，体现新税法、新知识、新技术。

本教材根据自2019年4月1日起我国实行的深化增值税改革有关政策（含13%和9%的增值税新税率），自2019年1月1日起正式施行的修订后的《中华人民共和国个人所得税法》、修订后的《中华人民共和国个人所得税法实施条例》、《个人所得税专项附加扣除暂行办法》，自2019年7月1日起正式施行的《中华人民共和国车辆购置税法》，自2019年9月1日起正式施行的《中华人民共和国耕地占用税法》，自2021年9月1日起施行的《中华人民共和国城市维护建设税法》，以及自2021年9月1日起施行的《中华人民共和国契税法》、自2022年7月1日起施行的《中华人民共和国印花税法》、自2024年12月1日起施行的《中华人民共和国关税法》和自2022年1月1日起施行的《国家税务总局关于修订发布〈个人所得税专项附加扣除操作办法（试行）〉的公告》（国家税务总局公告2022年第7号）等新税收法律法规和政策进行编写。同时，本教材根据《国家税务总局关于简并税费申报有关事项的公告》（国家税务总局公告2021年第9号）、《国家税务总局关于增值税 消费税与附加税费申报表整合有关事项的公告》（国家税务总局公告2021

年第20号）的规定，对纳税申报表、税费申报表等进行了修订。本教材不仅根据截稿之日（2024年12月15日）的最新会计、税收政策编写，而且在本教材以后重印、修订或再版时，将根据最新会计、税收政策及时修订和完善。

9. 采用最新的纳税申报表、税费申报表。

本教材采用最新的纳税申报表、税费申报表，具有一定的时效性。

10. 创建教材QQ群和邮箱，提供互动、交流的空间。

任课教师可通过教材QQ群和邮箱相互交流。本教材的交流邮箱地址是：caishuijiaocai@126.com；QQ群号是：174019345（仅限任课教师加入，申请加入时请注明单位、姓名）。

11. 教学资源丰富，免费索取。

本教材提供微课视频、教学课件PPT、课程标准（教学大纲）、试题库、“项目技能训练”的参考答案等电子资源。

本教材由梁文涛担任主编，苏杉、张清亮担任副主编。

本教材在出版过程中，得到了中国人民大学出版社相关工作人员的大力支持与帮助，在此由衷地表示感谢。本教材在撰写过程中，参考、借鉴了大量本学科相关著作、教材与论文，在此向其作者表示真诚的感谢。由于编者水平所限，以及会计、税收等法律、法规、政策不断修订变化，本教材难免存在不当之处，读者应以国家最新公布的相关法律条文为准，同时也竭诚欢迎广大读者批评指正。本教材的题目中所涉及的单位名称、个人姓名等相关信息是虚构的，如有雷同，纯属巧合。

同时作者发现本人前期成果有的已被个别作者抄袭、剽窃。在此特别郑重声明，本教材内容及本人其他相关成果是经作者用心撰写而成的，严禁任何人抄袭、剽窃，否则作者本人将同中国人民大学出版社一起对其追究法律责任。

作者

2024年12月

目　录

项目一 税收基础

学习目标

（1）能识记税收的含义、税收的特征、我国目前各行业的税收体系。

（2）能明确税收的产生与发展、税收的职能与作用、税收与税法的关系、税法的构成要素、税务机构的设置。

（3）能对税收进行分类、对税收征收管理范围进行划分、对中央政府与地方政府税收收入进行划分。

素养目标

（1）增强依法纳税意识和社会责任感。

（2）增强文化自信，激发爱国情怀。

（3）深化职业理想和职业道德教育。

（4）培养团队精神和协作精神。

素养提升设计

素养提升设计举例见表1-1。

表1-1 素养提升设计举例

选取的知识点	素养提升元素
税收的含义	教师讲解“税收的含义”，增强学生对税收“取之于民、用之于民”的本质的理解，进而明白“坚持全面依法治国，推进法治中国建设”的重要意义，增强依法纳税意识和社会责任感，引导学生“做社会主义法治的忠实崇尚者、自觉遵守者、坚定捍卫者”，培养学生成为守法、护法的纳税人。
税收的产生与发展	教师讲解“我国税收的产生与发展”，增强学生文化自信，激发学生的爱国情怀，增强学生实现中华民族伟大复兴的精神力量。

项目引例

全额累进税率和超额累进税率的运用

纳税人A为M国纳税人，按月缴纳税金，某月应纳税所得额为6 000元。全额累进税率表和超额累进税率表分别见表1-2和表1-3。

表1-2 三级全额累进税率表

级数	全月应纳税所得额/元	税率/%
1	5 000以下（含）	10

续表

级数	全月应纳税所得额/元	税率/%
2	5 000（不含）～20 000（含）	20
3	20 000（不含）以上	30

表 1-3　三级超额累进税率表

级数	全月应纳税所得额/元	税率/%	速算扣除数
1	5 000 以下（含）	10	0
2	5 000（不含）～20 000（含）	20	500
3	20 000（不含）以上	30	2 500

要求：

1. 若纳税人 A 采用全额累进税率，计算纳税人 A 当月的应纳税额。
2. 若纳税人 A 采用超额累进税率，计算纳税人 A 当月的应纳税额。

项目引例解析

见本项目的任务二。

任务一　税收认知

一、税收的含义

税收是国家为行使其职能、满足社会公共需要，凭借公共权力（政治权力），按照法律所规定的标准和程序，参与国民收入分配并调整税收分配关系，强制地、无偿地且较为固定地取得财政收入的一种方式。

对税收的内涵可以从以下四个方面来理解：

(1) 国家征税的目的是使得国家机器有效运转、行使国家职能，满足社会成员获得公共产品和公共服务的需要。

(2) 国家征税凭借的是公共权力（政治权力）。税收的征收主体只能是代表社会全体成员行使公共权力的政府，其他任何社会组织或个人均无权征税。与公共权力相对应，政府必须承担运用税收来管理社会和为社会全体成员提供公共产品和公共服务的义务。

(3) 税收是国家筹集财政收入的主要途径，是国家财政收入的主要来源。

(4) 税收必须借助法律。

特别提示 税收不仅是经济领域的问题，还是政治领域、社会领域的大问题。

二、税收的特征

税收作为政府筹集财政收入的一种规范形式，具有区别于其他形式财政收入的特征。

税收的特征可以概括为强制性、无偿性和固定性。

（1）强制性。税收的强制性是指国家凭借其公共权力以法律的形式制约税收征纳双方的权利（权力）与义务，既不是由纳税主体按照其个人意志自愿缴纳，也不是由征税主体按照其意愿随意征税，而是按照法律的规定进行征税。

（2）无偿性。税收的无偿性是指国家在征税以后，所有税款一律纳入国家财政预算，由财政统一分配，而不直接向个体（具体）纳税人返还或向其支付报酬。税收的无偿性是对个体（具体）纳税人而言的，其享有的公共产品和公共服务与其缴纳的税款并非一一对等；但就纳税人整体而言，两者是对等的。政府使用税款的目的是向社会全体成员包括个体（具体）纳税人提供公共产品和公共服务。因此，税收的无偿性表现为个体的无偿性、整体的有偿性。

（3）固定性。税收的固定性是指国家事先以法律的形式规定了统一的征税标准，包括纳税人、征税对象、计税依据、税率、纳税义务发生时间、纳税期限、纳税地点等。这些征税标准一经确定，在一定时期内是相对（而非绝对）稳定不变的。

三、税收的产生与发展

（一）税收的产生

税收是人类社会发展到一定阶段之后，随着国家的产生而产生的。

由于世界各国的历史条件有所不同，因此世界各国税收产生的过程也不完全相同。就我国而言，我国税收的产生与西方国家税收的产生是有所不同的。我国在进入奴隶社会后的相当长的历史时期内，仍然保留着奴隶制国家的土地所有制，在这一历史阶段中，国家征收的收入基本上是租、税不分，夏朝的“贡”、商朝的“助”、周朝的“彻”均属于我国历史上最早的税收形式。直到春秋时期鲁国出现了“初税亩”，我国税收才逐步进入成熟阶段。

（二）税收的发展

税收随着社会经济的发展而发展。

在奴隶社会时期，我国的税收开始得到了发展。春秋时期鲁国的“初税亩”开创了我国土地赋税制度；秦国实行商鞅变法，改革“禄厚而税多”的旧赋税制度，实行“官属少，征不繁”的官不多、税不重、征不繁的新赋税制度，促进了秦国的富强，奠定了秦国统一中国的基础。

在封建社会时期，我国的税收进一步得到了发展。唐代前期实行“租庸调”均田、均税制度，促进了盛唐的经济发展；唐代中期实行“两税法”，将地税、户税和杂税合并在夏秋两季进行征收，有利于简化征收程序，并且不分主户、客户，同样按贫富等级进行征收，考虑到了农民负担能力，有利于调节收入差距。随着商品货币的发展，明代时期我国实现了由实物税向货币税的重大转变。明代实行“一条鞭法”，新法实行前地主豪绅大肆兼并土地，农民失地越来越多，导致政府财政收入枯竭，新法实行后将赋、役合一，按亩征税，以银缴纳，简化了征收程序。清代初期社会稳定，人口增加，但农业土地面积不增加，农民不堪重负，为缓和矛盾，清朝政府宣布“滋生人丁、永不加赋”，推行“地丁合

一、摊丁入地”，废除人头税，取消地主豪绅的特权，促进了农业的发展和政府财政收入的增加。

在社会主义时期，我国建立并发展了社会主义税收制度，税收得到了前所未有的发展。1949 年中华人民共和国成立，统一了全国税收制度，建立了新税制。历经数次税制改革之后，1994 年我国再次进行税制改革。为适应社会主义市场经济的发展以及加入世界贸易组织（WTO）后与国际接轨的新情况，本着“统一税法，公平税负，简化税制，合理分权，理顺关系，保证财政收入”的指导思想，我国扩大增值税征收范围，完善增值税税款抵扣制度，实行增值税转型改革，全面推行营业税改征增值税，对特定产品开征消费税，统一内资、外资企业所得税，完善个人所得税，对其他税种也进行改革。中华人民共和国经历了七十多年税收改革与发展，已经建立并不断完善适应我国国情的税收制度。

四、税收的职能与作用

知识链接

一图了解：小康路上的十二件税收大事

（一）税收的职能

税收职能是由税收本质所决定的，它是税收所具有的内在功能。税收职能是税收本身所固有的，因此它是抽象的、无条件的。税收的职能可概括为组织财政收入、调节社会经济和监督管理。

1. 税收的组织财政收入职能

税收的组织财政收入职能是指税收具有从纳税主体（纳税人）手中强制性地取得一部分收入，用以满足国家向社会成员提供公共产品和公共服务需要的职责和功能。税收产生的目的就是为国家筹集财政收入。

特别提示 税收的组织财政收入职能是税收的首要职能和最基本职能。

2. 税收的调节社会经济职能

税收的调节社会经济职能是指通过税收分配来对纳税人的经济行为产生影响的职责和功能。税收在行使组织财政收入职能的过程中，一方面，国家通过征收税款而取得了财政收入；另一方面，纳税人通过缴纳税款而直接减少了利润。国家正是利用税收调节社会经济的职能，通过税种、征税对象、税目、计税依据、税率、税收优惠的设计和调整等，来实现国家的经济整体目标，调节不同主体的经济利益和关系，协调整个社会经济的发展。

3. 税收的监督管理职能

税收的监督管理职能是指国家在取得税收收入的过程中，能够借助税收与经济状况的必然联系来反映国民经济运行和纳税人生产经营中的某些情况，发现存在的问题，并为国家和纳税人解决这些问题提供线索、依据和方案。在税收的征收管理过程中，国家需要对纳税人的经济活动进行税务管理，如纳税检查、税务稽查、纳税评估、税源调查分析与预测等一系列工作，以正确地反映国民经济发展动态，并对国家经济活动进行有效的监督。

（二）税收的作用

税收作用是指在一定社会经济条件下，具体运用税收职能时所体现出来的效应或效果，是税收内在功能的外在反映，是对象化了的税收职能。在我国社会主义市场经济下，税收具有以下几个方面的作用：(1) 组织财政收入，保障国家实现其职能的资金需要；(2) 体现税负公平，促进市场开展平等竞争；(3) 调节经济总量，保持经济稳定；(4) 体现产业政策，调节经济结构；(5) 调节收入分配，缩小收入差距；(6) 维护国家权益，发展国际贸易。

五、税收的分类

(一) 按征税对象性质分类

按征税对象性质分类，税收可分为流转税、所得税、财产税、行为税、资源税和环境保护税、特定目的税六种。

1. 流转税

流转税，又称流转税类，也称商品（货物）和劳务税类，是指以货物、劳务、服务、无形资产或者不动产买卖的流转额为征税对象征收的各种税，如增值税、消费税、关税。流转税发生在生产、流通或服务领域，按照纳税人取得的销售收入等流转额进行计算征收，其特点是与商品生产、流通、消费有密切关系。

2. 所得税

所得税，又称所得税类，是指以所得额（所得额为应纳税所得额的简称，对于土地增值税来说，又称增值额）为征税对象征收的各种税，如企业所得税、个人所得税、土地增值税。一般情况下，所得额等于全部收入减除为取得收入耗费的各项成本费用后的余额。

3. 财产税

财产税，又称财产税类，是指以纳税人拥有或支配的财产为征税对象征收的各种税，如房产税、车船税。

4. 行为税

行为税，又称行为税类，是指以纳税人发生的某种行为为征税对象征收的各种税，如印花税、契税。

5. 资源税和环境保护税

资源税和环境保护税，又称资源税和环境保护税类，是指以应税自然资源、其他资源或者纳税人直接向环境排放的应税污染物为征税对象征收的各种税，如资源税、城镇土地使用税、环境保护税。

6. 特定目的税

特定目的税，又称特定目的税类，是指为了达到某种特定目的，对特定对象和特定行为征收的各种税，如车辆购置税、耕地占用税、城市维护建设税、烟叶税、船舶吨税。

特别提示 自2021年6月1日起，纳税人申报缴纳城镇土地使用税、房产税、车船税、印花税、耕地占用税、资源税、土地增值税、契税、环境保护税、烟叶税中一个或多个税种时，使用“财产和行为税纳税申报表”。纳税人新增税源或税源发生变化时，需先填报“财产和行为税税源明细表”。“财产和行为税纳税申报表”和“财产和行为税税源明细表”中的“财产和行为税”是个广义的概念，包括城镇土地使用税、房产税、车船税、印花税、耕地占用税、资源税、土地增值税、契税、环境保护税、烟叶税。而狭义的“财产和行为税”中的财产税包括房产税、车船税，行为税包括印花税、契税。

（二）按计税依据分类

按计税依据分类，税收可分为从价税、从量税和复合税三种。

1. **从价税**

从价税是以征税对象的一定价值单位（收入、价格、金额等）为标准，按一定比例税率计征的各种税，如增值税、个人所得税、房产税。

点拨指导 由于从价税的税额直接或间接与商品销售收入挂钩，也就是说，从价税的税额可以随商品价格的变化而变化，因此从价税的适用范围很广。

2. **从量税**

从量税是以征税对象的一定数量单位（重量、件数、容积、面积、长度等）为标准，采用固定单位税额计征的各种税，如车船税、城镇土地使用税。

点拨指导 从量税的税额不随商品价格的变化而变化，单位商品税负固定。由于通货膨胀等因素的影响，从量税的税负实际上处于下降的趋势，因此从量税不能大范围使用。

3. **复合税**

复合税是从价税和从量税的结合，是既按照征税对象的一定价值单位又按照一定数量单位为标准计征的各种税，如卷烟和白酒的消费税。

（三）按税收与价格的关系分类

按税收与价格的关系分类，税收可分为价内税和价外税两种。

1. **价内税**

价内税是指税金包含在商品价格之中，作为价格构成部分的各种税，如消费税。消费税的计税依据为含消费税的价格。

2. **价外税**

价外税是指税金不包含在商品价格之中，价税分列的各种税，如增值税。增值税的计税价格为不含增值税的价格，购买方在购买商品时，除需要支付约定的价款（不含增值税价款）外，还须支付按规定税率计算出来的增值税税款，两者是分开记载的。

（四）按税收收入归属分类

按税收收入的归属分类，税收可分为中央税、地方税和中央地方共享税三种。

1. **中央税**

中央税是指收入归中央政府支配使用的各种税，如消费税、关税。

2. **地方税**

地方税是指收入归地方政府支配使用的各种税，如城镇土地使用税、耕地占用税。

3. **中央地方共享税**

中央地方共享税是指收入由中央政府和地方政府按一定比例分享的各种税，如增值税，中央分享50%，地方分享50%。

（五）按税收负担能否转嫁分类

按税收负担能否转嫁分类，税收可分为直接税和间接税两种。

1. **直接税**

直接税是指纳税人同时是税收的实际负担人（负税人），纳税人不能或不便于把税收负担转嫁给他人的各种税，如企业所得税、个人所得税、车辆购置税。直接税的纳税人不仅在形式上有纳税义务，而且实际上也是税收负担者，即纳税人与负税人是一致的。

2. **间接税**

间接税是指纳税人不是税收的实际负担人（负税人），纳税人能够通过销售商品等行为把税收负担转嫁给他人的各种税，如增值税、消费税、关税。间接税的纳税人虽然在形式上负有纳税义务，但实际上已将自己需要缴纳的税款加入销售价格中而由购买方负担或用其他方式转嫁给他人，即纳税人与负税人是不一致的。

点拨指导 纳税人与负税人不是同一概念。纳税人即依法缴纳税款的单位或个人，负税人即实际负担税款的单位或个人。税法只规定谁是纳税人，不规定谁是负税人。纳税人与负税人两者在有些情况下是一致的，在有些情况下是不一致的。例如，企业所得税的纳税人与负税人是一致的，而增值税的纳税人与负税人是不一致的。

任务二　税收制度的构成要素认知

任务引例

2018年8月31日下午，备受社会关注的关于修改《中华人民共和国个人所得税法》的决定经第十三届全国人大常委会第五次会议表决通过。至此，七次大修后的《中华人民共和国个人所得税法》正式亮相。

修改后的《中华人民共和国个人所得税法》于2019年1月1日起施行。

根据修改后的《中华人民共和国个人所得税法》，个人所得税起征点由3 500元/月提高至5 000元/月（6万元/年）。

你认为上述关于“起征点”的说法正确吗？

一、税收与税法的关系

税收与税法密不可分，税法是税收的法律表现形式，税收则是税法所确定的具体内容。有税必有法，无法不成税。

从税收与税法的联系来看，两者是辩证统一、互为因果关系的。具体来说，税收与税法都是以国家的存在为前提，都与国家财政收入密切相关；国家对税收的征管决定了税法的存在，而税法的存在又确定了税收的分配关系；税法是税收内容的具体规范和权力保障，而税收是税法的实行结果，同时税收又是衡量税法科学性、合理性、可行性的重要尺度。

从税收与税法的区别来看，税收属于经济基础范畴，税法则属于上层建筑范畴。

二、税法的构成要素

各国的税法一般都比较复杂，且都由若干要素构成。了解税法的构成要素，有助于对税法规定进行全面掌握和具体执行。税法的构成要素又叫税收制度的构成要素，它包括总则、纳税义务人、征税对象、税目、税率、纳税期限、减税免税、纳税环节、纳税地点、罚则、附则等项目。

（一）总则

总则主要包括税法的立法意图、立法依据、适用原则等。

（二）纳税义务人

纳税义务人又称纳税人、纳税主体，是指依法直接负有纳税义务的法人、自然人及非法人组织。我国税收法律关系的主体，一方是代表国家行使税收征收管理权的各级税务机关和海关，即征税主体；另一方是履行纳税义务的法人、自然人及非法人组织，即纳税主体。由于各具体税收法律关系不同，各税种的税法具体调整对象也不同，因此纳税主体也有所不同。

特别提示 扣缴义务人的概念有狭义和广义之分。狭义的扣缴义务人特指代扣代缴义务人，广义的扣缴义务人包括代扣代缴义务人和代收代缴义务人。本教材对扣缴义务人采用广义概念。

知识链接

“纳税人”与“扣缴义务人”有啥区别？

答疑解惑

什么叫自然人？什么叫法人及非法人组织？

答：自然人是指享有民事权利并承担民事义务的个人。法人及非法人组织是指依法成立、拥有独立支配财产的权利，并能以自己的名义享有民事权利和承担民事义务的社会组织。

（三）征税对象

征税对象，又称课税对象，是税收法律关系中征税主体和纳税主体双方权利和义务所共同指向的物或行为。征税对象是区别一种税与另一种税的重要标志。例如，企业所得税的征税对象为所得额；车船税的征税对象为车辆、船舶。

（四）税目

税目是各税种的具体征税项目，反映征税的具体范围，是对征税对象质的界定。税目体现征税的广度，是征税对象的具体化。例如，我国的消费税设置了烟、酒、高档化妆品等 15 个税目。

特别提示 并非所有的税种都必须设置税目（这一点和税法的构成要素的基本含义并不矛盾），例如我国的企业所得税就不需要设置税目。

（五）税率

税率是税额与计税依据之间的比率，是计算税额的尺度。税率的高低，直接关系到国家财政收入的多少和纳税人负担的大小。税率体现征税的深度，是衡量税负轻重与否的重要标志。税率的形式主要有以下几种。

1. 比例税率

比例税率，是对同一征税对象不分计税金额的大小，都按规定的同一比例计征税款。例如，我国增值税采用比例税率。

2. 定额税率

定额税率，是按征税对象的一定计量单位，直接规定一个固定的税额计征税款。例如，我国啤酒的消费税采用定额税率。

3. 全额累进税率

全额累进税率，是按征税对象的计税金额划分若干级距，对每一级距分别规定不同的税率，税率依次提高，当计税金额达到相适应的某个级距时，征税对象的全部计税金额都按照这个级距的税率计征税款的一种累进税率。

点拨指导 一般认为，我国目前没有采用全额累进税率。但实际上，我国啤酒的消费税税率是一种全额累进性质的定额税率（属于全额累进税率）。

4. 超额累进税率

超额累进税率，是按征税对象计税金额划分若干级距，每一级距分别规定不同的税率，税率依次提高，计税金额每超过一个规定的级距，对超过的部分就按高一级的税率计征税款的一种累进税率。例如，我国综合所得的个人所得税采用超额累进税率。

项目引例解析

1. 若采用全额累进税率，按表 1－2 所列税率，纳税人 A 适用第二级的税率，纳税人 A 当月的应纳税额＝6 000×20%＝1 200（元）。

2. 若采用超额累进税率，按表 1－3 所列税率，纳税人 A 当月的应纳税额可以分步计算：

第一级的 5 000 元适用 10%的税率，应纳税额＝5 000×10%＝500（元）。

第二级的 1 000（6 000－5 000）元适用 20%的税率，应纳税额＝1 000×20%＝200（元）。

纳税人 A 当月的应纳税额＝500＋200＝700（元）。

若运用简化方法计算，纳税人 A 当月的应纳税额＝6 000×20%－500＝700（元）。

5. **全率累进税率**

全率累进税率，是按征税对象计税金额的相对率（相对比例）划分若干级距，每一级距分别规定不同的税率，税率依次提高，当计税金额的相对率达到相适应的某个级距时，征税对象的全部计税金额都按照这个级距的税率计征税款的一种累进税率。我国目前没有采用全率累进税率。

6. **超率累进税率**

超率累进税率，是按征税对象计税金额的相对率（相对比例）划分若干级距，每一级距分别规定不同的税率，税率依次提高，相对率每超过一个规定的级距，对超过的部分就按高一级的税率计征税款的一种累进税率。例如，我国土地增值税就采用超率累进税率。

（六）纳税期限

与纳税期限相关的概念有纳税义务发生时间和纳税申报期限（或纳税申报与税款缴纳期限）。理解纳税义务发生时间、纳税期限和纳税申报期限三个相关概念，对于纳税人能否准确计算应纳税款，能否保证应纳税款的及时足额上缴等问题至关重要。

1. **纳税义务发生时间、纳税期限和纳税申报期限的含义**

纳税义务发生时间是指纳税人具有纳税义务的起始时间，是一个时间点（某天）。《中华人民共和国增值税暂行条例实施细则》规定，采取预收货款方式销售货物的，纳税义务发生时间为货物发出的当天，但生产销售生产工期超过 12 个月的大型机械设备、船舶、飞机等货物，为收到预收款或者书面合同约定的收款日期的当天。例如，纳税人销售一批货物（平板电脑）收到预收货款的日期是 2024 年 2 月 20 日，发出货物的日期是 2024 年 3 月 10 日，则其纳税义务发生的时间是 2024 年 3 月 10 日，而不是 2024 年 2 月 20 日。

纳税期限是指纳税人每隔固定时间汇总一次纳税义务的时间，一般为一个时间段（按次纳税除外）。纳税期限有三种形式：（1）按期纳税，如一般情况下的增值税、消费税等；（2）按次纳税，如耕地占用税、车辆购置税等；（3）按年计征、分期预缴或缴纳，如企业所得税按年计征，分月或分季预缴，年终汇算清缴，多退少补，房产税、城镇土地使用税按年计征、分期缴纳。《中华人民共和国增值税暂行条例》规定，增值税的纳税期限为 1 日、3 日、5 日、10 日、15 日、1 个月或者 1 个季度。纳税人的具体纳税期限，由主管税务机关根据纳税人应纳税额的大小分别核定。以 1 个季度为纳税期限的规定适用于小规模纳税人、银行、财务公司、信托投资公司、信用社，以及财政部和国家税务总局规定的其他纳税人。不能按照固定期限纳税的，可以按次纳税。

纳税申报期限是指纳税人在纳税期限期满以后应依法向征税主体进行申报并缴纳税款的时间，一般为一个时间段。《中华人民共和国增值税暂行条例》规定，纳税人以 1 个月或者 1 个季度为一个纳税期的，自期满之日起 15 日内申报纳税。例如，如果增值税纳税人的纳税义务发生时间为 2024 年 2 月 20 日，纳税期限为 1 个月，则其纳税申报期限为 2024 年 3 月 1—15 日。

答疑解惑

纳税申报期限和税款缴纳期限一样吗？纳税申报的当天必须同时缴纳税款吗？

答：由于纳税人需要在纳税申报期限内进行纳税申报，且在纳税申报的同时缴纳税款，因此纳税申报期限和税款缴纳期限是一样的。只要纳税人的银行对公账户的基本户有足够的余额，纳税人在进行纳税申报后马上就从账户里扣款上缴了，也就是说，纳税申报和缴纳税款是同一天；纳税人的银行对公账户的基本户没有余额或者余额不足时，才会出现当天纳税申报，第二天或之后才能缴纳税款的情况。

2. 纳税义务发生时间、纳税期限和纳税申报期限的关系

纳税人要保证及时足额纳税，除了掌握应纳税款的计算方法外，还要理清纳税义务发生时间、纳税期限和纳税申报期限三者之间的关系。首先根据税法确定不同税种的纳税期限，是按年纳税、按期纳税还是按次纳税；其次确定每笔业务的纳税义务发生时间是否属于该纳税期限；最后根据纳税义务发生时间属于该纳税期限的业务计算应纳税款，在纳税期满后的纳税申报期限内申报并缴纳税款。

点拨指导 《国家税务总局办公厅关于明确2024年度申报纳税期限的通知》（税总办征科函〔2023〕244号）规定：根据《中华人民共和国税收征收管理法实施细则》第一百零九条规定，结合《国务院办公厅关于2024年部分节假日安排的通知》（国办发明电〔2023〕7号）要求，现将实行每月或者每季度期满后15日内申报纳税的各税种2024年度具体申报纳税期限（“申报纳税期限”即为“纳税申报期限”）明确如下：（1）1月、3月、7月、8月、11月申报纳税期限分别截至当月15日。（2）2月10日至17日放假8天，申报纳税期限顺延至2月23日。（3）4月4日至6日放假3天，申报纳税期限顺延至4月18日。（4）5月1日至5日放假5天，申报纳税期限顺延至5月22日。（5）6月8日至10日放假3天，申报纳税期限顺延至6月19日。（6）9月15日至17日放假3天，申报纳税期限顺延至9月18日。（7）10月1日至7日放假7天，申报纳税期限顺延至10月24日。（8）12月15日为星期日，申报纳税期限顺延至12月16日。各地遇到特殊情况需要调整申报纳税期限的，应当提前上报国家税务总局（征管和科技发展司）备案。

工作实例 1-1

以增值税为例，甲商业企业为增值税一般纳税人，对外销售电动车，假设不含增值税销售单价统一为3 000元，适用的增值税税率为13%。甲商业企业的增值税以1个月为纳税期限。甲商业企业2024年5月发生以下业务：

（1）5月5日，采用直接收款方式销售电动车20辆。

（2）5月8日，采用赊销方式销售电动车60辆，合同约定5月27日收款。

（3）5月16日，购进100辆电动车，取得的增值税专用发票上注明单价为2 500元，该增值税专用发票本月符合抵扣规定。①

（4）5月25日，采用预收货款方式销售电动车30辆，货款已经收到。

（5）5月27日，收到5月8日所售50辆电动车货款，其余10辆尚未收到货款。

---

① “本月符合抵扣规定”指的是“符合抵扣条件且发票上的进项税额从本月（期）销项税额中抵扣”。全书同。

(6) 5月29日，发出5月25日预收货款的电动车10辆，其余20辆6月5日发货。

工作要求：(1) 确定甲商业企业2024年5月每笔业务的增值税纳税期限。

(2) 确定甲商业企业2024年5月每笔业务的增值税纳税义务发生时间。

(3) 确定甲商业企业2024年5月发生增值税纳税义务的相关业务的增值税纳税申报期限。

工作实施：(1) 甲商业企业2024年5月每笔业务的增值税纳税期限：

甲商业企业2024年5月每笔业务的增值税纳税期限均为2024年5月这一个月的时间段。

(2) 甲商业企业2024年5月每笔业务的增值税纳税义务发生时间为：

1) 直接收款方式销售20辆电动车的纳税义务发生时间是收到销售款项的当天，即5月5日。

2) 赊销方式销售60辆电动车的纳税义务发生时间是书面合同约定的收款日期的当天(虽然在书面合同约定的收款日期的当天5月27日有10辆电动车尚未收到货款，但是不影响纳税义务发生时间的确认，即5月27日)。

3) 预收货款方式销售电动车的纳税义务发生时间是货物发出的当天，即5月29日发出的10辆电动车在5月29日发生纳税义务（发出这10辆电动车的当天5月29日，为销售这10辆电动车的纳税义务发生时间)，6月5日发出的20辆电动车在6月5日发生纳税义务(发出这20辆电动车的当天6月5日，为销售这20辆电动车的纳税义务发生时间)。

因此，5月销售的110辆电动车只有90（20＋60＋10）辆在5月发生纳税义务，剩余20辆在6月发生纳税义务。另外，5月购进的100辆电动车，由于取得增值税专用发票，且该增值税专用发票本月符合抵扣规定，因此其进项税额应在5月从销项税额中全部抵扣。

$$
\begin{aligned}
5\text{月应纳增值税} &= \text{销项税额}-\text{进项税额}\\
&=(20+60+10)\times 3\,000\times 13\%-100\times 2\,500\times 13\%\\
&=2\,600\text{（元）}
\end{aligned}
$$

(3) 甲商业企业2024年5月发生增值税纳税义务的相关业务的增值税纳税申报期限：

甲商业企业2024年5月发生增值税纳税义务的相关业务的增值税纳税申报期限均为2024年6月1—19日。也就是说，甲商业企业应当于2024年6月1—19日完成2024年5月发生增值税纳税义务的相关业务的纳税申报并缴纳税款2 600元。

（七）减税免税

减税免税是税法对特定的纳税人或征税对象针对税收减免的鼓励或照顾措施。减税是对应纳税额给予少征一部分的优惠，而免税是对应纳税额给予全部免征的优惠。减税免税可以分为税基式减免、税率式减免和税额式减免三种形式。

1. 税基式减免

税基式减免是指通过直接降低计税依据的方式来实现的减税免税。税基式减免涉及的概念包括起征点、免征额、项目扣除以及跨期结转等。

起征点是征税对象达到一定金额才开始征税的起点，若征税对象计税金额未达到起征点则不予征税，若征税对象计税金额达到起征点则按全部金额计征税款。免征额是在征税对象的全部金额中免予征税的那一部分数额，对免征额的部分不予征税，仅对超过免征额的部分计征税款。项目扣除则是指在征税对象中扣除一定项目的金额，以其余额作为计税依据计征税款。跨期结转是指将以前纳税年度的亏损从本纳税年度的利润中予以扣除。

【举例说明】 自 2011 年 11 月 1 日起，增值税按期限纳税的起征点为月销售额 5 000～20 000 元，按次纳税的起征点为每次（日）销售额 300～500 元。增值税起征点的适用范围限于个人。

【举例说明】 自 2019 年 1 月 1 日起，非居民个人的工资、薪金所得，以每月收入额减除费用 5 000 元后的余额为应纳税所得额。这里的减除费用额 5 000 元就是免征额。

任务引例解析

起征点和免征额不一样。起征点是征税对象达到一定金额才开始征税的起点，若征税对象计税金额未达到起征点则不予征税，若征税对象计税金额达到起征点则按全部金额计征税款。免征额是在征税对象的全部金额中免予征税的那一部分数额，对免征额的部分不予征税，仅对超过免征额的部分计征税款。假设起征点和免征额每年都为 60 000 元（每月都为 5 000 元），且不考虑其他扣除项目，应该如何纳税呢？若实际年所得额为 50 000 元，则无论是按照起征点的规定还是按照免征额的规定，都不用纳税。若实际年所得额为 70 000 元，情况就不一样了。按照免征额的规定，国家只能对超过部分的 10 000（70 000－60 000）元征税；而按照起征点的规定，国家必须对所有金额 70 000 元征税。我国个人所得税中综合所得的征税模式，显然是按照 10 000 元的模式而不是按照 70 000 元的模式，因此，媒体上对个人所得税中综合所得普遍采用“起征点”的说法是错误的，实际上应为“免征额”。

2. 税率式减免

税率式减免是指通过直接降低税率的方式实现的减税免税。税率式减免涉及的概念包括重新确定较低的税率、选用其他较低的税率、零税率。

3. 税额式减免

税额式减免是指通过直接减少应纳税额的方式实现的减税免税。税额式减免涉及的概念包括全部免征、减半征收、核定减征率以及另定减征额等。

（八）纳税环节

纳税环节是指税法规定纳税人针对征税对象应当缴纳税款的环节。不同税种的纳税环节有可能分布在生产、批发、零售、进出口、取得收入、发生成本费用等各个环节上。

点拨指导 与纳税环节相关的课税制度一般分为两类，即一次课征制和多次课征制。以销售货物为例，一次课征制是指同一税种在应税货物流转的全过程中只在某一环节课征的制度，如我国的消费税（卷烟、电子烟、超豪华小汽车消费税除外）；多次课征制是指同一税种在应税货物流转的两个或两个以上环节都课征的制度，如我国的增值税。

（九）纳税地点

纳税地点是指根据各个税种征税对象的纳税环节以及便于对税源进行控制而规定的纳税人（包括代征代缴、代扣代缴、代收代缴义务人）的具体纳税地点。

点拨指导 税法规定的纳税地点主要有机构所在地、销售地、服务发生地、劳务发生地、财产所在地、报关地等。

（十）罚则

罚则又称法律责任，是对违反税法的行为所采取的处罚措施。

（十一）附则

附则主要规定某项税法的解释权和生效时间。

任务三 我国的税收管理体制认知

一、我国税务机构的设置

中央政府设立国家税务总局（正部级），省及省以下税务机构设立税务局。

特别提示 2018 年 3 月 17 日发布的《国务院机构改革方案》规定：改革国税地税征管体制。将省级和省级以下国税地税机构合并，具体承担所辖区域内各项税收、非税收入征管等职责。国税地税机构合并后，实行以国家税务总局为主与省（自治区、直辖市）人民政府双重领导管理体制。2018 年 6 月 15 日，按照党中央、国务院关于国税地税征管体制改革的决策部署，在前期做好统一思想、顶层设计、动员部署等工作的基础上，全国各省（自治区、直辖市）级以及计划单列市国税局、地税局合并且统一挂牌，标志着国税地税征管体制改革迈出阶段性的关键一步。此次省级新税务局挂牌后，在 2018 年 7 月底前，市、县级税务局逐级分步完成集中办公、新机构挂牌等改革事项。

此外，海关总署及下属机构负责关税、船舶吨税征管和受托征收进出口增值税和消费税等税收。

二、我国税收征收管理范围的划分

目前，我国的税收分别由税务局、海关负责征收管理。

税务局主要负责下列税种及非税收入等的征收和管理：增值税（进出口环节增值税除外）、消费税（进出口环节消费税除外）、城市维护建设税、教育费附加、地方教育附加、企业所得税、个人所得税、车辆购置税、印花税、资源税、城镇土地使用税、土地增值税、房产税、车船税、契税、环境保护税、出口退税（增值税、消费税）、非税收入和社会保险费等。

海关主要负责下列税种的征收和管理：关税、船舶吨税、进出口环节增值税和消费税（海关受托代征进出口环节的增值税和消费税）。

三、我国中央政府与地方政府税收收入的划分

根据国务院关于实行分税制财政管理体制的规定，我国的税收收入分为中央政府固定收入、地方政府固定收入和中央政府与地方政府共享收入。

（一）中央政府固定收入

中央政府固定收入包括消费税（含进口环节由海关代征的部分）、车辆购置税、关税、海关代征的进口环节增值税、储蓄存款利息所得的个人所得税、证券交易印花税（为妥善处理中央与地方的财政分配关系，国务院决定，从2016年1月1日起，将证券交易印花税由按中央97%、地方3%比例分享全部调整为中央收入）等。

（二）地方政府固定收入

地方政府固定收入包括城镇土地使用税、耕地占用税、土地增值税、房产税、车船税、契税、环境保护税、印花税（不含证券交易印花税）。

（三）中央政府与地方政府共享收入

中央政府与地方政府共享收入主要包括：

（1）增值税（不含进口环节由海关代征的部分）：中央政府分享50%，地方政府分享50%。

（2）企业所得税：中国国家铁路集团有限公司（原中国铁路总公司）、各银行总行及海洋石油企业缴纳的部分归中央政府，其余部分中央和地方政府按60%与40%的比例分享。

（3）个人所得税：除储蓄存款利息所得的个人所得税外，其余部分的分享比例与企业所得税相同。

（4）资源税：海洋石油企业缴纳的部分归中央政府，其余部分归地方政府。

（5）城市维护建设税：中国国家铁路集团有限公司（原中国铁路总公司）、各银行总行、各保险总公司集中缴纳的部分归中央政府，其余部分归地方政府。

项目技能训练

一、单项选择题

1. 下列各项中，属于流转税的是（　　）。

A. 房产税　　B. 印花税

C. 土地增值税　　D. 增值税

2. 下列说法中，不正确的是（　　）。

A. 征税对象是区别一种税与另一种税的重要标志

B. 税目是征税对象的具体化

C. 税率是衡量税负轻重的唯一标志

D. 纳税义务人即纳税主体

3. 在税法的构成要素中，区别一种税与另一种税的重要标志是（　　）。

A. 纳税人　　B. 征税对象

C. 税目　　D. 税率

4. 下列税率形式中，与征税对象计税金额无关的是（　　）。

A. 比例税率　　B. 超率累进税率

C. 超率累进税率　　D. 定额税率

5. 中央政府与地方政府共享收入不包括（　　）。

A. 消费税　　B. 企业所得税

C. 个人所得税　　D. 增值税

6. 下列各项中，属于我国税收征收管理机关的是（　　）。

A. 市场监督管理机关　　B. 公安机关

C. 海关　　D. 法律机关

二、多项选择题

1. 税收的内涵可以从（　　）方面来理解。

A. 国家征税的目的是满足政府机关获得公共产品和公共服务的需要

B. 国家征税凭借的是公共权力（政治权力）

C. 税收是国家财政收入的主要来源

D. 税收必须借助法律

2. 税收的特征可以概括为（　　）。

A. 强制性　　B. 无偿性　　C. 固定性　　D. 任意性

3. 税收的职能可概括为（　　）。

A. 组织财政收入职能　　B. 调节社会经济职能

C. 监督管理职能　　D. 调节社会财政收入职能

4. 我国现行税制中所应用的税率种类有（　　）。

A. 比例税率　　B. 全率累进税率

C. 超额累进税率　　D. 定额税率

5. 中央政府固定收入包括（　　）。

A. 消费税　　B. 车辆购置税

C. 关税　　D. 储蓄存款利息所得的个人所得税

三、判断题

1. 税收的作用不包括体现产业政策，调节经济结构。（　　）

2. 征税对象是区别一种税与另一种税的重要标志。（　　）

3. 税目是各税种的具体征税项目，反映征税的具体范围，是对征税对象量的界定。（　　）

4. 我国综合所得的个人所得税采用超率累进税率。（　　）

5. 我国啤酒的消费税采用定额税率。（　　）

6. 减税是对应纳税额给予少征一部分的优惠，而免税是对应纳税额给予全部免征的优惠。（　　）

四、业务题

假设某国计算纳税人所得税时采用超额累进税率。该国对超额累进税率的规定如下：所得额在 1 000 元及以下时，税率为 10%；超过 1 000 元至 3 500 元时，税率为 20%；超过 3 500 元至 10 000 元时，税率为 30%；超过 10 000 元时，税率为 35%。

要求：假设纳税人所得额分别是 500 元、1 000 元、2 000 元、5 000 元、10 000 元、15 000 元，分别计算其应纳税额。

项目二　增值税计算与申报

学习目标

（1）能明确增值税的基本原理，能判定一般纳税人和小规模纳税人的标准，会判断哪些业务应当征收增值税，会选择增值税适用税率，能充分运用增值税优惠政策，会使用增值税专用发票。

（2）能根据相关业务资料计算一般计税方法下销项税额、进项税额、进项税转出额和应纳增值税税额，简易计税方法下应纳增值税税额，进口货物应纳增值税税额。

（3）能合理选择和运用出口货物、劳务和跨境应税行为的增值税税收政策，根据相关业务资料进行增值税出口和跨境业务退（免）税和征税的计算。

（4）能确定增值税的纳税义务发生时间、纳税期限和纳税地点，能根据相关业务资料填写增值税及附加税费申报表以及相关申报表，并能进行增值税的纳税申报。

素养目标

（1）增强依法纳税意识和社会责任感。

（2）增强制度自信，激发爱国情怀。

（3）树立严谨的工作作风，培养工匠精神。

（4）深入理解增值税相关政策，引导学生深入社会实践、关注现实问题，培育经世济民、诚信服务、德法兼修的职业素养。

素养提升设计

素养提升设计举例见表 2-1。

表 2-1　素养提升设计举例

选取的知识点	素养提升元素
增值税的发展	教师讲解“我国的四次增值税改革，促进了我国经济的高质量发展”，增强学生制度自信，激发学生的爱国情怀。
增值税优惠政策的运用	教师讲解“我国出台的与农产品相关的增值税减免税政策，有利于鼓励农业生产，保护农业生产者的利益，保障国家的粮食安全”，强化学生“加快建设农业强国，扎实推动乡村产业、人才、文化、生态、组织振兴”的理念，激发学生投入农业建设的热情。
增值税专用发票的使用和管理	教师讲解“虚开增值税专用发票行为的危害”，促使学生树立依法纳税的意识，增强法治观念，践行社会主义核心价值观。

续表

选取的知识点	素养提升元素
增值税的纳税申报	通过“增值税的纳税申报”理论的学习和实训，学生可树立严谨的工作作风，培养爱岗敬业、坚持准则、提高技能的职业道德和工匠精神。

项目引例

增值税的计算与纳税申报

企业名称：厦门光明有限责任公司；

纳税人身份：一般纳税人；

登记注册类型：其他有限责任公司；

法定代表人姓名：刘光明；

公司地址及电话：厦门市思明区光华路53号，0592－888888××；

公司所属行业：制造业（生产销售微波炉，不含税出厂单价为500元/台，成本为400元/台）；

开户银行及账号：中国工商银行厦门工行光华路分理处，3301022009011503954；

纳税人识别号：91110100000010001K。

2023年6月，该公司购销情况如下：

（1）1日，向当地某商场销售微波炉500台，并开具增值税专用发票，单价（不含税）为500元/台，销售额250 000元，并约定对方10天内付款可享受不含税价款5%的现金折扣。对方于6月7日付款，于是在结算时给予该商场5%的现金折扣（现金折扣不考虑增值税）。

（2）8日，销售400台微波炉给外地某客户并开具增值税普通发票，价税合计为226 000元。支付运输费用价税合计4 360元，并取得增值税专用发票，发票上注明的运费金额为4 000元，税额为360元，该外地客户款项未付。

（3）9日，拨付2台微波炉给本公司职工使用，未开具发票。

（4）10日，没收逾期仍未收回的包装物押金67 800元，确认收入但未开具发票。

（5）11日，购进作为原材料的零部件一批，并取得增值税专用发票，发票上注明的金额为200 000元，税额为26 000元；支付运费价税合计3 270元，并取得增值税专用发票，发票上注明的运费金额为3 000元，税额为270元。上述货款未付，运费已支付，货物已运达并入库。

（6）12日，购进冰箱配件一批，货款已付，并取得增值税专用发票，发票上注明的金额为100 000元，税额为13 000元，货物尚未验收入库。

（7）13日，从小规模纳税人处购进零件100 000元（含增值税），取得增值税普通发票，该零件已入库，且款项已付。

（8）15日，从一般纳税人处购进零件60 000元（含增值税），取得增值税普通发票，该零件已入库，且款项已付。

（9）16日，为推广新型微波炉，采用以旧换新方式向消费者个人销售新产品，共收取现金465 000元（已扣除收购旧微波炉抵价100 000元），并开具增值税普通发票。

（10）18日，购置办公用电脑一批，并取得增值税专用发票，发票上注明的金额为200 000元，税额为26 000元，款项已付。

（11）20日，外购办公用消耗材料一批，并取得增值税专用发票，发票上注明的金额为1 000元，税额为130元。办公用材料直接交付科室使用，款项已付。

（12）21日，公司建职工食堂，领用上月购进的原材料钢材一批，实际成本为50 000元，该批钢材的进项税额为6 500元，已在购进当期申报抵扣。

（13）25日，接受某单位投资转入生产用材料一批，并取得增值税专用发票，发票上注明的金额为100 000元，税额为13 000元，材料已验收入库。

（14）30日，委托加工物资一批，并支付加工费，取得增值税专用发票，发票上注明金额为10 000元，税额为1 300元，款项已付。

该公司于2023年6月10日缴纳上期应交未交增值税60 000元，且取得的增值税专用发票2023年6月符合抵扣规定。

要求：

1. 计算厦门光明有限责任公司2023年6月应缴纳的增值税。

2. 厦门光明有限责任公司2023年7月10日对2023年6月的增值税进行纳税申报，填写《增值税及附加税费申报表（一般纳税人适用）》等申报表。

项目引例解析

见本项目的任务七和任务十一。

任务一 增值税的基本原理认知

一、增值税的含义

增值税是以销售货物，提供加工修理修配劳务，销售服务、无形资产或者不动产①过程中产生的增值额作为计税依据而征收的一种流转税。具体而言，增值税是对在中华人民共和国境内销售货物、劳务、服务、无形资产或者不动产，以及进口货物的企业单位和个人，就其销售货物、劳务、服务、无形资产或者不动产的增值额和进口货物金额为计税依据而课征的一种流转税。

要理解增值税的含义，关键是要理解增值额。

以货物（商品）为例，增值额是指企业或者其他经营者（统称生产单位）从事生产经营过程中，在购入的商品的价值基础上新增加的价值额。对于增值额，我们可以从以下四个方面理解：

（1）从理论上讲，增值额是指生产单位在生产经营过程中新创造的价值额。增值额相当于商品价值“C+V+M”中的“V+M”部分。C即商品生产过程中所消耗的生产资料

---

① 销售货物，提供加工修理修配劳务，销售服务、无形资产或者不动产，以下简称为“销售货物、加工修理修配劳务、服务、无形资产或者不动产”或者“销售货物、劳务、服务、无形资产或者不动产”。

转移价值；V即工资，是劳动者为自己创造的价值；M即剩余价值或盈利，是劳动者为社会创造的价值。增值额是劳动者新创造的价值，从内容上讲，大体相当于净产值或国民收入。

（2）就一个生产单位而言，增值额是这个生产单位商品销售收入额或经营收入额扣除非增值项目（相当于物化劳动，如外购的原材料、燃料、动力、包装物、低值易耗品等）价值后的余额。此余额大体相当于该生产单位活劳动创造的价值。

（3）就一个商品的生产经营全过程来讲，不论其生产经营经过几个环节，其最后的销售总值，应等于该商品从生产到流通的各环节的增值额之和，即商品最后销售价格＝各环节增值额之和，见表2-2。

表2-2 某商品最后销售价格与各环节增值额的关系

	本环节销售额/元	本环节增值额/元
原材料生产环节	50	50
产成品生产环节	80	30
批发环节	120	40
零售环节	140	20
合计	390	140

注：（1）假定原材料生产环节均为增值额，无购进项目。

（2）每一环节的增值额为本环节销售额减去购进成本即上一环节的销售额后的余额，如产成品生产环节增值额＝80－50＝30（元）。

以表2-2为例，如果用传统的流转税计税方式，对每一流转环节均按全额课税，将会对该商品从原材料生产到零售的每一环节按销售全额计税，其计税依据总值为390元。但如果按增值税的计税方式，只对每一环节的增值额计税，则其计税依据总值为140元。这两者的差额250（390－140）元就产生了重复征税问题。即在传统的流转税计税方式下，第一环节的50元实际上将被征税4次，其中被重复征税3次。同理，其余环节也分别被重复征税若干次。而在改为按每一环节的增值额征税后，则不论一个商品从生产到最后销售经过多少个流转环节，其计税依据总值总是等于该商品的最终销售价格。这个特点对消除重复征税、对出口产品的出口退税等均产生了重要影响。

（4）从国民收入分配角度看，增值额“V＋M”在我国相当于净产值，包括工资、利润、利息、租金和其他属于增值性的收入。

二、增值税的发展

我国自1979年开始在部分城市试行增值税，1982年财政部制定了《增值税暂行办法》，自1983年1月1日开始在全国试行，并于1984年、1993年、2009年和2012年进行了四次重要改革。现行增值税法律制度的基本规范，以2008年11月5日国务院颁布的国务院令第538号《中华人民共和国增值税暂行条例》（根据2017年11月19日《国务院关于废止〈中华人民共和国营业税暂行条例〉和修改〈中华人民共和国增值税暂行条例〉的决定》第二次修订，以下简称《增值税暂行条例》）和2008年12月18日财政部、国家税务总局公布的财政部、国家税务总局令第 50 号《中华人民共和国增值税暂行条例实施细则》（根据 2011 年 10 月 28 日《财政部 税务总局关于修改〈中华人民共和国增值税暂行条例实施细则〉和〈中华人民共和国营业税暂行条例实施细则〉的决定》修订，以下简称《增值税暂行条例实施细则》）为基础。

1984 年的第一次改革，属于增值税的过渡阶段。此时的增值税是在产品税的基础上进行的，征税范围较窄，税率档次较多，计算方式复杂，留有产品税的痕迹，属于变性增值税。

1993 年的第二次改革，属于增值税的规范阶段。参照国际通行做法，结合我国实际情况，扩大了征税范围，减并了税率，规范了计算方法，开始进入国际通行的规范化行列。

2009 年的第三次改革，属于增值税的转型阶段。自 2009 年 1 月 1 日起，符合规定的固定资产进项税额允许抵扣，实现了生产型增值税向消费型增值税的转型。

2012 年起的第四次改革，属于增值税的"营改增"阶段。自 2012 年 1 月 1 日起，交通运输业和部分现代服务业营业税改征增值税在上海等地实施。自 2012 年 8 月 1 日起至年底，将交通运输业和部分现代服务业作为营业税改征增值税的试点范围，由上海市分批扩大至北京等 10 个省、直辖市、计划单列市。自 2013 年 8 月 1 日起，在全国范围内开展交通运输业（除铁路运输外）和部分现代服务业"营改增"试点。自 2014 年 1 月起，"营改增"试点扩大到铁路运输和邮政服务业。自 2014 年 6 月 1 日起，"营改增"试点扩大到电信业。自 2016 年 5 月 1 日起全面"营改增"，将建筑业、房地产业、金融业、生活服务业 4 个行业纳入"营改增"试点范围，至此，营业税全部改征增值税，营业税已经退出我国税收体系。

三、增值税的特点

以货物（商品）为例，增值税具有以下特点：

（1）保持税收中性。根据增值税的计税原理，由于流转额中的非增值因素在计税时被扣除，因此，对同一商品而言，无论其流转环节多与少，只要增值额相同，税负就相等，不会影响商品的生产结构、组织结构和产品结构。

（2）普遍征收。从增值税的征税范围看，对从事商品生产经营的所有单位和个人，在商品增值的各个生产流通环节向纳税人普遍征收。

（3）税负由商品最终消费者承担。虽然增值税是向纳税人征收，但纳税人在销售商品时又通过价格将税负转嫁给下一生产流通环节，最后由最终消费者承担。

（4）实行税款抵扣制度。在计算纳税人应纳税款时，要扣除商品在以前生产环节已负担的税款，以避免重复征税。从世界各国来看，一般都实行凭购货发票进行抵扣的制度。

（5）实行比例税率。从实行增值税制度的国家看，普遍实行比例税率，以贯彻征收简便易行的原则。由于增值税对不同行业、不同企业、不同产品来说性质是一样的，原则上对增值税应采用单一比例税率。但为了贯彻一些经济社会政策，也会对某些行业或产品实行不同的政策，因此引入增值税的国家一般都规定了基本税率和优惠税率（或称低税率）。

（6）实行价外税制度。在计税时，作为计税依据的销售额中不包含增值税税额，这样有利于形成均衡的生产价格，并有利于税负转嫁的实现。这是增值税与传统税种以全部流转额为计税依据的流转税或商品课税的一个重要区别。

四、增值税的类型

素养提升园地

图解税收：增值税的前世今生（武侠版）

在实践中，各国实行的增值税都是以法定增值额为课税对象的。法定增值额和理论增值额往往不相一致，其主要区别在对购入固定资产的处理上。根据实行增值税的各个国家是否允许抵扣购入固定资产已纳税款以及可以抵扣多少已纳税款，可将增值税分为生产型增值税、收入型增值税、消费型增值税三种类型，见表2-3。

表2-3　生产型增值税、收入型增值税和消费型增值税比较

类型	特点	优点	缺点
生产型增值税	（1）确定法定增值额时，不允许扣除任何购进固定资产的价款 （2）购进固定资产的进项税额不能抵扣，而是计入固定资产原值 （3）法定增值额＞理论增值额	保证财政收入	不利于鼓励投资
收入型增值税	（1）确定法定增值额时，对购进固定资产只允许扣除当期计入产品价值的折旧费部分 （2）购进固定资产的进项税额只能抵扣与当期计入折旧费对应的部分 （3）法定增值额＝理论增值额	完全避免重复征税	给以票扣税造成困难
消费型增值税	（1）确定法定增值额时，当期购进固定资产的价款一次全部扣除 （2）购进固定资产的进项税额能够抵扣 （3）法定增值额＜理论增值额	体现增值税优越性，便于操作	减少财政收入

任务二　增值税纳税人、扣缴义务人和纳税人身份的确定

任务引例

我公司本月中旬准备登记为增值税一般纳税人，本月月初取得的增值税专用发票能否用于抵扣进项税额？

一、增值税纳税人和扣缴义务人的确定

（一）增值税的纳税人

在中华人民共和国境内销售货物、劳务、服务、无形资产或者不动产，以及进口货物

的单位和个人，为增值税的纳税人。①

在境内销售货物、劳务是指销售货物的起运地或者所在地在境内，提供的劳务发生在境内。

在境内销售服务、无形资产或者不动产，是指：(1) 服务（租赁不动产除外）或者无形资产（自然资源使用权除外）的销售方或者购买方在境内；(2) 所销售或者租赁的不动产在境内；(3) 所销售自然资源使用权的自然资源在境内；(4) 财政部和国家税务总局规定的其他情形。

下列情形不属于在境内销售服务或者无形资产：(1) 境外单位或者个人向境内单位或者个人销售完全在境外发生的服务；(2) 境外单位或者个人向境内单位或者个人销售完全在境外使用的无形资产；(3) 境外单位或者个人向境内单位或者个人出租完全在境外使用的有形动产；(4) 境外单位或者个人为出境的函件、包裹在境外提供的邮政服务、收派服务；(5) 境外单位或者个人向境内单位或者个人提供的工程施工地点在境外的建筑服务、工程监理服务；(6) 境外单位或者个人向境内单位或者个人提供的工程、矿产资源在境外的工程勘察勘探服务；(7) 境外单位或者个人向境内单位或者个人提供的会议展览地点在境外的会议展览服务；(8) 财政部和国家税务总局规定的其他情形。

单位是指企业、行政单位、事业单位、军事单位、社会团体及其他单位；个人是指个体工商户和其他个人。

对于销售货物、劳务或者进口货物的行为，单位租赁或者承包给其他单位或者个人经营的，以承租人或者承包人为纳税人。

对于销售服务、无形资产或者不动产的行为，单位以承包、承租、挂靠方式经营的，承包人、承租人、挂靠人（以下统称承包人）以发包人、出租人、被挂靠人（以下统称发包人）名义对外经营并由发包人承担相关法律责任的，以该发包人为纳税人；否则，以承包人为纳税人。2017 年 7 月 1 日（含）以后，资管产品运营过程中发生的增值税应税行为，以资管产品管理人为增值税纳税人。

建筑企业与发包方签订建筑合同后，以内部授权或者三方协议等方式，授权集团内其他纳税人（以下称为第三方）为发包方提供建筑服务，并由第三方直接与发包方结算工程款的，由第三方缴纳增值税并向发包方开具增值税发票，与发包方签订建筑合同的建筑企业不缴纳增值税。发包方可凭实际提供建筑服务的纳税人开具的增值税专用发票抵扣进项税额。

（二）增值税的扣缴义务人

境外的单位或者个人在境内销售劳务，在境内未设有经营机构的，以其境内代理人为增值税扣缴义务人；在境内没有代理人的，以购买方为增值税扣缴义务人。

境外单位或者个人在境内销售服务、无形资产或者不动产，在境内未设有经营机构的，以购买方为增值税扣缴义务人。财政部和国家税务总局另有规定的除外。

---

① 根据学习的需要，本教材将增值税纳税人分为原增值税纳税人和“营改增”试点纳税人两大类。原增值税纳税人主要涉税行为包括销售货物、提供加工修理修配劳务以及进口货物。“营改增”试点纳税人主要涉税行为包括销售服务、无形资产或者不动产。

二、增值税纳税人身份的确定

增值税纳税人分为小规模纳税人和一般纳税人两类，并实行不同的征收和管理方式。

（一）增值税小规模纳税人和一般纳税人的标准

1. 小规模纳税人的标准

小规模纳税人是指年应征增值税销售额（简称为“年应税销售额”，指销售货物、劳务、服务、无形资产、不动产年应征增值税销售额之和）在规定标准以下，并且会计核算不健全，不能按规定报送有关税务资料的增值税纳税人。

答疑解惑

什么叫作会计核算不健全?

答：根据《增值税一般纳税人登记管理办法》（国家税务总局令第 43 号）的规定，会计核算健全，是指能够按照国家统一的会计制度规定设置账簿，根据合法、有效凭证进行核算。

因此，会计核算不健全是指不能够按照国家统一会计制度的规定设置账簿，也不能够根据合法、有效凭证进行核算，包括不能够根据合法、有效凭证核算增值税的销项税额、进项税额和应纳税额。

（1）自 2018 年 5 月 1 日起，增值税小规模纳税人标准统一为年应税销售额 500 万元及以下。

（2）年应税销售额超过小规模纳税人标准的其他个人（指自然人）按小规模纳税人纳税（不属于一般纳税人）。

（3）对于原增值税纳税人，超过小规模纳税人标准的非企业性单位、不经常发生应税行为的企业可选择按小规模纳税人纳税；对于“营改增”试点纳税人，年应税销售额超过小规模纳税人标准但不经常发生应税行为的单位和个体工商户可选择按照小规模纳税人纳税。

2. 一般纳税人的标准

自 2018 年 5 月 1 日起，增值税纳税人（以下简称纳税人）年应税销售额超过财政部、国家税务总局规定的小规模纳税人标准（自 2018 年 5 月 1 日起，小规模纳税人标准为年应税销售额 500 万元及以下）的，除税法另有规定外，应当向其机构所在地主管税务机关办理一般纳税人登记。其中，年应税销售额是指纳税人在连续不超过 12 个月或 4 个季度的经营期内累计应征增值税销售额，包括纳税申报销售额、稽查查补销售额、纳税评估调整销售额。纳税申报销售额是指纳税人自行申报的全部应征增值税销售额，其中包括免税销售额和税务机关代开发票销售额。稽查查补销售额和纳税评估调整销售额计入查补税款申报当月（或当季）的销售额，不计入税款所属期销售额。经营期是指在纳税人存续期内的连续经营期间，含未取得销售收入的月份（或季度）。

销售服务、无形资产或者不动产（以下简称应税行为）有扣除项目的纳税人，其应税行为年应税销售额按未扣除之前的销售额计算。纳税人偶然发生的销售无形资产、转让不动产的销售额，不计入应税行为年应税销售额。

年应税销售额未超过规定标准的纳税人，会计核算健全，能够提供准确税务资料的，可以向主管税务机关办理一般纳税人登记。会计核算健全，是指能够按照国家统一的会计制度规定设置账簿，根据合法、有效凭证进行核算。

任务引例解析

根据《增值税一般纳税人登记管理办法》（国家税务总局令第 43 号）的规定，纳税人办理一般纳税人登记的程序如下：

（1）纳税人向主管税务机关填报《增值税一般纳税人登记表》，如实填写固定生产经营场所等信息，并提供税务登记证件；

（2）纳税人填报内容与税务登记信息一致的，主管税务机关当场登记；

（3）纳税人填报内容与税务登记信息不一致，或者不符合填列要求的，税务机关应当场告知纳税人需要补正的内容。

纳税人自一般纳税人生效之日起，按照增值税一般计税方法计算应纳税额，并可以按照规定领用增值税专用发票，财政部、国家税务总局另有规定的除外。生效之日，是指纳税人办理登记的当月 1 日或者次月 1 日，由纳税人在办理登记手续时自行选择。

实务中，在《增值税一般纳税人登记表》中的“一般纳税人生效之日”栏，由纳税人在填表时自行勾选“当月 1 日”或“次月 1 日”。因此，你公司可以自行勾选确认“当月 1 日”或“次月 1 日”为增值税一般纳税人生效时间，生效后即可按照一般纳税人抵扣进项税额。若你公司勾选确认“当月 1 日”为增值税一般纳税人生效时间，则你公司本月月初取得的增值税专用发票可以用于抵扣进项税额。

（二）增值税小规模纳税人和一般纳税人的征税管理

小规模纳税人实行简易计税方法，不得抵扣进项税额。

符合增值税一般纳税人条件的纳税人应当向主管税务机关办理资格登记，以取得法定资格；未办理一般纳税人登记手续的，应按销售额依照增值税税率计算应纳税额，不得抵扣进项税额，也不得使用增值税专用发票。经税务机关审核登记的一般纳税人，可按规定申领和使用增值税专用发票，按增值税条例规定计算缴纳增值税。

特别提示 除国家税务总局另有规定外，纳税人一经登记为一般纳税人后，不得再转为小规模纳税人。

自 2020 年 2 月 1 日起，增值税小规模纳税人（其他个人除外）发生增值税应税行为，需要开具增值税专用发票的，可以自愿使用增值税发票管理系统自行开具。选择自行开具增值税专用发票的小规模纳税人，税务机关不再为其代开增值税专用发票。

答疑解惑

一般纳税人与小规模纳税人选择供货商的纳税人身份时，需要注意什么问题（假设一般纳税人适用的增值税税率为 13%，小规模纳税人适用的征收率为 3%）？

答：一般纳税人从其他一般纳税人处购货，若取得税率为 13%的增值税普通发票，则进项税额不得抵扣；若取得税率为13%的增值税专用发票且符合抵扣规定，则进项税额可以抵扣，但同时又应当注意此进项税额实际上先由购买方承担了，然后再抵扣。一般纳税人从小规模纳税人处购货，若取得增值税普通发票，则进项税额不得抵扣；若取得税率为3%的增值税专用发票且符合抵扣规定，则进项税额可以抵扣。因此，一般纳税人选择供货商的纳税人身份时，不能仅仅考虑购货价格，还应考虑进项税额可否抵扣。

小规模纳税人从其他小规模纳税人处购货，可取得税率为3%的增值税普通发票或者增值税专用发票；小规模纳税人从一般纳税人购货，可取得税率为13%的增值税普通发票或者增值税专用发票。小规模纳税人不管从何处购货，进项税额都不允许抵扣。因此，小规模纳税人选择供货商的纳税人身份时，应当主要考虑购货价格。

任务三 增值税征税范围的确定

任务引例

我公司出租建筑物、构筑物等不动产或者飞机、车辆等有形动产而取得的广告位收入，应按什么项目缴纳增值税？

一、增值税征税范围的一般规定

（一）征税范围的基本规定

1. 销售或进口货物

销售货物是指有偿转让货物的所有权。货物是指有形动产，包括电力、热力、气体在内。有偿是指从购买方取得货币、货物或者其他经济利益。

进口货物是指申报进入中华人民共和国海关境内的货物。只要是报关进口的应税货物，均属于增值税的征税范围，除享受免税政策外，在进口环节缴纳增值税。

点拨指导 以货物为例，一般情况下增值税中所指的“销售”，必须符合两个条件：第一，货物的所有权转移；第二，转移是有偿的。

2. 销售劳务（销售加工修理修配劳务）

加工是指接受来料承做货物，加工后的货物所有权仍属于委托方的业务，即通常所说的委托加工业务。委托加工业务是指由委托方提供原料及主要材料，受托方按照委托方的要求制造货物并收取加工费的业务。修理修配是指受托方对损伤和丧失功能的货物进行修复，使其恢复原状和功能的业务。这里的“销售加工修理修配劳务”都是指有偿提供加工修理修配劳务，单位或个体工商户聘用的员工为本单位或雇主提供加工修理修配劳务则不包括在内。有偿，是指取得货币、货物或者其他经济利益。

【区别比较】 加工修理修配的对象限于有形动产，而对不动产来说则是修缮行为，属于建筑服务。

3. **销售服务、无形资产或者不动产**

销售服务、无形资产或者不动产，是指有偿提供服务、有偿转让无形资产或者不动产，但属于下列非经营活动的情形除外：

（1）行政单位收取的同时满足以下条件的政府性基金或者行政事业性收费：1）由国务院或者财政部批准设立的政府性基金，由国务院或者省级人民政府及其财政、价格主管部门批准设立的行政事业性收费；2）收取时开具省级以上（含省级）财政部门监（印）制的财政票据；3）所收款项全额上缴财政。

（2）单位或者个体工商户聘用的员工为本单位或者雇主提供取得工资的服务。

（3）单位或者个体工商户为聘用的员工提供服务。

（4）财政部和国家税务总局规定的其他情形。

有偿，是指取得货币、货物或者其他经济利益。

（二）销售服务、无形资产、不动产的具体内容

1. **销售服务**

销售服务，是指提供交通运输服务、邮政服务、电信服务、建筑服务、金融服务、现代服务、生活服务。

（1）交通运输服务。交通运输服务是指利用运输工具将货物或者旅客送达目的地，使其空间位置得到转移的业务活动，包括陆路运输服务、水路运输服务、航空运输服务和管道运输服务。

1）陆路运输服务。陆路运输服务是指通过陆路（地上或者地下）运送货物或者旅客的运输业务活动，包括铁路运输服务和其他陆路运输服务。

出租车公司向使用本公司自有出租车的出租车司机收取的管理费用，按照陆路运输服务缴纳增值税。

2）水路运输服务。水路运输服务是指通过江、河、湖、川等天然、人工水道或者海洋航道运送货物或者旅客的运输业务活动。

特别提示 水路运输的程租、期租业务，属于水路运输服务。

程租业务，是指运输企业为租船人完成某一特定航次的运输任务并收取租赁费的业务。

期租业务，是指运输企业将配备有操作人员的船舶承租给他人使用一定期限，承租期内听候承租方调遣，不论是否经营，均按天向承租方收取租赁费，发生的固定费用均由船东负担的业务。

3）航空运输服务。航空运输服务是指通过空中航线运送货物或者旅客的运输业务活动。

特别提示 航空运输的湿租业务，属于航空运输服务。

湿租业务，是指航空运输企业将配备机组人员的飞机承租给他人使用一定期限，承租期内听候承租方调遣，不论是否经营，均按一定标准向承租方收取租赁费，发生的固定费用均由承租方承担的业务。

航天运输服务，按照航空运输服务缴纳增值税。航天运输服务是指利用火箭等载体将卫星、空间探测器等空间飞行器发射到空间轨道的业务活动。

4）管道运输服务。管道运输服务是指通过管道设施输送气体、液体、固体物质的运输业务活动。

（2）邮政服务。邮政服务是指中国邮政集团公司及其所属邮政企业提供邮件寄递、邮政汇兑和机要通信等邮政基本服务的业务活动，包括邮政普遍服务、邮政特殊服务和其他邮政服务。

1）邮政普遍服务。邮政普遍服务是指函件、包裹等邮件寄递，以及邮票发行、报刊发行和邮政汇兑等业务活动。

2）邮政特殊服务。邮政特殊服务是指义务兵平常信函、机要通信、盲人读物和革命烈士遗物的寄递等业务活动。

3）其他邮政服务。其他邮政服务是指邮册等邮品销售、邮政代理等业务活动。

【知识串联】邮政储蓄业务按照金融服务缴纳增值税。

（3）电信服务。电信服务是指利用有线、无线的电磁系统或者光电系统等各种通信网络资源，提供语音通话服务，传送、发射、接收或者应用图像、短信等电子数据和信息的业务活动，包括基础电信服务和增值电信服务。

1）基础电信服务。基础电信服务是指利用固网、移动网、卫星、互联网，提供语音通话服务的业务活动，以及出租或者出售带宽、波长等网络元素的业务活动。

2）增值电信服务。增值电信服务是指利用固网、移动网、卫星、互联网、有线电视网络，提供短信和彩信服务、电子数据和信息的传输及应用服务、互联网接入服务等业务活动。

卫星电视信号落地转接服务，按照增值电信服务缴纳增值税。

（4）建筑服务。建筑服务是指各类建筑物、构筑物及其附属设施的建造、修缮、装饰，线路、管道、设备、设施等的安装以及其他工程作业的业务活动，包括工程服务、安装服务、修缮服务、装饰服务和其他建筑服务。物业服务企业为业主提供的装修服务，按照建筑服务缴纳增值税。纳税人将建筑施工设备出租给他人使用并配备操作人员的，按照建筑服务缴纳增值税。

1）工程服务。工程服务是指新建、改建各种建筑物、构筑物的工程作业，包括与建筑物相连的各种设备、支柱、操作平台的安装或者装设工程作业，以及各种窑炉和金属结构工程作业。

2）安装服务。安装服务是指生产设备、动力设备、起重设备、运输设备、传动设备、医疗实验设备以及其他各种设备、设施的装配、安置工程作业，包括与被安装设备相连的工作台、梯子、栏杆的装设工程作业，以及被安装设备的绝缘、防腐、保温、油漆等工程作业。

3）修缮服务。修缮服务是指对建筑物、构筑物进行修补、加固、养护、改善，使之恢复原来的使用价值或者延长其使用期限的工程作业。

【区别比较】有形动产修理属于加工修理修配劳务；建筑物、构筑物的修补、加固、养护、改善属于建筑服务中的修缮服务。

4）装饰服务。装饰服务是指对建筑物、构筑物进行修饰装修，使之美观或者具有特定用途的工程作业。

5）其他建筑服务。其他建筑服务是指上列工程作业之外的各种工程作业服务。

（5）金融服务。金融服务是指经营金融保险的业务活动，包括贷款服务、直接收费金融服务、保险服务和金融商品转让。

1）贷款服务。贷款是指将资金贷与他人使用而取得利息收入的业务活动。

各种占用、拆借资金取得的收入，包括金融商品持有期间（含到期）利息（保本收益、报酬、资金占用费、补偿金等）收入、信用卡透支利息收入、买入返售金融商品利息收入、融资融券收取的利息收入，以及融资性售后回租、押汇、罚息、票据贴现、转贷等业务取得的利息及利息性质的收入，按照贷款服务缴纳增值税。

融资性售后回租是指承租方以融资为目的，将资产出售给从事融资性售后回租业务的企业后，从事融资性售后回租业务的企业将该资产出租给承租方的业务活动。

以货币资金投资收取的固定利润或者保底利润，按照贷款服务缴纳增值税。

2）直接收费金融服务。直接收费金融服务是指为货币资金融通及其他金融业务提供相关服务并且收取费用的业务活动，包括提供货币兑换、账户管理、电子银行、信用卡、信用证、财务担保、资产管理、信托管理、基金管理、金融交易场所（平台）管理、资金结算、资金清算、金融支付等服务。

3）保险服务。保险服务是指投保人根据合同约定，向保险人支付保险费，保险人对于合同约定的可能发生的事故因其发生所造成的财产损失承担赔偿保险金责任，或者当被保险人死亡、伤残、疾病或达到合同约定的年龄、期限等条件时承担给付保险金责任的商业保险行为，包括人身保险服务和财产保险服务。

4）金融商品转让。金融商品转让是指转让外汇、有价证券、非货物期货和其他金融商品所有权的业务活动。

其他金融商品转让包括基金、信托、理财产品等各类资产管理产品和各种金融衍生品的转让。

（6）现代服务。现代服务是指围绕制造业、文化产业、现代物流产业等提供技术性、知识性服务的业务活动，包括研发和技术服务、信息技术服务、文化创意服务、物流辅助服务、租赁服务、鉴证咨询服务、广播影视服务、商务辅助服务和其他现代服务。

1）研发和技术服务。研发和技术服务包括研发服务、合同能源管理服务、工程勘察勘探服务、专业技术服务。

2）信息技术服务。信息技术服务是指利用计算机、通信网络等技术对信息进行生产、收集、处理、加工、存储、运输、检索和利用，并提供信息服务的业务活动，包括软件服务、电路设计及测试服务、信息系统服务、业务流程管理服务和信息系统增值服务。

3）文化创意服务。文化创意服务包括设计服务、知识产权服务、广告服务和会议展览服务。宾馆、旅馆、旅社、度假村和其他经营性住宿场所提供会议场地及配套服务的活动，按照会议展览服务缴纳增值税。

4）物流辅助服务。物流辅助服务包括航空服务、港口码头服务、货运客运场站服务、打捞救助服务、装卸搬运服务、仓储服务和收派服务。

特别提示 车辆停放服务属于不动产经营租赁服务，不属于货运客运场站服务。

5）租赁服务。租赁服务包括融资租赁服务和经营租赁服务。

水路运输的光租业务、航空运输的干租业务，属于经营租赁。

光租业务，是指运输企业将船舶在约定的时间内出租给他人使用，不配备操作人员，不承担运输过程中发生的各项费用，只收取固定租赁费的业务活动。

干租业务，是指航空运输企业将飞机在约定的时间内出租给他人使用，不配备机组人员，不承担运输过程中发生的各项费用，只收取固定租赁费的业务活动。

【区别比较】水路运输的程租、期租业务属于"交通运输服务——水路运输服务"；航空运输的湿租业务属于"交通运输服务——航空运输服务"；水路运输的光租业务、航空运输的干租业务属于"现代服务——租赁服务"。

点拨指导 通过实质重于形式原则来区分：程租、期租、湿租是连人（司机等）带交通工具一起出租，实质上是提供运输服务；光租、干租是只出租交通工具不带人（司机等），实质上是提供租赁服务。

任务引例解析

根据《关于全面推开营业税改征增值税试点的通知》（财税〔2016〕36号）附件1《营业税改征增值税试点实施办法》的规定，将建筑物、构筑物等不动产或者飞机、车辆等有形动产的广告位出租给其他单位或者个人用于发布广告，按照"经营租赁服务"缴纳增值税。

6）鉴证咨询服务。鉴证咨询服务包括认证服务、鉴证服务和咨询服务。

7）广播影视服务。广播影视服务包括广播影视节目（作品）的制作服务、发行服务和播映（含放映，下同）服务。

8）商务辅助服务。商务辅助服务包括企业管理服务、经纪代理服务、人力资源服务、安全保护服务。纳税人提供武装守护押运服务，按照安全保护服务缴纳增值税。

9）其他现代服务。其他现代服务是指除研发和技术服务、信息技术服务、文化创意服务、物流辅助服务、租赁服务、鉴证咨询服务、广播影视服务和商务辅助服务以外的现代服务。

纳税人对安装运行后的电梯提供的维护保养服务，按照其他现代服务缴纳增值税。

（7）生活服务。生活服务是指为满足城乡居民日常生活需求提供的各类服务活动，包括文化体育服务、教育医疗服务、旅游娱乐服务、餐饮住宿服务、居民日常服务和其他生活服务。

1）文化体育服务。文化体育服务包括文化服务和体育服务。纳税人在游览场所经营索道、摆渡车、电瓶车、游船等取得的收入，按照文化体育服务缴纳增值税。

2）教育医疗服务。教育医疗服务包括教育服务和医疗服务。

3）旅游娱乐服务。旅游娱乐服务包括旅游服务和娱乐服务。

4）餐饮住宿服务。餐饮住宿服务包括餐饮服务和住宿服务。提供餐饮服务的纳税人销售的外卖食品，按照餐饮服务缴纳增值税。纳税人现场制作食品并直接销售给消费者，按照餐饮服务缴纳增值税。纳税人以长（短）租形式出租酒店式公寓并提供配套服务的，按照住宿服务缴纳增值税。

5）居民日常服务。居民日常服务是指主要为满足居民个人及其家庭日常生活需求提供的服务，包括市容市政管理、家政、婚庆、养老、殡葬、照料和护理、救助救济、美容美发、按摩、桑拿、氧吧、足疗、沐浴、洗染、摄影扩印等服务。

6）其他生活服务。其他生活服务是指除文化体育服务、教育医疗服务、旅游娱乐服务、餐饮住宿服务和居民日常服务之外的生活服务。

纳税人提供植物养护服务，按照其他生活服务缴纳增值税。

2. 销售无形资产

销售无形资产，是指转让无形资产所有权或者使用权的业务活动。无形资产，是指不具有实物形态，但能带来经济利益的资产，包括技术、商标、著作权、商誉、自然资源使用权和其他权益性无形资产。

技术，包括专利技术和非专利技术。

自然资源使用权，包括土地使用权、海域使用权、探矿权、采矿权、取水权和其他自然资源使用权。

其他权益性无形资产，包括基础设施资产经营权、公共事业特许权、配额、经营权（包括特许经营权、连锁经营权、其他经营权）、经销权、分销权、代理权、会员权、席位权、网络游戏虚拟道具、域名、名称权、肖像权、冠名权、转会费等。

3. 销售不动产

销售不动产，是指转让不动产所有权的业务活动。不动产，是指不能移动或者移动后会引起性质、形状改变的财产，包括建筑物、构筑物等。

建筑物，包括住宅、商业营业用房、办公楼等可供居住、工作或者进行其他活动的建造物。

构筑物，包括道路、桥梁、隧道、水坝等建造物。

转让建筑物有限产权或者永久使用权的，转让在建的建筑物或者构筑物所有权的，以及在转让建筑物或者构筑物时一并转让其所占土地的使用权的，按照销售不动产缴纳增值税。

个人转让住房，在2016年4月30日前已签订转让合同，2016年5月1日以后办理产权变更事项的，应缴纳增值税。

特别提示 单独转让土地使用权，按照销售无形资产缴纳增值税。

二、属于增值税征税范围的特殊行为

（一）视同销售货物

单位或者个体工商户的下列行为，视同销售货物，征收增值税：

（1）将货物交付其他单位或者个人代销。

（2）销售代销货物。

（3）设有两个以上机构并实行统一核算的纳税人，将货物从一个机构移送到其他机构用于销售，但相关机构设在同一县（市）的除外。

（4）将自产或者委托加工的货物用于集体福利或者个人消费。

（5）将自产、委托加工或者购进的货物作为投资，提供给其他单位或者个体工商户。

（6）将自产、委托加工或者购进的货物分配给股东或者投资者。

（7）将自产、委托加工或者购进的货物无偿赠送其他单位或者个人。

纳税人发生固定资产视同销售行为，对已使用过的固定资产无法确定销售额的，以固定资产净值作为销售额。

实务咨询 总机构向分支机构移送货物，如果分支机构仅仅作为仓库使用，需要缴纳增值税吗？

答：《国家税务总局关于企业所属机构间移送货物征收增值税问题的通知》（国税发〔1998〕137号）规定："目前，对实行统一核算的企业所属机构间移送货物，接受移送货物机构（以下简称受货机构）的经营活动是否属于销售应在当地纳税，各地执行不一。经研究，现明确如下：《中华人民共和国增值税暂行条例实施细则》第四条视同销售货物行为的第（三）项所称的用于销售，是指受货机构发生以下情形之一的经营行为：一、向购货方开具发票；二、向购货方收取货款。受货机构的货物移送行为有上述两项情形之一的，应当向所在地税务机关缴纳增值税；未发生上述两项情形的，则应由总机构统一缴纳增值税。"

因此，如果该分支机构向购货方开具发票或者向购货方收取货款（分支机构向所在地税务机关缴纳增值税），则总机构移送货物到分支机构的行为属于视同销售行为，总机构应当向分支机构开具增值税专用发票，分支机构若符合条件则可以抵扣进项税额，会计处理与正常销售业务相同。

如果该分支机构未向购货方销售货物或收取货款，仅仅作为仓库使用的话，则由总机构移送货物到分支机构的行为不属于视同销售行为，待总机构对外销售时，由总机构向购买方开具发票，并由总机构统一缴纳增值税。

（二）视同销售服务、无形资产或者不动产

下列情形视同销售服务、无形资产或者不动产：

（1）单位或者个体工商户向其他单位或者个人无偿提供服务，但用于公益事业或者以社会公众为对象的除外。

（2）单位或者个人向其他单位或者个人无偿转让无形资产或者不动产，但用于公益事业或者以社会公众为对象的除外。

（3）财政部和国家税务总局规定的其他情形。

特别提示 纳税人出租不动产，租赁合同中约定免租期的，不属于视同销售服务。

除了上述两类行为属于增值税征税范围的特殊行为外，还有混合销售行为和兼营行为，具体内容详见本项目任务七。

三、不征收增值税项目

（1）根据国家指令无偿提供的铁路运输服务、航空运输服务，属于《营业税改征增值税试点实施办法》第十四条规定的用于公益事业的服务。

（2）存款利息。

（3）被保险人获得的保险赔付。

（4）房地产主管部门或者其指定机构、公积金管理中心、开发企业以及物业管理单位代收的住宅专项维修资金。

（5）纳税人在资产重组过程中，通过合并、分立、出售、置换等方式，将全部或者部分实物资产以及与其相关联的债权、负债和劳动力一并转让给其他单位和个人，其中涉及的货物转让行为。

（6）纳税人在资产重组过程中，通过合并、分立、出售、置换等方式，将全部或者部分实物资产以及与其相关联的债权、负债和劳动力一并转让给其他单位和个人，其中涉及的不动产、土地使用权转让行为。

（7）自2020年1月1日起，纳税人取得的财政补贴收入，与其销售货物、劳务、服务、无形资产、不动产的收入或者数量直接挂钩的，应按规定计算缴纳增值税；纳税人取得的其他情形的财政补贴收入，不属于增值税应税收入，不征收增值税。

任务四 增值税税率和征收率的判定

增值税一般纳税人计算缴纳增值税时，一般情况下采用一般计税方法适用三种情况的比例税率。第一种是基本税率；第二种是低税率；第三种是出口货物、劳务、服务或者无形资产适用的零税率。增值税一般纳税人计算缴纳增值税时，特殊情况下采用简易计税方法适用征收率。增值税小规模纳税人计算缴纳增值税时，采用简易计税方法适用征收率。具体适用范围如下所述。

一、增值税的基本税率

增值税的基本税率为13%，适用于纳税人销售或者进口货物（适用9%低税率的除外）、销售加工修理修配劳务、销售有形动产租赁服务。

二、增值税的低税率

增值税的低税率分为下述两档。

（一）9%的低税率

（1）一般纳税人销售或者进口下列货物，按低税率计征增值税，税率为9%：农产品（含粮食，不含淀粉；含干姜、姜黄，不含麦芽、复合胶、人发制品）、自来水、暖气、石油液化气、天然气、食用植物油（含橄榄油，不含肉桂油、桉油、香茅油）、冷气、热水、煤气、居民用煤炭制品、食用盐、农机、饲料、农药、农膜、化肥、沼气、二甲醚、图书、报纸、杂志、音像制品、电子出版物。

（2）一般纳税人销售交通运输、邮政、基础电信、建筑、不动产租赁服务，销售不动产，转让土地使用权，税率为9%。

（二）6%的低税率

一般纳税人销售增值电信服务、金融服务、现代服务和生活服务，销售土地使用权以外的无形资产，税率为6%。

三、增值税的零税率

(一) 货物或者劳务适用的零税率

纳税人出口货物或者劳务，适用增值税零税率，但是，国务院另有规定的除外。零税率是税收优惠的一种体现，是为了鼓励企业出口货物或者劳务而采用的一种税率。

(二) 服务或者无形资产适用的零税率

中华人民共和国境内（以下简称境内）的单位和个人销售的下列服务或者无形资产（即出口服务或者无形资产，统称为“跨境应税行为”），适用增值税零税率：

(1) 国际运输服务。国际运输服务是指：

1) 在境内载运旅客或者货物出境。

2) 在境外载运旅客或者货物入境。

3) 在境外载运旅客或者货物。

(2) 航天运输服务。

(3) 向境外单位提供的完全在境外消费的下列服务：

1) 研发服务。

2) 合同能源管理服务。

3) 设计服务。

4) 广播影视节目（作品）的制作和发行服务。

5) 软件服务。

6) 电路设计及测试服务。

7) 信息系统服务。

8) 业务流程管理服务。

9) 离岸服务外包业务。离岸服务外包业务包括信息技术外包（ITO）服务、技术性业务流程外包（BPO）服务、技术性知识流程外包（KPO）服务，其所涉及的具体业务活动，按照《销售服务、无形资产、不动产注释》相对应的业务活动执行。

10) 转让技术。

完全在境外消费是指：服务的实际接受方在境外，且与境内的货物和不动产无关；无形资产完全在境外使用，且与境内的货物和不动产无关；财政部和国家税务总局规定的其他情形。

(4) 财政部和国家税务总局规定的其他服务。

点拨指导 零税率不同于免税。以出口货物为例，出口货物免税仅指在出口销售环节免征增值税销项税额（一般计税方法下）或者应纳增值税税额（简易计税方法下），该出口货物在出口前相应的进项税额不能抵扣，也不能退还；而零税率是指对出口货物除了在出口销售环节免征增值税销项税额（一般计税方法下）或者增值税应纳税额（简易计税方法下）外，还要将该出口货物在出口前相应的进项税额按照税法规定的计算公式计算后予以直接退还（免退办法）或者先抵扣后退还（免抵退办法），使该出口货物在出口时完全不含增值税税款，从而以无增值税货物的形式进入国际市场。

四、增值税的征收率

一般纳税人特殊情况下采用简易计税方法适用征收率。小规模纳税人缴纳增值税采用简易计税方法适用征收率。我国增值税的法定征收率是3%；一些特殊项目适用3%减按2%的征收率、减按0.5%的征收率等。全面“营改增”后与不动产有关的特殊项目适用5%的征收率；一些特殊项目适用5%减按1.5%的征收率（具体详见本项目任务八）。

自2020年3月1日至2021年3月31日，湖北省增值税小规模纳税人适用3%征收率的应税销售收入，免征增值税；适用3%预征率的预缴增值税项目，暂停预缴增值税。自2021年4月1日至2022年3月31日，湖北省增值税小规模纳税人，适用3%征收率的应税销售收入，减按1%征收率征收增值税；适用3%预征率的预缴增值税项目，减按1%预征率预缴增值税。自2020年3月1日至2022年3月31日，除湖北省外，其他省、自治区、直辖市的增值税小规模纳税人，适用3%征收率的应税销售收入，减按1%征收率征收增值税；适用3%预征率的预缴增值税项目，减按1%预征率预缴增值税。自2022年4月1日至2022年12月31日，增值税小规模纳税人适用3%征收率的应税销售收入，免征增值税；适用3%预征率的预缴增值税项目，暂停预缴增值税。自2023年1月1日至2027年12月31日，增值税小规模纳税人适用3%征收率的应税销售收入，减按1%征收率征收增值税；适用3%预征率的预缴增值税项目，减按1%预征率预缴增值税。

【归纳总结】租赁业务（包括经营租赁和融资租赁）的税率和征收率归纳见表2-4。

表2-4　租赁业务（包括经营租赁和融资租赁）的税率和征收率归纳

租赁的类型	一般计税方法下（适用税率）	简易计税方法下（适用征收率）
不动产租赁	9%	5%
动产租赁	13%	3%

任务五　增值税优惠政策的运用

任务引例

我单位是一家农民专业合作社。请问我单位用自产的茶青再经筛分、风选、拣剔、碎块、干燥、匀堆等工序精制而成的精制茶，是否应当缴纳增值税？

一、原增值税纳税人的增值税减免税政策

（一）《增值税暂行条例》规定的免税政策

（1）销售自产农产品，是指农业生产者销售的自产初级农产品（包括制种、“公司＋农户”经营模式的畜禽饲养）。

（2）避孕药品和用具。

（3）古旧图书（指向社会收购的古书和旧书）。

（4）直接用于科学研究、科学试验和教学的进口仪器、设备。

（5）外国政府、国际组织无偿援助的进口物资和设备。

（6）由残疾人的组织直接进口供残疾人专用的物品。

（7）销售自己使用过的物品（指其他个人①自己使用过的物品）。

任务引例解析

根据《农业产品征税范围注释》（财税字〔1995〕52号）的规定，农业生产者用自产的茶青再经筛分、风选、拣剔、碎块、干燥、匀堆等工序精制而成的精制茶，不得按照农业生产者销售的自产农业产品免税的规定执行，应当按照规定的税率征税。

因此，你单位用自产的茶青再经筛分、风选、拣剔、碎块、干燥、匀堆等工序精制而成的精制茶，应当缴纳增值税。

（二）财政部、税务总局规定的增值税优惠政策

1. 资源综合利用产品和劳务增值税优惠政策

纳税人销售自产的资源综合利用产品和提供资源综合利用劳务，符合税法规定的相关条件的，可享受增值税即征即退政策。

2. 医疗卫生的增值税优惠政策

（1）非营利性医疗机构自产自用的制剂免征增值税。

（2）营利性医疗机构取得的收入，按规定征收各项税收。自执业登记起3年内对自产自用的制剂免征增值税。

（3）疾病控制机构和妇幼保健机构等按国家规定价格取得的卫生服务收入，免征增值税。

（4）血站供应给医疗机构的临床用血免征增值税。

（5）供应非临床用血，可按简易办法计算应纳税额。

3. 修理修配劳务的增值税优惠

飞机修理，增值税实际税负超过6%的部分即征即退。

4. 软件产品的增值税优惠

增值税一般纳税人销售其自行开发生产的软件产品，按13%税率征收增值税后，对其增值税实际税负超过3%的部分实行即征即退政策。增值税一般纳税人将进口软件产品进行本地化改造后对外销售，其销售的软件产品可享受上述增值税即征即退政策。即征即退税额的计算公式如下：

即征即退税额＝当期软件产品增值税应纳税额－当期软件产品销售额×3%

① 个人有两种：一种是个体工商户；另一种是其他个人。因此，其他个人指的是个体工商户以外的个人，即自然人。

5. 采暖费收入的增值税优惠

至2027年供暖期结束，对供热企业向居民个人供热而取得的采暖费收入继续免征增值税。

6. 蔬菜流通环节增值税免税政策

（1）自2012年1月1日起，对从事蔬菜批发、零售的纳税人销售的蔬菜免征增值税。

蔬菜是指可作副食的草本、木本植物，包括各种蔬菜、菌类植物和少数可作副食的木本植物。蔬菜的主要品种参照《蔬菜主要品种目录》（略）执行。

经挑选、清洗、切分、晾晒、包装、脱水、冷藏、冷冻等工序加工的蔬菜，属于上述蔬菜的范围。

特别提示 各种蔬菜罐头不属于免征增值税范围。蔬菜罐头是指蔬菜经处理、装罐、密封、杀菌或无菌包装而制成的食品。

（2）从事蔬菜批发、零售的纳税人既销售蔬菜又销售其他增值税应税货物的，应分别核算蔬菜和其他增值税应税货物的销售额；未分别核算的，不得享受蔬菜增值税免税政策。

7. 部分鲜活肉蛋产品流通环节增值税免税政策

（1）自2012年10月1日起，对从事农产品批发、零售的纳税人销售的部分鲜活肉蛋产品免征增值税。

免征增值税的鲜活肉产品，是指猪、牛、羊、鸡、鸭、鹅及其整块或者分割的鲜肉、冷藏或者冷冻肉，内脏、头、尾、骨、蹄、翅、爪等组织。

免征增值税的鲜活蛋产品，是指鸡蛋、鸭蛋、鹅蛋，包括鲜蛋、冷藏蛋以及对其进行破壳分离的蛋液、蛋黄和蛋壳。

（2）从事农产品批发、零售的纳税人既销售上述部分鲜活肉蛋产品又销售其他增值税应税货物的，应分别核算上述鲜活肉蛋产品和其他增值税应税货物的销售额；未分别核算的，不得享受部分鲜活肉蛋产品增值税免税政策。

8. 制种行业增值税免税政策

制种企业在规定的生产经营模式下生产种子，属于农业生产者销售自产农产品，免征增值税。

实务咨询 我公司对外提供污水处理，请问污水处理劳务现在是否享受增值税即征即退优惠？

答：《财政部 税务总局关于完善资源综合利用增值税政策的公告》（财政部 税务总局公告2021年第40号）规定，自2022年3月1日起，增值税一般纳税人销售自产的资源综合利用产品和提供资源综合利用劳务（以下称销售综合利用产品和劳务），可享受增值税即征即退政策。

（1）综合利用的资源名称、综合利用产品和劳务名称、技术标准和相关条件、退税比例等按照本公告所附《资源综合利用产品和劳务增值税优惠目录（2022年版）》（以下简称《目录》）的相关规定执行。

（2）纳税人从事《目录》所列的资源综合利用项目，其申请享受本公告规定的增值税即征即退政策时，应同时符合下列条件：纳税人在境内收购的再生资源，应按规定从销售方取得增值税发票；适用免税政策的，应按规定从销售方取得增值税普通发票。销售方为依法依规无法申领发票的单位或者从事小额零星经营业务的自然人，应取得销售方开具的收款凭证及收购方内部凭证，或者税务机关代开的发票。本款所称小额零星经营业务是指自然人从事应税项目经营业务的销售额不超过增值税按次起征点的业务。

纳税人从境外收购的再生资源，应按规定取得海关进口增值税专用缴款书，或者从销售方取得具有发票性质的收款凭证、相关税费缴纳凭证。

纳税人应当取得上述发票或凭证而未取得的，该部分再生资源对应产品的销售收入不得适用本公告的即征即退规定。

不得适用本公告即征即退规定的销售收入＝当期销售综合利用产品和劳务的销售收入×(纳税人应当取得发票或凭证而未取得的购入再生资源成本÷当期购进再生资源的全部成本)。

纳税人应当在当期销售综合利用产品和劳务销售收入中剔除不得适用即征即退政策部分的销售收入后，计算可申请的即征即退税额：

可申请退税额＝［（当期销售综合利用产品和劳务的销售收入－不得适用即征即退规定的销售收入）×适用税率－当期即征即退项目的进项税额］×对应的退税比例

各级税务机关要加强发票开具相关管理工作，纳税人应按规定及时开具、取得发票。

其中，《目录》规定：污水处理劳务的技术标准和相关条件为污水经加工处理后符合《城镇污水处理厂污染物排放标准》（GB 18918－2002）规定的技术要求或达到相应的国家或地方水污染物排放标准中的直接排放限值。污水处理是指将污水（包括城镇污水、农村污水和工业废水）处理后达到《城镇污水处理厂污染物排放标准》（GB 18918－2002），或达到相应的国家或地方水污染物排放标准中的直接排放限值的业务。其中，城镇污水是指城镇居民生活污水，机关、学校、医院、商业服务机构及各种公共设施排水，以及允许排入城镇污水收集系统的工业废水和初期雨水。农村污水主要是指农村居民生活产生的污水，主要包括厕所污水和生活杂排水。工业废水是指工业生产过程中产生的，不允许排入城镇污水收集系统的废水和废液。

因此，若你公司提供污水处理符合上述标准的，则实行增值税即征即退。

二、"营改增"试点纳税人的增值税减免税政策

（一）"营改增"过渡期间免税政策

下列项目免征增值税：

(1) 托儿所、幼儿园提供的保育和教育服务。

(2) 养老机构提供的养老服务。

(3) 残疾人福利机构提供的育养服务。

(4) 婚姻介绍服务。

(5) 殡葬服务。

(6) 残疾人员本人为社会提供的服务。

（7）医疗机构提供的医疗服务。

（8）从事学历教育的学校提供的教育服务。

（9）学生勤工俭学提供的服务。

（10）农业机耕、排灌、病虫害防治、植物保护、农牧保险以及相关技术培训业务，家禽、牲畜、水生动物的配种和疾病防治。

（11）纪念馆、博物馆、文化馆、文物保护单位管理机构、美术馆、展览馆、书画院、图书馆在自己的场所提供文化体育服务取得的第一道门票收入。

（12）寺院、宫观、清真寺和教堂举办文化、宗教活动的门票收入。

（13）行政单位之外的其他单位收取的符合《营业税改征增值税试点实施办法》第十条规定条件的政府性基金和行政事业性收费。

（14）个人转让著作权。

（15）个人销售自建自用住房。

（16）2025 年 12 月 31 日前，经营公租房所取得的租金收入。

（17）台湾航运公司、航空公司从事海峡两岸海上直航、空中直航业务在大陆取得的运输收入。

（18）纳税人提供的直接或者间接国际货物运输代理服务。

（19）符合条件的利息收入。

（20）被撤销金融机构以货物、不动产、无形资产、有价证券、票据等财产清偿债务。

（21）保险公司开办的 1 年期以上人身保险产品取得的保费收入。

（22）符合条件的金融商品转让收入。

（23）金融同业往来利息收入。

（24）符合条件的担保机构从事中小企业信用担保或者再担保业务取得的收入（不含信用评级、咨询、培训等收入）3 年内免征增值税。

（25）国家商品储备管理单位及其直属企业承担商品储备任务，从中央或者地方财政取得的利息补贴收入和价差补贴收入。

（26）纳税人提供技术转让、技术开发和与之相关的技术咨询、技术服务。

（27）符合条件的合同能源管理服务。

（28）2027 年 12 月 31 日前，免征图书批发、零售环节增值税。

（29）2027 年 12 月 31 日前，科普单位的门票收入，以及县级及以上党政部门和科协开展科普活动的门票收入。

（30）政府举办的从事学历教育的高等、中等和初等学校（不含下属单位），举办进修班、培训班取得的全部归该学校所有的收入。

（31）政府举办的职业学校设立的主要为在校学生提供实习场所，并由学校出资自办、由学校负责经营管理、经营收入归学校所有的企业，从事《销售服务、无形资产、不动产注释》中“现代服务”（不含融资租赁服务、广告服务和其他现代服务）、“生活服务”（不含文化体育服务、其他生活服务和桑拿、氧吧）业务活动取得的收入。

（32）家政服务企业由员工制家政服务员提供家政服务取得的收入。

（33）福利彩票、体育彩票的发行收入。

（34）军队空余房产租赁收入。

（35）为了配合国家住房制度改革，企业、行政事业单位按房改成本价、标准价出售住房取得的收入。

（36）将土地使用权转让给农业生产者用于农业生产。

（37）纳税人采取转包、出租、互换、转让、入股等方式将承包地流转给农业生产者用于农业生产。

（38）涉及家庭财产分割的个人无偿转让不动产、土地使用权。

（39）土地所有者出让土地使用权和土地使用者将土地使用权归还给土地所有者。

土地所有者依法征收土地，并向土地使用者支付土地及其相关有形动产、不动产补偿费的行为，属于上述情形。

（40）县级以上地方人民政府或自然资源行政主管部门出让、转让或收回自然资源使用权（不含土地使用权）。

（41）随军家属就业。

（42）军队转业干部就业。

（43）2027 年 12 月 31 日前，企业集团内单位（含企业集团）之间的资金无偿借贷行为。

（44）提供社区养老、抚育、家政等服务取得的收入。

（45）纳税人将国有农用地出租给农业生产者用于农业生产。

（46）2027 年 12 月 31 日前，金融机构向小型企业、微型企业和个体工商户发放小额贷款取得的利息收入。

（47）2027 年 12 月 31 日前，纳税人为农户、小型企业、微型企业及个体工商户借款、发行债券提供融资担保取得的担保费收入，以及为上述融资担保（以下称原担保）提供再担保取得的再担保费收入，免征增值税。再担保合同对应多个原担保合同的，原担保合同应全部适用免征增值税政策。否则，再担保合同应按规定缴纳增值税。

（二）“营改增”过渡期间即征即退政策

（1）一般纳税人提供管道运输服务，对其增值税实际税负超过 3%的部分实行增值税即征即退政策。

（2）经人民银行、银保监会（现为国家金融监督管理总局）或者商务部批准（含备案）从事融资租赁业务的试点纳税人中的一般纳税人，提供有形动产融资租赁服务和有形动产融资性售后回租服务，对其增值税实际税负超过 3%的部分实行增值税即征即退政策。商务部授权的省级商务主管部门和国家经济技术开发区批准（含备案）的从事融资租赁业务和融资性售后回租业务的试点纳税人中的一般纳税人，2016 年 5 月 1 日后实收资本达到 1.7 亿元的，从达到标准的当月起按照上述规定执行；2016 年 5 月 1 日后实收资本未达到 1.7 亿元但注册资本达到 1.7 亿元的，在 2016 年 7 月 31 日前仍可按照上述规定执行，2016 年 8 月 1 日后开展的有形动产融资租赁业务和有形动产融资性售后回租业务不得按照上述规定执行。

增值税实际税负，是指纳税人当期提供应税服务实际缴纳的增值税额占纳税人当期提供应税服务取得的全部价款和价外费用的比例。

（三）“营改增”优惠承继政策

本地区“营改增”试点实施之日前，如果试点纳税人已经按照有关政策规定享受了营业税税收优惠，在剩余税收优惠政策期限内，可以按照《营业税改征增值税试点实施办法》继续享受有关增值税优惠。

（四）“营改增”试点前发生业务的处理

（1）试点纳税人发生应税行为，按照国家有关营业税政策规定差额征收营业税的，因取得的全部价款和价外费用不足以抵减允许扣除项目金额，截至纳入“营改增”试点之日前尚未扣除的部分，不得在计算试点纳税人增值税应税销售额时抵减，应当向原主管税务机关申请退还营业税。

（2）试点纳税人发生应税行为，在纳入“营改增”试点之日前已缴纳营业税，“营改增”试点后因发生退款减除营业额的，应当向原主管税务机关申请退还已缴纳的营业税。

（3）试点纳税人纳入“营改增”试点之日前发生的应税行为，因税收检查等原因需要补缴税款的，应按照营业税政策规定补缴营业税。

（五）“营改增”零税率政策

具体详见本项目“任务四　增值税税率和征收率的判定”，这里不再赘述。

（六）“营改增”境外服务或者无形资产免税政策

境内的单位和个人销售的下列服务或者无形资产免征增值税（即出口服务或者无形资产，统称为“跨境应税行为”），但财政部和国家税务总局规定适用零税率的除外：

（1）境内单位和个人提供的下列服务：

1）工程项目在境外的建筑服务。

2）工程项目在境外的工程监理服务。

3）工程、矿产资源在境外的工程勘察勘探服务。

4）会议展览地点在境外的会议展览服务。

5）存储地点在境外的仓储服务。

6）标的物在境外使用的有形动产租赁服务。

7）在境外提供的广播影视节目（作品）的播映服务。

8）在境外提供的文化体育服务、教育医疗服务、旅游服务。

（2）为出口货物提供的邮政服务、收派服务、保险服务。为出口货物提供的保险服务，包括出口货物保险和出口信用保险。

（3）向境外单位提供的完全在境外消费的下列服务或者无形资产：

1）电信服务。

2）知识产权服务。

3）物流辅助服务（仓储服务、收派服务除外）。

4）鉴证咨询服务。

5）专业技术服务。

6）商务辅助服务。

7）广告投放地在境外的广告服务。

8）无形资产。

（4）以无运输工具承运方式提供的国际运输服务。

（5）为境外单位之间的货币资金融通及其他金融业务提供的直接收费金融服务，且该服务与境内的货物、无形资产和不动产无关。

（6）财政部和国家税务总局规定的其他服务。

（七）“营改增”税额抵减

试点增值税纳税人在制度转换以后，初次购买增值税税控系统专用设备（包括分开票机）所支付的费用，可凭购买增值税税控系统专用设备取得的增值税专用发票，在增值税应纳税额中全额抵减（抵减额为价税合计额），不足抵减的，可结转下期继续抵减。非初次购买所支付的费用由纳税人自行负担。

增值税纳税人在制度转换以后，缴纳的技术维护费（不含补缴的转换日以前的技术维护费），可凭技术维护服务单位开具的技术维护费发票，在增值税应纳税额中全额抵减，不足抵减的，可结转下期继续抵减。技术维护费按照价格主管部门核定的标准执行。

增值税一般纳税人支付的两项费用（首次购买增值税税控系统专用设备所支付的费用和缴纳的技术维护费）在增值税应纳税额中全额抵减的，其增值税专用发票不作为增值税抵扣凭证，进项税额不得从销项税额中抵扣。

（八）选择或者放弃税收减免的规定

纳税人发生应税行为适用免税、减税规定的，可以放弃免税、减税，依照税法规定缴纳增值税。放弃免税、减税后，36个月内不得再申请免税、减税。纳税人要求放弃免税、减税权的，应当以书面形式提交纳税人放弃免（减）税权声明，报主管税务机关备案。纳税人发生应税行为同时适用免税和零税率规定的，纳税人可以选择适用免税或者零税率。例如，对于出口设计服务（服务外包）可以适用增值税零税率，但同时也可以继续免征增值税（原免征营业税的延续）。在这种情况下，允许纳税人优先选择适用零税率，这部分纳税人可以适用出口退税政策。

三、增值税的起征点

个人发生应税行为的销售额未达到增值税起征点的，免征增值税；达到起征点的，全额计算缴纳增值税。增值税起征点的适用范围仅限于个人，不包括登记为一般纳税人的个体工商户。

（一）原增值税纳税人的增值税起征点的幅度规定

（1）销售货物的，为月销售额5 000～20 000元。

（2）销售加工修理修配劳务的，为月销售额5 000～20 000元。

（3）按次纳税的，为每次（日）销售额300～500元。

（二）“营改增”试点纳税人的增值税起征点的幅度规定

（1）按期纳税的，为月销售额 5 000～20 000 元（含本数）。

（2）按次纳税的，为每次（日）销售额 300～500 元（含本数）。

起征点的调整由财政部和国家税务总局规定。省、自治区、直辖市财政厅（局）和税务局应当在规定的幅度内，根据实际情况确定本地区适用的起征点，并报财政部和国家税务总局备案。

四、小微企业暂免征收增值税的优惠政策

自 2023 年 1 月 1 日至 2027 年 12 月 31 日，国家税务总局关于增值税小规模纳税人减免增值税等政策有关征管事项规定如下：

（1）增值税小规模纳税人（简称小规模纳税人）发生增值税应税销售行为，合计月销售额未超过 10 万元（以 1 个季度为 1 个纳税期的，季度销售额未超过 30 万元）的，免征增值税。

小规模纳税人发生增值税应税销售行为，合计月销售额超过 10 万元（以 1 个季度为 1 个纳税期的，季度销售额超过 30 万元），但扣除本期发生的销售不动产的销售额后未超过 10 万元（以 1 个季度为 1 个纳税期的，季度销售额未超过 30 万元）的，其销售货物、劳务、服务、无形资产取得的销售额免征增值税。

（2）适用增值税差额征税政策的小规模纳税人，以差额后的销售额确定是否可以享受“自 2023 年 1 月 1 日至 2027 年 12 月 31 日，对月销售额 10 万元（以 1 个季度为 1 个纳税期的，季度销售额 30 万元）以下（含本数）的增值税小规模纳税人，免征增值税”规定中的免征增值税政策。

《增值税及附加税费申报表（小规模纳税人适用）》中的“免税销售额”相关栏次，填写差额后的销售额。

（3）《增值税暂行条例实施细则》第九条所称的其他个人，采取一次性收取租金形式出租不动产取得的租金收入，可在对应的租赁期内平均分摊，分摊后的月租金收入未超过 10 万元的，免征增值税。

（4）小规模纳税人取得应税销售收入，适用“自 2023 年 1 月 1 日至 2027 年 12 月 31 日，对月销售额 10 万元（以 1 个季度为 1 个纳税期的，季度销售额 30 万元）以下（含本数）的增值税小规模纳税人，免征增值税”规定中的免征增值税政策的，纳税人可就该笔销售收入选择放弃免税并开具增值税专用发票。

（5）小规模纳税人取得应税销售收入，适用“自 2023 年 1 月 1 日至 2027 年 12 月 31 日，增值税小规模纳税人适用 3%征收率的应税销售收入，减按 1%征收率征收增值税”政策的，应按照 1%征收率开具增值税发票。纳税人可就该笔销售收入选择放弃减税并开具增值税专用发票。

（6）小规模纳税人取得应税销售收入，纳税义务发生时间在 2022 年 12 月 31 日前并已开具增值税发票，如发生销售折让、中止或者退回等情形需要开具红字发票，应开具对应征收率红字发票或免税红字发票；开票有误需要重新开具的，应开具对应征收率红字发票或免税红字发票，再重新开具正确的蓝字发票。

（7）小规模纳税人发生增值税应税销售行为，合计月销售额未超过 10 万元（以 1 个季度为 1 个纳税期的，季度销售额未超过 30 万元）的，免征增值税的销售额等项目应填写在《增值税及附加税费申报表（小规模纳税人适用）》"小微企业免税销售额"或者"未达起征点销售额"相关栏次；减按 1%征收率征收增值税的销售额应填写在《增值税及附加税费申报表（小规模纳税人适用）》"应征增值税不含税销售额（3%征收率）"相应栏次，对应减征的增值税应纳税额按销售额的 2%计算填写在《增值税及附加税费申报表（小规模纳税人适用）》"本期应纳税额减征额"及《增值税减免税申报明细表》减税项目相应栏次。

（8）按固定期限纳税的小规模纳税人可以选择以 1 个月或 1 个季度为纳税期限，一经选择，1 个会计年度内不得变更。

（9）按照现行规定应当预缴增值税税款的小规模纳税人，凡在预缴地实现的月销售额未超过 10 万元（以 1 个季度为 1 个纳税期的，季度销售额未超过 30 万元）的，当期无须预缴税款。在预缴地实现的月销售额超过 10 万元（以 1 个季度为 1 个纳税期的，季度销售额超过 30 万元）的，适用 3%预征率的预缴增值税项目，减按 1%预征率预缴增值税。

（10）小规模纳税人中的单位和个体工商户销售不动产，应按其纳税期、上述第（9）条以及其他现行政策规定确定是否预缴增值税；其他个人销售不动产，继续按照现行规定征免增值税。

（11）纳税人按照《财政部 税务总局关于明确增值税小规模纳税人减免增值税等政策的公告》（财政部 税务总局公告 2023 年第 1 号）第四条的规定申请办理抵减或退还已缴纳税款，如果已经向购买方开具了增值税专用发票，应先将增值税专用发票追回。

素养提升园地

短片：税惠千万家 美好向未来

任务六　增值税专用发票的使用和管理

增值税专用发票，是作为销售方的增值税纳税人销售货物、劳务、服务、无形资产或者不动产开具的发票，是作为购买方的增值税纳税人支付增值税额并可按照增值税有关规定据以抵扣增值税进项税额的凭证（据以抵扣增值税进项税额的权利仅限于增值税一般纳税人）。一般纳税人应通过增值税防伪税控系统（自 2025 年 1 月 1 日起，升级为增值税发票管理系统，下同）使用专用发票。这里的"使用"，对于一般纳税人来说，包括申领、开具、缴销、认证纸质专用发票及其相应的数据电文。

点拨指导 增值税一般纳税人本期申报抵扣的增值税专用发票必须先进行认证，纳税人可以持增值税专用发票的抵扣联在办税服务厅认证窗口认证，或进行远程认证（指的是网上增值税专用发票认证，包括扫描认证、勾选确认认证两种）。

自 2020 年 2 月 1 日起，增值税小规模纳税人（其他个人除外）发生增值税应税行为，需要开具增值税专用发票的，可以自愿使用增值税发票管理系统自行开具。选择自行开具增值税专用发票的小规模纳税人，税务机关不再为其代开增值税专用发票。也就是说，自2020年2月1日起，小规模纳税人也可以使用增值税专用发票。这里的“使用”，对于小规模纳税人来说，包括申领、开具、缴销。

一、增值税专用发票的申领和开具范围

（一）申领范围

自2020年2月1日起，全面推行小规模纳税人自行开具增值税专用发票之后，增值税一般纳税人和增值税小规模纳税人均可以申领和使用增值税专用发票。有下列情形之一的，不得使用增值税专用发票：

（1）会计核算不健全，不能向税务机关准确提供增值税销项税额、进项税额、应纳税额数据及其他有关增值税税务资料的。上列其他有关增值税税务资料的内容，由省、自治区、直辖市和计划单列市税务局确定。

（2）应当办理一般纳税人资格登记而未办理的。

（3）有《中华人民共和国税收征收管理法》（以下简称《税收征收管理法》）规定的税收违法行为，拒不接受税务机关处理的。

（4）有下列行为之一，经税务机关责令限期改正而仍未改正者：

1）虚开增值税专用发票。

2）私自印制增值税专用发票。

3）向税务机关以外的单位和个人买取增值税专用发票。

4）借用他人增值税专用发票。

5）未按《增值税专用发票使用规定》第十一条开具增值税专用发票。

6）未按规定保管增值税专用发票和专用设备。有下列情形之一的，为未按规定保管专用发票和专用设备：未设专人保管专用发票和专用设备；未按税务机关要求存放专用发票和专用设备；未将认证相符的专用发票抵扣联、“认证结果通知书”和“认证结果清单”装订成册；未经税务机关检查，擅自销毁专用发票基本联次。

7）未按规定申请办理防伪税控系统变更发行。

8）未按规定接受税务机关检查。

存在上述情形的，如已领取增值税专用发票，主管税务机关应暂扣其结存的增值税专用发票和税控专用设备。

（二）开具范围

纳税人发生应税销售行为，应当向索取增值税专用发票的购买方开具增值税专用发票，并在增值税专用发票上分别注明销售额和销项税额。

属于下列情形之一的，不得开具增值税专用发票：

（1）应税销售行为的购买方为消费者个人的。

（2）发生应税销售行为适用免税规定的。

（3）部分适用增值税简易办法（简易计税方法）征收政策规定的：

1）增值税一般纳税人的单采血浆站销售非临床用人体血液选择简易计税方法的。

2）纳税人销售旧货，适用简易办法（简易计税方法）依照3%征收率减按2%征收增值税的。

3）纳税人销售自己使用过的固定资产①，适用简易办法（简易计税方法）依照3%征收率减按2%征收增值税政策的。

特别提示 纳税人销售自己使用过的固定资产，适用简易办法（简易计税方法）依照3%征收率减按2%征收增值税政策的，可以放弃减税，按照简易办法（简易计税方法）依照3%征收率缴纳增值税，并可以开具增值税专用发票。

（4）法律、法规及国家税务总局规定的其他情形。

特别提示 商业企业一般纳税人零售的烟、酒、食品、服装、鞋帽（不包括劳保专用部分）、化妆品等消费品不得开具专用发票。

【知识串联】金融商品转让，不得开具增值税专用发票；从事经纪代理服务，向委托方收取的政府性基金或者行政事业性收费，不得开具增值税专用发票；选择差额计算方法计算销售额的纳税人，提供旅游服务向旅游服务购买方收取并支付的可以从全部价款和价外费用中扣除的费用，不得开具增值税专用发票。

实务咨询 我公司为增值税一般纳税人，向小规模纳税人销售货物时能否开具增值税专用发票？

答：根据《增值税暂行条例》的规定，纳税人发生应税销售行为，应当向索取增值税专用发票的购买方开具增值税专用发票，并在增值税专用发票上分别注明销售额和销项税额。

属于下列情形之一的，不得开具增值税专用发票：

（1）应税销售行为的购买方为消费者个人的。

（2）发生应税销售行为适用免税规定的。

根据《增值税专用发票使用规定》的规定，商业企业一般纳税人零售的烟、酒、食品、服装、鞋帽（不包括劳保专用部分）、化妆品等消费品不得开具增值税专用发票。

税法并没有明确规定一般纳税人不得向小规模纳税人开具增值税专用发票。因此，如果增值税一般纳税人向小规模纳税人的销售行为不属于上述规定的不得开具增值税专用发票情形的，在购买方索取的情况下，增值税一般纳税人可以向小规模纳税人开具增值税专用发票。但因小规模纳税人不能抵扣进项税额，所以一般情况下，一般纳税人都是向小规模纳税人开具增值税普通发票。

二、增值税专用发票的基本内容和开具要求

（一）增值税专用发票的联次

增值税专用发票由基本联次或者基本联次附加其他联次构成，分为三联版和六联版两种。基本联次为三联：第一联为记账联，是销售方记账凭证；第二联为抵扣联，是购买方

① “纳税人销售自己使用过的固定资产，适用简易办法（简易计税方法）依照3%征收率减按2%征收增值税”政策中的“固定资产”属于货物范畴，即动产，而非不动产。全书同。

扣税凭证；第三联为发票联，是购买方记账凭证。其他联次用途，由纳税人自行确定。纳税人办理产权过户手续需要使用发票的，可以使用增值税专用发票第六联。

（二）增值税专用发票的基本内容

增值税专用发票的基本内容如下：

（1）购销双方的纳税人名称，购销双方地址。

（2）购销双方的纳税人识别号。

（3）发票字轨号码。

（4）销售货物、劳务、服务、无形资产或者不动产的名称、计量单位、数量。

（5）不包括增值税在内的单价及总金额。

（6）增值税税率、增值税税额、填开的日期。

（三）增值税专用发票的开具要求

增值税专用发票的开具要求如下：

（1）项目齐全，与实际交易相符。

（2）字迹清楚，不得压线、错格。

（3）发票联和抵扣联加盖发票专用章。

特别提示 根据《中华人民共和国发票管理办法》的规定，开具发票应当按照规定的时限、顺序、栏目，全部联次一次性如实开具，开具纸质发票应当加盖发票专用章。由此可知，发票上只能加盖发票专用章，不能加盖财务专用章。

（4）按照增值税纳税义务发生时间开具。

不符合上列要求的增值税专用发票，购买方有权拒收。

自 2014 年 8 月 1 日起启用新版增值税专用发票，发票样本如图 2-1 所示。

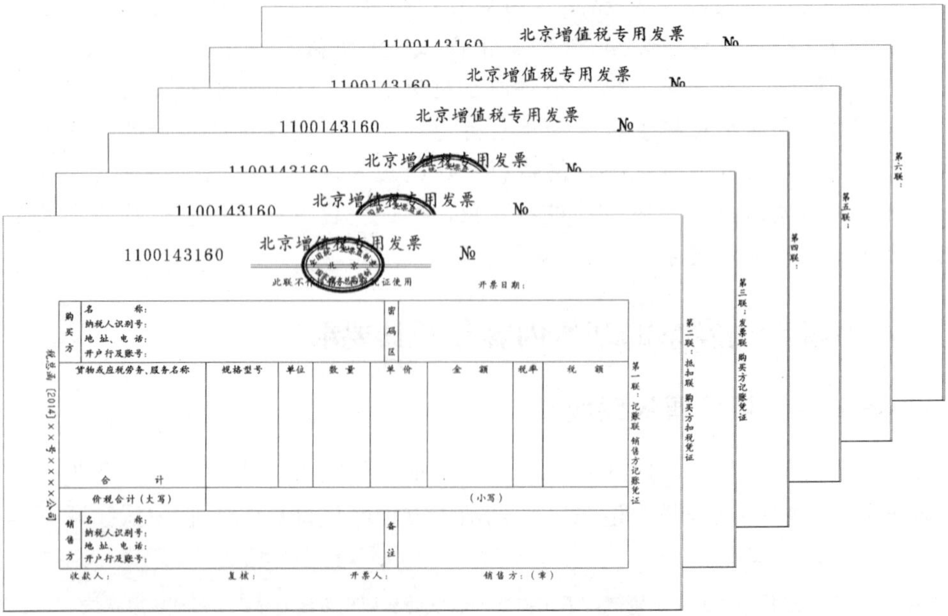

图 2-1 新版增值税专用发票样本

三、增值税专用发票进项税额的抵扣时限

自 2020 年 3 月 1 日起，增值税一般纳税人取得 2017 年 1 月 1 日及以后开具的增值税专用发票、海关进口增值税专用缴款书、机动车销售统一发票、收费公路通行费增值税电子普通发票，取消认证确认、稽核比对、申报抵扣的期限。纳税人在进行增值税纳税申报时，应当通过本省（自治区、直辖市和计划单列市）增值税发票综合服务平台对上述扣税凭证信息进行用途确认。

自 2020 年 3 月 1 日起，增值税一般纳税人取得 2016 年 12 月 31 日及以前开具的增值税专用发票、海关进口增值税专用缴款书、机动车销售统一发票，超过认证确认、稽核比对、申报抵扣期限，但符合规定条件的，仍可按照《国家税务总局关于逾期增值税扣税凭证抵扣问题的公告》（国家税务总局公告 2011 年第 50 号，国家税务总局公告 2017 年第 36 号、2018 年第 31 号修改）、《国家税务总局关于未按期申报抵扣增值税扣税凭证有关问题的公告》（国家税务总局公告 2011 年第 78 号，国家税务总局公告 2018 年第 31 号修改）的规定，继续抵扣进项税额。

四、开具红字专用发票的处理流程

为进一步规范纳税人开具增值税发票管理，《国家税务总局关于红字增值税发票开具有关问题的公告》（国家税务总局公告 2016 年第 47 号）将红字发票开具有关问题公告如下（自 2016 年 8 月 1 日起实施）：

（1）增值税一般纳税人开具增值税专用发票（以下简称专用发票）后，发生销货退回、开票有误、应税服务中止等情形但不符合发票作废条件，或者因销货部分退回及发生销售折让，需要开具红字专用发票的，按以下方法处理：

1）购买方取得专用发票已用于申报抵扣的，购买方可在增值税发票管理新系统（以下简称新系统）中填开并上传“开具红字增值税专用发票信息表”（以下简称信息表），在填开信息表时不填写相对应的蓝字专用发票信息，应暂依信息表所列增值税税额从当期进项税额中转出，待取得销售方开具的红字专用发票后，与信息表一并作为记账凭证。

购买方取得专用发票未用于申报抵扣、但发票联或抵扣联无法退回的，购买方填开信息表时应填写相对应的蓝字专用发票信息。

销售方开具专用发票尚未交付购买方，以及购买方未用于申报抵扣并将发票联及抵扣联退回的，销售方可在新系统中填开并上传信息表。销售方填开信息表时应填写相对应的蓝字专用发票信息。

2）主管税务机关通过网络接收纳税人上传的信息表，系统自动校验通过后，生成带有红字发票信息表编号的信息表，并将信息同步至纳税人端系统中。

3）销售方凭税务机关系统校验通过的信息表开具红字专用发票，在新系统中以销项负数开具。红字专用发票应与信息表一一对应。

4）纳税人也可凭信息表电子信息或纸质资料到税务机关对信息表内容进行系统校验。

（2）税务机关为小规模纳税人代开专用发票，需要开具红字专用发票的，按照一般纳税人开具红字专用发票的方法处理。

（3）纳税人需要开具红字增值税普通发票的，可以在所对应的蓝字发票金额范围内开

具多份红字发票。红字机动车销售统一发票需与原蓝字机动车销售统一发票一一对应。

五、增值税专用发票不得作为抵扣进项税额凭证的规定

（1）经认证，有下列情形之一的，不得作为增值税进项税额的抵扣凭证，税务机关退还原件，购买方可要求销售方重新开具专用发票：

1）无法认证。无法认证，是指专用发票所列密文或者明文不能辨认，无法产生认证结果。

2）纳税人识别号认证不符。纳税人识别号认证不符，是指专用发票所列购买方纳税人识别号有误。

3）专用发票代码、号码认证不符。专用发票代码、号码认证不符，是指专用发票所列密文解译后与明文的代码或者号码不一致。

（2）经认证，有下列情形之一的，暂时不得作为增值税进项税额的抵扣凭证，税务机关扣留原件，查明原因，分情况进行处理：

1）重复认证。重复认证，是指已经认证相符的同一张专用发票再次认证。

2）密文有误。密文有误，是指专用发票所列密文无法解译。

3）认证不符。认证不符，是指纳税人识别号有误，或者专用发票所列密文解译后与明文不一致。本项所称认证不符不含（1）项的第2）、3）项所列情形。

4）列为失控专用发票。列为失控专用发票，是指认证时的专用发票已被登记为失控专用发票。

（3）专用发票抵扣联无法认证的，可使用专用发票发票联到主管税务机关认证。专用发票发票联复印件留存备查。

六、增值税专用发票丢失的处理

一般纳税人丢失已开具专用发票的发票联和抵扣联，如果丢失前已认证相符的，购买方凭销售方提供的相应专用发票记账联复印件及销售方所在地主管税务机关出具的“丢失增值税专用发票已报税证明单”，经购买方主管税务机关审核同意后，可作为增值税进项税额的抵扣凭证；如果丢失前未认证的，购买方凭销售方提供的相应专用发票记账联复印件到主管税务机关进行认证，认证相符的，购买方凭该专用发票记账联复印件及销售方所在地主管税务机关出具的“丢失增值税专用发票已报税证明单”，经购买方主管税务机关审核同意后，可作为增值税进项税额的抵扣凭证。

一般纳税人丢失已开具专用发票的抵扣联，如果丢失前已认证相符的，可使用专用发票发票联复印件留存备查；如果丢失前未认证的，可使用专用发票发票联到主管税务机关认证，专用发票发票联复印件留存备查。

一般纳税人丢失已开具专用发票的发票联，可将专用发票抵扣联作为记账凭证，专用发票抵扣联复印件留存备查。

七、深化增值税改革中有关增值税发票的规定

（1）增值税一般纳税人在增值税税率调整前（2019年3月31日前）已按原16%、

10%适用税率开具的增值税发票，发生销售折让、中止或者退回等情形需要开具红字发票的，按照原适用税率开具红字发票；开票有误需要重新开具的，先按照原适用税率开具红字发票后，再重新开具正确的蓝字发票。

（2）纳税人在增值税税率调整前未开具增值税发票的增值税应税销售行为，需要补开增值税发票的，应当按照原适用税率补开。

（3）增值税发票税控开票软件税率栏次默认显示调整后税率，纳税人发生上述（1）、（2）所列情形的，可以手工选择原适用税率开具增值税发票。

（4）税务总局在增值税发票税控开票软件中更新了“商品和服务税收分类编码表”，纳税人应当按照更新后的“商品和服务税收分类编码表”开具增值税发票。

（5）纳税人应当及时完成增值税发票税控开票软件升级和自身业务系统调整。

知识链接

《国家税务总局关于在新办纳税人中实行增值税专用发票电子化有关事项的公告》（国家税务总局公告2020年第22号）

任务七　一般计税方法下增值税的计算

任务引例

我公司为增值税一般纳税人，委托外贸企业进口，收到的海关增值税专用缴款书上既有该公司的名称，又有外贸企业的公司名称，请问我公司可否办理进项税额抵扣？

增值税的计税方法，主要包括一般计税方法和简易计税方法。我国目前对一般纳税人增值税的计算通常采用一般计税方法，某些特殊情况下采用或者选择采用简易计税方法；对小规模纳税人增值税的计算采用简易计税方法。

一般计税方法，也就是国际上通行的购进扣税法，即先按当期销售额和适用税率计算出销项税额（这是对销售额进行全额征税，而非差额征税），然后对当期购进项目已经缴纳的税额（即进项税额）进行抵扣，从而间接计算出当期增值额部分的应纳税额。

在一般计税方法下，增值税一般纳税人的本期应纳税额等于本期销项税额减本期进项税额。可以看出，在一般计税方法下，增值税一般纳税人本期应纳增值税税额的多少是由本期销项税额和本期准予抵扣的进项税额这两个因素决定的。在分别确定了销项税额和准予抵扣的进项税额的情况下，就不难计算出应纳税额。应纳税额的计算公式为：

本期应纳增值税税额＝本期销项税额－本期准予抵扣的进项税额

当期销项税额小于当期准予抵扣的进项税额不足抵扣时，其不足部分可以结转下期继续抵扣。

境外的单位或者个人在境内销售加工修理修配劳务，在境内未设有经营机构的，以其境内代理人为扣缴义务人；在境内没有代理人的，以购买方为扣缴义务人。

境外的单位或者个人在境内销售服务、无形资产或不动产，在境内未设有经营机构的，以购买方为增值税扣缴义务人。

上述扣缴义务人按照下列公式计算应扣缴税额：

应扣缴税额＝购买方支付的价款÷（1＋税率）×税率

一、增值税销项税额的计算

销项税额，是指一般纳税人在一般计税方法下销售货物、劳务、服务、无形资产或者不动产按照销售额和增值税税率计算并收取的增值税额。销项税额的计算公式如下：

销项税额＝销售额×税率

因此，要计算销项税额，关键在于确定销售额。

（一）一般销售方式下销售额的确定

1. 一般销售方式下销售货物、劳务的销售额的确定

销售货物、劳务的销售额，是指纳税人销售货物、劳务向购买方收取的全部价款和价外费用。

特别提示 如果销售的货物是消费税应税产品，则全部价款中包括消费税。如果销售的货物是进口产品，则全部价款中包括进口关税。

价外费用，包括价外向购买方收取的手续费、补贴、基金、集资费、返还利润、奖励费、违约金、滞纳金、延期付款利息、赔偿金、代收款项、代垫款项、包装费、包装物租金、储备费、优质费、运输装卸费以及其他各种性质的价外收费。但下列项目不包括在内：

（1）受托加工应征消费税的消费品所代收代缴的消费税。

（2）同时符合以下条件的代垫运输费用：承运部门的运输费用发票开具给购买方的；纳税人（销售方）将该项发票转交给购买方的（这里指的是销售方为购买方代垫的运输费用）。

（3）同时符合以下条件代为收取的政府性基金或者行政事业性收费：由国务院或者财政部批准设立的政府性基金，由国务院或者省级人民政府及其财政、价格主管部门批准设立的行政事业性收费；收取时开具省级以上财政部门印制的财政票据；所收款项全额上缴财政。

（4）销售货物的同时代办保险等而向购买方收取的保险费，以及向购买方收取的代购买方缴纳的车辆购置税、车辆牌照费。

特别提示 一般情况下，价外费用本身都是含增值税的，在计算增值税销项税额时，需换算成不含增值税的价外费用。其换算公式为：

不含税价外费用＝含税价外费用÷（1＋税率）

销售额应以人民币计算。如果纳税人以外汇结算销售额，应当将外币价格折合成人民币计算。其销售额的人民币折合率，可以选择销售额发生的当天或当月 1 日中国人民银行公布的市场汇价。纳税人应事先确定采用何种汇率，一旦确定后，在一年内不得变更。

工作实例 2－1

甲服装厂为增值税一般纳税人，本年[①] 5 月销售服装开具增值税专用发票，取得含税

① 若没有特殊说明，本教材中的“本年”均指 2024 年。

销售额 350 万元；开具增值税普通发票，取得含税销售额 120 万元。将购进的布料用于集体福利，该布料购进价为 20 万元，同类布料不含税销售价为 32 万元。

工作要求：计算甲服装厂当月的增值税销项税额。

工作实施：(1) 将购进的布料用于集体福利，不视同销售货物，无须计算销项税额，其进项税额也不得抵扣；(2) 销售服装时不论是否开具增值税专用发票，均应计算销项税额；(3) 甲服装厂当月的增值税销项税额＝（350＋120）÷（1＋13%）×13%＝54.07（万元）。

2. 一般销售方式下销售服务、无形资产或者不动产的销售额的确定

销售服务、无形资产或者不动产的销售额，是指纳税人销售服务、无形资产或者不动产向购买方收取的全部价款和价外费用，财政部和国家税务总局另有规定的除外。

价外费用，是指价外收取的各种性质的费用，但不包括以下两项：代为收取的政府性基金或者行政事业性费用；以委托方名义开具发票代委托方收取的款项。

(1) 贷款服务，以提供贷款服务取得的全部利息及利息性质的收入为销售额。

(2) 直接收费金融服务，以提供直接收费金融服务收取的手续费、佣金、酬金、管理费、服务费、经手费、开户费、过户费、结算费、转托管费等各类费用为销售额。

(3) 试点纳税人销售电信服务时，附带赠送用户识别卡、电信终端等货物或者电信服务的，应将其取得的全部价款和价外费用分别核算，按各自适用的税率计算缴纳增值税。

(4) 差额征收销售额的确定。详见本任务“三、‘营改增’试点一般纳税人一般计税方法下差额征收应纳税额的计算方法”。

（二）价税合并收取情况下销售额的确定

普通发票上的含税销售额需换算成不含税销售额，作为增值税的计税依据。其换算公式为：

销售额＝含税销售额÷（1＋税率）

（三）需要核定的销售额的确定

(1) 纳税人销售货物价格明显偏低并无正当理由或者有视同销售货物行为而无销售额的，在计算时，其销售额要按照如下规定的顺序来确定：

1) 按纳税人最近时期同类货物的平均销售价格确定。

2) 按其他纳税人最近时期同类货物的平均销售价格确定。

3) 用以上两种方法均不能确定其销售额的情况下，可采用组成计税价格。其计算公式为：

第一，若销售的货物不属于消费税应税消费品：

组成计税价格＝成本×（1＋成本利润率）

第二，若销售的货物属于消费税应税消费品：

实行从价定率办法计算纳税的组成计税价格计算公式为：

组成计税价格＝成本×（1＋成本利润率）＋消费税税额
＝成本×（1＋成本利润率）÷（1－消费税比例税率）

实行从量定额办法计算纳税的组成计税价格计算公式为：

组成计税价格＝成本×（1＋成本利润率）＋消费税税额

＝成本×（1＋成本利润率）＋计税数量×消费税定额税率

实行复合计税办法计算纳税的组成计税价格计算公式为：

组成计税价格＝成本×（1＋成本利润率）＋消费税税额

＝［成本×（1＋成本利润率）＋计税数量×消费税定额税率］÷（1－消费税比例税率）

公式中的成本是指：销售自产货物的为实际生产成本，销售购进货物的为实际采购成本。公式中的成本利润率由国家税务总局确定，一般为10％；但采用从价定率及复合计税办法征收消费税的货物，其组成计税价格中的成本利润率为国家税务总局确定的应税消费品的成本利润率（具体见表3-4）。

（2）纳税人销售服务、无形资产或者不动产价格明显偏低或者偏高且不具有合理商业目的的，或者发生视同销售服务、无形资产或者不动产行为而无销售额的，主管税务机关有权按照下列顺序确定销售额：

第一，按照纳税人最近时期销售同类服务、无形资产或者不动产的平均价格确定。

第二，按照其他纳税人最近时期销售同类服务、无形资产或者不动产的平均价格确定。

第三，按照组成计税价格确定。组成计税价格的计算公式为：

组成计税价格＝成本×（1＋成本利润率）

成本利润率由国家税务总局确定。

不具有合理商业目的，是指以谋取税收利益为主要目的，通过人为安排，减少、免除、推迟缴纳增值税税款，或者增加退还增值税税款。

（四）特殊销售方式销售额的确定

1. 采取折扣方式销售

（1）折扣销售，在会计上又叫商业折扣，它是指销货方在销售货物时，因购货方购货数量较大或与销货方有特殊关系等原因而给予对方价格上的优惠（直接打折）。其销售额和折扣额在同一张发票上的“金额”栏分别注明的，可按折扣后的销售额征收增值税。未在同一张发票“金额”栏注明折扣额，而仅在发票的“备注”栏注明折扣额的，折扣额不得从销售额中扣除。折扣销售仅限于货物价格的折扣，如果销货方将自产、委托加工或者购进的货物用于实物折扣，则该实物折扣额不能从货物销售额中减除，且该实物应按《增值税暂行条例实施细则》“视同销售货物”中的“无偿赠送其他单位或者个人”计算缴纳增值税。

工作实例2-2

甲企业为增值税一般纳税人，本年5月向乙商场销售服装1 000件，每件不含税价格为100元。由于乙商场购买量大，甲企业按原价8折优惠销售，乙商场付款后，甲企业为乙商场开具的发票上“金额”栏分别注明了销售额和折扣额。

工作要求：计算甲企业该项业务的增值税销项税额。

工作实施：纳税人采取折扣方式销售货物（即折扣销售），销售额和折扣额在同一张发票上“金额”栏分别注明的，按折扣后的销售额征收增值税。甲企业该项业务的增值税销项税额＝1 000×100×80%×13%＝10 400（元）。

（2）销售折扣，在会计上又叫现金折扣，它是指销货方在销售货物或提供应税劳务后，为了鼓励购货方及早偿还货款而协议许诺给予购货方的一种折扣优待（如：10 天内付款，货款折扣 2%；20 天内付款，货款折扣 1%；30 天内付款，无折扣）。销售折扣发生在销货之后，是一种融资性质的理财费用，因此，销售折扣不得从销售额中扣除。

【区别比较】在计算增值税时，销售折扣不得从销售额中扣除，但是在计算企业所得税时，销售折扣作为财务费用可以在企业所得税税前扣除。

（3）纳税人向购买方开具专用发票后，由于累计购买到一定量或市场价格下降等原因，销货方给予购货方的价格优惠或补偿等折扣、折让行为，可按规定开具红字增值税专用发票。

（4）纳税人销售服务、无形资产或者不动产，将价款和折扣额在同一张发票上分别注明的，以折扣后的价款为销售额；未在同一张发票上分别注明的，以价款为销售额，不得扣减折扣额。

（5）纳税人销售服务、无形资产或者不动产，开具增值税专用发票后，发生开票有误或者销售折让、中止、退回等情形的，应当按照国家税务总局的规定开具红字增值税专用发票；未按照规定开具红字增值税专用发票的，不得扣减销项税额或者销售额。

2. 采取以旧换新方式销售

（1）金银首饰以外的以旧换新业务，应按新货物的同期销售价格确定销售额，不得减除旧货物的收购价格。收取旧货物，若取得增值税专用发票，则专用发票上注明的进项税额可以抵扣。

（2）金银首饰以旧换新业务，按销售方实际收到的不含增值税的全部价款征税。

3. 采取还本销售方式销售

还本销售，是指销售方将货物出售之后，按约定的时间，一次或分次将货款部分或全部退还给购货方，退还的货款即为还本支出。采取还本销售方式销售货物，其销售额就是货物的销售价格，不得从销售额中减除还本支出。

特别提示 还本销售方式实际上是一种筹资行为，是以货物换取资金的使用价值，到期还本不付息的行为。

4. 采取以物易物方式销售

（1）以物易物双方以各自发出货物核算销售额并计算销项税额或者应纳增值税额。

（2）对于一般纳税人之间的以物易物，双方是否可以抵扣进项税额，需要看能否取得对方开具的增值税专用发票等合法扣税凭证、换入的货物是否属于可以抵扣进项税额的货物等。若能取得对方开具的增值税专用发票等合法扣税凭证且换入的货物是可以抵扣进项税额的货物，则可以抵扣进项税额。

5. 包装物押金是否计入销售额

包装物是指纳税人包装本单位货物的各种物品。纳税人销售货物时另收取包装物押金，目的是促使购货方及早退回包装物以便周转使用。

根据税法的规定，纳税人为销售货物而出租出借包装物收取的押金，单独记账核算的，时间在1年以内又未过期的，不并入销售额征税，但对因逾期未收回包装物不再退还的押金，应按所包装货物的适用税率计算销项税额。

上述规定中，逾期是指按合同约定实际逾期或以1年为期限，对收取1年以上的押金，无论是否退还均并入销售额征税。当然，在将包装物押金并入销售额征税时，需要先将该押金换算为不含税价，再并入销售额征税。

特别提示 包装物押金不应混同于包装物租金，包装物租金在销货时作为价外费用并入销售额计算销项税额。

对销售除啤酒、黄酒外的其他酒类产品而收取的包装物押金，无论是否返还以及会计上如何核算，均应并入当期销售额征税。对销售啤酒、黄酒所收取的包装物押金，按上述一般押金的规定处理。

（五）特殊销售行为销售额的确定

1. 混合销售行为

一项销售行为如果既涉及货物又涉及服务，为混合销售。从事货物的生产、批发或者零售的单位和个体工商户的混合销售行为，按照销售货物缴纳增值税；其他单位和个体工商户的混合销售行为，按照销售服务缴纳增值税。

上述从事货物的生产、批发或者零售的单位和个体工商户，包括以从事货物的生产、批发或者零售为主，并兼营销售服务的单位和个体工商户在内。

特别提示 纳税人销售活动板房、机器设备、钢结构件等自产货物的同时提供建筑、安装服务，不属于混合销售，应分别核算货物和建筑服务的销售额，分别适用不同的税率或者征收率。

点拨指导 货物生产企业销售货物的同时提供运输服务，按照销售货物缴纳增值税；培训机构提供培训的同时销售培训纸质资料，按照销售服务（生活服务）缴纳增值税。

2. 兼营行为

纳税人兼营销售货物、劳务、服务、无形资产或者不动产，适用不同税率或者征收率的，应当分别核算适用不同税率或者征收率的销售额，未分别核算销售额的，按照以下方法从高适用税率或者征收率：

（1）兼有（兼营）不同税率的销售货物、劳务、服务、无形资产或者不动产，从高适用税率。

（2）兼有（兼营）不同征收率的销售货物、劳务、服务、无形资产或者不动产，从高适用征收率。

（3）兼有（兼营）不同税率和征收率的销售货物、劳务、服务、无形资产或者不动产，从高适用税率。

特别提示 纳税人兼营免税、减税项目应当分别核算免税、减税项目的销售额，未分别核算销售额的，不得免税、减税。

点拨指导 判断混合销售行为的关键词是“同时”；判断兼营行为的关键字是“并”。

工作实例 2-3

甲公司为增值税一般纳税人，兼营销售货物、运输服务、咨询服务，本年 5 月共取得含税销售收入 226 万元，且未分别核算。

工作要求： 计算甲公司当期销项税额。

工作实施： 按照“纳税人兼营销售货物、劳务、服务、无形资产或者不动产，适用不同税率或者征收率的，应当分别核算适用不同税率或者征收率的销售额；未分别核算的，从高适用税率或者征收率”的规定，从高适用销售货物 13%的税率，则该公司当期销项税额=226÷（1+13%）×13%=26（万元）。

答疑解惑

全面“营改增”后，混合销售行为与兼营行为有什么区别？

答：根据《财政部 国家税务总局关于全面推开营业税改征增值税试点的通知》（财税〔2016〕36 号）附件 1《营业税改征增值税试点实施办法》的规定，“纳税人兼营销售货物、劳务、服务、无形资产或者不动产，适用不同税率或者征收率的，应当分别核算适用不同税率或者征收率的销售额；未分别核算的，从高适用税率。”“一项销售行为如果既涉及服务又涉及货物，为混合销售。从事货物的生产、批发或者零售的单位和个体工商户的混合销售行为，按照销售货物缴纳增值税；其他单位和个体工商户的混合销售行为，按照销售服务缴纳增值税。”

由此可见，全面“营改增”后不再有非增值税应税项目的说法，也不再有混业经营的概念，混合销售和兼营行为都只涉及增值税，两者区别在于是否发生在同一项销售行为上。混合销售行为是同一项销售行为既涉及服务又涉及货物，兼营行为是指不同的销售行为涉及不同的增值税应税项目。

举例来说，A 公司是增值税一般纳税人，适用一般计税方法计税。A 公司的经营范围包括货物销售、运输服务、租赁服务。本年 5 月 A 公司销售 100 吨螺纹钢给 B 公司，含税售价为 2 200 元/吨，货物由 A 公司车辆运输至 B 公司，取得含税运费收入 180 元/吨；A 公司出租脚手架给 C 建筑公司，取得含税租赁收入 50 000 元；A 公司出租店面给 D 公司，取得含税租赁收入 10 000 元。

在全面“营改增”之后，销售螺纹钢并负责运输属于混合销售行为，收取的运费按销售货物缴纳增值税；出租脚手架和店面则属于兼营行为。

$$\begin{aligned}\text{增值税销项税额} &= (2\,200+180)\div(1+13\%)\times100\times13\%+50\,000\div \\ &\quad (1+13\%)\times13\%+10\,000\div(1+9\%)\times9\% \\ &= 33\,958.43\text{（元）}\end{aligned}$$

二、增值税进项税额的计算

进项税额，是指纳税人购进货物、劳务、服务、无形资产或者不动产，支付或者负担的增值税额。

（一）准予从销项税额中抵扣的进项税额

（1）从销售方取得的增值税专用发票（含机动车销售统一发票，下同）上注明的增值税税额。

具体来说，购进货物或接受加工、修理修配劳务，从销售方或提供劳务方取得的增值税专用发票上注明的增值税额为进项税额，准予从销项税额中抵扣；购进服务、无形资产或者不动产，取得的增值税专用发票上注明的增值税额为进项税额，准予从销项税额中抵扣。

实务咨询 我公司为从事交通运输服务的一般纳税人，租入货车用于交通运输。请问对于我公司取得的有形动产租赁的13%税率的增值税专用发票，其进项税额是否可以抵扣我公司因提供交通运输服务而产生的税率为9%的销项税额？

答：根据《财政部 国家税务总局关于全面推开营业税改征增值税试点的通知》（财税〔2016〕36号）附件1《营业税改征增值税试点实施办法》的规定，一般纳税人发生应税行为适用一般计税方法计税。一般计税方法的应纳税额是指当期销项税额抵扣当期进项税额后的余额。应纳税额的计算公式为：应纳增值税＝当期销项税额－当期进项税额，当期销项税额小于当期进项税额不足抵扣时，其不足部分可以结转下期继续抵扣。

税法并未禁止“接受有形动产租赁服务的进项税额”从“提供交通运输服务的销项税额”中抵扣，因此，你公司接受有形动产租赁服务若取得增值税专用发票，则其进项税额可以从“提供交通运输服务的销项税额”中抵扣。

（2）从海关取得的海关进口增值税专用缴款书上注明的增值税额。

任务引例解析

根据《国家税务总局关于加强进口环节增值税专用缴款书抵扣税款管理的通知》（国税发〔1996〕32号）的规定，（1）对海关代征进口环节增值税开具的增值税专用缴款书上标明有两个单位名称，即既有代理进口单位名称，又有委托进口单位名称的，只准予其中取得专用缴款书原件的一个单位抵扣税款；（2）申报抵扣税款的委托进口单位，必须提供相应的海关代征增值税专用缴款书原件，委托代理合同及付款凭证，否则，不予抵扣进项税额。

因此，你公司可按上述规定执行。

（3）自2019年4月1日起，纳税人购进农产品，原适用10%扣除率的，扣除率调整为9%。自2019年4月1日起，纳税人购进农产品，按下列规定抵扣进项税额：

1）除第2）项规定外，纳税人购进农产品，取得增值税一般纳税人开具的增值税专用发票或海关进口增值税专用缴款书的，以增值税专用发票或海关进口增值税专用缴款书上注明的增值税额为进项税额；从按照简易计税方法依照3%征收率计算缴纳增值税的小规模纳税人取得增值税专用发票的，以增值税专用发票上注明的金额和9%的扣除率计算进项税额；取得（开具）农产品销售发票或收购发票的，以农产品销售发票或收购发票上注明的农产品买价和9%的扣除率计算进项税额。

2）自2019年4月1日起的“营改增”试点期间，纳税人购进用于生产或者委托加工

13%税率货物的农产品，按照10%的扣除率计算进项税额。

点拨指导 自2019年4月1日起，纳税人购进用于生产或委托加工13%税率货物的农产品，在购买时先抵扣9%，领用用于生产销售或委托加工13%税率货物时再抵扣1%。

3）为继续推进农产品增值税进项税额核定扣除试点，纳税人购进农产品进项税额已实行核定扣除的，仍按照《财政部 国家税务总局关于在部分行业试行农产品增值税进项税额核定扣除办法的通知》（财税〔2012〕38号）、《财政部 国家税务总局关于扩大农产品增值税进项税额核定扣除试点行业范围的通知》（财税〔2013〕57号）执行。其中，财税〔2012〕38号文附件1《农产品增值税进项税额核定扣除试点实施办法》中第四条第二项规定的扣除率调整为9%；第三项规定的扣除率调整为按上述第1）项、第2）项规定执行。

4）纳税人从批发、零售环节购进适用免征增值税政策的蔬菜、部分鲜活肉蛋而取得的普通发票，不得作为计算抵扣进项税额的凭证。

5）纳税人购进农产品既用于生产销售或委托加工13%税率货物又用于生产销售其他货物服务的，应当分别核算用于生产销售或委托加工13%税率货物和其他货物服务的农产品进项税额。未分别核算的，统一以增值税专用发票或海关进口增值税专用缴款书上注明的增值税额为进项税额，或以农产品收购发票或销售发票上注明的农产品买价和9%的扣除率计算进项税额。

6）销售发票，是指农业生产者销售自产农产品适用免征增值税政策而开具的普通发票。

（4）自用的应征消费税的摩托车、汽车、游艇，2013年8月1日（含）以后购入的，其进项税额准予从销项税额中抵扣。

（5）自境外单位或者个人购进劳务、服务、无形资产或者境内的不动产，从税务机关或者扣缴义务人取得的代扣代缴税款的完税凭证上注明的增值税额。

（6）自2019年4月1日起，购进国内旅客运输服务，其进项税额允许从销项税额中抵扣。

纳税人购进国内旅客运输服务未取得增值税专用发票的，暂按照以下规定确定进项税额：

1）取得增值税电子普通发票的，为发票上注明的税额。

2）取得注明旅客身份信息的航空运输电子客票行程单的，为按照下列公式计算的进项税额：

$$航空旅客运输进项税额=（票价+燃油附加费）\div（1+9\%）\times 9\%$$

3）取得注明旅客身份信息的铁路车票的，为按照下列公式计算的进项税额：

$$铁路旅客运输进项税额=票面金额\div（1+9\%）\times 9\%$$

4）取得注明旅客身份信息的公路、水路等其他客票的，为按照下列公式计算的进项税额：

$$公路、水路等其他旅客运输进项税额=票面金额\div（1+3\%）\times 3\%$$

工作实例2-4

甲公司为增值税一般纳税人，主要生产A、B两种产品，本年5月发生下列业务：

（1）1日，购入原材料一批，取得增值税专用发票，价款为300 000元，税额为39 000元。

同时支付运费价税合计 21 800 元，取得增值税专用发票，注明运费金额 20 000 元，税额 1 800 元。货款及运费均以银行存款支付。

(2) 3 日，购进一批免税农产品，农产品收购凭证上注明价款为 95 000 元，款项以银行存款支付。该批农产品本年 5 月 5 日全部被领用，用于生产增值税税率为 13%的产品。

(3) 9 日，收到乙企业投资的原材料，双方协议作价 1 500 000 元（不含税），该原材料适用的增值税税率为 13%，取得增值税专用发票一张。

甲公司取得的增值税专用发票本年 5 月符合抵扣规定。

工作要求：计算甲公司当期的增值税进项税额。

工作实施：

$$\text{甲公司当期的增值税进项税额}=39\ 000+1\ 800+95\ 000\times10\%+1\ 500\ 000\times13\%=245\ 300（元）$$

工作实例 2-5

甲建筑企业为增值税一般纳税人，本年 10 月取得新项目（适用一般计税方法）的建筑收入 327 万元（含税），当月购进汽油支出 10 万元，购入运输车辆支出 40 万元，取得分包建筑方开具的增值税专用发票上注明的金额为 50 万元，以上支出均为不含税金额。

甲建筑企业取得的增值税专用发票本年 10 月符合抵扣规定。

工作要求：计算甲建筑企业本年 10 月应缴纳的增值税。

工作实施：

$$\text{甲建筑企业当期应纳增值税}=327\div(1+9\%)\times9\%-10\times13\%-40\times13\%-50\times9\%=27-1.3-5.2-4.5=16（万元）$$

（二）不得从销项税额中抵扣的进项税额

下列项目的进项税额不得从销项税额中抵扣：

(1) 纳税人取得的增值税扣税凭证不符合法律、行政法规或者国家税务总局有关规定的。

点拨指导 增值税扣税凭证，是指增值税专用发票、海关进口增值税专用缴款书、农产品收购发票或者销售发票（含农产品核定扣除的进项税额）、代扣代缴税收完税凭证和符合规定的国内旅客运输发票等。

特别提示 纳税人凭完税凭证抵扣进项税额的，应当具备书面合同、付款证明和境外单位的对账单或者发票。资料不全的，其进项税额不得从销项税额中抵扣。

(2) 用于简易计税方法计税项目、免征增值税项目、集体福利或者个人消费的购进货物、劳务、服务、无形资产和不动产。其中涉及的固定资产、无形资产、不动产，仅指专用于上述项目的固定资产、无形资产（不包括其他权益性无形资产）、不动产。

特别提示 纳税人的交际应酬消费属于个人消费。

特别提示 自 2018 年 1 月 1 日起，纳税人租入固定资产、不动产，既用于一般计税方法计税项目，又用于简易计税方法计税项目、免征增值税项目、集体福利或者个人消费的，其进项税额准予从销项税额中全额抵扣。

点拨指导 由于销售建筑服务、销售不动产已经纳入"营改增"，纳税人将购进的货物用于修建厂房仓库、装修办公楼的，其进项税额可以从销项税额中抵扣，但是将购进的货物用于集体福利（如修建职工宿舍、食堂、单位幼儿园）或者个人消费的，其进项税额不得从销项税额中抵扣。

（3）非正常损失的购进货物，以及相关的劳务和交通运输服务。

（4）非正常损失的在产品、产成品所耗用的购进货物（不包括固定资产）、劳务和交通运输服务。

答疑解惑

《财政部 国家税务总局关于全面推开营业税改征增值税试点的通知》（财税〔2016〕36号）附件1规定，非正常损失的在产品、产成品所耗用的购进货物（不包括固定资产）、劳务和交通运输服务，不得抵扣进项税。问题：（1）该条款所述"购进货物"，为什么明确不包括固定资产？（2）为什么不明确规定不包括不动产和无形资产？

答：（1）明确规定不包括固定资产的原因。举例来说，某生产企业购买了一台设备，购入当期已经抵扣进项税额100万元，后来通过该设备生产的产品（产成品）因管理不善发生变质，产品成本为10万元，其中包含的原材料、水电等进项税额为1万元（已经予以抵扣），这样应做进项税额转出1万元处理。但是实际上，产品中也包含设备的进项税额，设备的进项税额随着损耗逐渐转入产品中。因为非正常损失的10万元的产品，就需要把相关设备100万元的进项税额全部转出吗？这肯定是不可能的，因为该设备还要继续生产其他产品。可以计算非正常损失的产品负担的固定资产的进项税额并转出吗？这在实务中不太可能，比如存在一个设备生产多种产品，一种产品由多个设备生产等复杂的情况。因此税法规定的"非正常损失的在产品、产成品所耗用的购进货物（不包括固定资产）、劳务和交通运输服务，不得抵扣进项税额"中的"购进货物"不包括固定资产。

（2）不明确规定不包括不动产和无形资产的原因。《增值税暂行条例实施细则》规定，货物是指有形动产，包括电力、热力、气体在内。《财政部 国家税务总局关于全面推开营业税改征增值税试点的通知》（财税〔2016〕36号）附件1《营业税改征增值税试点实施办法》规定，固定资产是指使用期限超过12个月的机器、机械、运输工具以及其他与生产经营有关的设备、工具、器具等有形动产。因此，增值税概念中的固定资产是有形动产，属于"货物"的范畴，而在产品、产成品发生非正常损失，所耗用的购进货物（除了固定资产以外的货物）不得抵扣进项税额，但所耗用的固定资产这种货物准予抵扣进项税额，因此特别规定不包括固定资产。

不动产和无形资产不属于上述"货物"的范围，而是和"货物"并列的概念，因此不需要特别指出不包括不动产和无形资产。"货物"本身的内涵不包括不动产和无形资产。在条款中，只规定"非正常损失的在产品、产成品所耗用的购进货物（不包括固定资产）、劳务和交通运输服务，不得抵扣进项税额"，因此非正常损失的在产品、产成品所耗用的购进不动产和无形资产，准予抵扣进项税额。

综上所述，在产品、产成品发生非正常损失，所耗用的购进固定资产、不动产和无形资产，均准予抵扣进项税额。

（5）非正常损失的不动产，以及该不动产所耗用的购进货物、设计服务和建筑服务。

（6）非正常损失的不动产在建工程所耗用的购进货物、设计服务和建筑服务。纳税人新建、改建、扩建、修缮、装饰不动产，均属于不动产在建工程。

（7）购进的贷款服务、餐饮服务、居民日常服务和娱乐服务。

特别提示 2019 年 3 月 31 日之前，购进的旅客运输服务，其进项税额不得从销项税额中抵扣；自 2019 年 4 月 1 日起，购进的旅客运输服务，其进项税额允许从销项税额中抵扣。

（8）财政部和国家税务总局规定的其他情形。

上述第（5）、（6）项所称的货物，是指构成不动产实体的材料和设备，包括建筑装饰材料和给排水、采暖、卫生、通风、照明、通信、煤气、消防、中央空调、电梯、电气、智能化楼宇设备及配套设施。

纳税人接受贷款服务向贷款方支付的与该笔贷款直接相关的投融资顾问费、手续费、咨询费等费用，其进项税额不得从销项税额中抵扣。

固定资产，是指使用期限超过 12 个月的机器、机械、运输工具以及其他与生产经营有关的设备、工具、器具等有形动产。

不动产、无形资产的具体范围，按照《销售服务、无形资产、不动产注释》执行。

非正常损失，是指因管理不善造成货物被盗、丢失、霉烂变质，以及因违反法律法规造成货物或者不动产被依法没收、销毁、拆除的情形。

特别提示 因不可抗力造成的损失，相应的进项税额可以从销项税额中抵扣。

点拨指导 （1）全部业务均适用简易计税方法的一般纳税人不可以抵扣进项税额；（2）全部业务均适用一般计税方法的一般纳税人可以抵扣进项税额；（3）既有适用一般计税方法的业务又有适用简易计税方法的业务的一般纳税人，可以抵扣进项税额，但应当注意的是，用于简易计税方法计税项目的购进货物、劳务、服务、无形资产和不动产，其进项税额不得从销项税额中抵扣。

实务咨询 我公司是一家医药公司，为增值税一般纳税人，请问我公司购进的药品存放过期是否属于非正常损失？购进当期已经抵扣过的进项税额是否需做进项税额转出处理？

答：根据《财政部 国家税务总局关于全面推开营业税改征增值税试点的通知》（财税〔2016〕36 号）附件 1《营业税改征增值税试点实施办法》的规定，非正常损失是指因管理不善造成货物被盗、丢失、霉烂变质，以及因违反法律法规造成货物或者不动产被依法没收、销毁、拆除的情形。

因此，纳税人购进的在货物外包装或使用说明书中注明有使用期限的货物，超过有效（保存或保质）期而无法进行正常销售，需做销毁处理的，可视作企业在经营过程中的正常经营损失，不纳入非正常损失，购进当期已经抵扣过的进项税额不需做进项税额转出处理。你公司作为一家医药公司，购进的药品存放过期属于正常经营损失，不属于非正常损失，购进当期已经抵扣过的进项税额不需要做转出处理。

（9）适用一般计税方法的纳税人，兼营简易计税方法计税项目、免征增值税项目而无法划分不得抵扣的进项税额，按照下列公式计算不得抵扣的进项税额：

$$不得抵扣进项税额=当期无法划分的全部进项税额\times(当期简易计税方法计税项目销售额+免征增值税项目销售额)\div 当期全部销售额$$

主管税务机关可以按照上述公式依据年度数据对不得抵扣的进项税额进行清算。

（10）已抵扣进项税额的购进货物（不含固定资产）、劳务、服务，发生上述（2）至（8）项规定情形（简易计税方法计税项目、免征增值税项目除外）的，应当将该进项税额从当期进项税额中扣减（即进项税额转出）；无法确定该进项税额的，按照当期实际成本计算应扣减的进项税额。

（11）已抵扣进项税额的固定资产、无形资产或者不动产，发生上述（2）至（8）项规定情形的，按照下列公式计算不得抵扣的进项税额：

不得抵扣的进项税额＝固定资产、无形资产或者不动产净值×适用税率

固定资产、无形资产或者不动产净值，是指纳税人根据财务会计制度计提折旧或摊销后的余额。

另外，按照《增值税暂行条例》第十条和上述（2）项规定情形不得抵扣且未抵扣进项税额的固定资产、无形资产、不动产，发生用途改变，用于允许抵扣进项税额的应税项目，可在用途改变的次月按照下列公式，依据合法有效的增值税扣税凭证，计算可以抵扣的进项税额：

$$可以抵扣的进项税额=\frac{固定资产、无形资产、不动产净值}{1+适用税率}\times 适用税率$$

上述可以抵扣的进项税额应取得合法有效的增值税扣税凭证。

工作实例 2－6

甲公司为增值税一般纳税人，本年 5 月购入一辆汽车自用，汽车的不含税价格为 60 万元，机动车销售统一发票上注明的增值税款为 7.8 万元。甲公司取得的增值税专用发票本年 5 月符合抵扣规定。该汽车折旧期限为 5 年，采用直线法计提折旧。本年 6 月底该汽车被盗。

工作要求：计算甲公司本年 6 月需转出的增值税进项税额。

工作实施：甲公司需按照固定资产净值计算应转出的进项税额，因此，增值税进项税额转出金额＝（60－60÷5÷12×1）×13%＝7.67（万元）。

（12）纳税人适用一般计税方法计税的，因销售折让、中止或者退回而退还给购买方的增值税额，应当从当期的销项税额中扣减；因销售折让、中止或者退回而收回的增值税额，应当从当期的进项税额中扣减。

（13）对商业企业向供货方收取的与商品销售量、销售额挂钩（如以一定比例、金额、数量计算）的各种返还收入，均应按照平销返利行为的有关规定冲减当期增值税进项税额。

（14）出口业务实行免抵退税办法的，其免抵退税不得免征和抵扣税额，应做进项税额转出处理；出口业务实行免退税办法的，其出口业务在购进时的进项税额与按国家规定的退税率计算的应退税额的差额，应做进项税额转出处理。

（15）有下列情形之一者，应当按照销售额和增值税税率计算应纳税额，不得抵扣进项税额，也不得使用增值税专用发票：

1）一般纳税人会计核算不健全，或者不能够提供准确税务资料的。

2）应当办理一般纳税人资格登记而未办理的。

实务咨询 我公司为增值税一般纳税人。我公司以前期间销售的产品在保修期内出现问题，我公司免费为客户提供维修服务。请问免费维修耗用的材料或免费更换的配件是否要做进项税额转出或视同销售处理？

答：根据《增值税暂行条例》的规定，下列项目的进项税额不得从销项税额中抵扣：用于简易计税方法计税项目、免征增值税项目、集体福利或者个人消费的购进货物、劳务、服务、无形资产和不动产。

根据《增值税暂行条例实施细则》的规定，单位或者个体工商户的下列行为，视同销售货物：(1) 将货物交付其他单位或者个人代销；(2) 销售代销货物；(3) 设有两个以上机构并实行统一核算的纳税人，将货物从一个机构移送其他机构用于销售，但相关机构设在同一县（市）的除外；(4) 将自产或者委托加工的货物用于非增值税应税项目①；(5) 将自产或者委托加工的货物用于集体福利者或者个人消费；(6) 将自产、委托加工或者购进的货物作为投资，提供给其他单位或者个体工商户；(7) 将自产、委托加工或者购进的货物分配给股东或者投资者；(8) 将自产、委托加工或者购进的货物无偿赠送其他单位或者个人。

因此，你公司的产品在保修期内出现问题，进行免费维修消耗的材料或免费更换的配件，属于用于增值税应税项目，无须做进项税额转出处理。另外，由于保修期内免费保修业务是销售合同的一部分，有关收入实际已经在销售时取得，你公司也已就销售额缴纳了增值税，免费保修时也无须再缴纳增值税，维修时耗用材料或配件也无须视同销售缴纳增值税。

（三）进项税额结转抵扣、留抵税额等情况的税务处理

(1) 纳税人在计算应纳税额时，如果出现当期销项税额小于当期进项税额不足抵扣的情况，当期进项税额不足抵扣的部分可以结转下期继续抵扣。

(2) 增值税一般纳税人（简称原纳税人）在资产重组中将全部资产、负债、劳动力一并转让给其他增值税一般纳税人（简称新纳税人），并按程序办理注销税务登记的，其在办理注销税务登记前尚未抵扣的进项税额可以结转至新纳税人处继续抵扣。

(3) 一般纳税人注销或取消辅导期一般纳税人资格，转为小规模纳税人时，其存货不进行进项税额转出处理，其留抵税额也不予以退税。

(4) 生产性服务业、生活性服务业的增值税加计抵减政策。自 2023 年 1 月 1 日至 2023 年 12 月 31 日，生产性服务业、生活性服务业的增值税加计抵减政策按照以下规定执行：

1) 允许生产性服务业纳税人按照当期可抵扣进项税额加计 5%抵减应纳税额。生产性服务业纳税人，是指提供邮政服务、电信服务、现代服务、生活服务取得的销售额占全部销售额的比重超过 50%的纳税人。

【知识串联】 自 2019 年 4 月 1 日至 2022 年 12 月 31 日，允许生产、生活性服务业纳税人按照当期可抵扣进项税额加计 10%抵减应纳税额。

2) 允许生活性服务业纳税人按照当期可抵扣进项税额加计 10%抵减应纳税额。生活性服务业纳税人，是指提供生活服务取得的销售额占全部销售额的比重超过 50%的纳税人。

【知识串联】 自 2019 年 10 月 1 日至 2022 年 12 月 31 日，允许生活性服务业纳税人按照当期可抵扣进项税额加计 15%抵减应纳税额。

---

① 由于自 2016 年 5 月 1 日起全面“营改增”，因此营业税退出了历史舞台，此处的“非增值税应税项目”已经失去了意义。根据财税〔2016〕36 号文件精神及增值税相关原理，本条失效。

3）纳税人适用加计抵减政策的其他有关事项，按照《财政部 税务总局 海关总署关于深化增值税改革有关政策的公告》（财政部 税务总局 海关总署公告 2019 年第 39 号）、《财政部 税务总局关于明确生活性服务业增值税加计抵减政策的公告》（财政部 税务总局公告 2019 年第 87 号）等有关规定执行。

4）符合《财政部 税务总局 海关总署关于深化增值税改革有关政策的公告》（财政部 税务总局 海关总署公告 2019 年第 39 号）、《财政部 税务总局关于明确增值税小规模纳税人减免增值税等政策的公告》（财政部 税务总局公告 2023 年第 1 号）规定的生产性服务业纳税人，应在年度首次确认适用 5%加计抵减政策时，通过电子税务局或办税服务厅提交《适用 5%加计抵减政策的声明》；符合《财政部 税务总局关于明确生活性服务业增值税加计抵减政策的公告》（财政部 税务总局公告 2019 年第 87 号）、《财政部 税务总局关于明确增值税小规模纳税人减免增值税等政策的公告》（财政部 税务总局公告 2023 年第 1 号）规定的生活性服务业纳税人，应在年度首次确认适用 10%加计抵减政策时，通过电子税务局或办税服务厅提交《适用 10%加计抵减政策的声明》。

5）纳税人适用加计抵减政策的其他征管事项，按照《国家税务总局关于国内旅客运输服务进项税抵扣等增值税征管问题的公告》（国家税务总局公告 2019 年第 31 号）第二条等有关规定执行。

（5）先进制造业企业的增值税加计抵减政策。自 2023 年 1 月 1 日至 2027 年 12 月 31 日，允许先进制造业企业按照当期可抵扣进项税额加计 5%抵减应纳增值税税额。

特别提示 自 2023 年 1 月 1 日至 2027 年 12 月 31 日，对生产销售先进工业母机主机、关键功能部件、数控系统的增值税一般纳税人，允许按当期可抵扣进项税额加计 15%抵减企业应纳增值税税额。自 2023 年 1 月 1 日至 2027 年 12 月 31 日，允许集成电路设计、生产、封测、装备、材料企业，按照当期可抵扣进项税额加计 15%抵减应纳增值税税额。

（6）原增值税一般纳税人兼有销售服务、无形资产或者不动产的，截止到纳入“营改增”试点之日前的增值税期末留抵税额，不得从销售服务、无形资产或者不动产的销项税额中抵扣。也就是说，这部分留抵税额只能从以后的原增值税业务的销项税额中继续抵扣，具体来说，即按照一般货物及劳务销项税额比例来计算可抵扣税额及应纳税额。上述规定简称“挂账留抵税额”。

但 2016 年 12 月 1 日发布的《国家税务总局关于调整增值税一般纳税人留抵税额申报口径的公告》（国家税务总局公告 2016 年第 75 号）规定：自 2016 年 12 月 1 日起，《国家税务总局关于全面推开营业税改征增值税试点后增值税纳税申报有关事项的公告》（国家税务总局公告 2016 年第 13 号）附件 1《增值税纳税申报表（一般纳税人适用）》（简并税费申报后为《增值税及附加税费申报表（一般纳税人适用）》，下同）第 13 栏“上期留抵税额”“一般项目”列“本年累计”和第 20 栏“期末留抵税额”“一般项目”列“本年累计”栏次停止使用，不再填报数据。本公告发布前，《增值税纳税申报表（一般纳税人适用）》第 20 栏“期末留抵税额”“一般项目”列“本年累计”中有余额的增值税一般纳税人，在本公告发布之日起的第一个纳税申报期，将余额一次性转入第 13 栏“上期留抵税额”“一般项目”列“本月数”中。也就是说，自 2016 年 12 月 1 日起，“挂账留抵税额”的规定被取消了。

（7）增值税期末留抵退税。

1）试行增值税期末留抵税额退税（试行退还 60%增量留抵税额）。自 2019 年 4 月 1

日起，试行增值税期末留抵税额退税制度。同时符合以下条件的纳税人，可以向主管税务机关申请退还增量留抵税额：

第一，自 2019 年 4 月税款所属期起，连续 6 个月（按季纳税的，连续两个季度）增量留抵税额均大于零，且第 6 个月增量留抵税额不低于 50 万元。

第二，纳税信用等级为 A 级或者 B 级。

第三，申请退税前 36 个月未发生骗取留抵退税、出口退税或虚开增值税专用发票情形。

第四，申请退税前 36 个月未因偷税被税务机关处罚两次及以上。

第五，自 2019 年 4 月 1 日起未享受即征即退、先征后返（退）政策。

增量留抵税额，是指与 2019 年 3 月底相比新增加的期末留抵税额。

纳税人当期允许退还的增量留抵税额，按照以下公式计算：

允许退还的增量留抵税额＝增量留抵税额×进项构成比例×60％

进项构成比例，为 2019 年 4 月至申请退税前一税款所属期内已抵扣的增值税专用发票（含机动车销售统一发票）、海关进口增值税专用缴款书、解缴税款完税凭证注明的增值税占同期全部已抵扣进项税额的比重。

2）先进制造业期末留抵退税（全额退还增量留抵税额及扩围）。自 2019 年 6 月 1 日起，同时符合以下条件的部分先进制造业纳税人，可以自 2019 年 7 月及以后纳税申报期向主管税务机关申请退还增量留抵税额：

第一，增量留抵税额大于零。

第二，纳税信用等级为 A 级或者 B 级。

第三，申请退税前 36 个月未发生骗取留抵退税、出口退税或虚开增值税专用发票情形。

第四，申请退税前 36 个月未因偷税被税务机关处罚两次及以上。

第五，自 2019 年 4 月 1 日起未享受即征即退、先征后返（退）政策。

部分先进制造业纳税人，是指按照《国民经济行业分类》，生产并销售非金属矿物制品、通用设备、专用设备及计算机、通信和其他电子设备销售额占全部销售额的比重超过 50％的纳税人。

销售额比重根据纳税人申请退税前连续 12 个月的销售额计算确定：申请退税前经营期不满 12 个月但满 3 个月的，按照实际经营期的销售额计算确定。

增量留抵税额，是指与 2019 年 3 月 31 日相比新增加的期末留抵税额。

部分先进制造业纳税人当期允许退还的增量留抵税额，按照以下公式计算：

允许退还的增量留抵税额＝增量留抵税额×进项构成比例

特别提示 政策由之前的“允许退还的增量留抵税额＝增量留抵税额×进项构成比例×60％”更新为“允许退还的增量留抵税额＝增量留抵税额×进项构成比例”或者“允许退还的增量留抵税额＝增量留抵税额×进项构成比例×100％”。

进项构成比例，为 2019 年 4 月至申请退税前一税款所属期内已抵扣的增值税专用发票（含机动车销售统一发票）、海关进口增值税专用缴款书、解缴税款完税凭证注明的增值税额占同期全部已抵扣进项税额的比重。

自 2021 年 4 月 1 日起，将部分先进制造业纳税人退还增量留抵税额有关政策扩大至先进制造业，增加医药、化学纤维、铁路、船舶、航空航天和其他运输设备、电气机械和器材、仪器仪表销售额占全部销售额的比重超过50%的纳税人。

3）小微企业和制造业等行业期末留抵退税（一次性退还存量留抵税额及继续扩围）。

第一，自2022年4月1日起，加大小微企业增值税期末留抵退税政策力度，将先进制造业按月全新退还增值税增量留抵税额政策范围扩大至符合条件的小微企业（含个体工商户，下同），并一次性退还小微企业存量留抵税额。

第二，自2022年4月1日起，加大"制造业""科学研究和技术服务业""电力、热力、燃气及水生产和供应业""软件和信息技术服务业""生态保护和环境治理业""交通运输、仓储和邮政业"（以下简称制造业等行业）增值税期末留抵退税政策力度，将先进制造业按月全额退还增值税增量留抵税额政策范围扩大至符合条件的制造业等行业企业（含个体工商户，下同），并一次性退还制造业等行业企业存量留抵税额。

第三，小微企业和制造业等行业纳税人办理期末留抵退税，需同时符合以下条件：纳税信用等级为A级或者B级；申请退税前36个月未发生骗取留抵退税、骗取出口退税或虚开增值税专用发票情形；申请退税前36个月未因偷税被税务机关处罚两次及以上；2019年4月1日起未享受即征即退、先征后返（退）政策。

第四，增量留抵税额，区分以下情形确定：

纳税人获得一次性存量留抵退税前，增量留抵税额为当期期末留抵税额与2019年3月31日相比新增加的留抵税额。

纳税人获得一次性存量留抵退税后，增量留抵税额为当期期末留抵税额。

第五，存量留抵税额，区分以下情形确定：

纳税人获得一次性存量留抵退税前，当期期末留抵税额大于或等于2019年3月31日期末留抵税额的，存量留抵税额为2019年3月31日期末留抵税额；当期期末留抵税额小于2019年3月31日期末留抵税额的，存量留抵税额为当期期末留抵税额。

纳税人获得一次性存量留抵退税后，存量留抵税额为零。

第六，纳税人按照以下公式计算允许退还的留抵税额：

允许退还的增量留抵税额＝增量留抵税额×进项构成比例×100%

允许退还的存量留抵税额＝存量留抵税额×进项构成比例×100%

进项构成比例，为2019年4月至申请退税前一税款所属期已抵扣的增值税专用发票（含带有"增值税专用发票"字样全面数字化的电子发票、机动车销售统一发票）、收费公路通行费增值税电子普通发票、海关进口增值税专用缴款书、解缴税款完税凭证注明的增值税额占同期全部已抵扣进项税额的比重。

特别提示 与之前的政策相比，计算进项构成比例的分子增加了"收费公路通行费增值税电子普通发票"这一项。

4）期末留抵退税政策进一步扩围。

自2022年7月1日起，将制造业等行业按月全额退还增值税增量留抵税额、一次性退还存量留抵税额的政策范围，扩大至"批发和零售业""农、林、牧、渔业""住宿和餐饮业""居民服务、修理和其他服务业""教育""卫生和社会工作""文化、体育和娱乐业"。

工作实例2-7

甲公司是一家制造业企业，为增值税一般纳税人。自2019年4月至2022年3月甲公司取得的进项税额中，增值税专用发票上注明的增值税额为 400 万元，收费公路通行费增值税电子普通发票上注明的增值税额为 100 万元，海关进口增值税专用缴款书上注明的增值税额为 200 万元，农产品收购发票计算抵扣的进项税额为 300 万元。甲公司于 2022 年 4 月申请增值税留抵税额退税。

工作要求：计算进项构成比例。

工作实施：

进项构成比例＝（400＋100＋200）÷（400＋100＋200＋300）×100%
＝70%

工作实例 2-8

甲公司是一家从事批发和零售业务的企业，为增值税一般纳税人。甲公司截至 2019 年 3 月的增值税留抵税额为 30 万元，自 2019 年 4 月起满足增值税留抵退税条件，至 2022 年 6 月累计增量留抵税额为 20 万元。甲公司在 2022 年 7 月的申报期内计算的用于退还留抵税额的进项构成比例为 80%。

工作要求：计算甲公司 2022 年 7 月的申报期内可以退还的增值税留抵税额。

工作实施：

允许退还的增量留抵税额＝增量留抵税额×进项构成比例×100%
＝20×80%×100%＝16（万元）

允许退还的存量留抵税额＝存量留抵税额×进项构成比例×100%
＝30×80%×100%＝24（万元）

甲公司 2022 年 7 月的申报期内可以退还的增值税留抵税额合计＝16＋24＝40（万元）

（四）进项税额的抵扣时限

（1）自 2017 年 7 月 1 日起至 2020 年 2 月 29 日，进项税额抵扣时限的规定。

自 2017 年 7 月 1 日起，增值税一般纳税人取得的 2017 年 7 月 1 日及以后开具的增值税专用发票和机动车销售统一发票，应自开具之日起 360 日内认证或登录增值税发票选择确认平台进行确认，并在规定的纳税申报期内，向主管税务机关申报抵扣进项税额。

自 2017 年 7 月 1 日起，增值税一般纳税人取得的 2017 年 7 月 1 日及以后开具的海关进口增值税专用缴款书，应自开具之日起 360 日内向主管税务机关报送“海关完税凭证抵扣清单”，申请稽核比对。

点拨指导 为了把握“进项税额的抵扣时限”政策的来龙去脉，本教材给出了“自 2017 年 7 月 1 日起至 2020 年 2 月 29 日，进项税额抵扣时限的规定”。需要注意的是，上述规定仅适用于“自 2017 年 7 月 1 日起至 2020 年 2 月 29 日”期间。

（2）自 2020 年 3 月 1 日起，进项税额抵扣时限的规定。

自 2020 年 3 月 1 日起，增值税一般纳税人取得 2017 年 1 月 1 日及以后开具的增值税专用发票、海关进口增值税专用缴款书、机动车销售统一发票、收费公路通行费增值税电子普通发票，取消认证确认、稽核比对、申报抵扣的期限。纳税人在进行增值税纳税申报时，应当通过本省（自治区、直辖市和计划单列市）增值税发票综合服务平台对上述扣税凭证信息进行用途确认。

自 2020 年 3 月 1 日起，增值税一般纳税人取得 2016 年 12 月 31 日及以前开具的增值税专用发票、海关进口增值税专用缴款书、机动车销售统一发票，超过认证确认、稽核比对、申报抵扣期限，但符合规定条件的，仍可按照《国家税务总局关于逾期增值税扣税凭证抵扣问题的公告》（国家税务总局公告 2011 年第 50 号，国家税务总局公告 2017 年第 36 号、2018 年第 31 号修改）、《国家税务总局关于未按期申报抵扣增值税扣税凭证有关问题的公告》（国家税务总局公告 2011 年第 78 号，国家税务总局公告 2018 年第 31 号修改）的规定，继续抵扣进项税额。

三、"营改增"试点一般纳税人一般计税方法下差额征收应纳税额的计算方法

"营改增"试点一般纳税人一般计税方法下差额征收应纳税额的计算公式如下：

$$计税销售额=\frac{取得的全部含税价款和价外费用-支付给其他单位或个人的含税价款}{1+税率}$$

$$应纳增值税税额=计税销售额\times税率$$

"营改增"试点一般纳税人一般计税方法下允许差额征收的具体情况如下：

（1）金融商品转让，按照卖出价扣除买入价后的余额为销售额。

转让金融商品出现的正负差，按盈亏相抵后的余额为销售额。若相抵后出现负差，可结转下一纳税期与下期转让金融商品销售额相抵，但年末时仍出现负差的，不得转入下一个会计年度。

金融商品的买入价，可以选择按照加权平均法或者移动加权平均法进行核算，选择后 36 个月内不得变更。

金融商品转让，不得开具增值税专用发票。

纳税人无偿转让股票时，转出方以该股票的买入价为卖出价，按照"金融商品转让"计算缴纳增值税；在转入方将上述股票再转让时，以原转出方的卖出价为买入价，按照"金融商品转让"计算缴纳增值税。

（2）经纪代理服务，以取得的全部价款和价外费用，扣除向委托方收取并代为支付的政府性基金或者行政事业性收费后的余额为销售额。

向委托方收取的政府性基金或者行政事业性收费，不得开具增值税专用发票。

（3）融资租赁和融资性售后回租业务。

1）经人民银行、银保监会（现为国家金融监督管理总局）或者商务部批准从事融资租赁业务的试点纳税人，提供融资租赁服务，以取得的全部价款和价外费用，扣除支付的借款利息（包括外汇借款和人民币借款利息）、发行债券利息和车辆购置税后的余额为销售额。

2）经人民银行、银保监会（现为国家金融监督管理总局）或者商务部批准从事融资租赁业务的试点纳税人，提供融资性售后回租服务，以取得的全部价款和价外费用（不含本金），扣除对外支付的借款利息（包括外汇借款和人民币借款利息）、发行债券利息后的余额作为销售额。

3）试点纳税人根据 2016 年 4 月 30 日前签订的有形动产融资性售后回租合同，在合同到期前提供的有形动产融资性售后回租服务，可继续按照有形动产融资租赁服务缴纳增

值税。

继续按照有形动产融资租赁服务缴纳增值税的试点纳税人，经人民银行、银保监会（现为国家金融监督管理总局）或者商务部批准从事融资租赁业务的，根据 2016 年 4 月 30 日前签订的有形动产融资性售后回租合同，在合同到期前提供的有形动产融资性售后回租服务，可以选择以下方法之一计算销售额：

第一，以向承租方收取的全部价款和价外费用，扣除向承租方收取的价款本金，以及对外支付的借款利息（包括外汇借款和人民币借款利息）、发行债券利息后的余额为销售额。

纳税人提供有形动产融资性售后回租服务，计算当期销售额时可以扣除的价款本金，为书面合同约定的当期应当收取的本金。无书面合同或者书面合同没有约定的，为当期实际收取的本金。

试点纳税人提供有形动产融资性售后回租服务，向承租方收取的有形动产价款本金，不得开具增值税专用发票，可以开具普通发票。

第二，以向承租方收取的全部价款和价外费用，扣除支付的借款利息（包括外汇借款和人民币借款利息）、发行债券利息后的余额为销售额。

4）经商务部授权的省级商务主管部门和国家经济技术开发区批准的从事融资租赁业务的试点纳税人，2016 年 5 月 1 日后实收资本达到 1.7 亿元的，从达到标准的当月起按照上述第 1）、2）、3）项的规定执行；2016 年 5 月 1 日后实收资本未达到 1.7 亿元但注册资本达到 1.7 亿元的，在 2016 年 7 月 31 日前仍可按照上述第 1）、2）、3）项的规定执行，2016 年 8 月 1 日后开展的融资租赁业务和融资性售后回租业务不得按照上述第 1）、2）、3）项的规定执行。

（4）航空运输企业的销售额，不包括代收的民航发展基金（由原民航机场管理建设费和原民航基础设施建设基金合并而成）和代售其他航空运输企业客票而代收转付的价款。

（5）试点纳税人中的一般纳税人提供客运场站服务，以其取得的全部价款和价外费用，扣除支付给承运方运费后的余额为销售额。

（6）试点纳税人提供旅游服务，可以选择以取得的全部价款和价外费用，扣除向旅游服务购买方收取并支付给其他单位或者个人的住宿费、餐饮费、交通费、签证费、门票费和支付给其他接团旅游企业的旅游费用后的余额为销售额。

选择上述办法计算销售额的试点纳税人，向旅游服务购买方收取并支付的上述费用，不得开具增值税专用发票，可以开具普通发票。

纳税人提供旅游服务，将火车票、飞机票等交通费发票原件交付给旅游服务购买方而无法收回的，以交通费发票复印件作为差额扣除凭证。

（7）试点纳税人提供建筑服务适用简易计税方法的，以取得的全部价款和价外费用扣除支付的分包款后的余额为销售额。

（8）房地产开发企业中的一般纳税人销售其开发的房地产项目（选择简易计税方法的房地产老项目除外），以取得的全部价款和价外费用，扣除受让土地时向政府部门支付的土地价款后的余额为销售额。

房地产老项目，是指“建筑工程施工许可证”注明的合同开工日期在 2016 年 4 月 30 日前的房地产项目。

（9）试点纳税人按照上述（2）至（8）项规定从全部价款和价外费用中扣除的价款，应当取得符合法律、行政法规和国家税务总局规定的有效凭证；否则，不得扣除。

上述“有效凭证”是指：

1）支付给境内单位或者个人的款项，以发票为合法有效凭证。

2）支付给境外单位或者个人的款项，以该单位或者个人的签收单据为合法有效凭证；税务机关对签收单据有疑义的，可以要求其提供境外公证机构的确认证明。

3）缴纳的税款，以完税凭证为合法有效凭证。

4）扣除的政府性基金、行政事业性收费或者向政府支付的土地价款，以省级以上（含省级）财政部门监（印）制的财政票据为合法有效凭证。

项目引例解析 1

第一步：逐笔分析经济业务，确定是销项税额还是进项税额，并计算出具体数额。

业务（1）：销项税额＝250 000×13%＝32 500（元）。

业务（2）：销项税额＝226 000÷（1＋13%）×13%＝200 000×13%＝26 000（元）；进项税额＝360（元）。

业务（3）：销项税额＝500×2×13%＝1 000×13%＝130（元）。

业务（4）：销项税额＝67 800÷（1＋13%）×13%＝60 000×13%＝7 800（元）。

业务（5）：进项税额＝26 000＋270＝26 270（元）。

业务（6）：进项税额＝100 000×13%＝13 000（元）。

业务（7）：无进项税额。

业务（8）：无进项税额。

业务（9）：销项税额＝（465 000＋100 000）÷（1＋13%）×13%＝565 000÷（1＋13%）×13%＝500 000×13%＝65 000（元）。

业务（10）：进项税额＝26 000（元）。

业务（11）：进项税额＝130（元）。

业务（12）：将购进原材料用于建设职工食堂，属于购进货物用于集体福利的情形，其进项税额不得抵扣，由于其进项税额已在购进当月申报抵扣，因此，应做进项税额转出处理。

进项税额转出＝6 500（元）。

业务（13）：进项税额＝13 000（元）。

业务（14）：进项税额＝1 300（元）。

第二步：计算本期销项税额。

本期销项税额＝32 500＋26 000＋130＋7 800＋65 000＝131 430（元）。

第三步：计算本期可抵扣的进项税额。

本期可抵扣的进项税额＝360＋26 270＋13 000＋26 000＋130＋13 000＋1 300－6 500＝73 560（元）。

第四步：计算本期实际应纳增值税税额。

本月应纳增值税＝本期销项税额－本期可抵扣进项税额＝131 430－73 560＝57 870（元）。

任务八 简易计税方法下增值税的计算

简易计税方法（简易办法）既适用于小规模纳税人的应税行为，又适用于一般纳税人的特定应税行为。简易计税方法的应纳税额，是指按照销售额和增值税征收率计算的增值税税额，不得抵扣进项税额。其计算公式为：

应纳增值税税额＝销售额×征收率

我国增值税的法定征收率是3%；一些特殊项目适用3%减按2%的征收率执行。全面“营改增”后的与不动产有关的特殊项目适用5%的征收率；一些特殊项目适用5%减按1.5%的征收率。

一、一般纳税人简易计税方法下增值税的计算

（一）原增值税一般纳税人按照简易计税方法适用征收率的情况

1. 暂按简易办法依照3%的征收率征收

一般纳税人销售货物属于下列情形之一的，暂按简易办法，自2014年7月1日起依照3%（2014年6月30日之前为4%）的征收率计算缴纳增值税：

（1）寄售商店代销寄售物品（包括居民个人寄售的物品在内）。

（2）典当业销售死当物品。

2. 按简易办法依照3%的征收率减按2%征收

（1）一般纳税人销售使用过的固定资产。

一般纳税人销售自己使用过的不得抵扣且未抵扣进项税额的固定资产，按照简易办法，自2014年7月1日起依照3%的征收率减按2%征收增值税（2014年6月30日之前为4%的征收率减半征收增值税）。上述业务应当开具普通发票，不得开具专用发票，其销售额和应纳税额的计算公式如下：

销售额＝含税销售额÷（1＋3%）

应纳增值税税额＝销售额×2%

点拨指导 纳税人销售自己使用过的固定资产，适用简易办法依照3%征收率减按2%征收增值税政策的，可以放弃减税，按照简易办法依照3%征收率缴纳增值税，并可以开具增值税专用发票。

特别提示 一般纳税人销售自己使用过的除固定资产以外的物品，应当按照适用税率征收增值税。

（2）一般纳税人（一般指旧货经营单位）销售旧货。

一般纳税人（一般指旧货经营单位）销售旧货，按照简易办法，自2014年7月1日起依照3%的征收率减按2%征收增值税（2014年6月30日之前为4%的征收率减半征收增值税），且应该开具普通发票，不得开具专用发票。小规模纳税人销售旧货，减按2%征收率征收增值税（这里指的是小规模纳税人适用3%的征收率计算出不含税销售额后再减按2%征收）。“旧货”是指进入二次流通的具有部分使用价值的货物（含2013年8月1日之前购入不得抵扣进项税且未抵扣进项税的旧汽车、旧摩托车和旧游艇），但不包括个人

自己使用过的物品。

自 2020 年 5 月 1 日至 2027 年 12 月 31 日，从事二手车经销的纳税人销售其收购的二手车，由原按照简易办法依 3%征收率减按 2%征收增值税，改为减按 0.5%征收增值税，并按下列公式计算销售额：

销售额＝含税销售额÷（1＋0.5%）

点拨指导 《国家税务总局关于明确二手车经销等若干增值税征管问题的公告》（国家税务总局公告 2020 年第 9 号）明确规定，从事二手车经销业务的纳税人销售其收购的二手车，减按 0.5%征收率征收增值税，并按下列公式计算销售额：销售额＝含税销售额÷（1＋0.5%），而非“销售额＝含税销售额÷（1＋3%）”。

一般纳税人销售自己使用过的物品或旧货的税务处理归纳见表 2－5。

表 2－5 一般纳税人销售自己使用过的物品或旧货的税务处理归纳

<table>
<tr><th colspan="3">具体情形</th><th>税务处理</th></tr>
<tr><td rowspan="3">销售自己使用过的物品</td><td rowspan="2">固定资产（动产）</td><td>按规定不得抵扣且未抵扣过进项税</td><td>应纳增值税＝含税销售额÷（1＋3%）×2%</td></tr>
<tr><td>按规定可以抵扣进项税</td><td rowspan="2">增值税销项税额＝含税销售额÷（1＋适用税率 13%或 9%）×适用税率 13%或 9%</td></tr>
<tr><td colspan="2">除固定资产以外的物品</td></tr>
<tr><td rowspan="2">销售旧货（他人用旧的）</td><td colspan="2">除“自 2020 年 5 月 1 日至 2027 年 12 月 31 日，从事二手车经销的纳税人销售其收购的二手车”以外的销售旧货（他人用旧的）</td><td>应纳增值税＝含税销售额÷（1＋3%）×2%</td></tr>
<tr><td colspan="2">自 2020 年 5 月 1 日至 2027 年 12 月 31 日，从事二手车经销的纳税人销售其收购的二手车</td><td>应纳增值税＝含税销售额÷（1＋0.5%）×0.5%</td></tr>
</table>

工作实例 2－9

甲企业为增值税一般纳税人，主营二手车交易，本年 5 月销售二手车取得含税销售额 201 万元；除上述收入外，该企业当月又将本企业于 2007 年 6 月购入自用的一辆货车和 2010 年 10 月购入自用的一辆货车分别以 10.3 万元和 22.6 万元的含税价格出售。假设本月无其他销售业务，且可抵扣的进项税额为 1.5 万元。

工作要求：计算甲企业当月应缴纳的增值税。

工作实施：销售二手车的增值税销项税额＝201÷（1＋0.5%）×0.5%＝1（万元）。

一般纳税人销售自己使用过的 2009 年 1 月 1 日以前购入的固定资产，依照 3%的征收率减按 2%征收增值税，该笔业务应纳增值税＝10.3÷（1＋3%）×2%＝0.2（万元）。

一般纳税人销售自己使用过的 2009 年 1 月 1 日以后购入的固定资产，按适用税率征收，该笔业务的增值税销项税额＝22.6÷（1＋13%）×13%＝2.6（万元）。

应纳增值税＝1＋0.2＋(2.6－1.5)＝2.3（万元）。

3. 可选择按简易办法依照 3%的征收率征收

一般纳税人销售自产的下列货物，可选择按照简易办法，自 2014 年 7 月 1 日起依照

3%（2014 年 6 月 30 日之前为 6%）的征收率计算缴纳增值税：

（1）县级及县级以下小型水力发电单位生产的电力。小型水力发电单位，是指各类投资主体建设的装机容量为 5 万千瓦以下（含 5 万千瓦）的发电单位。

（2）建筑用和生产建筑材料所用的砂、土、石料。

（3）以自己采掘的砂、土、石料或其他矿物连续生产的砖、瓦、石灰（不含黏土实心砖、瓦）。

（4）用微生物、微生物代谢产物、动物毒素、人或动物的血液或组织制成的生物制品。

（5）自来水。对自来水公司销售自来水按简易办法依照 3%的征收率征收增值税时，不得抵扣其购进自来水取得增值税扣税凭证上注明的增值税税款。

（6）商品混凝土（仅限于以水泥为原料生产的水泥混凝土）。

（7）属于增值税一般纳税人的单采血浆站销售的非临床用人体血液（此项一旦选择按照简易办法适用的征收率计税，不得对外开具增值税专用发票）。

（8）自 2022 年 3 月 1 日起，从事再生资源回收的增值税一般纳税人销售其收购的再生资源，可以选择适用简易计税方法依照 3%征收率计算缴纳增值税，或适用一般计税方法计算缴纳增值税。

特别提示 一般纳税人选择简易办法计算缴纳增值税后，36 个月内不得变更。

（二）“营改增”试点一般纳税人按照简易计税方法（多数情况下是可以选择按照简易计税方法，而非必须按照简易计税方法）适用征收率的情况

1. 部分应税服务

一般纳税人发生下列应税行为，可以选择适用简易计税方法计税：

（1）公共交通运输服务。

公共交通运输服务，包括轮客渡、公交客运、地铁、城市轻轨、出租车、长途客运、班车。

班车，是指按固定路线、固定时间运营并在固定站点停靠的运送旅客的陆路运输服务。

（2）经认定的动漫企业为开发动漫产品提供的动漫脚本编撰、形象设计、背景设计、动画设计、分镜、动画制作、摄制、描线、上色、画面合成、配音、配乐、音效合成、剪辑、字幕制作、压缩转码（面向网络动漫、手机动漫格式适配）服务，以及在境内转让动漫版权（包括动漫品牌、形象或者内容的授权及再授权）。

动漫企业和自主开发、生产动漫产品的认定标准和认定程序，按照《文化部 财政部 国家税务总局关于印发〈动漫企业认定管理办法（试行）〉的通知》（文市发〔2008〕51 号）的规定执行。

（3）电影放映服务、仓储服务、装卸搬运服务、收派服务和文化体育服务。

（4）以纳入“营改增”试点之日前取得的有形动产为标的物提供的经营租赁服务。

（5）在纳入“营改增”试点之日前签订的尚未执行完毕的有形动产租赁合同。

（6）提供物业管理服务的纳税人，向服务接受方收取的自来水水费，以扣除其对外支付的自来水水费后的余额为销售额，按照简易计税方法依 3%的征收率计算缴纳增值税。

（7）非企业性单位中的一般纳税人提供的研发和技术服务、信息技术服务、鉴证咨询

服务，以及销售技术、著作权等无形资产，可以选择简易计税方法按照3%的征收率计算缴纳增值税。

非企业性单位中的一般纳税人提供"技术转让、技术开发和与之相关的技术咨询、技术服务"，可以参照上述规定，选择简易计税方法按照3%的征收率计算缴纳增值税。

（8）一般纳税人提供教育辅助服务，可以选择简易计税方法按照3%的征收率计算缴纳增值税。

特别提示 一般纳税人发生财政部和国家税务总局规定的特定应税行为，可以选择适用简易计税方法计税，但一经选择，36个月内不得变更。

2. 建筑服务

（1）一般纳税人以清包工方式提供的建筑服务，可以选择适用简易计税方法计税。

以清包工方式提供建筑服务，是指施工方不采购建筑工程所需的材料或只采购辅助材料，并收取人工费、管理费或者其他费用的建筑服务。

（2）一般纳税人为甲供工程提供的建筑服务，可以选择适用简易计税方法计税。

甲供工程，是指全部或部分设备、材料、动力由工程发包方自行采购的建筑工程。

（3）一般纳税人为建筑工程老项目提供的建筑服务，可以选择适用简易计税方法计税。

建筑工程老项目，是指"建筑工程施工许可证"注明的合同开工日期在2016年4月30日前的建筑工程项目；未取得"建筑工程施工许可证"的，建筑工程承包合同注明的开工日期在2016年4月30日前的建筑工程项目。

（4）一般纳税人跨县（市）提供建筑服务，选择适用一般计税方法计税的，应以取得的全部价款和价外费用为销售额计算应纳税额。纳税人应以取得的全部价款和价外费用扣除支付的分包款后的余额，按照2%的预征率在建筑服务发生地预缴税款后，向机构所在地主管税务机关进行纳税申报。

（5）一般纳税人跨县（市）提供建筑服务，选择适用简易计税方法计税的，应以取得的全部价款和价外费用扣除支付的分包款后的余额为销售额，按照3%的征收率计算应纳税额。纳税人应按照上述计税方法在建筑服务发生地预缴税款后，向机构所在地主管税务机关进行纳税申报。

点拨指导 纳税人提供建筑服务，按照规定允许从其取得的全部价款和价外费用中扣除的分包款，是指支付给分包方的全部价款和价外费用。

（6）建筑工程总承包单位为房屋建筑的地基与基础、主体结构提供工程服务，建设单位自行采购全部或部分钢材、混凝土、砌体材料、预制构件的，适用简易计税方法计税。

工作实例2-10

甲建筑公司（以下简称甲公司）为增值税一般纳税人，机构所在地为N县。本年10月1日甲公司以清包工方式到M县承接A工程项目，并将A工程项目中的部分施工项目分包给了乙公司，本年10月30日发包方按进度支付工程价款222万元。当月该项目甲公司购进辅助材料取得增值税专用发票上注明的税额为1万元；本年10月甲公司支付给乙公司工程分包款50万元，乙公司开具给甲公司增值税专用发票，税额为4.13万元。对A工程项目甲公司选择适用简易计税方法计算应纳税额。

工作要求：计算甲公司本年10月该项目应缴纳的增值税。

工作实施：一般纳税人跨县（市）提供建筑服务，选择适用简易计税方法计税的，应以取得的全部价款和价外费用扣除支付的分包款后的余额为销售额，按照3%的征收率计算应纳税额。纳税人应按照上述计税方法在建筑服务发生地预缴税款后，向机构所在地主管税务机关进行纳税申报。

甲公司本年10月在M县预缴增值税＝（222－50）÷（1＋3%）×3%＝5.01（万元）。

在N县差额申报，扣除预缴增值税后应纳增值税＝（222－50）÷（1＋3%）×3%－5.01＝5.01－5.01＝0。

甲公司本年10月应纳增值税合计＝5.01＋0＝5.01（万元）。

3. 销售不动产

（1）一般纳税人销售其2016年4月30日前取得（不含自建）的不动产，可以选择适用简易计税方法，以取得的全部价款和价外费用减去该项不动产购置原价或者取得不动产时的作价后的余额为销售额，按照5%的征收率计算应纳税额。纳税人应按照上述计税方法在不动产所在地预缴税款后，向机构所在地主管税务机关进行纳税申报。

（2）一般纳税人销售其2016年4月30日前自建的不动产，可以选择适用简易计税方法，以取得的全部价款和价外费用为销售额，按照5%的征收率计算应纳税额。纳税人应按照上述计税方法在不动产所在地预缴税款后，向机构所在地主管税务机关进行纳税申报。

（3）房地产开发企业中的一般纳税人，销售自行开发的房地产老项目，可以选择适用简易计税方法按照5%的征收率计税。一般纳税人销售自行开发的房地产老项目适用简易计税方法计税的，以取得的全部价款和价外费用为销售额，不得扣除对应的土地价款。

特别提示 *房地产开发企业中的一般纳税人购入未完工的房地产老项目继续开发后，以自己名义立项销售的不动产，属于房地产老项目，可以选择适用简易计税方法按照5%的征收率计算缴纳增值税。*

（4）房地产开发企业采取预收款方式销售所开发的房地产项目，在收到预收款时按照3%的预征率预缴增值税。

（5）个体工商户销售购买的住房，应按照《营业税改征增值税试点过渡政策的规定》的规定征免增值税。纳税人应按照上述计税方法在不动产所在地预缴税款后，向机构所在地主管税务机关进行纳税申报。

工作实例2－11

甲企业为增值税一般纳税人，本年10月转让15年前建造的办公楼，取得销售收入1 500万元，该办公楼账面原值900万元，已提折旧260万元，甲企业选择适用简易计税方法计税。

工作要求：计算上述业务应缴纳的增值税。

工作实施：一般纳税人销售其2016年4月30日前自建的不动产，可以选择适用简易计税方法，以取得的全部价款和价外费用为销售额，按照5%的征收率计算应纳税额。

应纳增值税＝1 500÷（1＋5%）×5%＝71.43（万元）。

4. 不动产经营租赁服务

（1）一般纳税人出租其2016年4月30日前取得的不动产，可以选择适用简易计税方法，按照5%的征收率计算应纳税额。纳税人出租其2016年4月30日前取得的与机构所在地不在同一县（市）的不动产，应按照上述计税方法在不动产所在地预缴税款后，向机构所在地主管税务机关进行纳税申报。不动产所在地与机构所在地在同一县（市、区）的，纳税人向机构所在地主管税务机关申报纳税。

（2）一般纳税人出租其在2016年5月1日后取得的、与机构所在地不在同一县（市）的不动产，应按照3%的预征率在不动产所在地预缴税款后，向机构所在地主管税务机关申报纳税。不动产所在地与机构所在地在同一县（市、区）的，纳税人应向机构所在地主管税务机关申报纳税。

特别提示 自2021年10月1日起，住房租赁企业中的增值税一般纳税人向个人出租住房取得的全部出租收入，可以选择适用简易计税方法，按照5%的征收率减按1.5%计算缴纳增值税，或适用一般计税方法计算缴纳增值税。住房租赁企业向个人出租住房适用简易计税方法并进行预缴的，减按1.5%预征率预缴增值税。住房租赁企业中的增值税一般纳税人，对利用非居住存量土地和非居住存量房屋（含商业办公用房、工业厂房改造后出租用于居住的房屋）建设的保障性租赁住房，取得保障性租赁住房项目认定书后，向个人出租上述保障性租赁住房的，比照适用上述增值税政策。其中，住房租赁企业，是指按规定向住房城乡建设部门进行开业报告或者备案的从事住房租赁经营业务的企业。

5. 收取高速公路的车辆通行费

公路经营企业中的一般纳税人收取试点前开工的高速公路的车辆通行费，可以选择适用简易计税方法，减按3%的征收率计算应纳税额。试点前开工的高速公路，是指相关施工许可证明上注明的合同开工日期在2016年4月30日前的高速公路。

6. 销售使用过的固定资产

“营改增”后的一般纳税人，销售自己使用过的“本地区试点实施之日（含）”以后购进或自制的固定资产，按照适用税率征收增值税；销售自己使用过的“本地区试点实施之日”以前购进或者自制的固定资产，按照3%的征收率减按2%征收增值税。具体公式为：

销售额＝含税销售额÷（1＋3%）

应纳增值税税额＝销售额×2%

使用过的固定资产，是指纳税人根据财务会计制度已经计提折旧的固定资产。

7. 其他情况

（1）2016年4月30日前签订的不动产融资租赁合同，或以2016年4月30日前取得的不动产提供的融资租赁服务，可以选择适用简易计税方法，按照5%的征收率计算缴纳增值税。一般纳税人以经营租赁方式出租其2016年4月30日前取得的不动产，可以选择适用简易计税方法，按照5%的征收率计算应纳税额。

（2）纳税人提供人力资源外包服务，按照经纪代理服务缴纳增值税，其销售额不包括受客户单位委托代为向客户单位员工发放的工资和代理缴纳的社会保险、住房公积金。向委托方收取并代为发放的工资和代理缴纳的社会保险、住房公积金，不得开具增值税专用发票，可以开具普通发票。一般纳税人提供人力资源外包服务，可以选择适用简易计税方法，按照5%的征收率计算缴纳增值税。

（3）纳税人以经营租赁方式将土地出租给他人使用，按照不动产经营租赁服务缴纳增值税。纳税人转让 2016 年 4 月 30 日前取得的土地使用权，可以选择适用简易计税方法，以取得的全部价款和价外费用减去取得该土地使用权的原价后的余额为销售额，按照 5%的征收率计算缴纳增值税。

二、小规模纳税人简易计税方法下增值税的计算

小规模纳税人销售货物、劳务、服务、无形资产或者不动产，按照取得的销售额和增值税的征收率计算应纳的增值税税额，但不得抵扣进项税额。

其中，销售额为对外销售货物、劳务、服务、无形资产或者不动产时，向对方收取的全部价款和价外费用。具体的确定标准与一般纳税人的销售额相同。

增值税小规模纳税人按征收率征税。小规模纳税人因销售退回或销售折让而退还给购买方的销售额，应从发生销货退回或折让当期的销售额中扣减，而不必追究其原发票的处理。对于"营改增"增值税小规模纳税人来说，其适用简易计税方法计税的，因销售折让、中止或者退回而退还给购买方的销售额，应当从当期销售额中扣减，扣减当期销售额后仍有余额造成多缴的税款，可以从以后的应纳税额中扣减。

小规模纳税人销售货物、劳务、服务、无形资产或者不动产，向对方收取的款项往往包含了增值税，因此，在计算应纳增值税税额时，需将含税销售额换算成不含税销售额，具体计算公式为：

销售额＝含税销售额÷（1＋征收率）

特别提示 小规模纳税人购进货物、劳务、服务、无形资产或者不动产时，即使取得了增值税专用发票，也不得抵扣进项税额。一般纳税人采取简易计税方法计税，购进货物、劳务、服务、无形资产或者不动产时，即使取得了增值税专用发票，也不得抵扣进项税额。

增值税一般纳税人购置税控收款机所支付的增值税税额（以购进税控收款机取得的增值税专用发票上注明的增值税税额为准），准予在该企业当期的增值税销项税额中抵扣。增值税小规模纳税人购置税控收款机，经主管税务机关审核批准后，可凭购进税控收款机取得的增值税专用发票，按照发票上注明的增值税税额，抵免当期应纳增值税税额，或者按照购进税控收款机取得的普通发票上注明的价款，依下列公式计算可抵免税额：

可抵免税额＝价款÷（1＋13%）×13%

【知识串联】 增值税纳税人（包括一般纳税人和小规模纳税人，下同）2011 年 12 月 1 日（含，下同）以后初次购买增值税税控系统专用设备（包括分开票机）支付的费用，可凭购买增值税税控系统专用设备取得的增值税专用发票，在增值税应纳税额中全额抵减（抵减额为价税合计额），不足抵减的，可结转下期继续抵减。增值税纳税人非初次购买增值税税控系统专用设备支付的费用，由其自行负担，不得在增值税应纳税额中抵减。增值税税控系统包括增值税防伪税控系统、机动车销售统一发票税控系统等。增值税防伪税控系统的专用设备包括金税卡、IC 卡、读卡器或金税盘和报税盘；机动车销售统一发票税控系统专用设备包括税控盘和传输盘。

增值税纳税人 2011 年 12 月 1 日以后缴纳的技术维护费（不含补缴的 2011 年 11 月 30 日以前的技术维护费），可凭技术维护服务单位开具的技术维护费发票，在增值税应纳税

额中全额抵减，不足抵减的，可结转下期继续抵减。技术维护费按照价格主管部门核定的标准执行。

增值税一般纳税人支付的增值税税控系统专用设备支付的费用以及缴纳的技术维护费在增值税应纳税额中全额抵减的，其增值税专用发票不作为增值税抵扣凭证，其进项税额不得从销项税额中抵扣。

（一）小规模纳税人销售货物或者劳务按照简易计税方法适用征收率的特殊规定

1. 小规模纳税人（除其他个人外）销售使用过的固定资产

小规模纳税人（除其他个人外）销售自己使用过的固定资产，减按2%征收率征收增值税。这里指的是小规模纳税人适用3%征收率计算出不含税销售额后再减按2%征收率征收，其销售额和应纳税额的计算公式如下：

销售额＝含税销售额÷（1＋3%）

应纳增值税税额＝销售额×2%

2. 小规模纳税人（除其他个人外）销售自己使用过的除固定资产以外的物品

小规模纳税人（除其他个人外）销售自己使用过的除固定资产以外的物品，应按3%的征收率征收增值税。其销售额和应纳税额的计算公式如下：

销售额＝含税销售额÷（1＋3%）

应纳增值税税额＝销售额×3%

特别提示 其他个人销售自己使用过的固定资产或者除固定资产以外的物品，属于上文中的个人（其他个人）销售自己使用过的物品，免征增值税。

小规模纳税人销售自己使用过的物品或旧货的税务处理归纳见表2-6。

表2-6　小规模纳税人销售自己使用过的物品或旧货的税务处理归纳

具体情形		税务处理
其他个人（个体工商户以外的个人，即自然人）销售自己使用过的固定资产或除固定资产以外的物品		免征增值税
其他个人以外的小规模纳税人	销售自己使用过的固定资产（动产）	应纳增值税＝含税销售额÷（1＋3%）×2%
	销售自己使用过的除固定资产以外的物品	应纳增值税＝含税销售额÷（1＋3%）×3%
	除“自2020年5月1日至2027年12月31日，从事二手车经销的纳税人销售其收购的二手车”以外的销售旧货（他人用旧的）	应纳增值税＝含税销售额÷（1＋3%）×2%
	自2020年5月1日至2027年12月31日，从事二手车经销的纳税人销售其收购的二手车	应纳增值税＝含税销售额÷（1＋0.5%）×0.5%

注：不考虑自2020年3月1日至2022年3月31日的小规模纳税人增值税减免政策，自2022年4月1日至2022年12月31日小规模纳税人增值税免税政策，以及自2023年1月1日至2027年12月31日的小规模纳税人增值税减免政策。如没有特别说明，则全书同。

（二）小规模纳税人销售服务、无形资产或者不动产按照简易计税方法适用征收率的特殊规定

（1）小规模纳税人跨县（市）提供建筑服务。

小规模纳税人跨县（市）提供建筑服务，应以取得的全部价款和价外费用扣除支付的分包款后的余额为销售额，按照3%的征收率计算应纳税额。

应纳增值税税额＝含税销售额÷（1＋3%）×3%

（2）小规模纳税人转让不动产。

小规模纳税人转让不动产（除个人转让其购买的住房外），按照5%征收率计算应纳税额。

1）非房地产企业小规模纳税人转让其取得的不动产，除个人转让其购买的住房外，按照以下规定缴纳增值税：

第一，小规模纳税人转让其取得（不含自建）的不动产，以取得的全部价款和价外费用扣除不动产购置原价或者取得不动产时的作价后的余额为销售额，按照5%征收率计算应纳税额。

第二，小规模纳税人转让其自建的不动产，以取得的全部价款和价外费用为销售额，按照5%征收率计算应纳税额。

除其他个人之外的小规模纳税人，应按照上述规定的计税方法向不动产所在地主管税务机关预缴税款，向机构所在地主管税务机关申报纳税；其他个人按照以上规定的计税方法向不动产所在地主管税务机关申报纳税。

2）房地产开发企业中的小规模纳税人采取预收款方式销售自行开发的房地产项目，应在收到预收款时按照3%的预征率预缴增值税。小规模纳税人销售自行开发的房地产项目，应按照《营业税改征增值税试点实施办法》第四十五条规定的纳税义务发生时间，以当期销售额和5%征收率计算当期应纳税额，抵减已预缴税款后，向主管税务机关申报纳税。未抵减完的预缴税款可以结转下期继续抵减。

小规模纳税人出售不动产的征收率运用归纳见表2-7。

表2-7 小规模纳税人出售不动产的征收率运用归纳

纳税人	不动产性质	计税依据	征收率	计税公式
非房企	销售其取得的不动产（不含自建）	全部价款和价外费用减去该项不动产购置原价或取得不动产时的作价后的余额	5%	税额＝含税计税依据÷（1＋5%）×5%
	销售其自建的不动产	全部价款和价外费用		
房企	销售开发项目	全部价款和价外费用		
其他个人	销售其取得的不动产（不含购买住房）	全部价款和价外费用减去该项不动产购置原价或取得不动产时的作价后的余额		

（3）个人销售其购买的住房。

北京市、上海市、广州市和深圳市之外的地区，个人将购买不足2年的住房对外销售的，按照5%的征收率全额缴纳增值税；个人将购买2年以上（含2年）的住房对外销售的，免征增值税。

自2024年12月1日起，北京市、上海市、广州市和深圳市，凡取消普通住宅和非普通住宅标准的，取消普通住宅和非普通住宅标准后，与全国其他地区适用统一的个人销售住房增值税政策，对该城市个人将购买2年以上（含2年）的住房对外销售的，免征增值税。

（4）小规模纳税人出租不动产。

小规模纳税人出租不动产，按照以下规定缴纳增值税：

1）单位和个体工商户出租不动产（不含个体工商户出租住房），按照5%征收率计算应纳税额。个体工商户出租住房，按照5%征收率减按1.5%计算应纳税额。

不动产所在地与机构所在地不在同一县（市、区）的，纳税人应按照上述计税方法向不动产所在地主管税务机关预缴税款，向机构所在地主管税务机关申报纳税。

不动产所在地与机构所在地在同一县（市、区）的，纳税人应向机构所在地主管税务机关申报纳税。

特别提示 自2021年10月1日起，住房租赁企业中的增值税小规模纳税人向个人出租住房，按照5%的征收率减按1.5%计算缴纳增值税。住房租赁企业向个人出租住房适用简易计税方法并进行预缴的，减按1.5%预征率预缴增值税。住房租赁企业中的增值税小规模纳税人，对利用非居住存量土地和非居住存量房屋（含商业办公用房、工业厂房改造后出租用于居住的房屋）建设的保障性租赁住房，取得保障性租赁住房项目认定书后，向个人出租上述保障性租赁住房的，比照适用上述增值税政策。其中，住房租赁企业，是指按规定向住房城乡建设部门进行开业报告或者备案的从事住房租赁经营业务的企业。

2）其他个人出租不动产（不含住房），按照5%的征收率计算应纳税额，向不动产所在地主管税务机关申报纳税。其他个人出租住房，按照5%征收率减按1.5%计算应纳税额，向不动产所在地主管税务机关申报纳税。

综上所述，小规模纳税人的征收率运用归纳见表2-8。

表2-8　小规模纳税人的征收率运用归纳

<table>
<tr><th colspan="2">小规模纳税人的销售标的</th><th>适用的征收率</th></tr>
<tr><td rowspan="2">自己使用过的</td><td>固定资产（动产）</td><td>3%减按2%</td></tr>
<tr><td>物品</td><td rowspan="2">3%</td></tr>
<tr><td rowspan="2">自己未使用过的</td><td>固定资产（动产）</td></tr>
<tr><td>旧货</td><td>3%减按2%</td></tr>
<tr><td>取得或自建的</td><td>不动产</td><td rowspan="2">5%</td></tr>
<tr><td rowspan="3">出租</td><td>不动产</td></tr>
<tr><td>住房租赁企业向个人出租住房</td><td>5%减按1.5%</td></tr>
<tr><td>个人出租住房</td><td>5%减按1.5%</td></tr>
</table>

续表

小规模纳税人的销售标的	适用的征收率
其他“营改增”应税行为	3%

注：若未特别说明，本教材均不考虑“自 2020 年 3 月 1 日至 2027 年 12 月 31 日的小规模纳税人增值税征收率减免政策”和“自 2020 年 5 月 1 日至 2027 年 12 月 31 日从事二手车经销的纳税人销售其收购的二手车减税政策”。

工作实例 2-12

甲企业为增值税一般纳税人，本年 7 月销售其使用过的包装物一批，取得含税收入 2 260 元；销售自己使用过的小汽车一辆，取得含税收入 30 900 元，已知该小汽车于 2013 年 6 月购进。甲企业当期的进项税额为 0。

工作要求：计算甲企业当期应缴纳的增值税。

工作实施：一般纳税人销售自己使用过的固定资产以外的物品，按照适用税率征收增值税；一般纳税人销售自己使用过的不得抵扣且未抵扣过进项税额的固定资产，按照简易办法依照 3%征收率减按 2%征收增值税；2013 年 8 月 1 日以前，购进小汽车不得抵扣进项税额。该企业当期应纳增值税＝［2 260÷（1＋13%）×13%－0］＋30 900÷（1＋3%）×2%＝860（元）。

工作实例 2-13

甲咨询公司为增值税小规模纳税人，按季度进行增值税纳税申报，本年 1 月至 3 月取得含税咨询收入共计 505 000 元。该公司减按 1%征收率征收增值税。

工作要求：（1）计算甲咨询公司本年第 1 季度的销售额；（2）计算甲咨询公司本年第 1 季度应缴纳的增值税。

工作实施：（1）销售额＝505 000÷（1＋1%）＝500 000（元）。

（2）应纳增值税＝500 000×1%＝5 000（元）。

三、“营改增”试点一般纳税人和小规模纳税人简易计税方法下差额征收增值税的计算

“营改增”试点一般纳税人和小规模纳税人简易计税方法下差额征收应纳税额的计算公式如下：

$$计税销售额=\frac{取得的全部含税价款和价外费用-支付给其他单位或个人的含税价款}{1+征收率}$$

应纳增值税税额＝计税销售额×征收率

“营改增”试点一般纳税人和小规模纳税人简易计税方法下允许差额征收的具体情况与“营改增”试点一般纳税人一般计税方法下允许差额征收的具体情况相同。

答疑解惑

纳税人（总包方）跨县（市、区）提供建筑服务如何进行增值税税务处理？

答：纳税人（总包方）跨县（市、区）提供建筑服务的增值税税务处理如表2-9所示。

表2-9　纳税人（总包方）跨县（市、区）提供建筑服务的增值税税务处理

<table>
<tr><th colspan="2">纳税人资格类型</th><th>项目类型</th><th>计税方法</th><th>预缴税款</th><th>预征率</th><th>预缴税款地点</th><th>纳税申报</th><th>征收率或者税率</th><th>纳税申报地点</th></tr>
<tr><td colspan="2" rowspan="3">一般纳税人</td><td>新项目（指2016年5月1日后开工，下同）</td><td>一般计税</td><td rowspan="2">差额预缴税款：预缴增值税＝差额÷（1＋9%）×2%＝（全部价款和价外费用－支付的分包款）÷（1+9%）×2%</td><td rowspan="2">2%</td><td rowspan="2">建筑服务发生地主管税务机关</td><td rowspan="2">全额缴税，抵减预缴税款：应纳增值税＝全部价款和价外费用÷（1＋9%）×9%－进项税额－预缴增值税＝全部价款和价外费用÷（1＋9%）×9%－进项税额－（全部价款和价外费用－支付的分包款）÷（1+9%）×2%</td><td rowspan="2">9%税率</td><td rowspan="2">机构所在地主管税务机关</td></tr>
<tr><td>老项目（指2016年4月30日前开工，下同）</td><td>选择适用一般计税</td></tr>
<tr><td>老项目</td><td>选择适用简易计税</td><td>差额预缴税款：预缴增值税＝差额÷（1＋3%）×3%＝（全部价款和价外费用 支付的分包款）÷（1+3%）×3%</td><td>3%</td><td>建筑服务发生地主管税务机关</td><td>差额缴税，抵减预缴税款：应纳增值税＝差额÷（1+3%）×3%－预缴增值税＝（全部价款和价外费用－支付的分包款）÷（1＋3%）×3%－（全部价款和价外费用－支付的分包款）÷（1+3%）×3%</td><td>3%征收率</td><td>机构所在地主管税务机关</td></tr>
<tr><td rowspan="2">小规模纳税人</td><td>单位和个体工商户</td><td>新项目或老项目</td><td>简易计税</td><td>差额预缴税款：预缴增值税＝差额÷（1＋3%）×3%＝（全部价款和价外费用－支付的分包款）÷（1＋3%）×3%</td><td>3%</td><td>建筑服务发生地主管税务机关</td><td>差额缴税，抵减预缴税款：应纳增值税＝差额÷（1+3%）×3%－预缴增值税＝（全部价款和价外费用－支付的分包款）÷（1＋3%）×3%－（全部价款和价外费用－支付的分包款）÷（1+3%）×3%</td><td>3%征收率</td><td>机构所在地主管税务机关</td></tr>
<tr><td>其他个人</td><td>新项目或老项目</td><td>简易计税</td><td colspan="3">—</td><td>差额缴税：应纳增值税＝差额÷（1＋3%）×3%＝（全部价款和价外费用－支付的分包款）÷（1+3%）×3%</td><td>3%征收率</td><td>建筑服务发生地主管税务机关</td></tr>
</table>

答疑解惑

一般纳税人转让不动产（不包括个体工商户中的一般纳税人转让其购买的住房）如何进行增值税税务处理？

答：一般纳税人转让不动产（不包括个体工商户中的一般纳税人转让其购买的住房）的增值税税务处理如表 2-10 所示。

表 2-10　一般纳税人转让不动产（不包括个体工商户中的一般纳税人转让其购买的住房）的增值税税务处理

<table>
<tr><th>项目类别</th><th>建设类别</th><th>计税方法</th><th>预缴税款</th><th>预征率</th><th>预缴税款地点</th><th>纳税申报</th><th>征收率或者税率</th><th>纳税申报地点</th></tr>
<tr><td rowspan="2">一般纳税人转让老项目（指2016年4月30日前取得，下同）</td><td rowspan="2">非自建（不包括个体工商户中的一般纳税人转让其购买的住房）</td><td>选择适用简易计税</td><td rowspan="2">差额预缴税款：预缴增值税＝转让差额÷（1＋5%）×5%</td><td rowspan="6">5%</td><td rowspan="6">不动产所在地主管税务机关</td><td>差额缴税，抵减预缴税款：应纳增值税＝转让差额÷（1＋5%）×5%－预缴增值税＝转让差额÷（1＋5%）×5%－转让差额÷（1＋5%）×5%</td><td>5%征收率</td><td rowspan="6">机构所在地主管税务机关</td></tr>
<tr><td>选择适用一般计税</td><td>全额缴税，抵减预缴税款：应纳增值税＝出售全价÷（1＋9%）×9%－进项税额－预缴增值税＝出售全价÷（1＋9%）×9%－进项税额－转让差额÷（1＋5%）×5%</td><td>9%税率</td></tr>
<tr><td rowspan="4">一般纳税人转让新项目（指2016年5月1日后取得，下同）</td><td rowspan="2">自建</td><td>选择适用简易计税</td><td rowspan="2">全额预缴税款：预缴增值税＝出售全价÷（1＋5%）×5%</td><td>全额缴税，抵减预缴税款：应纳增值税＝出售全价÷（1＋5%）×5%－预缴增值税＝出售全价÷（1＋5%）×5%－出售全价÷（1＋5%）×5%</td><td>5%征收率</td></tr>
<tr><td>选择适用一般计税</td><td>全额缴税，抵减预缴税款：应纳增值税＝出售全价÷（1＋9%）×9%－进项税额－预缴增值税＝出售全价÷（1＋9%）×9%－进项税额－出售全价÷（1＋5%）×5%</td><td>9%税率</td></tr>
<tr><td>非自建（不包括个体工商户中的一般纳税人转让其购买的住房）</td><td rowspan="2">一般计税</td><td>差额预缴税款：预缴增值税＝转让差额÷（1＋5%）×5%</td><td>全额缴税，抵减预缴税款：应纳增值税＝出售全价÷（1＋9%）×9%－进项税额－预缴增值税＝出售全价÷（1＋9%）×9%－进项税额－转让差额÷（1＋5%）×5%</td><td rowspan="2">9%税率</td></tr>
<tr><td>自建</td><td>全额预缴税款：预缴增值税＝出售全价÷（1＋5%）×5%</td><td>全额缴税，抵减预缴税款：应纳增值税＝出售全价÷（1＋9%）×9%－进项税额－预缴增值税＝出售全价÷（1＋9%）×9%－进项税额－出售全价÷（1＋5%）×5%</td></tr>
</table>

答疑解惑

小规模纳税人转让不动产（不包括个人中的小规模纳税人转让其购买的住房）如何进行增值税税务处理？

答：小规模纳税人转让不动产（不包括个人中的小规模纳税人转让其购买的住房）的增值税税务处理如表2-11所示。

表2-11　小规模纳税人转让不动产（不包括个人中的小规模纳税人转让其购买的住房）的增值税税务处理

纳税人类别	建设类别	预缴税款	预征率	预缴税款地点	纳税申报	征收率或者税率	纳税申报地点
单位中的小规模纳税人、个体工商户中的小规模纳税人转让不动产	非自建（不包括个体工商户中的小规模纳税人转让其购买的住房）	差额预缴税款：预缴增值税＝转让差额÷（1＋5％）×5％	5％	不动产所在地主管税务机关	差额缴税，抵减预缴税款：应纳增值税＝转让差额÷（1＋5％）×5％－预缴增值税＝转让差额÷（1＋5％）×5％－转让差额÷（1＋5％）×5％	5％征收率	机构所在地主管税务机关
	自建	全额预缴税款：预缴增值税＝出售全价÷（1＋5％）×5％			全额缴税，抵减预缴税款：应纳增值税＝出售全价÷（1＋5％）×5％－预缴增值税＝出售全价÷（1＋5％）×5％－出售全价÷（1＋5％）×5％		
其他个人转让不动产	非自建（不包括其他个人转让其购买的住房）	—			差额缴税：应纳增值税＝转让差额÷（1＋5％）×5％	5％征收率	不动产所在地主管税务机关
	自建	—			全额缴税：应纳增值税＝出售全价÷（1＋5％）×5％		

答疑解惑

个人转让其购买的住房如何进行增值税税务处理？

答：个人转让其购买的住房的增值税税务处理如表 2-12 所示。

表 2-12　个人转让其购买的住房的增值税税务处理

<table>
<tr><th>纳税人类别</th><th colspan="3">住房类别</th><th>预缴税款</th><th>预征率</th><th>预缴税款地点</th><th>纳税申报</th><th>征收率或者税率</th><th>纳税申报地点</th></tr>
<tr><td rowspan="4">个体工商户（可以是一般纳税人，也可以是小规模纳税人）</td><td colspan="3">购买不足 2 年</td><td>全额预缴税款：预缴增值税＝出售全价÷（1＋5%）×5%</td><td>5%</td><td rowspan="4">住房所在地主管税务机关</td><td>全额缴税，抵减预缴税款：应纳增值税＝出售全价÷（1＋5%）×5%－预缴增值税＝出售全价÷（1＋5%）×5%－出售全价÷（1＋5%）×5%</td><td rowspan="2">5%征收率</td><td rowspan="4">机构所在地主管税务机关</td></tr>
<tr><td rowspan="3">购买 2 年以上</td><td rowspan="2">“北上广深”</td><td>非普通住房</td><td>差额预缴税款：预缴增值税＝转让差额÷（1＋5%）×5%</td><td>5%</td><td>差额缴税，抵减预缴税款：应纳增值税＝转让差额÷（1＋5%）×5%－预缴增值税＝转让差额÷（1＋5%）×5%－转让差额÷（1＋5%）×5%</td></tr>
<tr><td>普通住房</td><td rowspan="2">免税（预缴额为 0）</td><td>5%</td><td rowspan="2">免税</td><td rowspan="2">5%征收率</td></tr>
<tr><td colspan="2">其他地区</td><td>5%</td></tr>
<tr><td rowspan="4">其他个人（一定是小规模纳税人）</td><td colspan="3">购买不足 2 年</td><td colspan="3">—</td><td>全额缴税：应纳增值税＝出售全价÷（1＋5%）×5%</td><td>5%征收率</td><td rowspan="4">住房所在地主管税务机关</td></tr>
<tr><td rowspan="3">购买 2 年以上</td><td rowspan="2">“北上广深”</td><td>非普通住房</td><td colspan="3" rowspan="2">—</td><td rowspan="2">差额缴税：应纳增值税＝转让差额÷（1＋5%）×5%</td><td rowspan="3">5%征收率</td></tr>
<tr><td>普通住房</td></tr>
<tr><td colspan="2">其他地区</td><td colspan="3">—</td><td>免税</td></tr>
</table>

答疑解惑

一般纳税人出租不动产（不包括个体工商户中的一般纳税人出租住房）如何进行增值税税务处理？

答：一般纳税人出租不动产（不包括个体工商户中的一般纳税人出租住房）的增值税税务处理如表2-13所示。

表2-13　一般纳税人出租不动产（不包括个体工商户中的一般纳税人出租住房）的增值税税务处理

<table>
<tr><th>出租不动产类别</th><th>计税方法</th><th>出租不动产的所在地</th><th>预缴税款</th><th>预征率</th><th>预缴税款地点</th><th>纳税申报</th><th>征收率或者税率</th><th>纳税申报地点</th></tr>
<tr><td rowspan="4">单位中的一般纳税人出租2016年4月30日前取得的不动产、个体工商户中的一般纳税人出租2016年4月30日前取得的非住房不动产</td><td rowspan="2">选择简易计税</td><td>不动产所在地与机构所在地不在同一县（市）</td><td>全额预缴税款：预缴增值税＝含税销售额÷（1＋5%）×5%</td><td>5%</td><td>不动产所在地主管税务机关</td><td>全额缴税，抵减预缴税款：应纳增值税＝含税销售额÷（1＋5%）×5%－预缴增值税＝含税销售额÷（1＋5%）×5%－含税销售额÷（1＋5%）×5%</td><td rowspan="2">5%征收率</td><td rowspan="2">机构所在地主管税务机关</td></tr>
<tr><td>不动产所在地与机构所在地在同一县（市）</td><td colspan="3">—</td><td>全额缴税：应纳增值税＝含税销售额÷（1＋5%）×5%</td></tr>
<tr><td rowspan="2">选择一般计税</td><td>不动产所在地与机构所在地不在同一县（市）</td><td>全额预缴税款：预缴增值税＝含税销售额÷（1＋9%）×3%</td><td>3%</td><td>不动产所在地主管税务机关</td><td>全额缴税，抵减预缴税款：应纳增值税＝含税销售额÷（1＋9%）×9%－进项税额－预缴税款＝含税销售额÷（1＋9%）×9%－进项税额－含税销售额÷（1＋9%）×3%</td><td rowspan="2">9%税率</td><td rowspan="2">机构所在地主管税务机关</td></tr>
<tr><td>不动产所在地与机构所在地在同一县（市）</td><td colspan="3">—</td><td>全额缴税：应纳增值税＝含税销售额÷（1＋9%）×9%－进项税额</td></tr>
<tr><td rowspan="2">单位中的一般纳税人出租2016年5月1日后取得的不动产、个体工商户中的一般纳税人出租2016年5月1日后取得的非住房不动产</td><td rowspan="2">一般计税</td><td>不动产所在地与机构所在地不在同一县（市）</td><td>全额预缴税款：预缴增值税＝含税销售额÷（1＋9%）×3%</td><td>3%</td><td>不动产所在地主管税务机关</td><td>全额缴税，抵减预缴税款：应纳增值税＝含税销售额÷（1＋9%）×9%－进项税额－预缴税款＝含税销售额÷（1＋9%）×9%－进项税额－含税销售额÷（1＋9%）×3%</td><td rowspan="2">9%税率</td><td rowspan="2">机构所在地主管税务机关</td></tr>
<tr><td>不动产所在地与机构所在地在同一县（市）</td><td colspan="3">—</td><td>全额缴税：应纳增值税＝含税销售额÷（1＋9%）×9%－进项税额</td></tr>
</table>

答疑解惑

小规模纳税人出租不动产（不包括个人中的小规模纳税人出租住房）如何进行增值税税务处理？

答：小规模纳税人出租不动产（不包括个人中的小规模纳税人出租住房）的增值税税务处理如表 2-14 所示。

表 2-14 小规模纳税人出租不动产（不包括个人中的小规模纳税人出租住房）的增值税税务处理

出租不动产的类别	出租不动产的所在地	预缴税款	预征率	预缴税款地点	纳税申报	征收率或者税率	纳税申报地点
单位中的小规模纳税人出租不动产、个体工商户中的小规模纳税人出租非住房不动产	不动产所在地与机构所在地不在同一县（市）	全额预缴税款：预缴增值税＝含税销售额÷（1＋5%）×5%	5%	不动产所在地主管税务机关	全额缴税，抵减预缴税款：应纳增值税＝含税销售额÷（1＋5%）×5%－预缴增值税＝含税销售额÷（1＋5%）×5%－含税销售额÷（1＋5%）×5%	5%征收率	机构所在地主管税务机关
	不动产所在地与机构所在地在同一县（市）	—			全额缴税：应纳增值税＝含税销售额÷（1＋5%）×5%	5%征收率	机构所在地主管税务机关
其他个人出租非住房不动产	无论不动产所在地与机构所在地是否在同一县（市）	—			全额缴税：应纳增值税＝含税销售额÷（1＋5%）×5%	5%征收率	不动产所在地主管税务机关

答疑解惑

个人出租住房如何进行增值税税务处理？

答：个人出租住房的增值税税务处理如表 2－15 所示。

表 2－15　个人出租住房的增值税税务处理

出租不动产的类别	出租不动产的所在地	预缴税款	预征率	预缴税款地点	纳税申报	征收率或者税率	纳税申报地点
个体工商户中的一般纳税人出租住房	不动产所在地与机构所在地不在同一县（市）	全额预缴税款：预缴增值税＝含税销售额÷（1＋5%）×1.5%	5%的预征率减按1.5%	不动产所在地主管税务机关	全额缴税，抵减预缴税款：应纳增值税＝含税销售额÷（1＋5%）×1.5%－预缴增值税＝含税销售额÷（1＋5%）×1.5%－含税销售额÷（1＋5%）×1.5%	5%的征收率减按1.5%	机构所在地主管税务机关
	不动产所在地与机构所在地在同一县（市）	—			全额缴税：应纳增值税＝含税销售额÷（1＋5%）×1.5%	5%的征收率减按1.5%	机构所在地主管税务机关
个体工商户中的小规模纳税人出租住房	不动产所在地与机构所在地不在同一县（市）	全额预缴税款：预缴增值税＝含税销售额÷（1＋5%）×1.5%	5%的预征率减按1.5%	不动产所在地主管税务机关	全额缴税，抵减预缴税款：应纳增值税＝含税销售额÷（1＋5%）×1.5%－预缴增值税＝含税销售额÷（1＋5%）×1.5%－含税销售额÷（1＋5%）×1.5%	5%的征收率减按1.5%	机构所在地主管税务机关
	不动产所在地与机构所在地在同一县（市）	—			全额缴税：应纳增值税＝含税销售额÷（1＋5%）×1.5%	5%的征收率减按1.5%	机构所在地主管税务机关
其他个人（一定是小规模纳税人）出租住房	无论不动产所在地与机构所在地是否在同一县（市）	—			全额缴税：应纳增值税＝含税销售额÷（1＋5%）×1.5%	5%的征收率减按1.5%	不动产所在地主管税务机关

答疑解惑

房地产开发企业销售自行开发的房地产项目如何进行增值税税务处理？

答：房地产开发企业销售自行开发的房地产项目的增值税税务处理如表 2-16 所示。

表 2-16　房地产开发企业销售自行开发的房地产项目的增值税税务处理

<table>
<tr><th>纳税人的类别</th><th>预售房产类型</th><th>计税方法</th><th>预缴税款（若预售，则预缴；反之，不预缴）</th><th>预征率</th><th>预缴税款地点</th><th>纳税申报</th><th>征收率或者税率</th><th>纳税申报地点</th></tr>
<tr><td rowspan="3">一般纳税人</td><td rowspan="2">自行开发老项目</td><td>选择适用简易计税</td><td>全额预缴税款：预缴增值税＝预收款÷（1＋5%）×3%</td><td>3%</td><td rowspan="4">主管税务机关</td><td>全额缴税，抵减预缴税款：应纳增值税＝全部价款和价外费用÷（1＋5%）×5%－预缴增值税＝全部价款和价外费用÷（1＋5%）×5%－预收款÷（1＋5%）×3%</td><td>5%征收率</td><td rowspan="4">主管税务机关</td></tr>
<tr><td>选择适用一般计税</td><td rowspan="2">全额预缴税款：预缴增值税＝预收款÷（1＋9%）×3%</td><td rowspan="2">3%</td><td rowspan="2">差额缴税，抵减预缴税款：应纳增值税＝（全部价款和价外费用－当期允许扣除的支付给政府部门的土地价款）÷（1＋9%）×9%－进项税额－预缴增值税＝（全部价款和价外费用－当期允许扣除的支付给政府部门的土地价款）÷（1＋9%）×9%－进项税额－预收款÷（1＋9%）×3%</td><td rowspan="2">9%税率</td></tr>
<tr><td>自行开发新项目</td><td>一般计税</td></tr>
<tr><td>小规模纳税人</td><td>自行开发老项目或者新项目</td><td>简易计税</td><td>全额预缴税款：预缴增值税＝预收款÷（1＋5%）×3%</td><td>3%</td><td>全额缴税，抵减预缴税款：应纳增值税＝含税销售额÷（1＋5%）×5%－预缴增值税＝全部价款和价外费用÷（1＋5%）×5%－预收款÷（1＋5%）×3%</td><td>5%征收率</td></tr>
</table>

任务九　进口货物增值税的计算

不管是一般纳税人还是小规模纳税人进口货物，都按照组成计税价格和税法规定的税率（例如 13%）计算应纳税额。

点拨指导　(1) 进口货物增值税的计税依据是组成计税价格而非其他金额；(2) 增值税小规模纳税人进口货物时使用税率计税，而不使用征收率。

进口货物计算增值税应纳税额的计算公式如下：

应纳税额=组成计税价格×增值税税率

式中，组成计税价格的计算公式如下：

（1）若进口货物不属于消费税应税消费品，则：

组成计税价格=关税完税价格+关税

（2）若进口货物属于消费税应税消费品，则：

1）实行从价定率办法计算纳税的组成计税价格计算公式为：

组成计税价格=关税完税价格+关税+消费税

=（关税完税价格+关税）÷（1−消费税比例税率）

2）实行从量定额办法计算纳税的组成计税价格计算公式为：

组成计税价格=关税完税价格+关税+消费税

=关税完税价格+关税+海关核定的应税消费品进口征税数量×消费税定额税率

3）实行复合计税办法计算纳税的组成计税价格计算公式为：

组成计税价格=关税完税价格+关税+消费税

=（关税完税价格+关税+海关核定的应税消费品进口征税数量×消费税定额税率）÷（1−消费税比例税率）

纳税人在计算进口货物的增值税时应当注意以下问题：

（1）进口货物增值税的组成计税价格中包括已纳关税税额，如果进口货物属于消费税应税消费品，其组成计税价格中还要包括进口环节已纳消费税税额。

（2）根据《中华人民共和国海关法》的规定，进出口货物的完税价格，由海关以该货物的成交价格为基础审查确定。成交价格不能确定时，完税价格由海关依法估定。进口货物的完税价格包括货物的货价、货物运抵中华人民共和国境内输入地点起卸前的运输及其相关费用、保险费。根据《中华人民共和国关税法》（自 2024 年 12 月 1 日起实施）的规定，进口货物的计税价格（关税完税价格）以成交价格以及该货物运抵中华人民共和国境内输入地点起卸前的运输及其相关费用、保险费为基础确定。

工作实例 2-14

甲企业为增值税一般纳税人，本年 5 月进口一批高档化妆品，关税完税价格 50 万元。已知：高档化妆品适用的关税税率为 20%、消费税税率为 15%。

工作要求：计算甲企业进口高档化妆品的增值税。

工作实施：进口高档化妆品的增值税=关税完税价格×（1+关税税率）÷（1−消费税税率）×增值税税率=50×（1+20%）÷（1−15%）×13%=9.18（万元）。

任务十 增值税出口和跨境业务退免税和征税的计算

出口和跨境业务是“出口货物、劳务和跨境应税行为”的简称。一国对出口货物、劳务和跨境应税行为（根据我国税法，跨境应税行为主要包括“出口服务或者无形资产”）

实行退（免）税政策是国际贸易中通常采用且被世界各国普遍接受的，是为了鼓励各国出口和跨境业务公平竞争的一种退还或免征间接税（目前，我国主要包括增值税、消费税）的税收措施，即对出口货物、劳务和跨境应税行为已承担或应承担的增值税和消费税等间接税实行退还或者免征。

一、出口货物、劳务和跨境应税行为的增值税税收政策

目前，我国的出口货物、劳务和跨境应税行为的增值税税收政策分为以下三种形式：

（1）出口免税并退税。《财政部 国家税务总局关于出口货物劳务增值税和消费税政策的通知》（财税〔2012〕39号，以下简称《通知》）中所说的“适用增值税退（免）税政策的范围”属于适用“出口免税并退税”政策的范围；出口服务或者无形资产（统称跨境应税行为）适用零税率增值税的项目［本项目任务四中的“三、增值税的零税率”下的“（二）服务或者无形资产适用的零税率”］也属于适用“出口免税并退税”政策的范围。出口免税是指对货物、劳务、服务或者无形资产在出口销售环节免征增值税额（指的是销项税额或者应纳增值税额），这是把货物、劳务、服务或者无形资产的出口销售环节与出口前的销售环节都同样视为一个增值税征税环节（由于国家鼓励出口而给予出口销售环节免征增值税的优惠）；出口退税是指对货物、劳务、服务或者无形资产在出口前的购买环节（指的是为生产出口货物、劳务、服务或者无形资产而购买原材料等环节）实际承担（负担）的增值税额（主要指的是进项税额），按规定的退税率计算后予以退还。

（2）出口免税不退税。《通知》中所说的“适用增值税免税政策的范围”属于适用“出口免税不退税”政策的范围；出口服务或者无形资产（统称跨境应税行为）免征增值税的项目［本项目任务五中的“二、‘营改增’试点纳税人的增值税减免税政策”下的“（六）‘营改增’境外服务或者无形资产免税政策”］也属于适用“出口免税不退税”政策的范围；“境内的单位和个人提供适用增值税零税率的服务或者无形资产，如果属于适用简易计税方法的，实行免征增值税办法”也属于适用“出口免税不退税”政策的范围。出口免税与上述第（1）项含义相同。出口不退税是指适用这个政策的出口货物、劳务、服务或者无形资产因在出口前的购买环节（指的是为生产出口货物、劳务、服务或者无形资产而购买原材料等环节）是免征增值税的，因此，出口时该货物、劳务、服务或者无形资产的价格中本身就不含增值税，也不需要退还增值税额；或者是适用这个政策的出口货物、劳务、服务或者无形资产因在出口前的购买环节（指的是为生产出口货物、劳务、服务或者无形资产而购买原材料等环节）实际承担（负担）的进项税额不得抵扣①，应当计入成本，因此也不需要退还增值税额（主要指的是进项税额）。

（3）出口不免税也不退税。《通知》中所说的“适用增值税征税政策的范围”属于适用“出口不免税也不退税”政策的范围。出口不免税是指对国家限制或禁止出口的某些货物、劳务、服务或者无形资产的出口销售环节视同内销环节，照常征收增值税（指的是销项税额或者应纳增值税额）；出口不退税是指对这些货物、劳务、服务或者无形资产出口

---

① 例如，一般纳税人用于免征增值税项目（出口免税就属于这种情形）的购进货物、劳务、服务、无形资产和不动产，其进项税额不得从销项税额中抵扣；增值税小规模纳税人出口的货物、劳务、服务或者无形资产在出口前的购买环节的进项税额也不得抵扣，而应当计入成本。

不退还出口前的购买环节（指的是为生产出口货物、劳务、服务或者无形资产而购买原材料等环节）实际承担（负担）的增值税额（主要指的是进项税额）。

特别提示 只有“出口免税并退税”政策才涉及增值税的出口退税，“出口免税不退税”政策、“出口不免税也不退税”政策不涉及增值税的出口退税。

二、适用增值税退（免）税政策的范围

对下列出口货物、劳务和跨境应税行为，除适用增值税免税政策和增值税征税政策外，实行增值税退（免）税政策（又称免征并退还增值税政策，即上述出口免税并退税政策）。

（一）出口企业出口货物

出口企业，是指依法办理工商登记、税务登记、对外贸易经营者备案登记，自营或委托出口货物的单位或个体工商户，以及依法办理工商登记、税务登记但未办理对外贸易经营者备案登记，委托出口货物的生产企业。

特别提示 生产企业，是指具有生产能力（包括加工修理修配能力）的单位或个体工商户。

出口货物，是指企业向海关报关后实行离境并销售给境外单位和个人的货物，分为自营出口货物和委托出口货物两类。

特别提示 对于企业出口给外商的新造集装箱，交付到境内指定堆场，并取得出口货物报关单（出口退税专用），同时符合其他出口退（免）税规定的，准予按照现行规定办理出口退（免）税。

（二）出口企业或其他单位视同出口货物

（1）出口企业对外援助、对外承包、境外投资的出口货物。

（2）出口企业经海关报关进入国家批准的出口加工区、保税物流园区、保税港区、综合保税区、珠澳跨境工业区（珠海园区）、中哈霍尔果斯国际边境合作中心（中方配套区域）、保税物流中心（B型）（以下统称特殊区域）并销售给特殊区域内单位或境外单位、个人的货物。

（3）免税品经营企业销售的货物（国家规定不允许经营和限制出口的货物、卷烟和超出免税品经营企业《企业法人营业执照》规定经营范围的货物除外）。

（4）出口企业或其他单位销售给用于国际金融组织或外国政府贷款国际招标建设项目的中标机电产品（以下称中标机电产品）。

特别提示 上述中标机电产品，包括外国企业中标再分包给出口企业或其他单位的机电产品。

（5）生产企业销售的自产的海洋工程结构物，或者融资租赁企业及其设立的项目子公司、金融租赁公司及其设立的项目子公司购买并以融资租赁方式出租的国内生产企业生产的海洋工程结构物，但购买方或者承租方需为按实物征收增值税的中外合作油（气）田开

采企业。

点拨指导 自2017年1月1日起，生产企业销售自产的海洋工程结构物，或者融资租赁企业及其设立的项目子公司、金融租赁公司及其设立的项目子公司购买并以融资租赁方式出租的国内生产企业生产的海洋工程结构物，应按规定缴纳增值税，不再适用增值税出口退税政策，但购买方或者承租方为按实物征收增值税的中外合作油（气）田开采企业的除外。

（6）出口企业或其他单位销售给国际运输企业用于国际运输工具上的货物。

点拨指导 上述规定暂仅适用于外轮供应公司、远洋运输供应公司销售给外轮、远洋国轮的货物，国内航空供应公司生产销售给国内和同外航空公司国际航班的航空食品。

（7）出口企业或其他单位销售给特殊区域内生产企业生产耗用且不向海关报关而输入特殊区域的水（包括蒸汽）、电力、燃气（以下称输入特殊区域的水电气）。

（三）生产企业出口视同自产货物

生产企业出口视同自产货物，免征增值税额（指的是销项税额），相应的进项税额抵减应纳增值税额（不包括适用增值税即征即退、先征后退政策的应纳增值税额），未抵减完的部分予以退还。视同自产货物的具体范围包括：

（1）持续经营以来从未发生骗取出口退税、虚开增值税专用发票或农产品收购发票、接受虚开增值税专用发票（善意取得虚开增值税专用发票除外）行为且同时符合下列条件的生产企业出口的外购货物，可视同自产货物适用增值税退（免）税政策：

1）已取得增值税一般纳税人资格。

2）已持续经营2年及2年以上。

3）纳税信用等级为A级。

4）上一年度销售额5亿元以上。

5）外购出口的货物与本企业自产货物同类型或具有相关性。

（2）持续经营以来从未发生骗取出口退税、虚开增值税专用发票或农产品收购发票、接受虚开增值税专用发票（善意取得虚开增值税专用发票除外）行为但不能同时符合上述第（1）条规定的条件的生产企业，出口的外购货物符合下列条件之一的，可视同自产货物申报适用增值税退（免）税政策：

1）同时符合下列条件的外购货物：与本企业生产的货物名称、性能相同；使用本企业注册商标或境外单位或个人提供给本企业使用的商标；出口给进口本企业自产货物的境外单位或个人。

2）与本企业所生产的货物属于配套出口，且出口给进口本企业自产货物的境外单位或个人的外购货物，符合下列条件之一的：用于维修本企业出口的自产货物的工具、零部件、配件；不经过本企业加工或组装，出口后能直接与本企业自产货物组合成成套设备的货物。

3）经集团公司总部所在地的地级以上税务局认定的集团公司，其控股（按照自2024

年7月1日起实施的新《公司法》第二百六十五条规定的口径执行）的生产企业之间收购的自产货物以及集团公司与其控股的生产企业之间收购的自产货物。

4）同时符合下列条件的委托加工货物：与本企业生产的货物名称、性能相同，或者是用本企业生产的货物再委托深加工的货物；出口给进口本企业自产货物的境外单位或个人；委托方与受托方必须签订委托加工协议，且主要原材料必须由委托方提供，受托方不垫付资金，只收取加工费，开具加工费（含代垫的辅助材料）的增值税专用发票。

5）用于本企业中标项目下的机电产品。

6）用于对外承包工程项目下的货物。

7）用于境外投资的货物。

8）用于对外援助的货物。

9）生产自产货物的外购设备和原材料（农产品除外）。

（四）出口企业对外提供加工修理修配劳务

对外提供加工修理修配劳务，是指对进境复出口货物或从事国际运输的运输工具进行的加工修理修配。

（五）融资租赁货物出口退税

对融资租赁企业、金融租赁公司及其设立的项目子公司，以融资租赁方式租赁给境外承租人且租赁期限在5年（含）以上，并向海关报关后实际离境的货物，试行增值税、消费税出口退税政策。

融资租赁出口货物的范围，包括飞机、飞机发动机、铁道机车、铁道客车车厢、船舶及其他货物，具体应符合《增值税暂行条例实施细则》第二十一条“固定资产”的相关规定。

特别提示 上述融资租赁企业，仅包括金融租赁公司、经商务部批准设立的外商投资融资租赁公司、经商务部和国家税务总局共同批准开展融资业务试点的内资融资租赁企业、经商务部授权的省级商务主管部门和国家经济技术开发区批准的融资租赁公司。

特别提示 上述金融租赁公司，仅包括经中国银行保险监督管理委员会（现为国家金融监督管理总局）批准设立的金融租赁公司。

（六）增值税一般纳税人提供零税率服务或者无形资产

（1）自2014年1月1日起，增值税一般纳税人提供适用零税率的应税服务，实行增值税退（免）税办法。

（2）自2016年5月1日起，跨境应税行为（出口服务或者无形资产）适用增值税零税率。跨境应税行为，是指中国境内的单位和个人销售规定的服务或者无形资产，规定的服务或者无形资产范围参见《财政部 国家税务总局关于全面推开营业税改征增值税试点的通知》（财税〔2016〕36号）附件4《跨境应税行为适用增值税零税率和免税政策的规定》[本项目任务四中的“三、增值税的零税率”下的“（二）服务或者无形资产适用的零税率”]。

三、出口货物、劳务和跨境应税行为退（免）增值税的基本方法

适用增值税退（免）税政策的出口货物、劳务和跨境应税行为，按照下列规定实行增值税免抵退税办法或免退税办法（免退税办法又称先征后退办法）。

（一）免抵退税办法

对于出口货物、劳务而言，适用增值税一般计税方法的生产企业出口自产货物和视同自产货物、对外提供加工修理修配劳务，以及《财政部 国家税务总局关于出口货物劳务增值税和消费税政策的通知》（财税〔2012〕39号）附件5列名生产企业出口非自产货物，实行免抵退税办法。即上述企业在货物、劳务的出口销售环节免征增值税额（指的是销项税额），相应的进项税额抵减应纳增值税额（不包括适用增值税即征即退、先征后退政策的应纳增值税额），未抵减完的部分予以退还。

对于跨境应税行为而言，境内的单位和个人提供适用增值税零税率的服务或者无形资产，适用增值税一般计税方法的生产企业实行免抵退税办法，适用增值税一般计税方法的外贸企业直接将服务或自行研发的无形资产出口，视同生产企业连同其出口货物统一实行免抵退税办法。即上述企业在服务或者无形资产的出口销售环节免征增值税额（指的是销项税额），相应的进项税额抵减应纳增值税额（不包括适用增值税即征即退、先征后退政策的应纳增值税额），未抵减完的部分予以退还。

点拨指导 免抵退税办法的整体思路为：出口销售环节免征增值税额（指的是销项税额），相应的进项税额（以前购买环节承担的进项税额）先用来抵减应纳增值税额（不包括适用增值税即征即退、先征后退政策的应纳增值税额），未抵减完的部分予以退还。

（二）免退税办法

对于出口货物、劳务而言，不具有生产能力的出口企业（又称外贸企业）或其他单位出口货物或者劳务，实行免退税办法。即不具有生产能力的出口企业（又称外贸企业）或其他单位将外购的货物、劳务出口，在出口销售环节免征增值税额（指的是销项税额），相应的外购货物、劳务的进项税额按规定予以退还。

对于跨境应税行为而言，境内的单位和个人提供适用增值税零税率的服务或者无形资产，适用增值税一般计税方法的外贸企业外购服务或者无形资产出口实行免退税办法。即外贸企业将外购的服务或者无形资产出口，在出口销售环节免征增值税额（指的是销项税额），相应的外购服务或者无形资产的进项税额按规定予以退还。

点拨指导 免退税办法的整体思路为：出口销售环节免征增值税额（指的是销项税额），相应的进项税额（以前购买环节承担的进项税额）按规定予以退还。

特别提示 出口服务或者无形资产退（免）税有以下几项特殊规定：

（1）境内的单位和个人提供适用增值税零税率的服务或者无形资产，属于适用简易计税方法的，实行免征增值税办法（实际上适用“出口免税不退税”政策）。

(2) 按照国家有关规定应取得相关资质的国际运输服务项目，纳税人取得相关资质的，适用增值税零税率政策；未取得的，适用增值税免税政策。

(3) 境内的单位或个人提供程租服务，如果租赁的交通工具用于国际运输服务和港澳台运输服务，由出租方按规定申请适用增值税零税率。

(4) 境内的单位和个人向境内单位或个人提供期租、湿租服务，如果承租方利用租赁的交通工具向其他单位或个人提供国际运输服务和港澳台运输服务，由承租方适用增值税零税率。境内的单位或个人向境外单位或个人提供期租、湿租服务，由出租方适用增值税零税率。

点拨指导 出口服务或者无形资产（统称跨境应税行为）适用零税率增值税的项目［本项目任务四中的“三、增值税的零税率”下的“（二）服务或者无形资产适用的零税率”］属于适用“出口免税并退税”政策的范围。

出口服务或者无形资产（统称跨境应税行为）免征增值税的项目［本项目任务五中的“二、‘营改增’试点纳税人的增值税减免税政策”下的“（六）‘营改增’境外服务或者无形资产免税政策”］属于适用“出口免税不退税”政策的范围。

特别提示 纳税人发生应税行为同时适用免税和零税率规定的，可以选择适用免税或者零税率。

特别提示 境内的单位和个人销售适用增值税零税率的服务或者无形资产的，可以放弃适用增值税零税率，选择免税或按规定缴纳增值税。放弃适用增值税零税率后，36个月内不得再申请适用增值税零税率。

特别提示 实行增值税退（免）税办法的增值税零税率服务或者无形资产不得开具增值税专用发票。

四、出口货物、劳务和跨境应税行为退(免)增值税计税依据的确定

出口货物、劳务增值税退（免）税的计税依据，按照出口货物、劳务的出口发票（外销发票）、其他普通发票或购进出口货物、劳务的增值税专用发票、海关进口增值税专用缴款书确定；跨境应税行为增值税退（免）税的计税依据，按照《国家税务总局关于发布〈适用增值税零税率应税服务退（免）税管理办法〉的公告》（国家税务总局公告2014年第11号）等文件执行。具体规定如下。

（一）出口货物、劳务的增值税退（免）税的计税依据

(1) 生产企业出口货物或者劳务（进料加工复出口货物除外）增值税退（免）税的计税依据，为出口货物或者劳务的实际离岸价（FOB）。实际离岸价应以出口发票上的离岸价为准，但如果出口发票不能反映实际离岸价，主管税务机关有权予以核定。

(2) 生产企业进料加工复出口货物增值税退（免）税的计税依据，按出口货物的离岸价（FOB）扣除出口货物所含的海关保税进口料件的金额后确定。

特别提示 海关保税进口料件，是指海关以进料加工贸易方式监管的出口企业从境外和特殊区域等进口的料件。包括出口企业从境外单位或个人购买并从海关保税仓库提

取且办理海关进料加工手续的料件，以及保税区外的出口企业从保税区内的企业购进并办理海关进料加工手续的进口料件。

(3) 生产企业国内购进无进项税额且不计提进项税额的免税原材料加工后出口的货物的计税依据，按出口货物的离岸价（FOB）扣除出口货物所含的国内购进免税原材料的金额后确定。

(4) 外贸企业出口货物（委托加工修理修配货物除外）增值税退（免）税的计税依据，为购进出口货物的增值税专用发票注明的金额或海关进口增值税专用缴款书注明的完税价格。

(5) 外贸企业出口委托加工修理修配货物增值税退（免）税的计税依据，为加工修理修配费用增值税专用发票注明的金额。外贸企业应将加工修理修配使用的原材料（进料加工海关保税进口料件除外）作价销售给受托加工修理修配的生产企业，受托加工修理修配的生产企业应将原材料成本并入加工修理修配费用开具发票。

(6) 出口进项税额未计算抵扣的已使用过的设备增值税退（免）税的计税依据，按下列公式确定：

退（免）税计税依据＝增值税专用发票上的金额或海关进口增值税专用缴款书注明的完税价格×已使用过的设备固定资产净值÷已使用过的设备原值

已使用过的设备固定资产净值＝已使用过的设备原值－已使用过的设备已计提累计折旧

已使用过的设备是指出口企业根据财务会计制度已经计提折旧的固定资产。

(7) 免税品经营企业销售的货物增值税退（免）税的计税依据，为购进货物的增值税专用发票注明的金额或海关进口增值税专用缴款书注明的完税价格。

(8) 中标机电产品增值税退（免）税的计税依据，生产企业为销售机电产品的普通发票注明的金额，外贸企业为购进货物的增值税专用发票注明的金额或海关进口增值税专用缴款书注明的完税价格。

(9) 生产企业向海上石油天然气开采企业销售的自产的海洋工程结构物增值税退（免）税的计税依据，为销售海洋工程结构物的增值税普通发票注明的金额。

(10) 输入特殊区域的水电气增值税退（免）税的计税依据，为作为购买方的特殊区域内生产企业购进水（包括蒸汽）、电力、燃气的增值税专用发票注明的金额。

(二) 跨境应税行为退（免）增值税计税依据

(1) 实行免抵退税办法的零税率服务或者无形资产免抵退税计税依据。

1) 以铁路运输方式载运旅客的，为按照铁路合作组织清算规则清算后的实际运输收入。

2) 以铁路运输方式载运货物的，为按照铁路运输进款清算办法，对"发站"或"到站（局）"名称包含"境"字的货票上注明的运输费用以及直接相关的国际联运杂费清算后的实际运输收入。

3) 以航空运输方式载运货物或旅客的，如果国际运输或港澳台运输各航段由多个承运人承运，为中国航空结算有限责任公司清算后的实际收入；如果国际运输或港澳台运输各航段由一个承运人承运，为提供航空运输服务取得的收入。

4）其他实行免抵退税办法的增值税零税率服务或者无形资产，为提供增值税零税率服务或者无形资产取得的收入。

（2）实行免退税办法的零税率服务或者无形资产免退税计税依据。

1）从境内单位或者个人购进出口零税率服务或者无形资产的，为取得提供方开具的增值税专用发票上注明的金额。

2）从境外单位或者个人购进出口零税率服务或者无形资产的，为取得的解缴税款的完税凭证上注明的金额。

特别提示 实行退（免）税办法的服务和无形资产，如果主管税务机关认定出口价格偏高的，有权按照核定的出口价格计算退（免）税，核定的出口价格低于外贸企业购进价格的，低于部分对应的进项税额不予退税，转入成本。

五、出口货物或者劳务退（免）税退税率的判定

（1）退税率的一般规定。除财政部和国家税务总局根据国务院决定而明确的增值税出口退税率（以下称退税率）外，出口货物、劳务、服务或者无形资产的退税率为其适用税率。目前，我国增值税出口退税率分为五档，即13%、10%、9%、6%和零税率。

（2）退税率的特殊规定。

1）外贸企业购进按简易计税方法征税的出口货物、从小规模纳税人购进出口货物，其退税率分别为简易计税方法实际执行的征收率、小规模纳税人征收率。上述出口货物取得增值税专用发票的，退税率按照增值税专用发票上的税率和出口货物退税率孰低的原则确定。

2）出口企业委托加工修理修配货物，其加工修理修配费用的退税率为出口货物的退税率。

3）中标机电产品、出口企业向海关报关进入特殊区域销售给特殊区域内生产企业生产耗用的列名原材料、输入特殊区域的水电气，其退税率为适用税率。如果国家调整列名原材料的退税率，列名原材料应当自调整之日起按调整后的退税率执行。

特别提示 适用不同退税率的货物、劳务和跨境应税行为，应分开报关、核算并申报退（免）税，未分开报关、核算或划分不清的，从低适用退税率。

六、增值税退（免）税的计算

（一）出口货物或者劳务增值税退（免）税的计算

1. 出口货物或者劳务增值税免抵退税的计算

对于出口货物、劳务而言，适用增值税一般计税方法的生产企业出口自产货物和视同自产货物、对外提供加工修理修配劳务，以及《财政部 国家税务总局关于出口货物劳务增值税和消费税政策的通知》（财税〔2012〕39号）附件5列名生产企业出口非自产货物，

实行免抵退税办法。

以生产企业出口自产货物为例，对于“免抵退”，具体来说，“免”是指对生产企业出口的自产货物，免征本企业生产销售环节的增值税额（指的是免征出口销售环节的增值税销项税额）；“抵”是指生产企业出口自产货物所耗用的原材料、零部件、燃料、动力等所含应予退还的进项税额，先抵减内销货物的应纳税额（即应纳增值税额，指的是内销货物销项税额－内销货物进项税额－上期留抵税额）；“退”是指生产企业出口的自产货物，在当月内应抵减的进项税额大于内销货物的应纳税额时，对未抵减完的进项税额部分按规定予以退还。

免抵退税办法的计算步骤如下：

（1）当期应纳税额的计算。

当期应纳税额＝当期销项税额－（当期进项税额－当期不得免征和抵扣税额）

当期不得免征和抵扣税额＝当期出口货物离岸价×外汇人民币折合率×（出口货物适用税率－出口货物退税率）－当期不得免征和抵扣税额抵减额

当期不得免征和抵扣税额抵减额＝当期免税购进原材料价格×（出口货物适用税率－出口货物退税率）

（2）当期免抵退税额的计算。

当期免抵退税额＝当期出口货物离岸价×外汇人民币折合率×出口货物退税率－当期免抵退税额抵减额

当期免抵退税额抵减额＝当期免税购进原材料价格×出口货物退税率

（3）当期应退税额和免抵税额的计算。

1）当期期末留抵税额≤当期免抵退税额，则：

当期应退税额＝当期期末留抵税额

当期免抵税额＝当期免抵退税额－当期应退税额

2）当期期末留抵税额＞当期免抵退税额，则：

当期应退税额＝当期免抵退税额

当期免抵税额＝当期免抵退税额－当期应退税额＝0

特别提示 当期期末留抵税额（实为当期期末退税前的留抵税额）为当期《增值税及附加税费申报表（一般纳税人适用）》中的“期末留抵税额”。

（4）当期免税购进原材料价格包括当期国内购进的无进项税额且不计提进项税额的免税原材料的价格和当期进料加工保税进口料件的价格，其中当期进料加工保税进口料件的价格为组成计税价格。

$$\text{当期进料加工保税进口料件的组成计税价格}=\text{当期进口料件到岸价格}+\text{海关实征关税}+\text{海关实征消费税}$$

1）采用“实耗法”的，当期进料加工保税进口料件的组成计税价格为当期进料加工出口货物耗用的进口料件组成计税价格。其计算公式为：

$$\text{当期进料加工保税进口料件的组成计税价格}=\text{当期进料加工出口货物离岸价}\times\text{外汇人民币折合率}\times\text{计划分配率}$$

计划分配率＝计划进口总值÷计划出口总值×100%

实行纸质手册和电子化手册的生产企业，应根据海关签发的加工贸易手册或加工贸易电子化纸质单证所列的计划进出口总值计算计划分配率。

实行电子账册的生产企业，计划分配率按前一期已核销的实际分配率确定；新启用电子账册的，计划分配率按前一期已核销的纸质手册或电子化手册的实际分配率确定。

2）采用“购进法”的，当期进料加工保税进口料件的组成计税价格为当期实际购进的进料加工进口料件的组成计税价格。

若当期实际不得免征和抵扣税额抵减额大于“当期出口货物离岸价×外汇人民币折合率×（出口货物适用税率－出口货物退税率）”的，则：

当期不得免征和抵扣税额抵减额＝当期出口货物离岸价×外汇人民币折合率×（出口货物适用税率－出口货物退税率）

点拨指导 免抵退税办法的计算步骤解读［主要解读上面（1）至（3）步骤］：

第一步：免。

免征生产销售环节的增值税（即免征出口销售环节的增值税销项税）。

第二步：剔。

当期免抵退税不得免征和抵扣税额（属于进项税转出额）＝当期出口货物离岸价格×外汇人民币牌价×（出口货物征税率－出口货物退税率）－当期免抵退税不得免征和抵扣税额抵减额

当期免抵退税不得免征和抵扣税额抵减额＝当期免税购进原材料价格×（出口货物征税率－退税率）

第三步：抵。

当期应纳税额＝当期内销货物的销项税额－（当期全部进项税额－当期免抵退税不得免征和抵扣的税额）－上期留抵税额

若当期应纳税额≥0，则不涉及退税，但涉及免抵税；若当期应纳税额＜0，则其绝对值便为当期期末退税前的留抵税额。

第四步：退。

首先计算免抵退税总额：

当期免抵退税额＝当期出口货物离岸价格×外汇人民币牌价×出口货物退税率－当期免抵退税额抵减额

当期免抵退税额抵减额＝当期免税购进原材料价格×出口货物退税率

其次运用孰低原则确定出口退税额，并确定退税之外的免抵税额：

（1）若当期应纳税额＜0，且当期期末退税前的留抵税额≤当期免抵退税额：

当期应退税额＝当期期末退税前的留抵税额

当期免抵税额＝当期免抵退税额－当期应退税额

当期期末退税后的留抵税额（结转下期继续留抵税额）＝0

（2）若当期应纳税额＜0，且当期期末退税前的留抵税额＞当期免抵退税额：

当期应退税额＝当期免抵退税额

当期免抵税额＝0

当期期末退税后的留抵税额（结转下期继续留抵税额）＝当期期末退税前的留抵税额－当期应退税额

（3）若当期应纳税额≥0：

当期期末退税前的留抵税额＝0

当期应退税额＝0

当期免抵税额＝当期免抵退税额

当期期末退税后的留抵税额（结转下期继续留抵税额）＝0

当期期末退税前的留抵税额为当期《增值税及附加税费申报表（一般纳税人适用）》中的“期末留抵税额”。

工作实例 2－15

甲生产企业（以下简称甲企业）为增值税一般纳税人，本年 5 月进口货物，关税完税价格为 500 万元，关税税率为 10%，海关代征了进口环节增值税。进料加工免税进口料件一批，海关暂免征税，予以放行，组成计税价格为 100 万元，从国内市场购进材料支付的价款为 1 400 万元（不含增值税），取得的增值税专用发票上注明的税额为 182 万元。外销（出口）进料加工货物的离岸价为 1 000 万元。内销货物的销售额为 1 200 万元（不含税）。该企业适用免抵退税办法，上期留抵税额 40 万元。甲企业取得的增值税专用发票本年 5 月符合抵扣规定。上述货物内销时均适用 13% 的增值税税率，出口退税率为 9%。

工作要求：（1）计算甲企业当期免抵退税不得免征和抵扣税额。

（2）计算甲企业当期应纳税额。

（3）计算甲企业当期免抵退税额。

（4）计算甲企业当期应退税额、当期免抵税额及当期期末留抵税额。

工作实施：（1）当期免抵退税不得免征和抵扣税额抵减额＝100×（13%－9%）＝4（万元）。

当期免抵退税不得免征和抵扣税额＝1 000×（13%－9%）－4＝36（万元）。

（2）当期应纳税额＝1 200×13%－［182＋500×（1＋10%）×13%－36］－40
＝－101.5（万元）。

当期期末退税前的留抵税额＝101.5（万元）。

（3）当期免抵退税额抵减额＝100×9%＝9（万元）。

当期免抵退税额＝1 000×9%－9＝81（万元）。

（4）由于当期期末退税前的留抵税额 101.5 万元＞当期免抵退税额 81 万元，因此：

当期应退税额＝当期免抵退税额＝81（万元）。

当期免抵税额＝当期免抵退税额－当期应退税额＝81－81＝0。

当期期末退税后的留抵税额（结转下期继续留抵税额）＝101.5－81＝20.5（万元）。

2. 出口货物或者劳务增值税免退税的计算

对于出口货物、劳务而言，不具有生产能力的出口企业（又称外贸企业）或其他单位出口货物或者劳务，实行免退税办法。

以出口货物为例，免退是指不具有生产能力的出口企业（又称外贸企业）或其他单位将外购的货物出口，在出口销售环节免征增值税额（指的是销项税额），相应的外购货物的进项税额（以前购买环节承担的进项税额）按规定予以退还。

（1）外贸企业出口委托加工修理修配货物以外的货物。

当期应退税额＝购进出口货物的增值税专用发票或海关进口增值税专用缴款书注明的金额×出口货物退税率

（2）外贸企业出口委托加工修理修配货物。

当期应退税额＝加工修理修配费用增值税专用发票注明的金额×出口货物退税率

退税率低于适用税率的，相应计算出的差额部分的税款为不予退税金额，需做进项税额转出处理，计入出口货物劳务成本。

$$\text{当期不予退税金额（进项税额转出额）} = \text{购进出口货物的增值税专用发票或海关进口增值税专用缴款书注明的金额或加工修理修配费用增值税专用发票注明的金额} \times \left(\text{出口货物征税率} - \text{出口货物退税率}\right)$$

工作实例 2-16

甲公司为增值税一般纳税人，具有进出口经营权，本年 10 月从乙日用化妆品公司购进出口用护发用品 1 000 箱，取得的增值税专用发票上注明的价款为 100 万元，增值税税额为 13 万元，货款已用银行存款支付。当月该批产品已全部出口，售价为每箱 180 美元（当日汇率为 1 美元＝6.8 元人民币），申请退税的单证齐全。该护发品的增值税退税率为 9%。甲公司取得的增值税专用发票本年 10 月符合抵扣规定。

【工作要求】（1）计算乙公司当期应退增值税；（2）计算乙公司当期增值税进项税额转出额。

【工作实施】（1）应退增值税＝100×9%＝9（万元）。

（2）增值税进项税额转出额＝13－9＝4（万元）。

（二）出口服务或者无形资产退（免）税的计算

1. 出口服务或者无形资产增值税免抵退税的计算

对于跨境应税行为而言，境内的单位和个人提供适用增值税零税率的服务或者无形资产，适用增值税一般计税方法的生产企业实行免抵退税办法，适用增值税一般计税方法的外贸企业直接将服务或自行研发的无形资产出口，视同生产企业连同其出口货物统一实行免抵退税办法。

对于跨境应税行为而言，免抵退指的是上述企业在服务或者无形资产的出口销售环节免征增值税额（指的是销项税额），相应的进项税额（以前购买环节承担的进项税额）抵减应纳增值税额（不包括适用增值税即征即退、先征后退政策的应纳增值税额），未抵减完的部分予以退还。

按照纳税人是否兼营货物或者劳务出口，零税率服务或者无形资产增值税免抵退税纳税人可分为专营零税率服务或者无形资产纳税人、兼营出口货物或者劳务的零税率服务或者无形资产纳税人。

（1）专营零税率服务或者无形资产纳税人免抵退增值税的计算。

专营零税率服务或者无形资产纳税人免抵退增值税的计算程序和方法如下：

1）当期应纳税额的计算。

当期应纳税额＝当期销项税额－当期进项税额－上期留抵税额

若当期应纳税额≥0，则不涉及退税，但涉及免抵税；若当期应纳税额＜0，则其绝对值便为当期期末退税前的留抵税额。

2）零税率服务或者无形资产当期免抵退税额的计算。

当期零税率服务或者无形资产免抵退税额＝当期零税率服务或者无形资产免抵退税计税价格×外汇人民币牌价×零税率服务或者无形资产增值税退税率

3）当期应退税额和当期免抵税额的计算。

若当期应纳税额＜0，且当期期末退税前的留抵税额≤当期免抵退税额：

当期应退税额＝当期期末退税前的留抵税额

当期免抵税额＝当期免抵退税额－当期应退税额

当期期末退税后的留抵税额（结转下期继续留抵税额）＝0

若当期应纳税额＜0，且当期期末退税前的留抵税额＞当期免抵退税额：

当期应退税额＝当期免抵退税额

当期免抵税额＝0

当期期末退税后的留抵税额（结转下期继续留抵税额）＝当期期末退税前的留抵税额－当期应退税额

若当期应纳税额≥0：

当期期末退税前的留抵税额＝0

当期应退税额＝0

当期免抵税额＝当期免抵退税额

当期期末退税后的留抵税额（结转下期继续留抵税额）＝0

特别提示 当期期末退税前的留抵税额为当期《增值税及附加税费申报表（一般纳税人适用）》中的“期末留抵税额”。

答疑解惑

与出口货物免抵退税办法相比，零税率服务或者无形资产免抵退税办法有什么特点？

答：与出口货物免抵退税办法相比，由于服务或者无形资产的退税率等于征税率，因此在计算出口退税时，没有“剔”的步骤，导致公式有所简化，实际上计算公式的原理是一样的。

工作实例 2－17

山西甲安装设计公司为增值税一般纳税人，已办理了出口退（免）税认定手续，安装服务的税率为9%，设计服务的征退税率为6%，期初留抵税额为0.6万元。本年1月和2月发生如下业务：

(1) 1月10日，为山东乙公司提供安装服务，开具增值税专用发票，专用发票注明的金额为200万元，税额为18万元，款项未收。

(2) 1月15日，为法国的一家企业提供设计服务，“技术出口合同登记证”上的成交价格为10万欧元，假定1月1日的人民币对欧元的汇率中间价为8；1月18日收到法国客户支付的全部设计费，该项设计服务的部分业务由山西的丙设计公司承担，当日甲设计公司就该设计服务支付丙设计公司设计费26.5万元人民币（含税），并取得丙公司开具的增值税专用发票，注明价款25万元，税额1.5万元。

(3) 1月12日，购进一台专用设备，取得的增值税专用发票上注明的金额为120万元，税额为15.6万元，设备款转账付讫。

(4) 1月20日，支付北京市某律师事务所（一般纳税人）法律顾问费，取得的增值税专用发票上注明的金额为70万元，税额为4.2万元，顾问费转账付讫30万元。

(5) 2月8日，该公司向主管税务机关办理了免抵退申报，2月25日收到税务机关审批的汇总表。

(6) 2月27日，收到退税款。

甲安装设计公司取得的增值税专用发票本年1月符合抵扣规定。

工作要求：计算甲安装设计公司上述业务的增值税出口退税额。

工作实施：

当期应纳税额＝18－（1.5＋15.6＋4.2）－0.6＝－3.9（万元）

当期期末退税前的留抵税额＝3.9（万元）

当期免抵退税额＝10×8×6%＝4.8（万元）

由于当期期末退税前的留抵税额3.9万元＜当期免抵退税额4.8万元，因此：

当期应退税额＝当期期末退税前的留抵税额＝3.9（万元）

当期免抵税额＝当期免抵退税额－当期应退税额＝4.8－3.9＝0.9（万元）

当期期末退税后的留抵税额（结转下期继续留抵税额）＝0

(2) 兼营出口货物或者劳务的零税率服务或者无形资产纳税人免抵退增值税的计算。

实行免抵退税办法的增值税零税率服务或者无形资产提供者如果同时出口货物或者劳务（劳务是指对外加工修理修配劳务，下同）且未分别核算的，应一并计算免抵退税。税务机关在审批时，应按照增值税零税率服务或者无形资产、出口货物或者劳务免抵退税额的比例划分其退税额和免抵税额。

以兼营出口货物为例，出口货物征税率和退税率不一致，产生免抵退税不得免征和抵扣税额，出口货物必须在出口业务单证齐全和系统信息齐全的条件下方可办理申报，两个因素共同影响出口退税免抵退增值税的计算。

兼营出口货物的零税率服务或者无形资产（未分别核算）纳税人免抵退增值税的计算公式调整如下：

1) 当期应纳税额的计算。

$$\text{当期应纳税额}=\text{当期销项税额}-\left(\text{当期进项税额}-\text{当期出口货物免抵退税不得免征和抵扣税额}\right)-\text{上期留抵进项税额}$$

式中：

$$当期出口货物免抵退税不得免征和抵扣税额=当期出口货物离岸价\times 外汇人民币牌价\times(出口货物征税率-出口货物退税率)-当期出口货物免抵退税不得免征和抵扣税额抵减额$$

$$当期出口货物免抵退税不得免征和抵扣税额抵减额=免税购进原材料价格\times(出口货物征税率-出口货物退税率)$$

若当期应纳税额≥0，则不涉及退税，但涉及免抵税；若当期应纳税额<0，则其绝对值便为当期期末退税前的留抵税额。

2）当期免抵退税额的计算。

$$\begin{aligned}当期免抵退税额&=当期零税率服务或者无形资产免抵退税额+当期出口货物免抵退税额\\&=当期零税率服务或者无形资产免抵退税计税价格\times 外汇人民币牌价\times 零税率服务或者无形资产退税率+\\&\quad(当期出口货物的离岸价格\times 外汇人民币牌价\times 出口货物退税率-当期出口货物免抵退税额抵减额)\end{aligned}$$

式中：

当期出口货物免抵退税额抵减额＝免税购进原材料价格×出口货物退税率

3）当期应退税额和当期免抵税额的计算。

若当期应纳税额<0，且当期期末退税前的留抵税额≤当期免抵退税额：

当期应退税额＝当期期末退税前的留抵税额

当期免抵税额＝当期免抵退税额－当期应退税额

当期期末退税后的留抵税额（结转下期继续留抵税额）＝0

若当期应纳税额<0，且当期期末退税前的留抵税额>当期免抵退税额：

当期应退税额＝当期免抵退税额

当期免抵税额＝0

当期期末退税后的留抵税额（结转下期继续留抵税额）＝当期期末退税前的留抵税额－当期应退税额

若当期应纳税额≥0：

当期期末退税前的留抵税额＝0

当期应退税额＝0

当期免抵税额＝当期免抵退税额

当期期末退税后的留抵税额（结转下期继续留抵税额）＝0

特别提示 当期期末退税前的留抵税额为当期《增值税及附加税费申报表（一般纳税人适用）》中的“期末留抵税额”。

工作实例 2-18

山东甲物流公司，主要从事仓储、运输、港口以及货物销售等业务，为增值税一般纳税人，具有进出口经营权，并办理了出口退（免）税认定手续。本年11月和12月发生如下业务：

(1) 11 月 1 日，接受日本一家国际货物运输代理公司的委托，从青岛承运一批重型设备到悉尼，承运合同的运费金额为 120 万美元，运输费用已全部收讫。

(2) 11 月 4—8 日，共报关出口一批外协生产的 A 产品 120 万美元。

(3) 11 月 10 日，支付联运方运输费用 327 万元，银行转账付讫，且收到对方开具的增值税专用发票，注明运费金额为 300 万元，税额为 27 万元。

(4) 11 月 25 日，取得国内运输收入 250 万元，销项税额 22.5 万元，支付当月的油料费，取得增值税专用发票，注明金额为 300 万元，税额为 39 万元。

(5) 11 月 30 日，当月出口产品中出口单证全部收齐并且信息齐全的只有 70 万美元，剩下 50 万美元的出口到 12 月才能收到出口报关单。

(6) 12 月 25 日，收到主管税务机关审批的免抵退税申报汇总表。

(7) 12 月 28 日，开户行通知收到退税款。

假设 11 月 1 日人民币对美元汇率中间价为 6.3，A 产品的征税率为 13%，退税率为 12%，运输服务征退税率为 9%，上期留抵税额为 1 万元。甲物流公司取得的增值税专用发票本年 11 月均符合抵扣规定。

工作要求：计算甲物流公司上述业务的增值税出口退税额。

工作实施：

当期免抵退税不得免征和抵扣税额＝120×6.3×（13%－12%）
＝7.56（万元）

当期应纳税额＝22.5－（27＋39－7.56）－1＝－36.94（万元）

当期期末退税前的留抵税额＝36.94（万元）

当期免抵退税额＝70×6.3×12%＋120×6.3×9%＝120.96（万元）

由于当期期末退税前的留抵税额 36.94 万元＜当期免抵退税额 120.96 万元，所以：

当期应退税额＝当期期末退税前的留抵税额＝36.94（万元）

当期免抵税额＝当期免抵退税额－当期应退税额＝120.96－36.94
＝84.02（万元）

当期期末退税后的留抵税额（结转下期继续留抵税额）＝0

2. 出口服务或者无形资产增值税免退税的计算

对于跨境应税行为而言，境内的单位和个人提供适用增值税零税率的服务或者无形资产，适用增值税一般计税方法的外贸企业外购服务或者无形资产出口实行免退税办法。

对于跨境应税行为而言，“免退”指的是外贸企业将外购的服务或者无形资产出口，在出口销售环节免征增值税额（指的是销项税额），相应的外购服务或者无形资产的进项税额（以前购买环节承担的进项税额）按规定予以退还。

外贸企业外购服务或者无形资产出口免退税的计算公式为：

外贸企业外购服务或者无形资产出口应退税额＝从境内单位或者个人购进出口零税率服务或者无形资产取得的增值税专用发票上注明的金额或从境外单位或者个人购进出口零税率服务或者无形资产取得的解缴税款的完税凭证上注明的金额×零税率服务或者无形资产增值税退税率

特别提示 出口企业既有适用增值税免抵退项目，也有增值税即征即退、先征后退项目的，增值税即征即退和先征后退项目不参与出口项目免抵退税计算。出口企业应分别核算增值税免抵退项目和增值税即征即退、先征后退项目，并分别申请享受增值税即征即退、先征后退和免抵退税政策。用于增值税即征即退或者先征后退项目的进项税额无法划分的，按照下列公式计算：

无法划分进项税额中用于增值税即征即退或者先征后退项目的部分＝当月无法划分的全部进项税额×当月增值税即征即退或者先征后退项目销售额÷当月全部销售额、营业额合计

工作实例 2-19

甲公司是一家外贸企业，为增值税一般纳税人，本年 10 月从国内乙公司外购一批产品，该产品的购买价为 45.2 万元（取得乙公司开具的增值税专用发票，注明价款 40 万元，税额 5.2 万元），然后甲公司以 60 万元的价格出口给韩国丙公司。该产品的出口退税率为 9%。另外，甲公司外购国内丁设计公司服务 10.6 万元（取得丁设计公司开具的增值税专用发票，注明价款 10 万元，税额 0.6 万元），然后甲公司以 12 万元的价格出口给日本戊公司。甲公司取得的增值税专用发票本年 10 月符合抵扣规定。

工作要求：计算甲公司上述业务的增值税出口退税额。

工作实施：

出口货物的增值税应退税额＝40×9%＝3.6（万元）

出口服务的增值税应退税额＝10×6%＝0.6（万元）

任务十一　增值税的纳税申报

任务引例

我公司本年 1 月销售一批货物，因为业务需要，本月尚未收到货款就已开具发票。请问我公司本月需要针对该项业务申报缴纳增值税吗？

一、增值税的征收管理要求

（一）增值税的纳税义务发生时间

（1）纳税人采取直接收款方式销售货物的，不论货物是否发出，均为收到销售款项或取得索取销售款项凭据的当天。

纳税人销售应税劳务，为提供劳务同时收讫销售款项或者取得索取销售款项凭据的当天。

点拨指导 纳税人生产经营活动中采取直接收款方式销售货物，已将货物移送对方并暂估销售收入入账，但既未取得销售款项或取得索取销售款项凭据也未开具销售发票的，其增值税纳税义务发生时间为取得销售款项或取得索取销售款项凭据的当天；先开具发票的，为开具发票的当天。

（2）纳税人发生销售服务、无形资产或者不动产行为的，为收讫销售款项或者索取销售款项凭据的当天；先开具发票的，为开具发票的当天。

点拨指导 取得索取销售款项凭据的当天是指书面合同确定的付款日期；未签订书面合同或者书面合同未确定付款日期的，为服务、无形资产转让完成的当天或者不动产权属变更的当天。

（3）纳税人采取托收承付和委托银行收款方式销售货物的，为发出货物并办妥托收手续的当天。

（4）纳税人采取赊销和分期收款方式销售货物的，为书面合同约定的收款日期的当天，无书面合同的或者书面合同没有约定收款日期的，为货物发出的当天。

（5）纳税人采取预收货款方式销售货物的，为货物发出的当天，但生产销售生产工期超过12个月的大型机械设备、船舶、飞机等货物，为收到预收款或者书面合同约定的收款日期的当天。

（6）纳税人提供租赁服务采取预收款方式的，其纳税义务发生时间为收到预收款的当天。

（7）纳税人提供建筑服务取得预收款，应在收到预收款时，以取得的预收款扣除支付的分包款后的余额，按照规定的预征率预缴增值税。按照现行规定应在建筑服务发生地预缴增值税的项目，纳税人收到预收款时在建筑服务发生地预缴增值税。按照现行规定无须在建筑服务发生地预缴增值税的项目，纳税人收到预收款时在机构所在地预缴增值税。适用一般计税方法计税的项目预征率为2%，适用简易计税方法计税的项目预征率为3%。

（8）纳税人委托其他纳税人代销货物的，为收到代销单位的代销清单或者收到全部或者部分货款的当天。未收到代销清单及货款的，为发出代销货物满180天的当天。

（9）纳税人从事金融商品转让的，为金融商品所有权转移的当天。

（10）证券公司、保险公司、金融租赁公司、证券基金管理公司、证券投资基金以及其他经人民银行、银保监会（现为国家金融监督管理总局）、证监会批准成立且经营金融保险业务的机构发放贷款后，自结息日起90天内发生的应收未收利息按现行规定缴纳增值税，自结息日起90天后发生的应收未收利息暂不缴纳增值税，待实际收到利息时按规定缴纳增值税。

（11）纳税人提供建筑服务，被工程发包方从应支付的工程款中扣押的质押金、保证金，未开具发票的，以纳税人实际收到质押金、保证金的当天为纳税义务发生时间。

（12）纳税人发生视同销售货物行为（不包括代销行为），为货物移送的当天。纳税人发生视同销售服务、无形资产或者不动产行为的，其纳税义务发生时间为服务、无形资产转让完成的当天或者不动产权属变更的当天。

（13）纳税人进口货物，纳税义务发生时间为报关进口的当天。

（14）增值税扣缴义务发生时间为纳税人增值税纳税义务发生的当天。

任务引例解析

根据《增值税暂行条例》的规定，销售货物或者应税劳务的增值税纳税义务发生时间，为收讫销售款项或者取得索取销售款项凭据的当天；先开具发票的，为开具发票的当天。

因此，你公司未收款而先开具发票时，便应确认为增值税纳税义务发生并申报缴纳增值税。

答疑解惑

单用途商业预付卡业务应当如何进行税务处理?

答：根据《国家税务总局关于营改增试点若干征管问题的公告》（国家税务总局公告2016年第53号）的规定，单用途商业预付卡（以下称单用途卡）业务应当按照以下规定执行：

（1）单用途卡发卡企业或者售卡企业（以下统称售卡方）销售单用途卡，或者接受单用途卡持卡人充值取得的预收资金，不缴纳增值税。售卡方可按照相关规定，向购卡人、充值人开具增值税普通发票，不得开具增值税专用发票。

单用途卡是指发卡企业按照国家有关规定发行的，仅限于在本企业、本企业所属集团或者同一品牌特许经营体系内兑付货物或者服务的预付凭证。

发卡企业是指按照国家有关规定发行单用途卡的企业。售卡企业是指集团发卡企业或者品牌发卡企业指定的，承担单用途卡销售、充值、挂失、换卡、退卡等相关业务的本集团或同一品牌特许经营体系内的企业。

（2）售卡方因发行或者销售单用途卡并办理相关资金收付结算业务取得的手续费、结算费、服务费、管理费等收入，应按照现行规定缴纳增值税。

（3）持卡人使用单用途卡购买货物或服务时，货物或者服务的销售方应按照现行规定缴纳增值税，且不得向持卡人开具增值税发票。

（4）销售方与售卡方不是同一纳税人的，销售方在收到售卡方结算的销售款时，应向售卡方开具增值税普通发票，并在备注栏注明“收到预付卡结算款”，不得开具增值税专用发票。

售卡方从销售方取得的增值税普通发票，作为其销售单用途卡或接受单用途卡充值取得预收资金不缴纳增值税的凭证，留存备查。

答疑解惑

支付机构预付卡业务应当如何进行税务处理?

答：根据《国家税务总局关于营改增试点若干征管问题的公告》（国家税务总局公告2016年第53号）的规定，支付机构预付卡（以下称多用途卡）业务应当按照以下规定执行：

（1）支付机构销售多用途卡取得的等值人民币资金，或者接受多用途卡持卡人充值取得的充值资金，不缴纳增值税。支付机构可按照相关规定，向购卡人、充值人开具增值税普通发票，不得开具增值税专用发票。

支付机构，是指取得中国人民银行核发的《支付业务许可证》，获准办理“预付卡发行与受理”业务的发卡机构和获准办理“预付卡受理”业务的受理机构。

多用途卡，是指发卡机构以特定载体和形式发行的，可在发卡机构之外购买货物或服务的预付价值。

(2) 支付机构因发行或者受理多用途卡并办理相关资金收付结算业务取得的手续费、结算费、服务费、管理费等收入，应按照现行规定缴纳增值税。

(3) 持卡人使用多用途卡，向与支付机构签署合作协议的特约商户购买货物或服务，特约商户应按照现行规定缴纳增值税，且不得向持卡人开具增值税发票。

(4) 特约商户收到支付机构结算的销售款时，应向支付机构开具增值税普通发票，并在备注栏注明“收到预付卡结算款”，不得开具增值税专用发票。

支付机构从特约商户取得的增值税普通发票，作为其销售多用途卡或接受多用途卡充值取得预收资金不缴纳增值税的凭证，留存备查。

（二）增值税的纳税期限

增值税的纳税期限分别为 1 日、3 日、5 日、10 日、15 日、1 个月或者 1 个季度。纳税人的具体纳税期限，由主管税务机关根据纳税人应纳税额的大小分别核定。以 1 个季度为纳税期限的规定适用于小规模纳税人、银行、财务公司、信托投资公司、信用社，以及财政部和国家税务总局规定的其他纳税人。不能按照固定期限纳税的，可以按次纳税。

纳税人以 1 个月或者 1 个季度为 1 个纳税期的，自期满之日起 15 日内申报纳税；以 1 日、3 日、5 日、10 日或者 15 日为 1 个纳税期的，自期满之日起 5 日内预缴税款，于次月 1 日起 15 日内申报纳税并结清上月应纳税款。

扣缴义务人解缴税款的期限，按照上述规定执行。

（三）增值税的纳税地点

1. 原增值税纳税人增值税的纳税地点

(1) 固定业户应当向其机构所在地主管税务机关申报纳税。总机构和分支机构不在同一县（市）的，应当分别向各自所在地主管税务机关申报纳税；经国务院财政、税务主管部门或者其授权的财政、税务机关批准，可以由总机构汇总向总机构所在地主管税务机关申报纳税。

固定业户到外县（市）销售货物或者劳务，应当向其机构所在地的主管税务机关报告外出经营事项，并向其机构所在地的主管税务机关申报纳税；未报告的，应当向销售地或者劳务发生地的主管税务机关申报纳税；未向销售地或者劳务发生地的主管税务机关申报纳税的，由其机构所在地的主管税务机关补征税款。

(2) 非固定业户销售货物或者应税劳务，应当向其销售地或者劳务发生地的主管税务机关申报纳税；未向销售地或者劳务发生地的主管税务机关申报纳税的，由其机构所在地或者居住地主管税务机关补征税款。

(3) 进口货物，应当向报关地海关申报纳税。

(4) 扣缴义务人应当向其机构所在地或者居住地的主管税务机关申报缴纳其扣缴的税款。

2. “营改增”试点增值税纳税人增值税的纳税地点

(1) 固定业户应当向其机构所在地或者居住地主管税务机关申报纳税。总机构和分支机构不在同一县（市）的，应当分别向各自所在地的主管税务机关申报纳税；经财政部和国家税务总局或者其授权的财政和税务机关批准，可以由总机构汇总向总机构所在地的主管税务机关申报纳税。

（2）非固定业户应当向应税行为发生地主管税务机关申报纳税；未申报纳税的，由其机构所在地或者居住地主管税务机关补征税款。

（3）原以地市一级机构汇总缴纳营业税的金融机构，“营改增”后继续以地市一级机构汇总缴纳增值税。

同一省（自治区、直辖市、计划单列市）范围内的金融机构，经省（自治区、直辖市、计划单列市）税务局和财政厅（局）批准，可以由总机构汇总向总机构所在地的主管税务机关申报缴纳增值税。

（4）其他个人提供建筑服务，销售或者租赁不动产，转让自然资源使用权，应向建筑服务发生地、不动产所在地、自然资源所在地主管税务机关申报纳税。

（5）扣缴义务人应当向其机构所在地或者居住地主管税务机关申报缴纳扣缴的税款。

二、增值税的纳税申报实务

（一）一般纳税人增值税的纳税申报实务

1. 纳税申报及缴纳程序

一般纳税人办理纳税申报，需要经过发票认证、抄报税、纳税申报、税款缴纳、清卡解锁等程序。

（1）发票认证。增值税一般纳税人本期申报抵扣的增值税专用发票必须先经过认证，纳税人可以持增值税专用发票的抵扣联在办税服务厅认证窗口认证，或进行远程认证（指的是网上增值税专用发票认证）。网上增值税专用发票认证是指增值税一般纳税人月底前使用扫描仪采集专用发票抵扣联票面信息，扫入认证专用软件（增值税发票抵扣联企业信息采集系统），生成电子数据，通过互联网报送税务机关，由税务机关进行解密认证，并将认证结果信息返回纳税人的一种专用发票认证方式。税务机关认证后，向纳税人下达“认证结果通知书”和“认证结果清单”。对于认证不符及密文有误的抵扣联，税务机关暂不予抵扣，并当场扣留作调查处理。未经认证的，不得申报抵扣。专用发票认证一般在月末进行。自 2019 年 3 月 1 日起，将取消增值税发票认证的纳税人范围扩大至全部一般纳税人。一般纳税人取得增值税发票（包括增值税专用发票、机动车销售统一发票、收费公路通行费增值税电子普通发票，下同）后，可以自愿使用增值税发票综合服务平台查询、选择用于申报抵扣、出口退税或者代办退税的增值税发票信息（一般称作发票勾选确认或者勾选认证）。

（2）抄报税。抄税是指开票纳税人将防伪税控系统中当月开具的增值税发票的信息读入纳税人开发票使用的金税卡；报税是指纳税人将金税卡中的开票信息报送给税务机关。纳税人在征期内登入开票软件，通过“报税处理”功能中的“网上抄报”系统自动实现抄报税功能，将企业的开票信息联网上报给税务机关。

（3）纳税申报。本步纳税申报主要是指提交税费申报表等资料，而广义的纳税申报包括上一步抄报税。

纳税申报工作可分为上门申报和网上申报。纳税人在次月 1 日起 15 日内，不论有无销售额，均应按主管税务机关核定的纳税期限按期向当地税务机关申报。

上门申报是指纳税人到办税服务大厅纳税申报窗口请购，或到税务局网站下载、打印整套《增值税及附加税费申报表（一般纳税人适用)》及其附表，依填报说明进行填写。纳税人携带填写好的《增值税及附加税费申报表（一般纳税人适用)》及其附表和相关资料到办税服务厅纳税窗口进行纳税申报。

网上申报是指纳税人通过网络，填写《增值税及附加税费申报表（一般纳税人适用)》及其附表，并向主管税务机关提交上述申报表等资料的一种纳税申报方法。目前，我国绝大多数地区已经实行网上申报。

(4) 税款缴纳。对于实行税库银联网的纳税人，税务机关将纳税申报表单据送到纳税人的开户银行，由银行进行自动转账处理；而对于未实行税库银联网的纳税人，应当到税务机关指定的银行进行现金缴纳。

(5) 清卡解锁。网上申报缴纳税款成功后，纳税人需要再次登入开票软件，执行“清卡解锁”操作，本步操作是将开票信息进行整理，纳税人可以转入下期进行开票处理。

特别提示 如果企业在征期内没有按期进行纳税申报，金税卡将自动锁死，纳税人将无法进行下期的购买发票和开票处理。

2. 纳税申报时需提交的资料

增值税一般纳税人对增值税进行纳税申报时，必须实行电子信息采集。使用防伪税控系统开具增值税专用发票的一般纳税人必须在抄报税成功后，方可进行纳税申报。

自 2021 年 5 月 1 日起，海南、陕西、大连和厦门开展增值税、消费税分别与城市维护建设税、教育费附加、地方教育附加申报表整合试点，启用《增值税及附加税费申报表（一般纳税人适用)》、《增值税及附加税费申报表（小规模纳税人适用)》、《增值税及附加税费预缴表》及其附列资料和《消费税及附加税费申报表》。自 2021 年 8 月 1 日起，上述申报表整合工作在全国推开，增值税、消费税分别与城市维护建设税、教育费附加、地方教育附加申报表整合，启用《增值税及附加税费申报表（一般纳税人适用)》、《增值税及附加税费申报表（小规模纳税人适用)》、《增值税及附加税费预缴表》及其附列资料和《消费税及附加税费申报表》。

增值税一般纳税人对增值税进行纳税申报时，应当填报《增值税及附加税费预缴表附列资料（附加税费情况表)》(略)，以及《增值税及附加税费预缴表》(略)；《增值税及附加税费申报表附列资料（一）（本期销售情况明细)》(见表 2－17)，《增值税及附加税费申报表附列资料（二）（本期进项税额明细)》(见表 2－18)，《增值税及附加税费申报表附列资料（三）（服务、不动产和无形资产扣除项目明细)》(略)，《增值税及附加税费申报表附列资料（四）（税额抵减情况表)》(略)，《增值税及附加税费申报表（一般纳税人适用）附列资料（五）（附加税费情况表)》(见表 2－19)，《增值税减免税申报明细表》(略)，以及《增值税及附加税费申报表（一般纳税人适用)》(见表 2－20)。

表 2-17　增值税及附加税费申报表附列资料（一）

（本期销售情况明细）

税款所属时间：2023 年 06 月 01 日至 2023 年 06 月 30 日

纳税人名称：（公章）厦门光明有限责任公司　　　　金额单位：元（列至角分）

项目及栏次				开具增值税专用发票		开具其他发票		未开具发票		纳税检查调整		合计			服务、不动产和无形资产扣除项目本期实际扣除金额	扣除后	
				销售额	销项（应纳）税额	销售额	销项（应纳）税额	销售额	销项（应纳）税额	销售额	销项（应纳）税额	销售额	销项（应纳）税额	价税合计		含税（免税）销售额	销项（应纳）税额
				1	2	3	4	5	6	7	8	9=1+3+5+7	10=2+4+6+8	11=9+10	12	13=11−12	14=13÷(100%+税率或征收率)×税率或征收率
一、一般计税方法计税	全部征税项目	13%税率的货物及加工修理修配劳务	1	250 000.00	32 500.00	700 000.00	91 000.00	61 000.00	7 930.00			1 011 000.00	131 430.00	—	—	—	—
		13%税率的服务、不动产和无形资产	2														
		9%税率的货物及加工修理修配劳务	3											—	—	—	—
		9%税率的服务、不动产和无形资产	4														
		6%税率	5														
	其中：即征即退项目	即征即退货物及加工修理修配劳务	6	—	—	—	—	—	—	—	—			—	—	—	—
		即征即退服务、不动产和无形资产	7	—	—	—	—	—	—	—	—						

续表

项目及栏次				开具增值税专用发票		开具其他发票		未开具发票		纳税检查调整		合计			服务、不动产和无形资产扣除项目本期实际扣除金额	扣除后	
				销售额	销项（应纳）税额	销售额	销项（应纳）税额	销售额	销项（应纳）税额	销售额	销项（应纳）税额	销售额	销项（应纳）税额	价税合计		含税（免税）销售额	销项（应纳）税额
				1	2	3	4	5	6	7	8	9=1+3+5+7	10=2+4+6+8	11=9+10	12	13=11－12	14=13÷（100%+税率或征收率）×税率或征收率
二、简易计税方法计税	全部征税项目	6%征收率	8							—	—			—	—	—	—
		5%征收率的货物及加工修理修配劳务	9a							—	—			—	—	—	—
		5%征收率的服务、不动产和无形资产	9b							—	—						
		4%征收率	10							—	—			—	—	—	—
		3%征收率的货物及加工修理修配劳务	11							—	—			—	—	—	—
		3%征收率的服务、不动产和无形资产	12							—	—						
		预征率　%	13a							—	—						
		预征率　%	13b							—	—						
		预征率　%	13c							—	—						
	其中：即征即退项目	即征即退货物及加工修理修配劳务	14	—	—	—	—	—	—	—	—			—	—	—	—
		即征即退服务、不动产和无形资产	15	—	—	—	—	—	—	—	—						

续表

项目及栏次			开具增值税专用发票		开具其他发票		未开具发票		纳税检查调整		合计			服务、不动产和无形资产扣除项目本期实际扣除金额	扣除后	
			销售额	销项（应纳）税额	销售额	销项（应纳）税额	销售额	销项（应纳）税额	销售额	销项（应纳）税额	销售额	销项（应纳）税额	价税合计		含税（免税）销售额	销项（应纳）税额
			1	2	3	4	5	6	7	8	9=1+3+5+7	10=2+4+6+8	11=9+10	12	13=11−12	14=13÷（100%+税率或征收率）×税率或征收率
三、免抵退税	货物及加工修理修配劳务	16	—	—		—		—	—	—		—	—	—	—	—
	服务、不动产和无形资产	17	—	—		—		—	—	—		—				—
四、免税	货物及加工修理修配劳务	18				—		—	—	—		—	—	—	—	—
	服务、不动产和无形资产	19	—	—		—		—	—	—		—				—

表 2－18　增值税及附加税费申报表附列资料（二）

（本期进项税额明细）

税款所属时间：2023 年 06 月 01 日至 2023 年 06 月 30 日

纳税人名称：（公章）厦门光明有限责任公司　　　　金额单位：元（列至角分）

一、申报抵扣的进项税额				
项目	栏次	份数	金额	税额
（一）认证相符的增值税专用发票	1＝2＋3	8	618 000.00	80 060.00
其中：本期认证相符且本期申报抵扣	2	8	618 000.00	80 060.00
前期认证相符且本期申报抵扣	3			
（二）其他扣税凭证	4＝5＋6＋7＋8a＋8b			
其中：海关进口增值税专用缴款书	5			
农产品收购发票或者销售发票	6			
代扣代缴税收缴款凭证	7		—	
加计扣除农产品进项税额	8a	—	—	
其他	8b			
（三）本期用于购建不动产的扣税凭证	9			
（四）本期用于抵扣的旅客运输服务扣税凭证	10			
（五）外贸企业进项税额抵扣证明	11	—	—	
当期申报抵扣进项税额合计	12＝1＋4＋11	8	618 000.00	80 060.00
二、进项税额转出额				
项目	栏次	税额		
本期进项税额转出额	13＝14 至 23 之和	6 500.00		
其中：免税项目用	14			
集体福利、个人消费	15	6 500.00		
非正常损失	16			

续表

二、进项税额转出额				
项目	栏次	税额		
简易计税方法征税项目用	17			
免抵退税办法不得抵扣的进项税额	18			
纳税检查调减进项税额	19			
红字专用发票信息表注明的进项税额	20			
上期留抵税额抵减欠税	21			
上期留抵税额退税	22			
异常凭证转出进项税额	23a			
其他应作进项税额转出的情形	23b			
三、待抵扣进项税额				
项目	栏次	份数	金额	税额
（一）认证相符的增值税专用发票	24	—	—	—
期初已认证相符但未申报抵扣	25			
本期认证相符且本期未申报抵扣	26			
期末已认证相符但未申报抵扣	27			
其中：按照税法规定不允许抵扣	28			
（二）其他扣税凭证	29=30至33之和			
其中：海关进口增值税专用缴款书	30			
农产品收购发票或者销售发票	31			
代扣代缴税收缴款凭证	32		—	
其他	33			
	34			
四、其他				
项目	栏次	份数	金额	税额
本期认证相符的增值税专用发票	35	8	618 000.00	80 060.00
代扣代缴税额	36	—	—	

表 2 - 19 增值税及附加税费申报表（一般纳税人适用）附列资料（五）

（附加税费情况表）

税（费）款所属时间：2023 年 06 月 01 日至 2023 年 06 月 30 日

纳税人名称：（公章）厦门光明有限责任公司　　　　金额单位：元（列至角分）

<table>
<tr><td colspan="5" rowspan="2">本期是否适用小微企业“六税两费”减免政策</td><td colspan="2" rowspan="2">□是 ☑否</td><td colspan="4">减免政策适用主体</td><td colspan="4">□个体工商户 □小型微利企业</td></tr>
<tr><td colspan="4">适用减免政策起止时间</td><td colspan="4">年 月至 年 月</td></tr>
<tr><td colspan="2" rowspan="3">税（费）种</td><td colspan="3">计税（费）依据</td><td rowspan="2">税（费）率（%）</td><td rowspan="2">本期应纳税（费）额</td><td colspan="2">本期减免税（费）额</td><td colspan="2">试点建设培育产教融合型企业</td><td colspan="2">试点建设培育产教融合型企业</td><td rowspan="2">本期已缴税（费）额</td><td rowspan="2">本期应补（退）税（费）额</td></tr>
<tr><td>增值税税额</td><td>增值税免抵税额</td><td>留抵退税本期扣除额</td><td>减免性质代码</td><td>减免税（费）额</td><td>减免性质代码</td><td>本期抵免金额</td><td>减免性质代码</td><td>本期抵免金额</td></tr>
<tr><td>1</td><td>2</td><td>3</td><td>4</td><td>5=（1−3+2）×4</td><td>6</td><td>7</td><td>8</td><td>9=（5−7）×8</td><td>10</td><td>11</td><td>12</td><td>13=5−7−9−11−12</td></tr>
<tr><td>城市维护建设税</td><td>1</td><td>57 870.00</td><td></td><td></td><td>7%</td><td>4 050.90</td><td></td><td></td><td>—</td><td>—</td><td></td><td></td><td></td><td>4 050.90</td></tr>
<tr><td>教育费附加</td><td>2</td><td>57 870.00</td><td></td><td></td><td>3%</td><td>1 736.10</td><td></td><td></td><td></td><td></td><td></td><td></td><td></td><td>1 736.10</td></tr>
<tr><td>地方教育附加</td><td>3</td><td>57 870.00</td><td></td><td></td><td>2%</td><td>1 157.40</td><td></td><td></td><td></td><td></td><td></td><td></td><td></td><td>1 157.40</td></tr>
<tr><td>合计</td><td>4</td><td>—</td><td>—</td><td>—</td><td>—</td><td>6 944.40</td><td>—</td><td></td><td>—</td><td></td><td></td><td></td><td></td><td>6 944.40</td></tr>
<tr><td colspan="5" rowspan="3">本期是否适用试点建设培育产教融合型企业抵免政策</td><td rowspan="3">□是 ☑否</td><td colspan="7">当期新增投资额</td><td>5</td><td></td></tr>
<tr><td colspan="7">上期留抵可抵免金额</td><td>6</td><td></td></tr>
<tr><td colspan="7">结转下期可抵免金额</td><td>7</td><td></td></tr>
<tr><td colspan="6" rowspan="3">可用于扣除的增值税留抵退税额使用情况</td><td colspan="7">当期新增可用于扣除的留抵退税额</td><td>8</td><td></td></tr>
<tr><td colspan="7">上期结存可用于扣除的留抵退税额</td><td>9</td><td></td></tr>
<tr><td colspan="7">结转下期可用于扣除的留抵退税额</td><td>10</td><td></td></tr>
</table>

注：本表属于“项目五　城市维护建设税、教育费附加和地方教育附加计算与申报”的学习内容。

表 2-20　增值税及附加税费申报表

（一般纳税人适用）

根据国家税收法律法规及增值税相关规定制定本表。纳税人不论有无销售额，均应按税务机关核定的纳税期限填写本表，并向当地税务机关申报。

税款所属时间：自 2023 年 06 月 01 日至 2023 年 06 月 30 日　　填表日期：2023 年 07 月 10 日

纳税人识别号（统一社会信用代码）：91110100000010001K　　所属行业：制造业

金额单位：元（列至角分）

纳税人名称：厦门光明有限责任公司	法定代表人姓名	刘光明	注册地址	厦门市思明区光华路 53 号	生产经营地址	厦门市思明区光华路 53 号
开户银行及账号	中国工商银行厦门光华路分理处 3301022009011503954	登记注册类型	其他有限责任公司		电话号码	0592-888888××

项目		栏次	一般项目		即征即退项目	
			本月数	本年累计	本月数	本年累计
销售额	（一）按适用税率计税销售额	1	1 011 000.00	略		
	其中：应税货物销售额	2	1 011 000.00	略		
	应税劳务销售额	3				
	纳税检查调整的销售额	4				
	（二）按简易办法计税销售额	5				
	其中：纳税检查调整的销售额	6				
	（三）免、抵、退办法出口销售额	7			—	—
	（四）免税销售额	8			—	—
	其中：免税货物销售额	9			—	—
	免税劳务销售额	10			—	—
税款计算	销项税额	11	131 430.00	略		
	进项税额	12	80 060.00	略		
	上期留抵税额	13				—
	进项税额转出	14	6 500.00	略		
	免、抵、退应退税额	15			—	—
	按适用税率计算的纳税检查应补缴税额	16			—	—
	应抵扣税额合计	17＝12＋13－14－15＋16	73 560.00	—		—
	实际抵扣税额	18（如 17＜11，则为 17，否则为 11）	73 560.00	略		
	应纳税额	19＝11－18	57 870.00	略		
	期末留抵税额	20＝17－18				—
	简易计税办法计算的应纳税额	21				

续表

项目		栏次	一般项目		即征即退项目	
			本月数	本年累计	本月数	本年累计
税款计算	按简易计税办法计算的纳税检查应补缴税额	22			—	—
	应纳税额减征额	23				
	应纳税额合计	24=19+21−23	57 870.00	略		
税款缴纳	期初未缴税额（多缴为负数）	25	60 000.00	略		
	实收出口开具专用缴款书退税额	26			—	—
	本期已缴税额	27=28+29+30+31	60 000.00			
	①分次预缴税额	28		—		—
	②出口开具专用缴款书预缴税额	29		—	—	—
	③本期缴纳上期应纳税额	30	60 000.00	略		
	④本期缴纳欠缴税额	31				
	期末未缴税额（多缴为负数）	32=24+25+26−27	57 870.00	略		
	其中：欠缴税额（≥0）	33=25+26−27	0.00	—		—
	本期应补（退）税额	34=24−28−29	57 870.00	—		—
	即征即退实际退税额	35	—	—		
	期初未缴查补税额	36			—	—
	本期入库查补税额	37			—	—
	期末未缴查补税额	38=16+22+36−37			—	—
附加税费	城市维护建设税本期应补（退）税额	39	4 050.90	略	—	—
	教育费附加本期应补（退）费额	40	1 736.10	略	—	—
	地方教育附加本期应补（退）费额	41	1 157.40	略	—	—

声明：此表是根据国家税收法律法规及相关规定填写的，本人（单位）对填报内容（及附带资料）的真实性、可靠性、完整性负责。

纳税人（签章）：厦门光明有限责任公司　2023 年 07 月 10 日

经办人：略 经办人身份证号：略 代理机构签章： 代理机构统一社会信用代码：	受理人： 受理税务机关（章）： 受理日期：　　年　月　日

注：本表第 39～41 栏次属于“项目五　城市维护建设税、教育费附加和地方教育附加计算与申报”的学习内容。

项目引例解析 2

第一步：根据“应交税费——应交增值税”明细账和相应的增值税发票等原始凭证，填写《增值税及附加税费申报表附列资料（一）（本期销售情况明细）》（见表 2-17）、《增值税及附加税费申报表附列资料（二）（本期进项税额明细）》（见表 2-18）、《增值税及附加税费申报表（一般纳税人适用）附列资料（五）（附加税费情况表）》（见表 2-19）。

《增值税及附加税费申报表附列资料（一）（本期销售情况明细）》（见表 2-17）中填制的数据确定如下：

第 1 栏次中第 1 列的销售额＝250 000（元）。

第 1 栏次中第 2 列的销项税额＝32 500（元）。

第 1 栏次中第 3 列的销售额＝200 000＋500 000＝700 000（元）。

第 1 栏次中第 4 列的销项税额＝26 000＋65 000＝91 000（元）。

第 1 栏次中第 5 列的销售额＝60 000＋1 000＝61 000（元）。

第 1 栏次中第 6 列的销项税额＝130＋7 800＝7 930（元）。

第 1 栏次中第 9 列的销售额＝250 000＋700 000＋61 000＝1 011 000（元）。

第 1 栏次中第 10 列的销项税额＝32 500＋91 000＋7 930＝131 430（元）。

《增值税及附加税费申报表附列资料（二）（本期进项税额明细）》（见表 2-18）中填制的数据确定如下：

第 1 栏次中的金额＝618 000（元），税额＝80 060（元）。

第 2 栏次中的金额＝4 000＋200 000＋3 000＋100 000＋200 000＋1 000＋100 000＋10 000＝618 000（元），税额＝360＋26 000＋270＋13 000＋26 000＋130＋13 000＋1 300＝80 060（元）。

第 12 栏次中的金额＝618 000（元），税额＝80 060（元）。

第 13 栏次中的税额＝6 500（元）。

第 15 栏次中的税额＝6 500（元）。

第 35 栏次中的金额＝第 1 栏次中的金额＝618 000（元），税额＝第 1 栏次中的税额＝80 060（元）。

第二步：根据“应交税费——应交增值税”明细账和相应的增值税发票等原始凭证、《增值税及附加税费申报表附列资料（一）（本期销售情况明细）》（见表 2-17）、《增值税及附加税费申报表附列资料（二）（本期进项税额明细）》（见表 2-18）、《增值税及附加税费申报表（一般纳税人适用）附列资料（五）（附加税费情况表）》（见表 2-19）等，填写《增值税及附加税费申报表（一般纳税人适用）》（见表 2-20）（网上申报时在填完附列资料等相关附表后，主表《增值税及附加税费申报表（一般纳税人适用）》大部分数据自动生成）。

（二）小规模纳税人增值税的纳税申报实务

小规模纳税人对增值税进行纳税申报时，应当填报《增值税及附加税费预缴表附列资料（附加税费情况表）》（略），以及《增值税及附加税费预缴表》（略），《增值税及附加税费申报表（小规模纳税人适用）附列资料（一）（服务、不动产和无形资产扣除项目明细）》（略），《增值税及附加税费申报表（小规模纳税人适用）附列资料（二）（附加税费情况表）》（见表 2-21），《增值税减免税申报明细表》（见表 2-22），以及《增值税及附加税费申报表（小规模纳税人适用）》（见表 2-23）。

表 2-21　增值税及附加税费申报表（小规模纳税人适用）附列资料（二）
（附加税费情况表）

税（费）款所属时间：2023 年 04 月 01 日至 2023 年 06 月 30 日

纳税人名称：（公章）厦门宏达贸易有限公司　　金额单位：元（列至角分）

税（费）种	计税（费）依据	税（费）率（%）	本期应纳税（费）额	本期减免税（费）额		增值税小规模纳税人“六税两费”减征政策		本期已缴税（费）额	本期应补（退）税（费）额
	增值税税额			减免性质代码	减免税（费）额	减征比例（%）	减征额		
	1	2	3=1×2	4	5	6	7=（3−5）×6	8	9=3−5−7−8
城市维护建设税	5 800.00	7	406.00			50%	203.00		203.00
教育费附加	5 800.00	3	174.00			50%	87.00		87.00
地方教育附加	5 800.00	2	116.00			50%	58.00		58.00
合计	—	—	696.00	—		—	348.00		348.00

注：本表属于“项目五　城市维护建设税、教育费附加和地方教育附加计算与申报”的学习内容。

表 2-22 增值税减免税申报明细表

税款所属时间：自 2023 年 04 月 01 日至 2023 年 06 月 30 日

纳税人名称（公章）：厦门宏达贸易有限公司　　　　金额单位：元（列至角分）

一、减税项目						
减税性质代码及名称	栏次	期初余额	本期发生额	本期应抵减税额	本期实际抵减税额	期末余额
		1	2	3=1+2	4≤3	5=3-4
合计	1		11 600.00	11 600.00	11 600.00	
	2					
	3					
	4					
	5					
	6					

二、免税项目						
免税性质代码及名称	栏次	免征增值税项目销售额	免税销售额扣除项目本期实际扣除金额	扣除后免税销售额	免税销售额对应的进项税额	免税额
		1	2	3=1+2	4	5
合计	7					
出口免税	8		—	—	—	
其中：跨境服务	9		—	—	—	
	10				—	
	11				—	
	12				—	
	13				—	
	14				—	
	15				—	
	16				—	

表 2-23　增值税及附加税费申报表

（小规模纳税人适用）

纳税人识别号（统一社会信用代码）：91110356426426311B

纳税人名称：厦门宏达贸易有限公司　　金额单位：元（列至角分）

税款所属期：2023 年 04 月 01 日至 2023 年 06 月 30 日　　填表日期：2023 年 07 月 08 日

项目		栏次	本期数		本年累计	
			货物及劳务	服务、不动产和无形资产	货物及劳务	服务、不动产和无形资产
一、计税依据	（一）应征增值税不含税销售额（3%征收率）	1	580 000.00		略	
	增值税专用发票不含税销售额	2	500 000.00		略	
	其他增值税发票不含税销售额	3	80 000.00		略	
	（二）应征增值税不含税销售额（5%征收率）	4	—		—	
	增值税专用发票不含税销售额	5	—		—	
	其他增值税发票不含税销售额	6	—		—	
	（三）销售使用过的固定资产不含税销售额	7（7≥8）		—		—
	其中：其他增值税发票不含税销售额	8		—		—
	（四）免税销售额	9=10+11+12				
	其中：小微企业免税销售额	10				
	未达起征点销售额	11				
	其他免税销售额	12				
	（五）出口免税销售额	13（13≥14）				
	其中：其他增值税发票不含税销售额	14				
二、税款计算	本期应纳税额	15	17 400.00		略	
	本期应纳税额减征额	16	11 600.00		略	
	本期免税额	17				
	其中：小微企业免税额	18				

续表

项目		栏次	本期数		本年累计	
			货物及劳务	服务、不动产和无形资产	货物及劳务	服务、不动产和无形资产
二、税款计算	未达起征点免税额	19				
	应纳税额合计	20=15−16	5 800.00		略	
	本期预缴税额	21			—	—
	本期应补（退）税额	22=20−21	5 800.00		—	—
三、附加税费	城市维护建设税本期应补（退）税额	23	203.00			
	教育费附加本期应补（退）费额	24	87.00			
	地方教育附加本期应补（退）费额	25	58.00			

声明：此表是根据国家税收法律法规及相关规定填写的，本人（单位）对填报内容（及附带资料）的真实性、可靠性、完整性负责。

纳税人（签章）：厦门宏达贸易有限公司　2023 年 07 月 10 日

经办人：略 经办人身份证号：略 代理机构签章： 代理机构统一社会信用代码：	受理人： 受理税务机关（章）： 受理日期：　　年　月　日

注：本表第 23～25 栏次属于“项目五　城市维护建设税、教育费附加和地方教育附加计算与申报”的学习内容。

工作实例 2-20

厦门宏达贸易有限公司为增值税小规模纳税人，其纳税人识别号为 91110356426426311B，按季度进行增值税纳税申报。该公司 2023 年第 2 季度共发生以下经济业务：

2023 年 4 月 5 日购进计算机，取得增值税专用发票，发票上注明价款 300 000 元，税额 39 000 元。2023 年 5 月 10 日销售计算机并开具增值税普通发票，发票上注明含增值税价款 505 000 元。2023 年 6 月 20 日销售计算机并开具增值税专用发票，发票上注明价款 80 000 元，税额 800 元。该公司购进货物已验收入库，货款均以银行存款收付。2023 年第 2 季度，厦门宏达贸易有限公司减按 1%的征收率计算缴纳增值税。

工作要求：(1) 计算厦门宏达贸易有限公司 2023 年第 2 季度应缴纳的增值税。

(2) 厦门宏达贸易有限公司 2023 年 7 月 10 日对 2023 年第 2 季度的增值税进行纳税申报，填写《增值税及附加税费申报表（小规模纳税人适用)》等申报表。

工作实施：(1) 2023 年 5 月销售计算机并开具增值税普通发票应纳增值税 = 505 000 ÷ (1 + 1%) × 1% = 500 000 × 1% = 5 000 (元)。

2023 年 6 月销售计算机并开具增值税专用发票应纳增值税＝800（元）。

第 2 季度应纳增值税合计＝5 000＋800＝5 800（元）。

第 2 季度本期应补（退）税额＝5 800（元）。

（2）填写《增值税及附加税费申报表（小规模纳税人适用）》等申报表。

根据“应交税费——应交增值税”明细账和相应的增值税发票等原始凭证，填写《增值税及附加税费申报表（小规模纳税人适用）附列资料（二）（附加税费情况表）》（见表 2－21）、《增值税减免税申报明细表》（见表 2－22）、《增值税及附加税费申报表（小规模纳税人适用）》（见表 2－23）。

其中，根据《国家税务总局关于支持个体工商户复工复业等税收征收管理事项的公告》（国家税务总局公告 2020 年第 5 号）的填写规定，《增值税及附加税费申报表（小规模纳税人适用）》（见表 2－23）中填制的数据确定如下：

第 1 栏次中的货物及劳务本期不含税销售额＝505 000÷（1＋1%）＋80 000
＝580 000（元）

第 2 栏次中的货物及劳务本期不含税销售额＝505 000÷（1＋1%）
＝500 000（元）

第 3 栏次中的货物及劳务本期不含税销售额＝80 000（元）

第 15 栏次中的货物及劳务本期应纳税额＝580 000×3%＝17 400（元）

第 16 栏次中的货物及劳务本期应纳税额减征额＝580 000×（3%－1%）
＝11 600（元）

第 20 栏次中的货物及劳务本期应纳税额合计＝17 400－11 600
＝5 800（元）或（580 000×1%）

项目技能训练

一、单项选择题

1. 下列关于划分增值税小规模纳税人和一般纳税人所依据的年应税销售额和经营期的表述中，正确的是（　　）。

A. 年应税销售额未超过小规模纳税人标准的企业，不得登记为一般纳税人

B. 稽查查补的销售额和纳税评估调整的销售额应计入税款所属期销售额，不计入查补税款申报当月或当季的销售额

C. 年应税销售额，包括纳税申报销售额、稽查查补销售额、纳税评估调整销售额。其中，纳税申报销售额是指纳税人自行申报的全部应征增值税销售额，其中包括免税销售额和税务机关代开发票销售额

D. 经营期是指在纳税人存续期内的连续经营期间，不含未取得销售收入的月份或季度

2. 下列各项中，不属于增值税视同销售行为的是（　　）。

A. 将自产的货物用于个人消费　　B. 将购进的货物用于投资

C. 将购买的货物用于捐赠　　　　　　　D. 将购买的货物用于集体福利

3. 下列关于增值税征收率适用的表述中，错误的是（　　）。

A. 一般纳税人销售旧货，按照简易办法依照3%的征收率减按2%征收增值税

B. 小规模纳税人缴纳增值税采用简易计税方法适用征收率

C. 一般纳税人销售自己使用过的除固定资产以外的物品，应当按照适用税率征收增值税

D. 一般纳税人销售自己使用过的不得抵扣且未抵扣进项税额的固定资产，售价不超过原值的免税

4. 甲家具厂为增值税一般纳税人，本年5月销售货物取得销售额20 000元（不含税），同时送货上门，单独收取运费800元（含税），则甲家具厂的增值税销项税额为（　　）元。

A. 2 600　　B. 3 280　　C. 2 692.04　　D. 2 868.97

5. 甲企业为增值税一般纳税人，本年6月初，因管理不善造成一部分货物发生霉烂变质，经核实该部分货物的实际成本为60万元，该批货物于上月购入，适用的增值税税率为13%，并于上月抵扣了进项税额。甲企业6月进项税额应转出（　　）万元。

A. 10.2　　B. 9.8　　C. 7.8　　D. 10

6. 自2019年4月1日起，将原来的16%的增值税税率调整为（　　）。

A. 7%　　B. 9%　　C. 13%　　D. 12%

7. 根据增值税法律制度的规定，对于出口货物、劳务而言，不具有生产能力的出口企业（又称外贸企业）或其他单位出口货物或者劳务，实行（　　）办法。

A. 免退税　　B. 免抵退税　　C. 免税　　D. 退税

8. 甲公司是一家具有出口经营权的电器生产企业，为增值税一般纳税人，自营出口自产货物，本年1月末未退税前计算出的期末留抵税款为20万元，当期免抵退税额为16万元，则当期免抵税额为（　　）万元。

A. 16　　B. 5　　C. 8　　D. 0

9. 一般情况下，采取预收货款方式销售货物的，增值税纳税人纳税义务的发生时间为（　　）。

A. 购买方收到货物当天　　　　　　B. 销售方发出货物当天

C. 销售方收到剩余货款当天　　　　D. 销售方收到第一笔货款当天

10. 下列关于增值税纳税地点的表述中，错误的是（　　）。

A. 固定业户在其机构所在地申报纳税

B. 非固定业户在其居住地或机构所在地申报纳税

C. 进口货物向报关地海关申报纳税

D. 总机构和分支机构不在同一县（市）的，分别向各自所在地主管税务机关申报纳税

11. 下列表述中，不符合“营改增”有关行业销售额规定的是（　　）。

A. 提供客运场站服务，以其取得的全部价款和价外费用，扣除支付给承运方运费后的余额为销售额

B. 贷款服务，以取得的全部利息及利息性质的收入扣除存款利息后为销售额

C. 金融商品转让，按照卖出价扣除买入价后的余额为销售额

D. 航空运输企业的销售额，不包括代收的机场建设费和代售其他航空运输企业客票而代收转付的价款

12. 一般纳税人购进货物发生的下列情形中，进项税额允许从销项税额中抵扣的有（　　）。

A. 被执法机关依法销毁、拆除　　B. 用于个人消费

C. 用于集体福利　　D. 用于对外投资

二、多项选择题

1. 企业发生的下列业务中，应按销售货物缴纳增值税的有（　　）。

A. 销售小汽车内部装饰品　　B. 销售摩托车零配件

C. 提供汽车维修服务　　D. 销售进口的小汽车

2. 增值税一般纳税人销售下列货物，按低税率9%计征增值税的有（　　）。

A. 橄榄油　　B. 肉桂油

C. 姜黄　　D. 麦芽

3. 下列行为中，属于增值税视同销售行为的有（　　）。

A. 在同一个县（市）范围内设有两个机构并实行统一核算的纳税人，将货物从一个机构移送另一机构用于销售

B. 将自产的货物作为股利分配给股东

C. 将购进的货物用于集体福利

D. 将委托加工的货物用于个人消费

4. 一般纳税人销售的下列货物中，适用9%增值税税率的有（　　）。

A. 图书　　B. 粮食

C. 电子出版物　　D. 自来水

5. 下列各项中，免予缴纳增值税的有（　　）。

A. 果农销售自产水果　　B. 药店销售避孕药品

C. 王某销售自己使用过的空调　　D. 进口直接用于教学的设备

6. 纳税人发生的下列转让行为中，按照销售无形资产缴纳增值税的有（　　）。

A. 转让专利技术使用权　　B. 转让商标专用权

C. 转让土地使用权　　D. 转让有价证券

7. 下列各项中，应当按照金融服务缴纳增值税的有（　　）。

A. 银行销售金银首饰　　B. 贷款利息收入

C. 融资性售后回租　　D. 存款利息收入

8. 根据增值税法律制度的规定，下列情形中，属于在我国境内销售服务的有（　　）。

A. 境外单位向境内单位提供完全在境外消费的电信服务

B. 日本某公司为中国境内某企业设计时装

C. 法国某公司出租设备给中国境内某企业使用

D. 境外个人向境外单位提供完全在境外消费的旅游服务

9. 下列各项中，一般纳税人在计算增值税销项税额时，应并入销售额的有（　　）。

A. 销售货物价外向购买方收取的手续费

B. 销售货物价外向购买方收取的违约金

C. 销售货物的同时代办保险而向购买方收取的保险费

D. 受托加工应征消费税的消费品所代收代缴的消费税

三、判断题

1. 根据增值税法律制度的规定，年应税销售额超过小规模纳税人标准的其他个人（指自然人）按小规模纳税人纳税。（　）

2. 小规模纳税人实行简易计税方法，可以抵扣进项税额。（　）

3. 纳税人销售货物、劳务、服务、无形资产或者不动产适用免税规定的，可以放弃免税，依照有关规定缴纳增值税；纳税人放弃免税后，36 个月内不得再申请免税。（　）

4. 自 2020 年 3 月 1 日起，增值税一般纳税人取得 2017 年 1 月 1 日及以后开具的增值税专用发票、海关进口增值税专用缴款书、机动车销售统一发票、收费公路通行费增值税电子普通发票，取消认证确认、稽核比对、申报抵扣的期限。（　）

5. 根据增值税法律制度的规定，一项销售行为如果既涉及货物又涉及服务，为混合销售。（　）

6. 纳税人兼营销售货物、劳务、服务、无形资产或者不动产，适用不同税率或者征收率的，应当分别核算适用不同税率或者征收率的销售额；未分别核算的，应从高适用税率计征增值税。（　）

7. 根据增值税法律制度的规定，不同退税率的货物应分开核算，凡未分开核算而划分不清适用税率的，一律从高适用税率计算退税。（　）

8. 采取托收承付和委托银行收款方式销售货物的，其增值税的纳税义务发生时间为收到货款的当天。（　）

9. 根据增值税法律制度的规定，卫星电视信号落地转接服务，属于增值电信服务。（　）

10. 停车场提供的车辆停放服务，应当按照交通运输服务缴纳增值税。（　）

11. 个人转让著作权免征增值税。（　）

12. “营改增”后，提供有形动产融资租赁服务不需要缴纳增值税。（　）

四、业务题

1. 甲外商投资企业（以下简称甲企业）为增值税一般纳税人，本年在我国投资开办摩托车企业，本年 1 月生产经营情况如下：

（1）购进原材料，支付价款 500 万元，增值税 65 万元，取得增值税专用发票。

（2）向国外销售摩托车 600 辆，出口离岸价折合人民币 500 万元；在国内销售摩托车 400 辆，取得不含税销售额 250 万元。

（3）因管理不善丢失当月购进的不含增值税的原材料金额 35 万元。本月取得保险公司给予的补偿金额 15 万元。

甲企业取得的增值税专用发票本年 1 月符合抵扣规定。假设上期无留抵税额，适用的增值税税率为13%，退税率为9%。

要求：(1) 计算甲企业本年1月应抵扣的进项税额总和。

(2) 计算甲企业本年1月应缴纳的增值税。

(3) 计算甲企业本年1月应退的增值税。

2. 甲出口生产企业（以下简称甲企业）为增值税一般纳税人，出口货物适用的征税率为13%，退税率为9%。本年1月有关经济业务为：购进原材料一批，取得增值税专用发票注明的价款为300万元，税额为39万元。当月进料加工免税进口料件的组成计税价格为150万元。上期末留抵税款5万元。本月内销货物不含税销售额为200万元，收款226万元存入银行。本月出口货物销售额折合人民币300万元。甲企业取得的增值税专用发票本年1月符合抵扣规定。

要求：(1) 计算甲企业本年1月免抵退税不得免征和抵扣税额抵减额。

(2) 计算甲企业本年1月免抵退税不得免征和抵扣税额。

(3) 计算甲企业本年1月应缴纳的增值税。

(4) 计算甲企业本年1月出口货物免抵退税额的抵减额。

(5) 计算甲企业本年1月出口货物免抵退税额。

(6) 计算甲企业本年1月应退税额。

(7) 计算甲企业本年1月的当期免抵税额。

3. 甲公司为增值税小规模纳税人，本年1月向乙公司提供管理咨询服务，取得含增值税销售额20.2万元。甲公司选择按月申报缴纳增值税。

要求：计算甲公司本年1月应缴纳的增值税。

4. 甲公司为增值税一般纳税人，专门从事认证服务。本年1月发生如下业务：

(1) 16日，取得某项认证服务收入价税合计为159万元。

(2) 18日，购进一台经营用设备，取得增值税专用发票注明的金额为20万元，增值税为2.6万元，支付运输费取得增值税专用发票注明的金额为1万元，增值税为0.09万元。

(3) 20日，支付广告服务费，取得增值税专用发票注明的金额为5万元，增值税为0.3万元。

(4) 28日，销售2009年1月1日以前购进的一台固定资产，售价为0.515万元（含增值税），同时开具增值税普通发票。

甲公司取得的增值税专用发票本年1月符合抵扣规定。认证服务的增值税税率为6%。

要求：计算甲公司本年1月应缴纳的增值税。

五、实务咨询题

1. 甲公司为增值税一般纳税人，本年7月购进白糖、茶叶一批用于职工福利，取得了增值税专用发票，其进项税额是否可以抵扣？

2. 甲超市为增值税一般纳税人，从农贸公司购买新鲜生鸡蛋，取得对方公司开具的货物销售普通发票，是否可以抵扣进项税额？

3. 甲公司为增值税一般纳税人，购买会议培训的设备（如投影仪、音箱等）取得了增值税专用发票，其进项税额是否可以抵扣？

4. 甲公司为增值税一般纳税人，既有简易计税项目，又有一般计税项目，购进不动产既用于简易计税项目，又用于一般计税项目，并取得了增值税专用发票，其进项税额是否可以抵扣？

项目三 消费税计算与申报

学习目标

(1) 能明确消费税的基本原理，会界定消费税纳税人，会判断哪些产品应当缴纳消费税，会选择消费税适用税率，能确定不同类别应税消费品的消费税纳税环节。

(2) 能根据相关业务资料计算直接对外销售应税消费品的应纳税额、自产自用应税消费品的应纳税额、委托加工应税消费品的应纳税额，以及进口应税消费品的应纳税额。

(3) 能合理选择和运用出口应税消费品的消费税税收政策，根据相关业务资料进行消费税出口退（免）税和征税的计算。

(4) 能确定消费税的纳税义务发生时间、纳税期限和纳税地点，能根据相关业务资料填写《消费税及附加税费申报表》以及相关申报表，并能进行消费税的纳税申报。

素养目标

(1) 增强依法纳税意识和社会责任感。

(2) 增强制度自信，激发爱国情怀。

(3) 树立严谨的工作作风，培养工匠精神。

(4) 深入理解消费税相关政策，引导学生深入社会实践、关注现实问题，培养理性消费、勤俭节约的优秀品质，增强节能减排、珍惜资源的环保意识。

素养提升设计

素养提升设计举例见表 3-1。

表 3-1 素养提升设计举例

选取的知识点	素养提升元素
消费税征税范围的确定	教师讲解“我国对某些高档消费品、奢侈品（如高档化妆品、贵重首饰及珠宝玉石、高尔夫球及球具）征收消费税”，培养学生理性消费习惯，弘扬勤俭节约精神，培育时代新风新貌。
消费税税率的判定	教师讲解“我国对大排气量的乘用车设置较高的税率，对小排气量乘用车设置较低的税率”的税率政策，促使学生倡导绿色消费，推动形成绿色低碳的生活方式。

项目引例

消费税的计算与纳税申报

陕西金帝卷烟有限公司为增值税一般纳税人，纳税人识别号为41015025832526155N，主要生产销售金帝牌卷烟，金帝牌卷烟平均售价100元/条（不含增值税），2023年6月发生下列经济业务：

（1）移送烟叶一批，委托某县城加工厂加工烟丝1.5吨，烟叶成本为30万元，该加工厂提供辅料，加工后直接发给陕西金帝卷烟有限公司，共收取辅料及加工费5万元，开具增值税专用发票给陕西金帝卷烟有限公司（受托方没有同类产品售价），陕西金帝卷烟有限公司收到了加工厂的消费税代收代缴税款凭证，注明消费税为15［（30＋5）÷（1－30%）×30%］万元。陕西金帝卷烟有限公司生产车间本月领用委托加工收回烟丝的60%用于继续生产金帝牌卷烟。陕西金帝卷烟有限公司期初库存无委托加工收回的烟丝。

（2）外购已税烟丝，取得增值税专用发票，注明金额为50万元、增值税为6.5万元，本月生产领用其中的80%用于生产金帝牌卷烟。期初烟丝的库存为0。陕西金帝卷烟有限公司期初库存无外购已税的烟丝。

（3）向当地某烟草商贸公司销售金帝牌卷烟100标准箱（1标准箱＝250标准条，1标准条＝200支），取得不含税销售额250万元，并收取包装物租金共计22.6万元。

（4）本月没收金帝牌卷烟逾期包装物押金4.52万元。

（5）上月应交未交消费税为120万元，本月12日缴纳上月应交未交消费税120万元。

陕西金帝卷烟有限公司取得的上述增值税专用发票2023年6月均符合抵扣规定。消费税适用税率为：调拨价为70元（不含增值税）/条以上（含70元）的卷烟为甲类卷烟，适用的消费税比例税率为56%，定额税率为30元/万支；调拨价为70元（不含增值税）/条以下的卷烟为乙类卷烟，适用的消费税比例税率为36%，定额税率为30元/万支。烟丝适用的消费税税率为30%。

要求：

1. 计算陕西金帝卷烟有限公司当月应缴纳的消费税。

2. 陕西金帝卷烟有限公司2023年7月10日对2023年6月的消费税进行纳税申报，填写《消费税及附加税费申报表》等申报表。

项目引例解析

见本项目的任务五和任务七。

任务一 消费税的基本原理认知

一、消费税的含义

消费税是指对特定的消费品和消费行为征收的一种流转税。消费税可分为一般消费税和特别消费税，前者主要是对所有消费品包括生活必需品和日用品普遍课税，后者主要是对特定消费品或特定消费行为如奢侈品等课税。

我国现行消费税是对在中华人民共和国境内从事生产、委托加工、进口、批发或零售应税消费品的单位和个人就其应税消费品征收的一种税。我国的消费税是选择部分消费品征税，因此属于特别消费税。

二、消费税的发展

消费税具有悠久的历史。早在公元前81年，汉昭帝为避免酒的专卖，改酒专卖为普遍征税，允许地主、商人自行酿酒卖酒，每升酒缴税四文，纳税环节在酒销售之后，而不是在出坊（酒坊）时缴纳税款，这可以说是我国较早的消费税。

中华人民共和国成立后，1950年统一全国税制，建立新税制，开征了特种行为消费税，这一税种包含娱乐、筵席、冷食、旅馆四个税目，在发生特种消费行为时征收。其中“筵席、冷食、旅馆三种有关食住方面的消费行为，其消费额在一般日常生活水平限度以内者，不算特种消费，不应负税”，即规定有起征点。至于娱乐方面的消费，则不是一般日常生活的绝对需要，所以不规定起征点。1988年9月22日，国务院针对社会上存在的不合理消费现象开征了筵席税。1989年2月1日，为缓解彩色电视机、小轿车的供求矛盾，我国开征了彩色电视机特别消费税和小轿车特别消费税。此外，我国1984年9月18日开征的产品税和增值税的课税范围涉及大部分消费品，也具有一定的消费税性质。

为适应建立社会主义市场经济体制的需要，配合新一轮税制改革主要是新增值税的推行，1993年底，国务院正式颁布了《中华人民共和国消费税暂行条例》，并于1994年1月1日起实施。决定在增值税进行普遍征收的基础上，再对部分消费品征收消费税，以贯彻国家产业政策和消费政策。

为适应社会经济形势的客观发展需要，进一步完善消费税制，经国务院批准，2006年3月20日，财政部、国家税务总局发文，对消费税税目、税率及相关政策进行调整。新增高尔夫球及球具、高档手表、游艇、木制一次性筷子、实木地板五个税目；取消汽油、柴油税目，增列成品油税目；取消护肤护发品税目，将原属于护肤护发品征税范围的高档护肤类化妆品列入化妆品税目。调整后使消费税政策更加适合我国的客观实际。

目前，财政部和国家税务总局仍在积极推进消费税改革。2014年11月25日，财政部、国家税务总局发文，将消费税政策调整事项通知如下：自2014年12月1日起，取消气缸容量250毫升（不含）以下的小排量摩托车消费税，气缸容量250毫升和250毫升（不含）以上的摩托车继续分别按3%和10%的税率征收消费税；取消汽车轮胎税目；取消车用含铅汽油消费税，汽油税目不再划分二级子目，统一按照无铅汽油税率征收消费税；取消酒精消费税，取消酒精消费税后，“酒及酒精”税目相应改为“酒”，并继续按现行消费税政策执行。

2015年1月26日，财政部、国家税务总局发文，自2015年2月1日起对电池和涂料征收消费税。

2016年9月30日，财政部、国家税务总局发文，自2016年10月1日起，取消对普通美容、修饰类化妆品征收消费税，将“化妆品”税目名称更名为“高档化妆品”，征收范围包括高档美容、修饰类化妆品，高档护肤类化妆品和成套化妆品，税率调整为15%。

2016年11月30日，财政部、国家税务总局发文，自2016年12月1日起，“小汽车”

税目下增设“超豪华小汽车”子税目。征收范围为每辆零售价格 130 万元（不含增值税）及以上的乘用车和中轻型商用客车，即乘用车和中轻型商用客车子税目中的超豪华小汽车。自 2022 年 11 月 1 日起，将电子烟纳入消费税征收范围，在烟税目下增设电子烟子目。

现行消费税法的基本规范，是 2008 年 11 月 5 日经国务院第 34 次常务会议修订通过并颁布，自 2009 年 1 月 1 日起实施的《中华人民共和国消费税暂行条例》（以下简称《消费税暂行条例》），以及 2008 年 12 月 15 日财政部、国家税务总局第 51 号令颁布的《中华人民共和国消费税暂行条例实施细则》（以下简称《消费税暂行条例实施细则》）。

三、消费税的特点

（一）征收范围具有选择性

我国仅选择部分消费品征收消费税，而不是对所有消费品都征收消费税。

（二）征税环节具有单一性

消费税的最终负担人是消费者，但是，为了加强源泉控制，防止税款流失，消费税的纳税环节主要确定在生产环节、委托加工环节或者进口环节。特殊情况有三种：一是金银首饰、铂金首饰和钻石及钻石饰品在零售环节而非生产环节缴纳消费税；二是卷烟、电子烟除了在生产环节缴纳一道消费税之外，还在批发环节再缴纳一道消费税；三是超豪华小汽车除了在生产环节缴纳一道消费税之外，还在零售环节再缴纳一道消费税。

（三）平均税率水平比较高且税负差异大

消费税属于国家运用税收杠杆对某些消费品进行特殊调节的税种。为了有效体现国家政策，消费税的平均税率水平一般定得比较高，并且不同征税项目的税负差异较大，对需要限制或控制消费的消费品，通常税负较重。

（四）征收方法具有灵活性

消费税在征收方法上，既可以采用对应税消费品制定单位税额，根据应税消费品的数量实行从量定额的征收方法，也可以采用对消费品制定比例税率，根据应税消费品的价格实行从价定率的征收办法，还可以两者兼有。目前，对卷烟和白酒两类应税消费品既采用从价征收，又同时采用从量征收。

（五）税负具有转嫁性

消费税对应税消费品的消费进行课税。因此，税负归宿应为消费者。但为了简化征收管理，我国消费税直接以应税消费品的生产经营者为纳税人，于生产销售环节、委托加工环节或进口环节缴纳税款（前文已述，金银首饰、铂金首饰和钻石及钻石饰品、卷烟、电子烟、超豪华小汽车除外），并成为商品价格的一个组成部分而向购买者收取（即消费税属于价内税），消费者是消费税的最终负担者。

任务二　消费税纳税人、代收代缴义务人和征税范围的确定

一、消费税纳税人和代收代缴义务人的确定

（一）消费税的纳税人

凡在中华人民共和国境内生产、委托加工和进口《消费税暂行条例》规定的应税消费品的单位和个人，以及国务院确定的销售（主要是指批发或零售）《消费税暂行条例》规定的某些应税消费品的单位和个人，均为消费税纳税人。境内，是指生产、委托加工和进口应税消费品的起运地或所在地在境内。单位，是指企业、行政单位、事业单位、军事单位、社会团体及其他单位；个人，是指个体工商户以及其他个人。

（二）消费税的代收代缴义务人

委托加工的应税消费品，除受托方为个人外，由受托方在向委托方交货时代收代缴税款，该受托方为消费税的代收代缴义务人。

二、消费税征税范围的确定

（一）征税范围的确定原则

（1）某些过度消费会对人身健康、社会秩序、生态环境等方面造成危害的特殊消费品，如烟，酒，鞭炮、焰火，小汽车，摩托车，电池，涂料。

（2）某些高档消费品、奢侈品、非生活必需品，如高档化妆品、贵重首饰及珠宝玉石、高尔夫球及球具、高档手表、游艇。

（3）某些不可再生和替代的稀缺消费品，如成品油。

消费税的征税范围不是一成不变的，随着我国经济的发展，可以根据国家的政策和经济状况及消费结构的变化进行适当的调整。

知识链接

图解税收：支持绿色发展！这 56 项税费优惠政策请收好

（二）征税范围的具体规定

1. 烟

烟是指以烟叶为原料加工生产的产品，征收范围包括卷烟（进口卷烟、白包卷烟、手工卷烟和未经国务院批准纳入计划的企业及个人生产的卷烟）、雪茄烟、烟丝和电子烟。

点拨指导 自 2022 年 11 月 1 日起，将电子烟纳入消费税征收范围，在烟税目下增设电子烟子目。电子烟是指用于产生气溶胶供人抽吸等的电子传输系统，包括烟弹、烟具以及烟弹与烟具组合销售的电子烟产品。烟弹是指含有雾化物的电子烟组件。烟具是指将雾化物雾化为可吸入气溶胶的电子装置。

2. **酒**

酒是酒精度在 1 度以上的各种酒类饮料。酒类包括粮食白酒、薯类白酒、黄酒、啤酒、果啤和其他酒。自 2014 年 12 月 1 日起，取消酒精消费税。取消酒精消费税后，“酒及酒精”税目相应改为“酒”，并继续按现行消费税政策执行。

3. **高档化妆品**

高档化妆品包括高档美容、修饰类化妆品，高档护肤类化妆品和成套化妆品。高档美容、修饰类化妆品和高档护肤类化妆品是指生产（进口）环节销售（完税）价格（不含增值税）在 10 元/毫升（克）或 15 元/片（张）及以上的美容、修饰类化妆品和护肤类化妆品。

特别提示 自 2016 年 10 月 1 日起，取消对普通美容、修饰类化妆品征收消费税，将“化妆品”税目名称改为“高档化妆品”。

点拨指导 舞台、戏剧、影视演员化妆用的上妆油、卸妆油、油彩，不属于本税目的征收范围。

4. **贵重首饰及珠宝玉石**

贵重首饰及珠宝玉石包括以金、银、白金、宝石、珍珠、钻石、翡翠、珊瑚、玛瑙等高贵稀有物质以及其他金属、人造宝石等制作的各种纯金银首饰及镶嵌首饰和经采掘、打磨、加工的各种珠宝玉石。对免税商店销售的金银首饰也征收消费税。

5. **鞭炮、焰火**

鞭炮、焰火包括各种鞭炮、焰火。

点拨指导 体育上用的发令纸、鞭炮药引线，不按本税目征收消费税。

6. **成品油**

成品油包括汽油、柴油、航空煤油、石脑油、溶剂油、润滑油、燃料油 7 个子目。

7. **摩托车**

摩托车包括轻便摩托车和摩托车两种。对最大设计车速不超过 50km/h、发动机汽缸总工作容量不超过 50mL 的三轮摩托车不征收消费税。对发动机气缸容量在 250mL（不含）以下的小排量摩托车不征收消费税。

8. **小汽车**

小汽车是指由动力驱动，具有 4 个或 4 个以上车轮的非轨道承载的车辆，电动车、沙滩车、雪地车、卡丁车、高尔夫车不属于消费税征税范围，对其不征收消费税。自 2016 年 12 月 1 日起，“小汽车”税目下增设“超豪华小汽车”子税目。征收范围为每辆零售价格 130 万元（不含增值税）及以上的乘用车和中轻型商用客车，即乘用车和中轻型商用客车子税目中的超豪华小汽车。

特别提示 “小汽车”税目不包括大型商用客车、大货车、大卡车。

9. **高尔夫球及球具**

高尔夫球及球具是指从事高尔夫球运动所需的各种专用装备，包括高尔夫球、高尔夫球杆及高尔夫球包（袋）等。高尔夫球杆的杆头、杆身和握把属于本税目的征收范围。

10. **高档手表**

高档手表是指销售价格（不含增值税）每只在10 000元（含）以上的各类手表。本税目征收范围包括符合以上标准的各类手表。

11. **游艇**

游艇是指长度大于8米（含）、小于90米（含），船体由玻璃钢、钢、铝合金、塑料等多种材料制作，可以在水上移动的水上浮载体。

12. **木制一次性筷子**

木制一次性筷子，又称卫生筷子，是指以木材为原料经过锯段、浸泡、旋切、刨切、烘干、筛选、打磨、倒角、包装等环节加工而成的各类供一次性使用的筷子。

13. **实木地板**

实木地板是指以木材为原料，经锯割、干燥、刨光、截断、开榫、涂漆等工序加工而成的块状或条状的地面装饰材料。

本税目征收范围包括各类规格的实木地板、实木指接地板、实木复合地板及用于装饰墙壁、天棚的侧端面为榫、槽的实木装饰板。未经涂饰的素板属于本税目征税范围。

14. **电池**

自2015年2月1日起，对电池和涂料征收消费税。电池是一种将化学能、光能等直接转换为电能的装置，一般由电极、电解质、容器、极端组成，通常还有隔离层组成的基本功能单元，以及用一个或多个基本功能单元装配成的电池组。本税目征税范围包括原电池、蓄电池、燃料电池、太阳能电池和其他电池。

15. **涂料**

涂料是指涂于物体表面能形成具有保护、装饰或特殊性能的固态涂膜的一类液体或固体材料之总称。施工状态下挥发性有机物（Volatile Organic Compounds，VOC）含量低于420克/升（含）的涂料免征消费税。

任务三 消费税税率的判定

任务引例

我公司为一家酒厂，将自产的白酒与外购的礼品搭配成套对外销售。请问这部分收入应如何计算消费税？

消费税实行从价定率的比例税率、从量定额的定额税率和从价定率与从量定额相结合的复合计税三种形式，分别设置了不同的税率。多数消费品采用比例税率，最高税率为56%，最低税率为1%；对成品油和黄酒、啤酒等实行定额税率；对卷烟、白酒实行从价定率与从量定额相结合计算应纳税额的复合计税办法。应税消费品名称、税率和计量单位如表3-2所示。

表 3-2　应税消费品名称、税率和计量单位对照表

应税消费品名称	比例税率	定额税率	计量单位
一、烟			
1. 卷烟			
（1）工业			
①甲类卷烟［调拨价 70 元（不含增值税）/条以上（含 70 元）］	56%	30 元/万支	万支
②乙类卷烟［调拨价 70 元（不含增值税）/条以下］	36%	30 元/万支	万支
（2）商业批发	11%	50 元/万支	万支
2. 雪茄烟	36%	—	支
3. 烟丝	30%	—	千克
4. 电子烟			
（1）工业	36%	—	盒
（2）商业批发	11%	—	盒
二、酒			
1. 白酒	20%	0.5 元/500 克（毫升）	500 克（毫升）
2. 黄酒	—	240 元/吨	吨
3. 啤酒			
（1）甲类啤酒［出厂价格 3 000 元（不含增值税）/吨以上（含 3 000 元）］	—	250 元/吨	吨
（2）乙类啤酒［出厂价格 3 000 元（不含增值税）/吨以下］	—	220 元/吨	吨
4. 其他酒	10%	—	吨
三、高档化妆品	15%	—	实际使用计量单位
四、贵重首饰及珠宝玉石			
1. 金银首饰、铂金首饰和钻石及钻石饰品	5%	—	实际使用计量单位
2. 其他贵重首饰和珠宝玉石	10%	—	实际使用计量单位
五、鞭炮、焰火	15%	—	实际使用计量单位
六、成品油			
1. 汽油	—	1.52 元/升	升
2. 柴油	—	1.20 元/升	升
3. 航空煤油	—	1.20 元/升	升
4. 石脑油	—	1.52 元/升	升
5. 溶剂油	—	1.52 元/升	升
6. 润滑油	—	1.52 元/升	升
7. 燃料油	—	1.20 元/升	升

续表

应税消费品名称	比例税率	定额税率	计量单位
七、摩托车			
1. 气缸容量（排气量，下同）=250毫升	3%	—	辆
2. 气缸容量>250毫升	10%	—	
八、小汽车			
1. 乘用车			
(1) 气缸容量（排气量，下同）≤1.0升	1%	—	辆
(2) 1.0升<气缸容量≤1.5升	3%	—	
(3) 1.5升<气缸容量≤2.0升	5%	—	
(4) 2.0升<气缸容量≤2.5升	9%	—	
(5) 2.5升<气缸容量≤3.0升	12%	—	
(6) 3.0升<气缸容量≤4.0升	25%	—	
(7) 气缸容量>4.0升	40%	—	
2. 中轻型商用客车	5%	—	
3. 超豪华小汽车	10%	—	
九、高尔夫球及球具	10%	—	实际使用计量单位
十、高档手表	20%	—	只
十一、游艇	10%	—	艘
十二、木制一次性筷子	5%	—	万双
十三、实木地板	5%	—	平方米
十四、电池	4%	—	只
十五、涂料	4%	—	吨

在消费税税率运用中应注意以下几个具体问题：

（1）对兼营不同税率的应税消费品适用税目、税率的规定。

对纳税人兼营不同税率的应税消费品，应当分别核算其销售额或销售数量。未分别核算销售额或销售数量的，或者将不同税率的应税消费品组成成套消费品销售的，从高适用税率征收。

任务引例解析

根据《财政部 国家税务总局关于调整和完善消费税政策的通知》（财税〔2006〕33号）的规定，纳税人将自产的应税消费品与外购或自产的非应税消费品组成套装销售的，以套装产品的销售额（不含增值税）为计税依据，应按照不含增值税的全部收入额计算缴纳消费税。

因此，你公司将自产的白酒与外购的礼品搭配成套对外销售，应以套装产品的销售额

（不含增值税）为计税依据，按照不含增值税的全部收入额计算缴纳消费税。

（2）对卷烟适用税目、税率的具体规定。

对白包卷烟、手工卷烟、自产自用没有同牌号规格调拨价格的卷烟、委托加工没有同牌号规格调拨价格的卷烟、未经国务院批准纳入计划的企业和个人生产的卷烟，除按定额税率征收外，一律按56%的比例税率征收。

（3）卷烟相关单位换算。

1标准箱=250标准条，1标准条=200支，1标准箱=50 000支。卷烟在生产环节的定额税率为0.003元/支，相当于0.6元/标准条，150元/标准箱。卷烟在批发环节的定额税率为0.005元/支，相当于1元/标准条，250元/标准箱。

（4）对甲类卷烟、乙类卷烟以及甲类啤酒、乙类啤酒的具体规定。

甲类卷烟，是指每标准条（200支，下同）调拨价格在70元（不含增值税）以上（含70元）的卷烟；乙类卷烟，是指每标准条调拨价格在70元（不含增值税）以下（不含70元）的卷烟。

甲类啤酒，是指每吨出厂价（含包装物及包装物押金）在3 000元（不含增值税）以上（含3 000元）的啤酒；乙类啤酒，是指每吨出厂价（含包装物及包装物押金）在3 000元（不含增值税）以下（不含3 000元）的啤酒。

（5）对消费税税目、税率调整权限的规定。

消费税税目、税率的调整由国务院确定，地方无权调整。

任务四 消费税纳税环节的归类

消费税的纳税环节主要有生产环节、委托加工环节、进口环节、批发环节（仅适用于卷烟、电子烟）、零售环节（仅适用于金银首饰、铂金首饰和钻石及钻石饰品，超豪华小汽车）。

一、消费税的基本纳税环节

纳税人生产的应税消费品，于纳税人销售（这里主要指出厂销售）时纳税。

纳税人自产自用的应税消费品，用于连续生产应税消费品的，不纳税；用于其他方面的，于移送使用时纳税。

点拨指导 用于连续生产应税消费品，是指纳税人将自产自用应税消费品作为直接材料生产最终应税消费品，自产自用应税消费品构成最终应税消费品的实体。用于其他方面是指纳税人将自产自用的应税消费品用于生产非应税消费品、在建工程、管理部门、非生产机构、提供劳务、馈赠、赞助、集资、广告、样品、职工福利、奖励等方面。

委托加工的应税消费品，除受托方为个人外，由受托方在向委托方交货时代收代缴税款。

进口的应税消费品，于报关进口时纳税。

二、“贵重首饰及珠宝玉石”税目下“金银首饰、铂金首饰和钻石及钻石饰品”子税目消费税的纳税环节

自1995年1月1日起，金银首饰消费税由生产销售环节征收改为零售环节征收。改在零售环节征收消费税的金银首饰仅限于金基、银基合金首饰以及金、银和金基、银基合金的镶嵌首饰。从2002年1月1日起，钻石及钻石饰品消费税改为零售环节征收。自2003年5月1日起，铂金首饰消费税改为零售环节征收。金银首饰、铂金首饰和钻石及钻石饰品消费税适用税率为5%，在纳税人销售金银首饰、铂金首饰和钻石及钻石饰品时征收。其计税依据是不含增值税的销售额。

金银首饰连同包装物销售的，无论包装物是否单独计价，也无论会计上如何核算，均应并入金银首饰的销售额，计征消费税。

带料加工的金银首饰，应按受托方销售同类金银首饰的销售价格确定计税依据征收消费税。没有同类金银首饰销售价格的，按照组成计税价格计算纳税。

纳税人采用以旧换新（含翻新改制）方式销售的金银首饰，应按实际收取的不含增值税的全部价款确定计税依据征收消费税。

三、“烟”税目下“卷烟”子税目消费税的纳税环节

卷烟消费税在生产和批发两个环节征收。自2009年5月1日起，在卷烟批发环节加征一道从价税，在中华人民共和国境内从事卷烟批发业务的单位和个人，批发销售的所有牌号规格的卷烟，按其销售额（不含增值税）征收5%的消费税。纳税人应将卷烟销售额与其他商品销售额分开核算，未分开核算的，一并征收消费税。纳税人销售给纳税人以外的单位和个人的卷烟于销售时纳税。纳税人之间销售的卷烟不缴纳消费税。卷烟批发企业的机构所在地，总机构与分支机构不在同一地区的，由总机构申报纳税。自2015年5月10日起，将卷烟批发环节从价税税率由5%提高至11%，并按0.005元/支加征从量税。纳税人兼营卷烟批发和零售业务的，应当分别核算批发和零售环节的销售额、销售数量；未分别核算批发和零售环节销售额、销售数量的，按照全部销售额、销售数量计征批发环节消费税。

实务咨询 我公司从事卷烟批发业务，请问我公司在计算应纳消费税时能否扣除生产厂家已经缴纳的消费税？

答：根据《财政部 国家税务总局关于调整烟产品消费税政策的通知》（财税〔2009〕84号）的规定，卷烟消费税在生产和批发环节征收后，批发企业在计算纳税时不得扣除已含的生产环节的消费税税款。

因此，你公司在计算应纳消费税税款时不得扣除生产厂家已经缴纳的消费税税款。

四、“烟”税目下“电子烟”子税目消费税的纳税环节

电子烟消费税在生产和批发两个环节征收。自2022年11月1日起，将电子烟纳入消费税征收范围，在烟税目下增设电子烟子税目。在中华人民共和国境内生产（进口）、批发电子烟的单位和个人为消费税纳税人。

电子烟生产环节纳税人，是指取得烟草专卖生产企业许可证，并取得或经许可使用他人电子烟产品注册商标（以下简称持有商标）的企业。通过代加工方式生产电子烟的，由持有商标的企业缴纳消费税。电子烟批发环节纳税人，是指取得烟草专卖批发企业许可证并经营电子烟批发业务的企业。电子烟进口环节纳税人，是指进口电子烟的单位和个人。

纳税人生产、批发电子烟的，按照生产、批发电子烟的销售额计算纳税。电子烟生产环节纳税人采用代销方式销售电子烟的，按照经销商（代理商）销售给电子烟批发企业的销售额计算纳税。纳税人进口电子烟的，按照组成计税价格计算纳税。

电子烟生产环节纳税人从事电子烟代加工业务的，应当分开核算持有商标电子烟的销售额和代加工电子烟的销售额；未分开核算的，一并缴纳消费税。

特别提示 只有卷烟、电子烟在批发环节征收消费税，而烟丝、雪茄烟在批发环节不缴纳消费税。

五、“小汽车”税目下“超豪华小汽车”子税目消费税的纳税环节

超豪华小汽车消费税在生产和零售两个环节征收。自2016年12月1日起，“小汽车”税目下增设“超豪华小汽车”子税目。征收范围为每辆零售价格130万元（不含增值税）及以上的乘用车和中轻型商用客车，即乘用车和中轻型商用客车子税目中的超豪华小汽车。对超豪华小汽车，在生产（进口）环节按现行税率征收消费税的基础上，在零售环节加征消费税，税率为10%。将超豪华小汽车销售给消费者的单位和个人为超豪华小汽车零售环节纳税人。

对我国驻外使领馆工作人员、外国驻华机构及人员、非居民常住人员、政府间协议规定等应税（消费税）进口自用，且完税价格为130万元及以上的超豪华小汽车消费税，按照生产（进口）环节税率和零售环节税率（10%）加总计算，由海关代征。

任务五 消费税的计算

任务引例

我公司为一家生产成品油的炼油厂，将自产的成品油用于本单位的班车（接送员工上下班），是否可以免缴消费税？

一、直接对外销售应税消费品应纳税额的计算

（一）从价定率办法下应纳税额的计算

从价定率办法下应纳税额的基本计算公式为：

实行从价定率办法计算的应纳税额＝应税消费品销售额×比例税率①

① 本项目公式中的比例税率指消费税比例税率，下同。

应税消费品销售额的确定如下：

（1）销售额为纳税人销售应税消费品向购买方收取的全部价款和价外费用。其中价外费用，是指价外向购买方收取的手续费、补贴、基金、集资费、返还利润、奖励费、违约金、滞纳金、延期付款利息、赔偿金、代收款项、代垫款项、包装费、包装物租金、储备费、优质费、运输装卸费以及其他各种性质的价外收费。但下列项目不包括在内：

1）同时符合以下条件的代垫运输费用：承运部门的运输费用发票开具给购买方的；纳税人将该项发票转交给购买方的。

2）同时符合以下条件代为收取的政府性基金或者行政事业性收费：由国务院或者财政部批准设立的政府性基金，由国务院或者省级人民政府及其财政、价格主管部门批准设立的行政事业性收费；收取时开具省级以上财政部门印制的财政票据；所收款项全额上缴财政。

（2）与一般货物一样，应税消费品在缴纳消费税时还要缴纳增值税。因此，《消费税暂行条例实施细则》明确规定，应税消费品的销售额，不包括应向购货方收取的增值税税额。如果纳税人应税消费品的销售额中未扣除增值税税款或者因不得开具增值税专用发票而导致价款和增值税税款合并收取的，在计算消费税时，应当换算为不含增值税税款的销售额。其换算公式为：

应税消费品的销售额＝含增值税的销售额÷（1＋增值税税率或征收率）

（3）应税消费品连同包装物销售的，无论包装物是否单独计价以及在会计上如何核算，均应并入应税消费品的销售额中缴纳消费税。如果包装物不作价随同产品销售，而是收取押金，此项押金则不应并入应税消费品的销售额中征税。但对因逾期未收回的包装物不再退还的或者已收取的时间超过 12 个月的押金，应并入应税消费品的销售额，按照应税消费品的适用税率缴纳消费税。对既作价随同应税消费品销售，又另外收取押金的包装物，凡纳税人在规定的期限内没有退还的，其押金均应并入应税消费品的销售额，按照应税消费品的适用税率缴纳消费税。

从 1995 年 6 月 1 日起，对酒类（黄酒、啤酒除外）生产企业销售酒类产品而收取的包装物押金，无论押金是否返还及在会计上如何核算，均须并入酒类产品销售额中，依据酒类产品的适用税率计征消费税。

答疑解惑

从 1995 年 6 月 1 日起，对酒类（黄酒、啤酒除外）生产企业销售酒类产品而收取的包装物押金，无论押金是否返还及在会计上如何核算，均须并入酒类产品销售额中，依据酒类产品的适用税率计征消费税。为什么黄酒、啤酒除外？

答：由于黄酒、啤酒实行从量定额办法计算消费税，没有从价定率办法的比例税率，因此，其包装物押金也就无法计征消费税。

（4）纳税人销售的应税消费品，以人民币以外的货币结算销售额的，其销售额的人民币折合率可以选择销售额发生当天或者当月 1 日的人民币汇率中间价。纳税人应事先确定采用何种折合率，确定后 1 年内不得变更。

（5）纳税人通过自设非独立核算门市部销售自产应税消费品，应当按照门市部对外销售数额计算征收消费税。

（6）纳税人用于换取生产资料和消费资料、投资入股和抵偿债务等方面的应税消费品，应当以纳税人同类应税消费品的最高销售价格为依据计算消费税。

【知识串联】纳税人用于换取生产资料和消费资料、投资入股和抵偿债务等方面的应税消费品，应当以纳税人同类应税消费品的平均销售价格（没有平均销售价格的，按照组成计税价格）作为计税依据计算增值税。

工作实例 3－1

甲化妆品生产企业（以下简称甲企业）为增值税一般纳税人，本年 5 月 15 日向乙超市销售高档化妆品一批，开具增值税专用发票，取得不含增值税销售额 30 万元；5 月 20 日向丙公司销售高档化妆品一批，开具增值税普通发票，取得含增值税销售额 2.26 万元。高档化妆品适用的消费税税率为 15%。

工作要求：（1）计算甲企业当月销售高档化妆品的应税销售额；（2）计算甲企业当月销售高档化妆品的增值税销项税额；（3）计算甲企业当月销售高档化妆品应缴纳的消费税。

工作实施：（1）应税销售额＝30＋2.26÷（1＋13%）＝32（万元）。

（2）增值税销项税额＝32×13%＝4.16（万元）。

（3）应纳消费税＝32×15%＝4.8（万元）。

（二）从量定额办法下应纳税额的计算

从量定额办法下应纳税额的基本计算公式为：

实行从量定额办法计算的应纳税额＝应税消费品的数量×定额税率①

1. 应税消费品数量的确定

根据应税消费品的应税行为，应税消费品数量的具体规定为：

（1）销售［包括出厂销售（又称生产销售）、批发、零售］应税消费品的，为应税消费品的销售（包括出厂销售、批发、零售）数量。

（2）自产自用应税消费品的（用于连续生产应税消费品的除外），为应税消费品的移送使用数量。将自产自用的应税消费品用于连续生产应税消费品，在此移送环节不纳税。

（3）委托加工应税消费品的，为纳税人收回的应税消费品数量。

（4）进口的应税消费品，为海关核定的应税消费品进口征税数量。

特别提示 纳税人通过自设的非独立核算门市部销售自产应税消费品的，应当按照门市部对外销售数量征收消费税。

2. 计量单位的换算标准

按照消费税的规定，对黄酒、啤酒、成品油等应税消费品采取从量定额办法计算应纳税额。其计量单位的换算标准如表 3－3 所示。

表 3－3 应税消费品计量单位的换算

序号	名称	计量单位的换算单位
1	黄酒	1 吨＝962 升

① 本项目公式中的定额税率指消费税定额税率，下同。

续表

序号	名称	计量单位的换算单位
2	啤酒	1 吨=988 升
3	汽油	1 吨=1 388 升
4	柴油	1 吨=1 176 升
5	航空煤油	1 吨=1 246 升
6	石脑油	1 吨=1 385 升
7	溶剂油	1 吨=1 282 升
8	润滑油	1 吨=1 126 升
9	燃料油	1 吨=1 015 升

工作实例 3-2

甲啤酒厂为增值税一般纳税人，本年 5 月销售啤酒 300 吨，每吨出厂价格 3 300 元（含增值税），每吨收取包装物及包装物押金 50 元。6 月销售啤酒 400 吨，每吨出厂价格 3 500 元（含增值税），每吨收取包装物及包装物押金 50 元。

工作要求：计算甲酒厂本年 5 月、6 月应缴纳的消费税。

工作实施：每吨出厂价（含包装物及包装物押金）在 3 000 元（不含增值税）以上（含 3 000 元）的啤酒，适用定额税率为 250 元/吨；每吨出厂价（含包装物及包装物押金）在 3 000 元（不含增值税）以下（不含 3 000 元）的啤酒，适用定额税率为 220 元/吨。

5 月每吨出厂价（含包装物及包装物押金）=（3 300 + 50）÷（1 + 13%）= 2 964.60（元）。

5 月应纳消费税 = 销售数量 × 定额税率 = 300 × 220 = 66 000（元）。

6 月每吨出厂价（含包装物及包装物押金）=（3 500 + 50）÷（1 + 13%）= 3 141.59（元）。

6 月应纳消费税 = 销售数量 × 定额税率 = 400 × 250 = 100 000（元）。

（三）从价定率和从量定额复合计税办法下应纳税额的计算

现行消费税的征税范围中，只有卷烟和白酒（粮食白酒和薯类白酒）采用从价定率和从量定额复合计税（简称复合计税）办法。从价定率和从量定额复合计税办法下应纳税额的基本计算公式为：

$$\begin{matrix}\text{实行从价定率和从量定额}\\\text{复合计税办法计算的应纳税额}\end{matrix}=\begin{matrix}\text{应税消费品的}\\\text{销售额}\end{matrix}\times\begin{matrix}\text{比例}\\\text{税率}\end{matrix}+\begin{matrix}\text{应税消费品的}\\\text{销售数量}\end{matrix}\times\begin{matrix}\text{定额}\\\text{税率}\end{matrix}$$

工作实例 3-3

甲酒厂为增值税一般纳税人，本年 5 月销售生产的白酒 200 箱，每箱净重 30 千克，取得不含增值税销售收入 80 000 元，收取包装物押金 1 130 元，押金单独记账，货款及押金均收到。

工作要求：计算甲酒厂本年 5 月应缴纳的消费税。

工作实施：应纳消费税＝［80 000＋1 130÷（1＋13%）］×20%＋200×30×2×0.5＝22 200（元）。

（四）外购应税消费品已纳消费税扣除（抵扣）的计算

由于某些应税消费品是用外购已缴纳消费税的应税消费品连续生产出来的，在对这些连续生产出来的应税消费品计算征税时，税法规定应按当期生产领用数量计算准予扣除外购的应税消费品已纳的消费税税款。扣除范围包括：

（1）外购已税烟丝生产的卷烟。

（2）外购已税高档化妆品生产的高档化妆品。

（3）外购已税珠宝玉石生产的贵重首饰及珠宝玉石。

（4）外购已税鞭炮、焰火生产的鞭炮、焰火。

（5）外购已税杆头、杆身和握把为原料生产的高尔夫球杆。

（6）外购已税木制一次性筷子为原料生产的木制一次性筷子。

（7）外购已税实木地板为原料生产的实木地板。

（8）外购已税汽油、柴油、石脑油、燃料油、润滑油为原料生产的应税成品油。

自2015年5月1日起，从葡萄酒生产企业购进、进口葡萄酒连续生产应税葡萄酒的，准予从葡萄酒消费税应纳税额中扣除所耗用应税葡萄酒已纳消费税税款。

上述当期准予扣除外购应税消费品已纳消费税税款的计算公式为：

$$\text{当期准予扣除外购应税消费品已纳税款}=\text{当期准予扣除外购应税消费品的买价（或数量）}\times\text{外购应税消费品适用比例税率（或定额税率）}$$

$$\text{当期准予扣除外购应税消费品的买价(或数量)}=\text{期初库存的外购应税消费品的买价(或数量)}+\text{当期购进外购应税消费品的买价(或数量)}-\text{期末库存的外购应税消费品的买价（或数量）}$$

其中，外购应税消费品的买价是指购货发票上注明的销售额（不含增值税）。

特别提示 纳税人用外购已税珠宝玉石生产的改在零售环节征收消费税的金银首饰，在计税时一律不得扣除外购已税珠宝玉石已纳税款。

工作实例3－4

甲卷烟厂为增值税一般纳税人，本年5月外购烟丝价款100 000元，月初库存外购已税烟丝75 000元，月末库存外购已税烟丝4 000元；当月以外购烟丝生产卷烟的销售量为20个标准箱，每标准条调拨价格40元，共计200 000元。已知：1标准箱＝250标准条，1标准条＝200支。调拨价为70元（不含增值税）/条以上（含70元）的卷烟为甲类卷烟，适用的消费税比例税率为56%，定额税率为30元/万支；调拨价为70元（不含增值税）/条以下的卷烟为乙类卷烟，适用的消费税比例税率为36%，定额税率为30元/万支。

工作要求：计算甲卷烟厂本年5月应缴纳的消费税。

工作实施：当期准予扣除的外购应税消费品买价＝75 000＋100 000－40 000＝135 000（元）。

当期准予扣除的外购应税消费品已纳税款＝135 000×30%＝40 500（元）。

由于该卷烟每标准条调拨价格＝40 元＜70 元，因此为乙类卷烟，适用消费税税率为 36%，定额税率为 30 元/万支。

当期应纳消费税＝200 000×36%＋20×250×200÷10 000×30－40 500＝72 000＋3 000－40 500＝34 500（元）。

二、自产自用应税消费品应纳税额的计算

（一）自产自用应税消费品的确定

所谓自产自用，是指纳税人生产应税消费品后，不是用于直接对外销售，而是用于自己连续生产应税消费品，或用于其他方面。如果纳税人用于连续生产应税消费品，在自产自用环节不缴纳消费税；如果纳税人用于其他方面，一律于移送使用时，按视同销售缴纳消费税。用于其他方面包括用于本企业连续生产非应税消费品、在建工程、管理部门、非生产机构、提供劳务、馈赠、赞助、集资、广告、样品、职工福利、奖励等方面。

任务引例解析

根据《财政部 国家税务总局关于对成品油生产企业生产自用油免征消费税的通知》（财税〔2010〕98 号）的规定，从 2009 年 1 月 1 日起，对成品油生产企业在生产成品油过程中，作为燃料、动力及原料消耗掉的自产成品油，免征消费税。对用于其他用途或直接对外销售的成品油照章征收消费税。从 2009 年 1 月 1 日到本通知下发前，成品油生产企业生产自用油已经缴纳的消费税，符合上述免税规定的，予以退还。

你公司将自产成品油用于班车（接送员工上下班）不符合上述规定，因此，应按规定缴纳消费税。

（二）自产自用应税消费品计税依据的确定

1. 实行从价定率办法计算纳税的自产自用应税消费品计税依据的确定

实行从价定率办法计算纳税的自产自用应税消费品按照纳税人生产的同类消费品的销售价格计算纳税；没有同类消费品销售价格的，按照组成计税价格计算纳税。

实行从价定率办法计算纳税的组成计税价格计算公式为：

组成计税价格＝（成本＋利润）÷（1－比例税率）

＝成本×（1＋成本利润率）÷（1－比例税率）

2. 实行从量定额办法计算纳税的自产自用应税消费品计税依据的确定

实行从量定额办法计算纳税的自产自用应税消费品的计税依据为移送使用数量。

3. 实行复合计税办法计算纳税的自产自用应税消费品计税依据的确定

从价部分，按照纳税人生产的同类消费品的销售价格计算纳税；没有同类消费品销售价格的，按照组成计税价格计算纳税。从量部分，将纳税人自产自用应税消费品的移送使用数量作为计税依据计算纳税。

实行复合计税办法计算纳税的从价部分的组成计税价格计算公式为：

组成计税价格＝（成本＋利润＋自产自用数量×定额税率）÷（1－比例税率）

=[成本×（1+成本利润率）+自产自用数量×定额税率]÷（1−比例税率）

其中，上述第 1 点和第 3 点中的“同类消费品的销售价格”是指纳税人当月销售的同类消费品的销售价格，如果当月同类消费品各个销售价格高低不同，应按销售数量加权平均计算。但销售的应税消费品有下列情况之一的，不得列入加权平均计算：

（1）销售价格明显偏低且无正当理由的。

（2）无销售价格的。

如果当月无销售或者当月未完结，应按照同类消费品上月或者最近月份的销售价格计算纳税。

上述公式中的“成本”是指应税消费品的产品生产成本。

上述公式中的“利润”是指根据应税消费品的全国平均成本利润率计算的利润。应税消费品全国平均成本利润率由国家税务总局确定。

应税消费品的全国平均成本利润率（含新增和调整后的应税消费品）如表 3-4 所示。

表 3-4 应税消费品的全国平均成本利润率

消费品	全国平均成本利润率（%）	消费品	全国平均成本利润率（%）
甲类卷烟	10	摩托车	6
乙类卷烟	5	高尔夫球及球具	10
雪茄烟	5	高档手表	20
烟丝	5	游艇	10
电子烟	10	木制一次性筷子	5
粮食白酒	10	实木地板	5
薯类白酒	5	乘用车	8
其他酒	5	中轻型商用客车	5
高档化妆品	5	电池	4
鞭炮、焰火	5	涂料	7
贵重首饰及珠宝玉石	6		

（三）自产自用应税消费品应纳税额的计算

1. 实行从价定率办法计算纳税的自产自用应税消费品应纳税额的计算

（1）有同类消费品销售价格的计算公式为：

应纳税额=同类应税消费品单位销售价格×自产自用数量×比例税率

（2）没有同类消费品销售价格的计算公式为：

应纳税额=组成计税价格×比例税率

2. 实行从量定额办法计算纳税的自产自用应税消费品应纳税额的计算

计算公式为：

应纳税额＝自产自用数量×定额税率

3. 实行复合计税办法计算纳税的自产自用应税消费品应纳税额的计算

（1）有同类消费品销售价格的计算公式为：

应纳税额＝同类应税消费品单位销售价格×自产自用数量×比例税率＋自产自用数量×定额税率

（2）没有同类消费品销售价格的计算公式为：

应纳税额＝组成计税价格×比例税率＋自产自用数量×定额税率

工作实例 3-5

甲化妆品厂为增值税一般纳税人，本年 5 月将自产的一批高档化妆品用于职工福利，高档化妆品生产成本为 17 000 元，成本利润率为 5%，无同类产品销售价格。高档化妆品的消费税税率为 15%。

工作要求：（1）计算甲化妆品厂自产自用高档化妆品的组成计税价格；（2）计算甲化妆品厂该批高档化妆品应缴纳的消费税。

工作实施：（1）组成计税价格＝［17 000×（1＋5%）］÷（1－15%）＝21 000（元）。

（2）应纳消费税＝21 000×15%＝3 150（元）。

工作实例 3-6

甲白酒厂为增值税一般纳税人，本年 5 月特制一批粮食白酒作为样品，该批白酒该厂无市场销售价格。税务机关确定按组成计税价格计算税款。该批白酒成本为 50 000 元，共 1 000 千克。成本利润率为 10%，白酒的比例税率为 20%，白酒的定额税率为 0.5 元/500 克。

工作要求：（1）计算甲白酒厂自产粮食白酒的组成计税价格；（2）计算甲白酒厂该批粮食白酒应缴纳的消费税。

工作实施：（1）组成计税价格＝［50 000×（1＋10%）＋(1 000×1 000÷500×0.5)］÷（1－20%）＝70 000（元）。

（2）应纳消费税＝70 000×20%＋1 000×1 000÷500×0.5＝15 000（元）。

三、委托加工应税消费品应纳税额的计算

（一）委托加工应税消费品的确定

委托加工的应税消费品，是指由委托方提供原料和主要材料，受托方只收取加工费和代垫部分辅助材料加工的应税消费品。对于由受托方提供原材料生产的应税消费品，或者受托方先将原材料卖给委托方，然后再接受加工的应税消费品，以及由受托方以委托方名义购进原材料生产的应税消费品，不论在财务上是否作销售处理，都不得作为委托加工应税消费品，而应当按照销售自制应税消费品缴纳消费税。

委托加工的应税消费品，除受托方为个人外，由受托方在向委托方交货时代收代缴税款。委托加工收回的应税消费品，委托方用于连续生产应税消费品的，所纳税款准予按规定扣除。委托加工的应税消费品收回后直接出售的，不再缴纳消费税。委托方将收回的应

税消费品，以不高于受托方的计税价格出售的，为直接出售，不再缴纳消费税；委托方以高于受托方的计税价格出售的，不属于直接出售，需按照规定申报缴纳消费税，在计税时准予扣除受托方已代收代缴的消费税。委托个人加工的应税消费品，由委托方收回后缴纳消费税。

（二）委托加工应税消费品计税依据的确定

1. 实行从价定率办法计算纳税的委托加工应税消费品计税依据的确定

实行从价定率办法计算纳税的委托加工应税消费品按照受托方的同类消费品的销售价格计算纳税；没有同类消费品销售价格的，按照组成计税价格计算纳税。

实行从价定率办法计算纳税的组成计税价格计算公式为：

组成计税价格＝（材料成本＋加工费）÷（1－比例税率）

2. 实行从量定额办法计算纳税的委托加工应税消费品计税依据的确定

实行从量定额办法计算纳税的委托加工应税消费品的计税依据为委托加工收回的应税消费品数量（委托加工数量）。

3. 实行复合计税办法计算纳税的委托加工应税消费品计税依据的确定

从价部分，按照受托方的同类消费品的销售价格计算纳税；没有同类消费品销售价格的，按照组成计税价格计算纳税。从量部分，按照纳税人委托加工数量作为计税依据计算纳税。

实行复合计税办法计算纳税的从价部分的组成计税价格计算公式为：

$$\text{组成计税价格}=(\text{材料成本}+\text{加工费}+\text{委托加工数量}\times\text{定额税率})\div(1-\text{比例税率})$$

上述各组成计税价格公式中的“材料成本”是指委托方所提供加工材料的实际成本。委托加工应税消费品的纳税人，必须在委托加工合同上如实注明（或者以其他方式提供）材料成本，凡未提供材料成本的，受托方主管税务机关有权核定其材料成本。“加工费”是受托方加工应税消费品向委托方收取的全部费用（包括代垫的辅助材料实际成本）。

（三）委托加工应税消费品应纳税额的计算

1. 实行从价定率办法计算纳税的委托加工应税消费品应纳税额的计算

（1）受托方有同类消费品销售价格的计算公式为：

应纳税额＝同类应税消费品单位销售价格×委托加工数量×比例税率

（2）受托方没有同类消费品销售价格的计算公式为：

应纳税额＝组成计税价格×比例税率

2. 实行从量定额办法计算纳税的委托加工应税消费品应纳税额的计算

计算公式为：

应纳税额＝委托加工数量×定额税率

3. 实行复合计税办法计算纳税的委托加工应税消费品应纳税额的计算

（1）受托方有同类消费品销售价格的计算公式为：

应纳税额＝同类应税消费品单位销售价格×委托加工数量×比例税率＋委托加工数量×定额税率

（2）受托方没有同类消费品销售价格的计算公式为：

应纳税额＝组成计税价格×比例税率＋委托加工数量×定额税率

工作实例 3-7

甲企业委托乙企业加工一批烟丝，甲企业提供原材料烟叶，已知成本为 30 万元，支付加工费 19 万元，增值税税额 2.47 万元，乙企业无同类产品销售价格。烟丝的消费税税率为 30%。

工作要求：（1）计算甲企业委托乙企业加工的烟丝的组成计税价格；（2）计算乙企业应代收代缴的消费税。

工作实施：（1）组成计税价格＝（30＋19）÷（1－30%）＝70（万元）。

（2）乙企业应代收代缴的消费税＝70×30%＝21（万元）。

工作实例 3-8

甲酒厂为增值税一般纳税人，本年 5 月提供 250 吨粮食（成本 20 万元），委托乙酒厂加工成粮食白酒 50 吨，对方收取加工费 5 万元，受托方垫付辅助材料费 2 万元，均收到了专用发票，受托方无同类产品售价。

工作要求：（1）计算甲酒厂委托乙酒厂加工的粮食白酒的组成计税价格；（2）计算乙酒厂应代收代缴的消费税。

工作实施：（1）组成计税价格＝（20＋5＋2＋50×2 000×0.5÷10 000）÷（1－20%）＝40（万元）。

（2）乙酒厂应代收代缴的消费税＝40×20%＋50×2 000×0.5÷10 000＝13（万元）。

（四）委托加工收回的应税消费品已纳税款的扣除

委托加工的应税消费品因为已由受托方代收代缴消费税，因此，委托方收回货物后用于连续生产应税消费品的，其已纳税款准予按照规定从连续生产的应税消费品应纳税额中扣除。扣除范围包括：

（1）以委托加工收回的已税烟丝为原料生产的卷烟。

（2）以委托加工收回的已税高档化妆品为原料生产的高档化妆品。

（3）以委托加工收回的已税珠宝玉石为原料生产的贵重首饰及珠宝玉石。

（4）以委托加工收回的已税鞭炮、焰火为原料生产的鞭炮、焰火。

（5）以委托加工收回的已税杆头、杆身和握把为原料生产的高尔夫球杆。

（6）以委托加工收回的已税木制一次性筷子为原料生产的木制一次性筷子。

（7）以委托加工收回的已税实木地板为原料生产的实木地板。

（8）以委托加工收回的已税汽油、柴油、石脑油、燃料油、润滑油为原料生产的应税成品油。

上述委托加工收回的应税消费品连续生产的应税消费品准予从应纳消费税税额中按当期生产领用数量计算扣除其已纳消费税款。当期准予扣除的委托加工应税消费品已纳税款的计算公式为：

当期准予扣除的委托加工应税消费品已纳税款 = 期初库存的委托加工应税消费品已纳税款 + 当期收回的委托加工应税消费品已纳税款 − 期末库存的委托加工应税消费品已纳税款

纳税人用委托加工收回的已税珠宝玉石生产的改在零售环节征收消费税的金银首饰，在计税时一律不得扣除已税珠宝玉石的已纳税款。

答疑解惑

消费税与增值税的抵扣时间一样吗？

答：对于购进或者委托加工应税消费品的增值税而言，根据《国家税务总局关于取消增值税扣税凭证认证确认期限等增值税征管问题的公告》（国家税务总局公告2019年第45号）的规定，自2020年3月1日起，增值税一般纳税人取得2017年1月1日及以后开具的增值税专用发票、海关进口增值税专用缴款书、机动车销售统一发票、收费公路通行费增值税电子普通发票，取消认证确认、稽核比对、申报抵扣的期限。纳税人在进行增值税纳税申报时，应当通过本省（自治区、直辖市和计划单列市）增值税发票综合服务平台对上述扣税凭证信息进行用途确认。自2020年3月1日起，增值税一般纳税人取得2016年12月31日及以前开具的增值税专用发票、海关进口增值税专用缴款书、机动车销售统一发票，超过认证确认、稽核比对、申报抵扣期限，但符合规定条件的，仍可按照《国家税务总局关于逾期增值税扣税凭证抵扣问题的公告》（2011年第50号，国家税务总局公告2017年第36号、2018年第31号修改）、《国家税务总局关于未按期申报抵扣增值税扣税凭证有关问题的公告》（2011年第78号，国家税务总局公告2018年第31号修改）的规定，继续抵扣进项税额。

对于购进或者委托加工应税消费品的消费税而言，根据《国家税务总局关于用外购和委托加工收回的应税消费品连续生产应税消费品征收消费税问题的通知》（国税发〔1995〕94号）的规定，当期准予扣除的外购或委托加工收回的应税消费品的已纳消费税税款，应按当期生产领用数量计算。

由此可见，对于购进或者委托加工应税消费品的增值税而言，纳税人在通过本省（自治区、直辖市和计划单列市）增值税发票综合服务平台对增值税专用发票等扣税凭证信息进行用途确认的当期，可以抵扣增值税进项税额。而对于购进或者委托加工应税消费品的消费税而言，在购进或者委托加工应税消费品收回后，在领用该应税消费品用于连续生产应税消费品的当期，才能在税法规定的扣除范围内扣除消费税已纳税款。

工作实例 3-9

甲鞭炮厂为增值税一般纳税人，本年5月委托A厂加工鞭炮，收回时被代收代缴消费税400元，委托B厂加工鞭炮，收回时被代收代缴消费税500元。甲鞭炮厂将上述两种鞭炮收回后继续加工生产某鞭炮出售，当月销售额10 000元。甲鞭炮厂期初库存的委托加工应税消费品已纳税款270元，期末库存的委托加工应税消费品已纳税款330元。

工作要求：（1）计算甲鞭炮厂当月准予扣除的委托加工应税消费品已纳税款；（2）计算甲鞭炮厂本月应缴纳的消费税。

工作实施：（1）当月准予扣除的委托加工应税消费品已纳税款＝270＋（400＋500）－330＝840（元）。

（2）本月应纳消费税＝10 000×15%－840＝660（元）。

工作实例 3-10

甲实木地板厂（以下简称甲厂）为增值税一般纳税人，本年6月有关生产经营情况如下：

（1）从油漆厂购进钢琴漆240吨，每吨不含税单价1.25万元，取得油漆厂开具的增值税专用发票，注明货款300万元、增值税39万元。

（2）向农业生产者收购木材40吨，收购凭证上注明支付收购货款为56万元，另支付运输费用5.45万元（含税），取得运输公司（属于一般纳税人）开具的增值税专用发票，木材验收入库后，又将其运往乙地板厂加工成未上漆的实木地板，取得乙厂开具的增值税专用发票，注明支付加工费10万元、增值税1.3万元，甲厂收回实木地板时乙厂代收代缴了甲厂的消费税（受托方工厂没有同类应税消费品的价格）。

（3）甲厂将委托加工收回的实木地板的一半领用连续生产高级实木地板，当月生产实木地板2 000箱，销售实木地板1 500箱，取得不含税销售额450万元。

（4）当月将自产实木地板200箱用于本企业职工宿舍装修。

甲厂取得的增值税专用发票本年6月均符合抵扣规定。实木地板的消费税税率为5%；实木地板成本利润率为5%。

工作要求：（1）计算甲厂当月应缴纳的增值税；（2）计算乙厂代收代缴的消费税；（3）计算甲厂当月应缴纳的消费税。

工作实施：（1）计算应纳增值税。

1）外购油漆的进项税额＝39（万元）。

自2019年4月1日起，纳税人购进用于生产销售或委托加工13%税率货物的农产品，按照10%的扣除率计算进项税额。

外购木材进项税额＝56×10%＋5.45÷（1＋9%）×9%＝6.05（万元）。

委托加工业务的进项税额＝1.3（万元）。

2）当期进项税合计＝39＋6.05＋1.3＝46.35（万元）。

3）销售和视同销售实木地板销项税额＝450×13%＋450÷1 500×200×13%＝66.3（万元）。

4）应纳增值税＝66.3－46.35＝19.95（万元）。

（2）计算代收代缴的消费税。

委托加工实木地板组成计税价格＝［56×（1－10%）＋5.45÷（1＋9%）＋10］÷（1－5%）＝68.84（万元）。

委托加工实木地板受托方乙厂代收代缴的消费税＝68.84×5%＝3.44（万元）。

因为没有同类价格，只能按组成计税价格计税；在计算组成计税价格时，注意收购木材的56万元收购款中计算扣除了10%的进项税，剩余（1－10%）部分计入采购成本；支付5.45万元运费中有0.45万元作为进项税，剩余的5万元计入采购成本。

（3）计算应纳消费税。

1）销售和视同销售实木地板应纳消费税＝450×5%＋450÷1 500×200×5%＝25.5

(万元)。

2）生产领用已税实木地板应抵扣消费税＝3.44×50%＝1.72（万元)。

3）应纳消费税＝25.5－1.72＝23.78（万元)。

四、进口应税消费品应纳税额的计算

(一) 进口应税消费品计税依据的确定

1. 实行从价定率办法计算纳税的进口应税消费品计税依据的确定

实行从价定率办法计算纳税的进口应税消费品的计税依据为组成计税价格。计算公式为：

组成计税价格＝（关税完税价格＋关税）÷（1－比例税率）

2. 实行从量定额办法计算纳税的进口应税消费品计税依据的确定

实行从量定额办法计算纳税的进口应税消费品的计税依据为海关核定的应税消费品进口征税数量。

3. 实行复合计税办法计算纳税的进口应税消费品计税依据的确定

从价部分，按照组成计税价格计算纳税。从量部分，将海关核定的应税消费品进口征税数量作为计税依据计算纳税。

实行复合计税办法计算纳税的从价部分的组成计税价格计算公式为：

组成计税价格＝(关税完税价格＋关税＋海关核定的应税消费品进口征税数量×定额税率）÷（1－比例税率）

公式中的“关税完税价格”是指海关核定的关税计税价格。

(二) 进口应税消费品应纳税额的计算

1. 实行从价定率办法计算纳税的进口应税消费品应纳税额的计算

计算公式为：

应纳税额＝组成计税价格×比例税率

2. 实行从量定额办法计算纳税的进口应税消费品应纳税额的计算

计算公式为：

应纳税额＝海关核定的应税消费品进口征税数量×定额税率

3. 实行复合计税办法计算纳税的进口应税消费品应纳税额的计算

计算公式为：

应纳税额＝组成计税价格×比例税率＋海关核定的应税消费品进口征税数量×定额税率

工作实例 3－11

甲进出口公司（以下简称甲公司）为增值税一般纳税人，本年5月进口白酒2 500吨，关税完税价格为20 000万元，关税税率为30%。

工作要求：(1) 计算甲公司进口应纳的关税；(2) 计算甲公司进口应税消费品的组成计税价格；(3) 计算甲公司进口环节应缴纳的消费税；(4) 计算甲公司进口环节应缴纳的增值税。

工作实施：(1) 应纳关税＝20 000×30%＝6 000（万元）。

(2) 组成计税价格＝（20 000＋6 000＋2 500×1 000×2×0.5÷10 000）÷（1－20%）＝32 812.5（万元）。

(3) 应纳消费税＝32 812.5×20%＋2 500×1 000×2×0.5÷10 000＝6 812.5（万元）。

(4) 应纳增值税＝（20 000＋6 000＋6 812.5）×13%＝32 812.5×13%＝4 265.63（万元）。

项目引例解析 1

第一步：逐笔计算未抵扣委托加工和外购已税消费品消费税之前的应纳消费税。

100 标准箱＝100×250＝25 000（标准条）＝25 000×200＝5 000 000（支）＝500（万支）。

销售卷烟应纳消费税＝250×10 000×56%＋22.6×10 000÷（1＋13%）×56%＋500×30＝1 527 000（元）。

没收包装物押金应纳消费税＝4.52×10 000÷（1＋13%）×56%＝22 400（元）。

第二步：计算委托加工和外购已税消费品本期可以抵扣的消费税。

委托加工业务，金帝卷烟公司收到了加工厂的消费税代收代缴税款凭证，注明消费税为 15 万元。当期领用 60%，则可以扣除的烟丝的消费税＝15×60%×10 000＝90 000（元）。

外购烟丝，取得增值税专用发票，当期领用 80%，则可以扣除的烟丝的消费税＝50×30%×80%×10 000 ＝120 000（元）。

第三步：计算当期应纳消费税。

当期应纳消费税合计＝1 527 000＋22 400＝1 549 400（元）。

第四步：计算当期应补（退）消费税。

本期应补（退）税额＝1 549 400－90 000－120 000＝1 339 400（元）。

任务六　消费税出口退（免）税和征税的计算

任务引例

我公司为一家生产企业，直接出口自产的应税消费品享受增值税出口退税政策。请问我公司出口应税消费品时对于消费税也予以退税吗？

目前，我国出口应税消费品的消费税税收政策分为以下三种形式。

一、出口免税并退税

（一）适用范围

有出口经营权的外贸企业购进应税消费品直接出口，以及外贸企业受其他外贸企业委托代理出口应税消费品，在出口销售环节免征消费税，并可退还生产环节的消费税。

点拨指导 外贸企业只有受其他外贸企业委托，代理出口应税消费品才可办理退税，外贸企业受其他企业（主要是非生产性的一般商贸企业）委托，代理出口应税消费品是不予退（免）税的。

特别提示 《财政部 国家税务总局关于出口货物劳务增值税和消费税政策的通知》（财税〔2012〕39号）规定：出口企业出口或视同出口适用增值税退（免）税的货物，免征消费税，如果属于购进出口的货物，退还前一环节对其已征的消费税。

（二）消费税退税的计税依据

出口货物的消费税应退税额的计税依据，按购进出口货物的消费税专用缴款书和海关进口消费税专用缴款书确定。

点拨指导 具体来说，出口货物的消费税应退税额的计税依据，按购进的用于出口货物的《出口货物消费税专用缴款书》或进口的用于出口货物的《海关进口消费税专用缴款书》确定。

特别提示 《国家税务总局关于使用出口货物消费税专用缴款书管理办法的通知》（国税明电〔1993〕71号）的规定：（1）出口企业直接从生产企业收购消费税应税货物用于出口的，由生产企业所在地税务机关在征税时开具《出口货物消费税专用缴款书》（以下简称专用税票）；（2）专用税票经税务、国库（经收处）收款盖章后，由生产企业转交出口企业，在货物出口后据以申请退还消费税；（3）出口企业将收购的已征收消费税的货物销售给其他企业出口的，可由主管其出口退税的税务机关在专用税票上盖章或者开具专用税票分割单交其他企业据以申请退税。

属于从价定率计征消费税的，出口货物的消费税应退税额的计税依据为已征且未在内销应税消费品应纳税额中抵扣的购进出口货物金额；属于从量定额计征消费税的，出口货物的消费税应退税额的计税依据为已征且未在内销应税消费品应纳税额中抵扣的购进出口货物数量；属于复合计征消费税的，出口货物的消费税应退税额的计税依据按从价定率和从量定额的计税依据分别确定。

（三）消费税退税的计算

消费税退税的计算公式为：

$$\text{从价定率计征消费税应退税额}=\text{从价定率计征消费税的退税计税依据}\times\text{比例税率}$$

$$=\text{已征且未在内销应税消费品应纳税额中抵扣的购进出口货物金额}\times\text{比例税率}$$

$$\text{从量定额计征消费税应退税额}=\text{从量定额计征消费税的退税计税依据}\times\text{定额税率}$$
$$=\text{已征且未在内销应税消费品应纳税额中抵扣的购进出口货物数量}\times\text{定额税率}$$

$$\text{复合计征消费税应退税额}=\text{从价定率计征消费税的退税计税依据}\times\text{比例税率}+\text{从量定额计征消费税的退税计税依据}\times\text{定额税率}$$
$$=\text{已征且未在内销应税消费品应纳税额中抵扣的购进出口货物金额}\times\text{比例税率}+\text{已征且未在内销应税消费品应纳税额中抵扣的购进出口货物数量}\times\text{定额税率}$$

工作实例 3-12

甲外贸公司为增值税一般纳税人，具有出口经营权，本年 1 月从乙化妆品生产企业购进高档化妆品一批，取得的增值税专用发票上注明的价款为 20 万元，增值税税额为 2.6 万元，取得的出口货物消费税专用缴款书上注明计税金额为 20 万元，消费税税额为 3 万元。当月该批高档化妆品全部出口取得销售收入 30 万元。该批高档化妆品适用的增值税退税率为 13%，适用的消费税税率为 15%。

工作要求： 计算甲外贸公司本年 1 月出口高档化妆品应退的增值税和消费税。

工作实施： 应退的增值税 = 20 × 13% = 2.6（万元）。

应退的消费税 = 20 × 15% = 3（万元）。

应退的增值税和消费税合计 = 2.6 + 3 = 5.6（万元）。

二、出口免税不退税

有出口经营权的生产企业自营出口或生产企业委托外贸企业代理出口自产的应税消费品，依据其实际出口数量免征消费税，不予退还消费税。

免征消费税是指对生产企业按其实际出口数量免征生产环节（这里的生产环节即出口销售环节）的消费税。

点拨指导 生产环节指的是第一道生产销售环节，即出厂销售环节，由于出口，因此这里的生产环节即出口销售环节。

不予办理退还消费税，是指因已免征生产环节（这里的生产环节即出口销售环节）的消费税，该应税消费品出口时，已不含有消费税，所以不需要再退还消费税。

特别提示 《财政部 国家税务总局关于出口货物劳务增值税和消费税政策的通知》（财税〔2012〕39 号）规定：出口企业出口或视同出口适用增值税免税政策的货物，免征消费税，但不退还其以前环节已征的消费税，且不允许在内销应税消费品应纳消费税款中抵扣。

点拨指导 这项“出口免税不退税”的消费税政策规定与项目二任务十中“出口免税不退税”的增值税政策规定是不同的。

就“出口免税不退税”的消费税政策而言，消费税出口免税是指对生产企业按其实际出口数量免征生产环节（这里的生产环节即出口销售环节）的消费税；消费税出口不退税，是指因已免征生产环节（这里的生产环节即出口销售环节）的消费税，该应税消费品出口时，已不含有消费税，所以不需要再退还消费税。

就“出口免税不退税”的增值税政策而言，增值税出口免税是指对货物、劳务和跨境应税行为在出口销售环节免征增值税，这是把货物、劳务和跨境应税行为出口销售环节与出口前的销售环节都同样视为一个增值税征税环节；增值税出口不退税是指适用这个政策的出口货物、劳务和跨境应税行为因在前一道生产、销售环节或进口环节是免征增值税的，因此，出口时该货物、劳务和跨境应税行为的价格中本身就不含增值税，也不需要退还增值税。

任务引例解析

根据《消费税暂行条例》的规定，对纳税人出口应税消费品，免征消费税；国务院另有规定的除外。

有出口经营权的生产企业自营出口或生产企业委托外贸企业代理出口自产的应税消费品，依据其实际出口数量免征消费税，不予退还消费税。免征消费税是指对生产企业按其实际出口数量免征生产环节（这里的生产环节即出口销售环节）的消费税。不予办理退还消费税，是指因已免征生产环节（这里的生产环节即出口销售环节）的消费税，该应税消费品出口时，已不含有消费税，所以不需要再退还消费税。因此，你公司作为一家生产企业，直接出口自产的应税消费品，依据实际出口数量免征消费税，不予办理退还消费税。

三、出口不免税也不退税

除生产企业、外贸企业外的其他企业（主要是非生产性的一般商贸企业）委托外贸企业代理出口应税消费品一律不予退（免）税，即不免税也不退税。

特别提示 《财政部 国家税务总局关于出口货物劳务增值税和消费税政策的通知》（财税〔2012〕39号）规定：出口企业出口或视同出口适用增值税征税政策的货物，应按规定缴纳消费税，不退还其以前环节已征的消费税，且不允许在内销应税消费品应纳消费税款中抵扣。

任务七 消费税的纳税申报

一、消费税的征收管理要求

（一）纳税义务发生时间

（1）纳税人销售应税消费品的，按不同的销售结算方式，其消费税纳税义务发生时间分别为：

1）采取赊销和分期收款结算方式的，为书面合同约定的收款日期的当天，书面合同没有约定收款日期或者无书面合同的，为发出应税消费品的当天；

2）采取预收货款结算方式的，为发出应税消费品的当天；

3）采取托收承付和委托银行收款方式的，为发出应税消费品并办妥托收手续的当天；

4）采取其他结算方式的，为收讫销售款项或者取得索取销售款项凭据的当天。

（2）纳税人自产自用应税消费品的，其消费税纳税义务发生时间为移送使用的当天。

（3）纳税人委托加工应税消费品的，其消费税纳税义务发生时间为纳税人提货的当天。

（4）纳税人进口应税消费品的，其消费税纳税义务发生时间为报关进口的当天。

（二）纳税期限

消费税的纳税期限分为 1 日、3 日、5 日、10 日、15 日、1 个月或者 1 个季度。纳税人的具体纳税期限，由主管税务机关根据纳税人应纳税额的大小分别核定；不能按照固定期限纳税的，可以按次纳税。

纳税人以 1 个月或者 1 个季度为一期纳税的，自期满之日起 15 日内申报纳税；以 1 日、3 日、5 日、10 日或者 15 日为一期纳税的，自期满之日起 5 日内预缴税款，于次月 1 日起至 15 日内申报纳税并结清上月应纳税款。

纳税人进口应税消费品，应当自海关填发海关进口消费税专用缴款书之日起 15 日内缴纳税款。

（三）纳税义务发生地点

（1）纳税人销售应税消费品及自产自用应税消费品，除国家另有规定外，应当向纳税人机构所在地或者居住地的主管税务机关申报纳税。

（2）纳税人到外县（市）销售或者委托外县（市）代销自产应税消费品的，于应税消费品销售后，向机构所在地或者居住地主管税务机关申报纳税。

（3）纳税人的总机构与分支机构不在同一县（市）的，应当分别向各自机构所在地的主管税务机关申报纳税；经财政部、国家税务总局或者其授权的财政、税务机关批准，可以由总机构汇总向总机构所在地的主管税务机关申报纳税。

（4）委托加工的应税消费品，除受托方为个人外，由受托方向机构所在地或居住地的主管税务机关解缴消费税税款。委托个人加工的应税消费品，由委托方向其机构所在地或居住地的主管税务机关申报纳税。

（5）进口的应税消费品，由进口人或者其代理人向报关地海关申报纳税。

（6）出口的应税消费品办理退税后，发生的退关，或者国外退货进口时予以免税的，报关出口者必须及时向其机构所在地或者居住地主管税务机关申报补缴已退的消费税税款。

（7）纳税人销售应税消费品，如果因质量等原因而被购买者退回时，经机构所在地或者居住地主管税务机关审核批准后，可退还已缴纳的消费税税款。

二、消费税的纳税申报实务

纳税人对消费税进行纳税申报时，应当填报《本期准予扣除税额计算表》（见表 3－5）、

《本期准予扣除税额计算表（成品油消费税纳税人适用）》① （略）、《本期减（免）税额明细表》（略）、《本期委托加工收回情况报告表》（略）、《卷烟批发企业月份销售明细清单（卷烟批发环节消费税纳税人适用）》②（略）、《卷烟生产企业合作生产卷烟消费税情况报告表（卷烟生产环节消费税纳税人适用）》③（略）、《消费税附加税费计算表》（见表 3－6）、《消费税及附加税费申报表》（见表 3－7）。

表 3－5　本期准予扣除税额计算表　　　金额单位：元（列至角分）

<table>
<tr><td colspan="4">准予扣除项目</td><td>卷烟</td><td></td><td></td><td>合计</td></tr>
<tr><td colspan="2" rowspan="5">一、本期准予扣除的委托加工应税消费品已纳税款计算</td><td>期初库存委托加工应税消费品已纳税款</td><td>1</td><td>0.00</td><td></td><td></td><td></td></tr>
<tr><td>本期收回委托加工应税消费品已纳税款</td><td>2</td><td>150 000.00</td><td></td><td></td><td></td></tr>
<tr><td>期末库存委托加工应税消费品已纳税款</td><td>3</td><td>60 000.00</td><td></td><td></td><td></td></tr>
<tr><td>本期领用不准予扣除委托加工应税消费品已纳税款</td><td>4</td><td>0.00</td><td></td><td></td><td></td></tr>
<tr><td>本期准予扣除委托加工应税消费品已纳税款</td><td>5＝1＋2－3－4</td><td>90 000.00</td><td></td><td></td><td></td></tr>
<tr><td rowspan="9">二、本期准予扣除的外购应税消费品已纳税款计算</td><td rowspan="6">（一）从价计税</td><td>期初库存外购应税消费品买价</td><td>6</td><td>0.00</td><td></td><td></td><td></td></tr>
<tr><td>本期购进应税消费品买价</td><td>7</td><td>500 000.00</td><td></td><td></td><td></td></tr>
<tr><td>期末库存外购应税消费品买价</td><td>8</td><td>100 000.00</td><td></td><td></td><td></td></tr>
<tr><td>本期领用不准予扣除外购应税消费品买价</td><td>9</td><td>0.00</td><td></td><td></td><td></td></tr>
<tr><td>适用税率</td><td>10</td><td>30％</td><td></td><td></td><td></td></tr>
<tr><td>本期准予扣除外购应税消费品已纳税款</td><td>11＝（6＋7－8－9）×10</td><td>120 000.00</td><td></td><td></td><td></td></tr>
<tr><td rowspan="3">（二）从量计税</td><td>期初库存外购应税消费品数量</td><td>12</td><td></td><td></td><td></td><td></td></tr>
<tr><td>本期外购应税消费品数量</td><td>13</td><td></td><td></td><td></td><td></td></tr>
<tr><td>期末库存外购应税消费品数量</td><td>14</td><td></td><td></td><td></td><td></td></tr>
</table>

① 本表由外购（含进口）或委托加工收回已税汽油、柴油、石脑油、润滑油、燃料油用于连续生产应税消费品的成品油消费税纳税人填写。

② 本表由卷烟批发环节消费税纳税人填报，于办理消费税纳税申报时一并报送。

③ 本表由卷烟生产环节消费税纳税人填报，未发生合作生产卷烟业务的纳税人不填报本表。

续表

<table>
<tr><td colspan="4">准予扣除项目</td><td>卷烟</td><td></td><td></td><td>合计</td></tr>
<tr><td rowspan="4">二、本期准予扣除的外购应税消费品已纳税款计算</td><td rowspan="4">（二）从量计税</td><td>本期领用不准予扣除外购应税消费品数量</td><td>15</td><td></td><td></td><td></td><td></td></tr>
<tr><td>适用税率</td><td>16</td><td></td><td></td><td></td><td></td></tr>
<tr><td>计量单位</td><td>17</td><td></td><td></td><td></td><td></td></tr>
<tr><td>本期准予扣除的外购应税消费品已纳税款</td><td>18＝（12＋13－14－15）×16</td><td></td><td></td><td></td><td></td></tr>
<tr><td colspan="3">三、本期准予扣除税款合计</td><td>19＝5＋11＋18</td><td>210 000.00</td><td></td><td></td><td></td></tr>
</table>

注：本表由外购（含进口）或委托加工收回应税消费品用于连续生产应税消费品、委托加工收回的应税消费品以高于受托方计税价格出售的纳税人（成品油消费税纳税人除外）填写。

表 3－6　消费税附加税费计算表　　金额单位：元（列至角分）

<table>
<tr><td colspan="3" rowspan="3">本期是否适用小微企业“六税两费”减免政策</td><td rowspan="3">□是
☑否</td><td colspan="2" rowspan="2">减免政策适用主体</td><td colspan="4">增值税小规模纳税人：□是 □否</td></tr>
<tr><td colspan="4">增值税一般纳税人：□个体工商户
□小型微利企业</td></tr>
<tr><td colspan="2">适用减免政策起止时间</td><td colspan="4">年　月至　年　月</td></tr>
<tr><td rowspan="3">税（费）种</td><td>计税（费）依据</td><td rowspan="2">税（费）率（%）</td><td rowspan="2">本期应纳税（费）额</td><td colspan="2">本期减免税（费）额</td><td colspan="2">小微企业“六税两费”减免政策</td><td rowspan="2">木期已缴税（费）额</td><td rowspan="2">本期应补（退）税（费）额</td></tr>
<tr><td>消费税税额</td><td>减免性质代码</td><td>减免税（费）额</td><td>减征比例（%）</td><td>减征额</td></tr>
<tr><td>1</td><td>2</td><td>3＝1×2</td><td>4</td><td>5</td><td>6</td><td>7＝(3－5）×6</td><td>8</td><td>9＝3－5－7－8</td></tr>
<tr><td>城市维护建设税</td><td>1 339 400.00</td><td>7%</td><td>93 758.00</td><td></td><td></td><td></td><td></td><td></td><td>93 758.00</td></tr>
<tr><td>教育费附加</td><td>1 339 400.00</td><td>3%</td><td>40 182.00</td><td></td><td></td><td></td><td></td><td></td><td>40 182.00</td></tr>
<tr><td>地方教育附加</td><td>1 339 400.00</td><td>2%</td><td>26 788.00</td><td></td><td></td><td></td><td></td><td></td><td>26 788.00</td></tr>
<tr><td>合计</td><td>—</td><td>—</td><td>160 728.00</td><td>—</td><td></td><td>—</td><td></td><td></td><td>160 728.00</td></tr>
</table>

注：本表属于项目五“城市维护建设税、教育费附加和地方教育附加计算与申报”的内容。

表 3－7　消费税及附加税费申报表

税款所属期：自 2023 年 06 月 01 日至 2023 年 06 月 30 日

纳税人识别号（统一社会信用代码）：41015025832526155N

纳税人名称：陕西金帝卷烟有限公司（公章）　　　　金额单位：元（列至角分）

应税消费品名称	适用税率		计量单位	本期销售数量	本期销售额	本期应纳税额
	定额税率	比例税率				
	1	2	3	4	5	6＝1×4＋2×5
卷烟	30 元	56%	万支	500.00	2 740 000.00	1 549 400.00
合计	—	—	—	—	—	1 549 400.00

	栏次	本期税费额
本期减（免）税额	7	0.00
期初留抵税额	8	0.00
本期准予扣除税额	9	210 000.00
本期应扣除税额	10＝8＋9	210 000.00
本期实际扣除税额	11［10＜（6－7），则为 10，否则为 6－7］	210 000.00
期末留抵税额	12＝10－11	0.00
本期预缴税额	13	0.00
本期应补（退）税额	14＝6－7－11－13	1 339 400.00
城市维护建设税本期应补（退）税额	15	93 758.00
教育费附加本期应补（退）费额	16	40 182.00
地方教育附加本期应补（退）费额	17	26 788.00

声明：此表是根据国家税收法律法规及相关规定填写的，本人（单位）对填报内容（及附带资料）的真实性、可靠性、完整性负责。

纳税人（签章）：陕西金帝卷烟有限公司　　2023 年 07 月 10 日

经办人：略 经办人身份证号：略 代理机构签章： 代理机构统一社会信用代码：	受理人： 受理税务机关（章）： 受理日期：　年　月　日

注：本表第 15～17 栏次属于项目五“城市维护建设税、教育费附加和地方教育附加计算与申报”的学习内容。

项目引例解析 2

第一步：根据“应交税费——应交消费税”明细账，填写《本期准予扣除税额计算表》（见表 3－5）、《本期委托加工收回情况报告表》（略）、《消费税附加税费计算表》（见表 3－6）。

第二步：根据“应交税费——应交消费税”明细账，《本期准予扣除税额计算表》（见表 3－5）、《本期委托加工收回情况报告表》（略）、《消费税附加税费计算表》（见表 3－6）等，填写《消费税及附加税费申报表》（见表 3－7）。

项目技能训练

一、单项选择题

1. 下列行为涉及的货物，属于消费税征税范围的是（　　）。

A. 卷烟批发商批发销售的雪茄烟

B. 汽车轮胎生产企业生产销售汽车轮胎

C. 鞭炮加工厂销售田径比赛用发令纸

D. 商场销售的金银首饰

2. 下列应税消费品中，适用复合计税方式征收消费税的是（　　）。

A. 白酒　　B. 雪茄烟　　C. 啤酒　　D. 黄酒

3. 根据消费税法律制度的规定，下列各项中，属于委托加工的是（　　）。

A. 委托方提供原料或主要材料，受托方代垫辅助材料并收取加工费

B. 委托方支付加工费，受托方提供原料或主要材料

C. 委托方支付加工费，受托方以委托方的名义购买原料或主要材料

D. 委托方支付加工费，受托方购买原料或主要材料再卖给委托方进行加工

4. 甲化妆品厂为增值税一般纳税人，本年 5 月发生以下业务：6 日销售高档化妆品 30 箱，每箱不含税价格 5 000 元；10 日销售同类高档化妆品 60 箱，每箱不含税价格 5 500 元。当月以 30 箱同类高档化妆品与乙公司换取精油。甲化妆品厂本年 5 月应纳消费税（　　）元。

A. 86 750　　B. 96 750　　C. 99 750　　D. 96 765

5. 企业生产的下列消费品中，无须缴纳消费税的是（　　）。

A. 地板企业生产用于装修本企业职工宿舍的实木地板

B. 汽车企业用于本企业管理部门使用的轿车

C. 化妆品企业生产用于样品的高档化妆品

D. 卷烟企业生产用于连续生产卷烟的烟丝

6. 甲百货公司为增值税一般纳税人，本年 5 月直接零售金首饰 4 000 克，每克零售价 150 元；以旧换新金首饰，收回旧首饰 100 克，换出新首饰 500 克，收取差价 60 000 元，并收取旧首饰折价补偿 20 元/克。甲百货公司本年 5 月应缴纳消费税（　　）元。

A. 29 955.75　　B. 29 292.04　　C. 28 390.60　　D. 38 290.60

7. 下列关于消费税纳税地点的表述中，错误的是（　　）。

A. 纳税人销售的应税消费品和自产自用的应税消费品，除国家另有规定外，应向纳税人机构所在地或者居住地的税务机关申报缴纳消费税

B. 纳税人到外县（市）销售或者委托外县（市）代销自产应税消费品的，于应税消费品销售后，向机构所在地或者居住地主管税务机关申报缴纳消费税

C. 纳税人的总机构与分支机构不在同一县（市）的，应当分别向各自机构所在地的主管税务机关申报纳税

D. 委托加工的应税消费品，一律由受托方向其所在地的税务机关解缴消费税税款

8. 下列关于消费税的纳税义务发生时间的表述中，正确的是（　　）。

A. 纳税人采取分期收款结算方式的，其消费税的纳税义务发生时间为实际收款日期

B. 纳税人采取赊销方式的，其消费税的纳税义务发生时间为收到货款当天

C. 纳税人采取预收货款结算方式的，其消费税的纳税义务发生时间为收到货款当天

D. 纳税人采取预收货款结算方式的，其消费税的纳税义务发生时间为发出应税消费品的当天

二、多项选择题

1. 根据消费税法律制度的规定，下列应税消费品中，属于高档化妆品税目的有（　　）。

A. 高档美容类化妆品　　B. 高档护肤类化妆品

C. 高档修饰类化妆品　　D. 演员化妆用的上妆油、卸妆油

2. 纳税人将应税消费品与非应税消费品以及适用不同税率的应税消费品组成成套消费品销售的，关于消费税征收方法的说法中，错误的有（　　）。

A. 按应税消费品的平均税率计征

B. 按应税消费品的最高税率计征

C. 按应税消费品的不同税率，分别计征

D. 按应税消费品的最低税率计征

3. 根据消费税法律制度的规定，下列关于进口应税消费品的说法中，正确的有（　　）。

A. 进口的应税消费品，于报关进口时缴纳消费税

B. 进口的应税消费品的消费税由海关代征

C. 进口的应税消费品，由进口人或代理人向报关地海关申报

D. 纳税人进口应税消费品，应当自海关填发海关进口消费税专用缴款书之日起 15 日内缴纳税款

4. 下列各项中，符合消费税的纳税义务发生时间规定的有（　　）。

A. 纳税人采取赊销和分期收款结算方式销售应税消费品的，其消费税的纳税义务发生时间为实际收款日期的当天

B. 纳税人自产自用应税消费品的，其消费税的纳税义务发生时间为移送使用的当天

C. 纳税人委托加工应税消费品的，其消费税的纳税义务发生时间为委托方支付加工费的当天

D. 纳税人采取直接收款方式销售应税消费品的，其消费税的纳税义务发生时间为收

讫销售款项或者取得索取销售款项的凭据的当天

5. 下列关于消费税纳税地点的表述中，正确的有（ ）。

A. 委托加工的应税消费品，除受托方为个人外，由受托方向机构所在地或者居住地的主管税务机关解缴消费税税款

B. 纳税人销售的应税消费品，以及自产自用的应税消费品，除另有规定外，应当向纳税人机构所在地或居住地的主管税务机关申报纳税

C. 进口的应税消费品，由进口人或代理人向核算地海关申报

D. 委托个人加工的应税消费品，由委托方向其机构所在地或者居住地主管税务机关申报纳税

三、判断题

1. 根据消费税法律制度的规定，纳税人兼营不同税率的应税消费品，应当分别核算不同税率应税消费品的销售额、销售数量。未分别核算的，适用加权平均税率。（ ）

2. 金银首饰连同包装物销售的，无论包装物是否单独计价，也无论会计上如何核算，均应并入金银首饰的销售额，计征消费税。（ ）

3. 委托加工的应税消费品，除受托方为个人外，由受托方在向委托方交货时代收代缴税款。（ ）

4. 纳税人用于换取生产资料和消费资料、投资入股和抵偿债务等方面的应税消费品，应当以纳税人同类应税消费品的平均销售价格作为计税依据计算消费税，按同类应税消费品最高销售价格作为计税依据计算增值税。（ ）

5. 委托方收回应税消费品后，如果直接用于销售，且销售价格不高于受托方计税价格，则在销售时不再缴纳消费税。（ ）

6. 出口的应税消费品办理退税后，发生的退关，或者国外退货进口时予以免税的，报关出口者必须及时向其机构所在地或者居住地主管税务机关申报补缴已退的消费税税款。（ ）

四、业务题

1. 甲卷烟厂为增值税一般纳税人，本年5月委托乙企业加工烟丝，卷烟厂提供烟叶价款50 000元，支付加工费16 000元，加工费适用的增值税税率为13%，烟叶适用的消费税税率为30%。卷烟厂收回后继续加工成乙类卷烟销售。当月销售40个标准箱，每标准条调拨价25元（1标准箱=250标准条，1标准条=200支，1标准箱=50 000支）。调拨价为70元（不含增值税）/条以上（含70元）的卷烟为甲类卷烟，适用的消费税比例税率为56%，定额税率为30元/万支；调拨价为70元（不含增值税）/条以下的卷烟为乙类卷烟，适用的消费税比例税率为36%，定额税率为30元/万支。

要求：(1) 计算甲卷烟厂本年5月销售卷烟的销售收入。

(2) 计算甲卷烟厂本年5月销售卷烟应缴纳的增值税。

(3) 计算甲卷烟厂本年5月销售卷烟应缴纳的消费税及当月实际缴纳的消费税。

2. 甲外贸公司为增值税一般纳税人，本年9月将从乙啤酒厂购进的啤酒报关出口，报关啤酒1 500吨，每吨出口价折合人民币5 000元，已收到外方付款并申请出口退税，该

啤酒适用的消费税税率为 250 元/吨。本年 11 月，甲外贸公司收到税务机关退还的消费税。

要求：计算甲外贸公司出口应退还的消费税。

五、实务咨询题

1. 甲公司外购大包装润滑油，经简单加工改成小包装对外销售，是否缴纳消费税？

2. 甲个体工商户从外地批发购入一批红酒再对外零售，在对外销售红酒时，是否需要缴纳消费税？

项目四 关税计算与申报[①]

学习目标

（1）能明确关税的基本原理，会判断哪些业务应当缴纳关税，会界定关税纳税人和扣缴义务人，会确定关税征税对象，会确定进出口税则、关税税目，会选择关税适用税率，能充分运用关税优惠政策。

（2）能确定关税计税依据，能根据相关业务资料计算关税的应纳税额。

（3）能根据相关业务资料，通过填报“中华人民共和国海关进口货物报关单”进行关税的申报，并能在规定的纳税期限内缴纳关税税款，能明确关税的担保与强制执行等措施，并能理解关税的确认、追征、退还等制度。

素养目标

（1）增强依法纳税意识和社会责任感。

（2）增强制度自信，弘扬民族精神。

（3）树立严谨的工作作风，培养工匠精神。

（4）深入理解关税相关政策，引导学生深入社会实践、关注现实问题，培育爱国情怀，增强捍卫领土主权、保护民族产业意识。

素养提升设计

素养提升设计举例见表4-1。

表4-1 素养提升设计举例

选取的知识点	素养提升元素
关税的基本原理认知	教师讲解“关境与国境的区别以及我国国境大于关境”等知识点，指出香港、澳门和台湾是中国领土的一部分，增强学生捍卫领土主权意识，坚持贯彻新时代党解决台湾问题的总体方略，牢牢把握两岸关系主导权和主动权，坚定不移推动祖国统一大业。
关税应纳税额的计算	教师讲解“我国通过征收进口关税、增值税、消费税来提高进口商品的价格，以便减少进口商品对我国商品的不良影响”，增强学生保护民族产业和本土资源意识，培养爱国情怀。

项目引例

关税的计算

浙江万事亨通贸易有限公司的纳税人识别号为91110252846210568P，开户银行及账号

① 本教材中关税的内容，主要根据自2024年12月1日起施行的《中华人民共和国关税法》编写。

为：中国工商银行温州青年路支行，35269563741289512370。“中华人民共和国海关进口货物报关单”中的预录入编号和海关编号均为456347897180789123。境外发货人为Drinks Tiaui。运输方式为（2）水路运输。运输工具名称及航次号为MAESTALMES/05EI。提运单号为RLCDNS210。货物存放地点为国际物流。监管方式为（0110）一般贸易。征免性质为（101）一般征税。启运港为纽约（美国）。合同协议号为HT2025002。贸易国（地区）为（USA）美国。启运国（地区）为（USA）美国。经停港为纽约（美国）。入境口岸为温州。包装种类为（92）再生木托。成交方式为CIF。商品编号为2202990099。境内目的地为（4510×/45148×）温州市。征免为照章征税。申报人员为张利民。申报人员证号为781015×。电话为1315555××××。申报单位为浙江利得利国际货运代理有限公司。

2025年1月12日，浙江万事亨通贸易有限公司接到海关通知，从美国进口的红心维生素复合果汁饮料20箱已到港，单价6 000美元，开户银行也已收到购货方发票，并根据原先开出的银行承兑汇票付清货款，价款与开出的银行承兑汇票金额相同，以美元结算，汇率为1：6.8。红心维生素复合果汁饮料适用的关税税率为20%。

要求：（1）计算浙江万事亨通贸易有限公司进口货物2025年1月应缴纳的关税税额和增值税税额。

（2）填写“中华人民共和国海关进口货物报关单”（由纳税人填写）、“海关进口关税专用缴款书”（由海关填写）。

项目引例解析

见本项目的任务五和任务六。

任务一 关税的基本原理认知

任务引例

张某认为关境即国境，李某认为关境有时大于国境，王某认为国境有时大于关境。请问谁的说法是正确的？

一、关税的含义

关税是海关依法对进出境货物、物品征收的一种税（就我国而言，关税是我国海关依法对进出口货物、进境物品征收的一种税）。所谓“境”指关境，又称“海关境域”或“关税领域”，是国家海关法全面实施的领域。

在通常情况下，一国关境与国境是一致的，包括国家全部的领土、领海和领空。

在特殊情况下，一方面如果某一国家在国境内设立了自由港、自由贸易区等，这些区域就进出口关税而言处在关境之外，这时，该国的关境小于国境；另一方面如果几个国家结成关税同盟，组成共同的关境，实施统一的关税法令和统一的对外税则，这些国家彼此之间货物进出国境不征收关税，只对来自或运往其他国家的货物进出共同关境时征收关税，这些国家的关境大于国境。

任务引例解析

根据《中华人民共和国香港特别行政区基本法》和《中华人民共和国澳门特别行政区基本法》的规定，香港和澳门保持自由港地位，为我国单独的关税地区，即单独关境区。单独关境区是不完全适用该国海关法律、法规或实施单独海关管理制度的区域。

因此，我国的关境小于国境；而欧盟国家都位于同一关境内，但是不同国境，其关境大于国境。所以，李某和王某的说法是正确的。

二、关税的发展

关税是一个历史悠久的税种，它是伴随国家之间经济联系的需要而产生和发展起来的。在古代，统治者在其领地内对流通中的商品征税，是取得财政收入的一种最方便的手段。近代国家出现后，关税成为国家税收中的一个单独税种，形成了近代关税。其后，又发展成为现代各国所通行的现代关税。

我国关税历史悠久，西周就有“关市之征”的记载，征税的目的是“关市之赋，以待王之膳服”。随着国际贸易往来的逐渐增多，陆地边境关卡的征税和沿海港口市舶机构的征税，具有国境关税的特征。清初时设立江、浙、闽、粤四处海关，其后在不平等条约下设立对外通商口岸设立海关，征收关税。但国内各地关卡林立，常关税、厘金税、子口税、转口税等国内关税与国境关税同时并存。至 1931 年以后才逐步撤销了内地关税，只在国境征收进出口关税。中华人民共和国成立后，国家组建了海关总署，统一管理全国海关业务。1950 年 1 月中央人民政府颁布了《关于关税政策和海关工作的决定》，同年 5 月颁布了《中华人民共和国暂行海关法》《中华人民共和国进出口税则》《中华人民共和国进出口税则暂行实施条例》，统一了我国的关税政策，建立了完全独立自主的保护关税制度。

现行关税法律制度的基本规范，是于 2021 年 4 月 29 日第十三届全国人民代表大会常务委员会第二十八次会议修订公布，自公布之日起施行的《中华人民共和国海关法》（以下简称《海关法》），以及 2024 年 4 月 26 日第十四届全国人民代表大会常务委员会第九次会议通过，自 2024 年 12 月 1 日起施行的《中华人民共和国关税法》（以下简称《关税法》）等法律法规。

三、关税的特点

我国关税具有以下特点：（1）以进出境的货物、物品为征税对象（我国的关税以进口的货物、出口的货物、进境的物品为征税对象）；（2）是单一环节的价外税；（3）有较强的涉外性。

任务二 关税纳税人、扣缴义务人、征税对象、进出口税则、关税税目的确定

一、关税纳税人和扣缴义务人的确定

（一）关税的纳税人

进口货物的收货人、出口货物的发货人、进境物品的携带人或者收件人，是关税的纳

税人。

（二）关税的扣缴义务人

从事跨境电子商务零售进口的电子商务平台经营者、物流企业和报关企业，以及法律、行政法规规定负有代扣代缴、代收代缴关税税款义务的单位和个人，是关税的扣缴义务人。

二、关税征税对象的确定

关税的征税对象是进口的货物、出口的货物、进境的物品。货物是指贸易性商品；物品是指入境旅客随身携带的行李物品、个人邮递物品、各种运输工具上的服务人员携带进口的自用物品和馈赠物品以及其他方式进境的个人物品。

个人合理自用的进境物品，按照简易征收办法征收关税。超过个人合理自用数量的进境物品，按照进口货物征收关税。个人合理自用的进境物品，在规定数额以内的免征关税。进境物品关税简易征收办法和免征关税数额由国务院规定，报全国人民代表大会常务委员会备案。

特别提示 按征税对象进行分类，我国目前把对进出口货物征收的关税分为进口关税和出口关税两类。进口关税是海关对进口货物所征收的关税，它是关税中最主要的一种征税形式。出口关税是海关对出口货物所征收的关税。目前，世界各国一般不对出口货物征收关税，只是为了限制本国某些产品或资源品输出，而对部分出口货物征收出口关税。

三、进出口税则的确定

进出口税则，又称关税税则，是一国政府根据国家包括关税政策在内的经济政策，通过一定的立法程序，制定、公布并实施的进出口货物和物品应税的以关税税目税率表为主体的文件。《中华人民共和国进出口税则》（以下简称《税则》）是《中华人民共和国关税法》的附件。《税则》包括规则与说明、进口税则、出口税则三个部分。国务院关税税则委员会负责定期编纂、发布《税则》，解释《税则》的税目、税率。

进口税则包括税目税率表与归类总规则、类注、章注、子目注释、本国子目注释。税目税率表设置序号、税则号列、货品名称、最惠国税率、协定税率、特惠税率、普通税率等栏目。出口税则包括税目税率表与归类总规则、类注、章注、子目注释、本国子目注释。税目税率表设置序号、税则号列、货品名称、出口税率等栏目。归类总规则、类注、章注、子目注释、本国子目注释与进口税则相同，不单独列明。出口货物的商品归类，按照进口税则的相关规定执行。

四、关税税目的确定

进口关税税目以世界海关组织《商品名称及编码协调制度》（以下简称《协调制度》）为基础，由税则号列（以下简称税号）和目录条文等组成。其中，税号在税则号列栏中列示，目录条文在货品名称栏中列示。税号采用 8 位数字编码结构，前 6 位数字及对应的目录条文与《协调制度》保持一致；第 7、8 位数字及对应的目录条文是依据《协调制度》的分类原则和方法，根据我国实际需要而制定的。进口关税税目适用规则包括归类规则等。进口货物的商品归类，应当按照《税则》规定的目录条文和归类总规则、类注、章注、子目注释、本国子目注释，以及其他归类注释确定，并归入相应的税号。

出口关税税目与进口税则关税税目相同。税目税率表中仅标示征收出口税率或实行暂定税率的税目。

特别提示 《中华人民共和国关税法》所附《中华人民共和国进出口税则》中的关税税目数共计 8 957 个。

任务三　关税税率的判定

一、关税税率的类别

进口关税设置最惠国税率、协定税率、特惠税率、普通税率。出口关税设置出口税率。对实行关税配额管理的进出口货物，设置关税配额税率。对进出口货物在一定期限内可以实行暂定税率。

二、关税税率适用的总体规则

关税税率的适用应当符合相应的原产地规则。完全在一个国家或者地区获得的货物，以该国家或者地区为原产地；两个以上国家或者地区参与生产的货物，以最后完成实质性改变的国家或者地区为原产地。国务院根据中华人民共和国缔结或者共同参加的国际条约、协定对原产地的确定另有规定的，依照其规定。进口货物原产地的具体确定，依照《关税法》和国务院及其有关部门的规定执行。

三、关税税率适用的具体规则

（1）原产于共同适用最惠国待遇条款的世界贸易组织成员的进口货物，原产于与中华人民共和国缔结或者共同参加含有相互给予最惠国待遇条款的国际条约、协定的国家或者地区的进口货物，以及原产于中华人民共和国境内的进口货物，适用最惠国税率。

（2）原产于与中华人民共和国缔结或者共同参加含有关税优惠条款的国际条约、协定的国家或者地区且符合国际条约、协定有关规定的进口货物，适用协定税率。

（3）原产于中华人民共和国给予特殊关税优惠安排的国家或者地区且符合国家原产地管理规定的进口货物，适用特惠税率。

（4）原产于上述第（1）至（3）条规定以外的国家或者地区的进口货物，以及原产地不明的进口货物，适用普通税率。

（5）适用最惠国税率的进口货物有暂定税率的，适用暂定税率。

适用协定税率的进口货物有暂定税率的，从低适用税率；其最惠国税率低于协定税率且无暂定税率的，适用最惠国税率。

适用特惠税率的进口货物有暂定税率的，从低适用税率。

适用普通税率的进口货物，不适用暂定税率。

适用出口税率的出口货物有暂定税率的，适用暂定税率。

（6）实行关税配额管理的进出口货物，关税配额内的适用关税配额税率，有暂定税率的适用暂定税率；关税配额外的，其税率的适用按照上述第（1）至（5）条的规定执行。

四、关税税率的调整

（1）需要调整中华人民共和国在加入世界贸易组织议定书中承诺的最惠国税率、关税配额税率和出口税率的，由国务院关税税则委员会提出建议，经国务院审核后报全国人民代表大会常务委员会决定。

（2）根据实际情况，在中华人民共和国加入世界贸易组织议定书中承诺的范围内调整最惠国税率、关税配额税率和出口税率，调整特惠税率适用的国别或者地区、货物范围和税率，或者调整普通税率的，由国务院决定，报全国人民代表大会常务委员会备案。

（3）特殊情况下最惠国税率的适用，由国务院决定，报全国人民代表大会常务委员会备案。协定税率在完成有关国际条约、协定的核准或者批准程序后，由国务院关税税则委员会组织实施。实行暂定税率的货物范围、税率和期限由国务院关税税则委员会决定。与关税税目调整相关的税率的技术性转换，由国务院关税税则委员会提出建议，报国务院批准后执行。关税税率依照本条规定调整的，由国务院关税税则委员会发布。

五、特别关税的判定

特别关税包括报复性关税、反倾销税、反补贴税、保障性关税。

报复性关税是指为报复他国对本国出口货物的关税歧视，而对相关国家的进口货物征收的一种进口附加税。任何国家或者地区违反与中华人民共和国签订或者共同参加的贸易协定及相关协定，对中华人民共和国在贸易方面采取禁止、限制、加征关税或者其他影响正常贸易的措施的，对原产于该国家或者地区的进口货物可以征收报复性关税，适用报复性关税税率。适用税率视具体情况而定。

反倾销税就是对倾销商品所征收的进口附加税。当进口国因外国倾销某种产品，国内产业受到损害时，会征收相当于出口国国内市场价格与倾销价格之间差额的进口税。

反补贴税是指对进口商品征收的一种超过正常关税税额的特殊关税，目的在于抵消国外竞争者得到奖励和补助产生的影响，从而保护进口国的制造商。

保障性关税是指当某类商品进口量剧增，对我国相关产业产生巨大威胁或损害时，按照世界贸易组织有关规则，可以启动的一般保障措施，即在与有实质利益的国家或地区进行磋商后，在一定时期内提高该类商品的进口关税或采取数量限制措施，以保护国内相关产业不受损害。

六、关税税率的运用

（1）进出口货物、进境物品，应当适用纳税人、扣缴义务人完成申报之日实施的税率。

(2) 进口货物到达前，经海关核准先行申报的，应当适用装载该货物的运输工具申报进境之日实施的税率。

(3) 有下列情形之一的，应当适用纳税人、扣缴义务人办理纳税手续之日实施的税率：

1) 保税货物不复运出境，转为内销；

2) 减免税货物经批准转让、移作他用或者进行其他处置；

3) 暂时进境货物不复运出境或者暂时出境货物不复运进境；

4) 租赁进口货物留购或者分期缴纳税款。

(4) 补征或者退还关税税款，应当按照上述第 (1) 至 (3) 条的规定确定适用的税率。

(5) 因纳税人、扣缴义务人违反规定需要追征税款的，应当适用违反规定行为发生之日实施的税率；行为发生之日不能确定的，适用海关发现该行为之日实施的税率。

任务四 关税优惠政策的运用

一、免征关税

下列进出口货物、进境物品，免征关税：

(1) 国务院规定的免征额度内的一票货物。

(2) 无商业价值的广告品和货样。

(3) 进出境运输工具装载的途中必需的燃料、物料和饮食用品。

(4) 在海关放行前损毁或者灭失的货物、进境物品。

(5) 外国政府、国际组织无偿赠送的物资。

(6) 中华人民共和国缔结或者共同参加的国际条约、协定规定免征关税的货物、进境物品。

(7) 依照有关法律规定免征关税的其他货物、进境物品。

二、减征关税

下列进出口货物、进境物品，减征关税：

(1) 在海关放行前遭受损坏的货物、进境物品。

(2) 中华人民共和国缔结或者共同参加的国际条约、协定规定减征关税的货物、进境物品。

(3) 依照有关法律规定减征关税的其他货物、进境物品。

上述第 (1) 条减征关税，应当根据海关认定的受损程度办理。

三、特殊情形关税的征免规定

(1) 根据维护国家利益、促进对外交往、经济社会发展、科技创新需要或者由于突发事件等原因，国务院可以制定关税专项优惠政策，报全国人民代表大会常务委员会备案。

（2）免税货物应当依法办理手续。需由海关监管使用的减免税货物，应当接受海关监管，在监管年限内转让、移作他用或者进行其他处置，按照国家有关规定需要补税的，应当补缴关税。对需由海关监管使用的减免税进境物品，参照上述规定执行。

（3）保税货物复运出境的，免征关税；不复运出境转为内销的，按照规定征收关税。加工贸易保税进口料件或者其制成品内销的，除按照规定征收关税外，还应当征收缓税利息。

（4）暂时进境或者暂时出境的下列货物、物品，可以依法暂不缴纳关税，但该货物、物品应当自进境或者出境之日起六个月内复运出境或者复运进境；需要延长复运出境或者复运进境期限的，应当根据海关总署的规定向海关办理延期手续：

1）在展览会、交易会、会议以及类似活动中展示或者使用的货物、物品；

2）文化、体育交流活动中使用的表演、比赛用品；

3）进行新闻报道或者摄制电影、电视节目使用的仪器、设备及用品；

4）开展科研、教学、医疗卫生活动使用的仪器、设备及用品；

5）在上述第1）至4）项所列活动中使用的交通工具及特种车辆；

6）货样；

7）供安装、调试、检测设备时使用的仪器、工具；

8）盛装货物的包装材料；

9）其他用于非商业目的的货物、物品。

上述所列货物、物品在规定期限内未复运出境或者未复运进境的，应当依法缴纳关税。

（5）上述第（4）条规定以外的其他暂时进境的货物、物品，应当根据该货物、物品的计税价格和其在境内滞留时间与折旧时间的比例计算缴纳进口关税；该货物、物品在规定期限届满后未复运出境的，应当补足依法应缴纳的关税。

（6）上述第（4）条规定以外的其他暂时出境货物，在规定期限届满后未复运进境的，应当依法缴纳关税。

（7）因品质、规格原因或者不可抗力，出口货物自出口之日起一年内原状复运进境的，不征收进口关税。因品质、规格原因或者不可抗力，进口货物自进口之日起一年内原状复运出境的，不征收出口关税。特殊情形下，经海关批准，可以适当延长上述规定的期限，具体办法由海关总署规定。

（8）因残损、短少、品质不良或者规格不符原因，进出口货物的发货人、承运人或者保险公司免费补偿或者更换的相同货物，进出口时不征收关税。被免费更换的原进口货物不退运出境或者原出口货物不退运进境的，海关应当对原进出口货物重新按照规定征收关税。纳税人应当在原进出口合同约定的请求赔偿期限内且不超过原进出口放行之日起三年内，向海关申报办理免费补偿或者更换货物的进出口手续。

四、跨境电子商务零售进口税收政策

自2016年4月8日起，跨境电子商务零售进口商品按照货物征收关税和进口环节增值税、消费税，购买跨境电子商务零售进口商品的个人作为纳税人，实际交易价格（包括货物零售价格、运费和保险费）作为完税价格，电子商务企业、电子商务交易平台企业或物流企业可作为代收代缴义务人。

（1）纳税人与扣缴义务人。

1）纳税人。购买跨境电子商务零售进口商品的个人。

2）代收代缴义务人。电子商务企业、电子商务交易平台企业或物流企业。

（2）完税价格。实际交易价格（包括货物零售价格、运费和保险费）。

（3）计征限额。跨境电子商务零售进口商品的单次交易限值为人民币 2 000 元，个人年度交易限值为人民币 20 000 元。自 2019 年 1 月 1 日起，将跨境电子商务零售进口商品的单次交易限值由人民币 2 000 元提高至 5 000 元，年度交易限值由人民币 20 000 元提高至 26 000 元。

1）限值以内：关税税率暂设为 0；进口环节增值税、消费税暂按法定应纳税额的 70%征收。

2）超过单次限值、累加后超过个人年度限值的单次交易，以及完税价格超过 2 000 元限值的单个不可分割商品：均按照一般贸易方式全额征税。自 2019 年 1 月 1 日起，完税价格超过 5 000 元单次交易限值但低于 26 000 元年度交易限值，且订单下仅一件商品时，可以自跨境电子商务零售渠道进口，按照货物税率全额征收关税和进口环节增值税、消费税，交易额计入年度交易总额，但年度交易总额超过年度交易限值的，应按一般贸易管理。

3）已经购买的电子商务进口商品属于消费者个人使用的最终商品，不得进入国内市场再次销售；原则上不允许网购保税进口商品在海关特殊监管区域外开展“网购保税＋线下自提”模式。

五、海南离岛旅客免税购物政策

自 2020 年 7 月 1 日起，我国实行海南离岛旅客免税购物政策。

（1）离岛免税政策的含义。离岛免税政策是指对乘飞机、火车、轮船离岛（不包括离境）旅客实行限值、限量、限品种免进口税购物，在实施离岛免税政策的免税商店（以下称离岛免税店）内或经批准的网上销售窗口付款，在机场、火车站、港口码头指定区域提货离岛的税收优惠政策。离岛免税政策免税税种为关税、进口环节增值税和消费税。

特别提示 上述旅客，是指年满 16 周岁，已购买离岛机票、火车票、船票，并持有效身份证件（国内旅客持居民身份证、港澳台旅客持旅行证件、国外旅客持护照），离开海南本岛但不离境的国内外旅客，包括海南省居民。

（2）免税额度。离岛旅客每年每人免税购物额度为 10 万元人民币，不限次数。免税商品种类及每次购买数量限制，按照《财政部 海关总署 税务总局关于海南离岛旅客免税购物政策的公告》附件执行。超出免税限额、限量的部分，照章征收进境物品进口税。旅客购物后乘飞机、火车、轮船离岛记为 1 次免税购物。

特别提示 上述离岛免税店，是指具有实施离岛免税政策资格并实行特许经营的免税商店，目前包括海口美兰机场免税店、海口日月广场免税店、琼海博鳌免税店、三亚海棠湾免税店。具有免税品经销资格的经营主体可按规定参与海南离岛免税经营。

离岛旅客在国家规定的额度和数量范围内，在离岛免税店内或经批准的网上销售窗口购买免税商品，免税店根据旅客离岛时间运送货物，旅客凭购物凭证在机场、火车站、港口码头指定区域提货，并一次性随身携带离岛。

已经购买的离岛免税商品属于消费者个人使用的最终商品，不得进入国内市场再次销售。

（3）法律责任。对违反《财政部 海关总署 税务总局关于海南离岛旅客免税购物政策的公告》规定倒卖、代购、走私免税商品的个人，依法依规纳入信用记录，3 年内不得购买离岛免税商品；对于构成走私行为或者违反海关监管规定行为的，由海关依照有关规定予以处理，构成犯罪的，依法追究刑事责任。

对协助违反离岛免税政策、扰乱市场秩序的旅行社、运输企业等，给予行业性综合整治。离岛免税店违反相关规定销售免税品，由海关依照有关法律、行政法规给予处理、处罚。离岛免税政策监管办法由海关总署另行公布。

点拨指导 离岛免税店销售的免税商品适用的增值税、消费税免税政策，相关管理办法由税务总局商财政部另行制定。

任务五 关税的计算

一、关税计税依据的确定

关税实行从价计征、从量计征、复合计征的方式征收。实行从价计征的，计税依据为应税进（出）口货物的计税价格。实行从量计征的，计税依据为应税进（出）口货物的计税数量。实行复合计征的，计税依据分别为应税进（出）口货物的计税价格和应税进（出）口货物的计税数量。我国对进（出）口货物征收关税，主要采取从价计征的方式。因此，这里主要阐述应税进（出）口货物的计税价格。

（一）进口货物计税价格的确定

进口货物的计税价格以成交价格以及该货物运抵中华人民共和国境内输入地点起卸前的运输及其相关费用、保险费为基础确定。

点拨指导 进口货物的计税价格又称进口货物的关税完税价格。

进口货物计税价格的确定方法可以分为以下两种：一种是进口货物直接计价法，即进口货物成交价格加上该货物运抵中华人民共和国境内输入地点起卸前的运输及其相关费用、保险费，计算确定进口货物的计税价格的方法；另一种是进口货物海关估价法，即在进口货物的成交价格不符合规定条件，或者成交价格不能确定的情况下，海关经了解有关情况，并与纳税人进行价格磋商后，估定进口货物的计税价格的方法。

1. 进口货物直接计价法

在正常情况下，对进口货物计税价格的确定一般采用进口货物直接计价法。相关计算公式为：

进口货物计税价格＝进口货物成交价格＋该货物运抵中华人民共和国境内输入地点起卸前的运输及其相关费用、保险费

进口货物的成交价格，是指卖方向中华人民共和国境内销售该货物时买方为进口该货物向卖方实付、应付的，并按照《关税法》第二十五条、第二十六条的规定调整后的价款总额，包括直接支付的价款和间接支付的价款。

（1）进口货物的成交价格应符合的条件。

进口货物的成交价格应当符合下列条件：1）对买方处置或者使用该货物不予限制，但法律、行政法规规定的限制、对货物转售地域的限制和对货物价格无实质性影响的限制除外；2）该货物的成交价格没有因搭售或者其他因素的影响而无法确定；3）卖方不得从买方直接或者间接获得因该货物进口后转售、处置或者使用而产生的任何收益，或者虽有收益但能够按照《关税法》第二十五条、第二十六条的规定进行调整；4）买卖双方没有特殊关系，或者虽有特殊关系但未对成交价格产生影响。①

（2）应当计入进口货物计税价格的费用。

进口货物的下列费用应当计入计税价格：1）由买方负担的购货佣金以外的佣金和经纪费；2）由买方负担的与该货物视为一体的容器的费用；3）由买方负担的包装材料费用和包装劳务费用；4）与该货物的生产和向中华人民共和国境内销售有关的，由买方以免费或者以低于成本的方式提供并可以按适当比例分摊的料件、工具、模具、消耗材料及类似货物的价款，以及在中华人民共和国境外开发、设计等相关服务的费用；5）作为该货物向中华人民共和国境内销售的条件，买方必须支付的、与该货物有关的特许权使用费；6）卖方直接或者间接从买方获得的该货物进口后转售、处置或者使用的收益。②

点拨指导 “购货佣金”是指买方为购买进口货物向自己的采购代理人支付的劳务费用。“经纪费”是指买方为购买进口货物向代表买卖双方利益的经纪人支付的劳务费用。

点拨指导 “特许权使用费”是指进口货物的买方为取得知识产权权利人及权利人有效授权人关于专利权、商标权、专有技术、著作权、分销权或者销售权的许可或者转让而支付的费用。

（3）不计入进口货物计税价格的费用、税收。

进口时在货物的价款中列明的下列费用、税收，不计入该货物的计税价格：1）厂房、机械、设备等货物进口后进行建设、安装、装配、维修和技术服务的费用，但保修费用除外；2）进口货物运抵中华人民共和国境内输入地点起卸后的运输及其相关费用、保险费；3）进口关税及国内税收。③

【知识链接】购货佣金（买方为购买进口货物向自己的采购代理人支付的劳务费用）不计入进口货物计税价格。

特别提示 进口关税不计入进口货物计税价格，也就是说，进口关税的计税依据中不包括进口关税税款。因此，进口关税属于价外税。

---

① 本段为《关税法》第二十四条第三款.

② 本段为《关税法》第二十五条.

③ 本段为《关税法》第二十六条.

工作实例 4－1

甲进出口公司从美国进口一批化工原料，共 500 吨。货物以境外口岸离岸价格成交，单价折合每吨人民币 20 000 元；买方承担的包装费为每吨人民币 500 元；向卖方支付的佣金为每吨人民币 1 000 元；向自己的采购代理人支付的佣金为人民币 5 000 元。已知该货物运抵中国境内输入地点起卸前的运输及其相关费用、保险费为每吨人民币 2 000 元，进口后另发生运输和装卸费为每吨人民币 300 元。

工作要求： 计算甲进出口公司该批化工原料关税的计税价格。

工作实施：

该批化工原料的关税计税价格＝(20 000＋500＋1 000＋2 000) ×500

＝11 750 000（元）

2. **进口货物海关估价法**

进口货物的成交价格不符合《关税法》第二十四条第三款规定条件，或者成交价格不能确定的，海关经了解有关情况，并与纳税人进行价格磋商后，依次以下列价格估定该货物的计税价格：

（1）与该货物同时或者大约同时向中华人民共和国境内销售的相同货物的成交价格。

（2）与该货物同时或者大约同时向中华人民共和国境内销售的类似货物的成交价格。

（3）与该货物进口的同时或者大约同时，将该进口货物、相同或者类似进口货物在中华人民共和国境内第一级销售环节销售给无特殊关系买方最大销售总量的单位价格，但应当扣除下列项目：1）同等级或者同种类货物在中华人民共和国境内第一级销售环节销售时通常的利润和一般费用以及通常支付的佣金；2）进口货物运抵中华人民共和国境内输入地点起卸后的运输及其相关费用、保险费；3）进口关税及国内税收。

（4）按照下列各项总和计算的价格：生产该货物所使用的料件成本和加工费用，向中华人民共和国境内销售同等级或者同种类货物通常的利润和一般费用，该货物运抵中华人民共和国境内输入地点起卸前的运输及其相关费用、保险费。

（5）以合理方法估定的价格。

纳税人可以向海关提供有关资料，申请调整上述第（3）项和第（4）项的适用次序。

（二）出口货物计税价格的确定

出口货物的计税价格以该货物的成交价格以及该货物运至中华人民共和国境内输出地点装载前的运输及其相关费用、保险费为基础确定。

点拨指导 出口货物的计税价格又称出口货物的关税完税价格。

出口货物计税价格的确定方法可以分为以下两种：一种是出口货物直接计价法，即出口货物成交价格加上该货物运至中华人民共和国境内输出地点装载前的运输及其相关费用、保险费，计算确定出口货物的计税价格的方法；另一种是出口货物海关估价法，即在出口货物的成交价格不能确定的情况下，海关经了解有关情况，并与纳税人进行价格磋商后，估定出口货物的计税价格的方法。

1. **出口货物直接计价法**

在正常情况下，对出口货物计税价格的确定一般采用出口货物直接计价法。相关计算公式为：

出口货物计税价格＝出口货物成交价格＋该货物运至中华人民共和国境内输出地点装载前的运输及其相关费用、保险费

出口货物的成交价格，是指该货物出口时卖方为出口该货物应当向买方直接收取和间接收取的价款总额。出口关税不计入计税价格。

特别提示 出口关税不计入出口货物计税价格，也就是说，出口关税的计税依据中不包括出口关税税款。因此，出口关税属于价外税。

2. 出口货物海关估价法

出口货物的成交价格不能确定的，海关经了解有关情况，并与纳税人进行价格磋商后，依次以下列价格估定该货物的计税价格：

（1）与该货物同时或者大约同时向同一国家或者地区出口的相同货物的成交价格。

（2）与该货物同时或者大约同时向同一国家或者地区出口的类似货物的成交价格。

（3）按照下列各项总和计算的价格：中华人民共和国境内生产相同或者类似货物的料件成本、加工费用，通常的利润和一般费用，境内发生的运输及其相关费用、保险费。

（4）以合理方法估定的价格。

特别提示 海关可以依申请或者依职权，对进出口货物、进境物品的计税价格、商品归类和原产地依法进行确定。必要时，海关可以组织化验、检验，并将海关认定的化验、检验结果作为确定计税价格、商品归类和原产地的依据。

二、关税应纳税额的计算

实行从价计征的，应纳税额按照应税进（出）口货物的计税价格乘以比例税率计算。实行从量计征的，应纳税额按照应税进（出）口货物的计税数量乘以定额税率计算。实行复合计征的，应纳税额按照应税进（出）口货物的计税价格乘以比例税率与应税进（出）口货物的计税数量乘以定额税率之和计算。

关税应纳税额的计算公式如下：

（1）从价计征应纳税额：

应纳关税＝应税进（出）口货物的计税价格×比例税率
＝应税进（出）口货物的计税数量×单位计税价格×比例税率

（2）从量计征应纳税额：

应纳关税＝应税进（出）口货物的计税数量×定额税率

（3）复合计征应纳税额：

应纳关税＝应税进（出）口货物的计税价格×比例税率＋应税进（出）口货物的计税数量×定额税率
＝应税进（出）口货物的计税数量×单位计税价格×比例税率＋应税进（出）口货物的计税数量×定额税率

工作实例 4-2

甲公司进口设备一台，实付金额折合人民币105万元，其中包含由甲公司负担的购货

佣金以外的佣金4万元、进口后发生的装配费10万元；该货物运抵中华人民共和国境内输入地点起卸前的运输及其相关费用、保险费为5万元。该设备适用的关税税率为20%。

工作要求： 计算甲公司进口该设备的应纳进口关税。

工作实施： 由买方负担的购货佣金以外的佣金和经纪费计入计税价格。厂房、机械、设备等货物进口后进行建设、安装、装配、维修和技术服务的费用，不计入该货物的计税价格，但保修费用除外。

甲公司进口设备的计税价格＝105－10＋5＝100（万元）

甲公司进口设备的应纳进口关税＝100×20%＝20（万元）

项目引例解析1

第一步：计算关税完税价格。

关税完税价格＝6 000×20×6.8＝816 000（元）

第二步：计算应纳关税和应纳增值税。

应纳关税＝816 000×20%＝163 200（元）

应纳增值税＝（816 000＋163 200）×13%＝127 296（元）

任务六 关税的纳税申报

一、关税征收管理的模式

关税征收管理可以实施货物放行与税额确定相分离的模式。关税征收管理应当适应对外贸易新业态新模式发展需要，提升信息化、智能化、标准化、便利化水平。

二、关税的申报与缴纳

（一）关税的申报

进出口货物的纳税人、扣缴义务人可以按照规定选择海关办理申报纳税。纳税人、扣缴义务人应当按照规定的期限和要求如实向海关申报税额，并提供相关资料。必要时，海关可以要求纳税人、扣缴义务人补充申报。

进口货物的纳税人应当自运输工具申报进境之日起14日内，向货物的进境地海关申报，如实填报“中华人民共和国海关进口货物报关单”（见表4-2）等相关资料，海关根据税则归类和完税价格计算应缴纳的关税和进口环节代征税款，并填发税款缴款书。

出口货物的发货人除海关特准外，应当在装货的24小时以前，向货物的出境地海关申报，如实填报“海关出口货物报关单”（略）等相关资料，海关根据税则归类和完税价格计算应缴纳的关税，并填发税款缴款书。

表 4－2　中华人民共和国海关进口货物报关单

预录入编号：456347897180789123　海关编号：456347897180789123　（温州港区）页码/页数：

境内收货人(91110252846210568P) 浙江万事亨通贸易有限公司	进境关别 （1903） 温州港区	进口日期 20250112	申报日期 20250112	备案号
境外发货人 DrinksTiaui	运输方式 （2）水路运输	运输工具名称及航次号 MAESTALMES/05EI	提运单号 RLCDNS210	货物存放地点 国际物流
消费使用单位 (91110252846210568P) 浙江万事亨通贸易有限公司	监管方式 （0110） 一般贸易	征免性质（101） 一般征税	许可证号	启运港 纽约（美国）
合同协议号 HT2025002	贸易国（地区）（USA） 美国	启运国（地区） （USA） 美国	经停港 纽约 （美国）	入境口岸 温州

包装种类 （92）再生木托	件数 略	毛重（千克） 略	净重（千克） 略	成交方式（1） CIF	运费	保费	杂费

随附单证 随附单证一：略　　随附单证二：略
标记唛码及备注 略

项号	商品编号	商品名称及规格型号	数量及单位	单价/总价/币制	原产国（地区）	最终目的国（地区）	境内目的地	征免
1	2202990099	红心维生素复合果汁饮料	20 箱	6 000 美元	美国（USA）	中国（CHN）	（4 510×/45 148×）温州市	照章征税

特殊关系确认：否　价格影响确认：否　支付特许权使用费确认：否　自报自缴：是	
申报人员：张利民　申报人员证号 781015×　电话：1315555×××× 兹申明以上内容承担如实申报、依法纳税之法律责任 申报单位：浙江利得利国际货运代理有限公司　　申报单位（签章）：略	海关批注及签章

项目引例解析

第一步：填写“中华人民共和国海关进口货物报关单”（见表 4－2，由纳税人填写）。

第二步：填写“海关进口关税专用缴款书”（见表 4－3，由海关填写）。

（二）关税的缴纳

进出口货物的纳税人、扣缴义务人应当自完成申报之日起 15 日内缴纳税款；符合海关规定条件并提供担保的，可以于次月第 5 个工作日结束前汇总缴纳税款。因不可抗力或者国家税收政策调整，不能按期缴纳的，经向海关申请并提供担保，可以延期缴纳，但最长不得超过 6 个月。纳税人、扣缴义务人未在上述规定的纳税期限内缴纳税款的，自规定的期限届满之日起，按日加收滞纳税款万分之五的滞纳金。与关税相关的缴款书分为“海关进口关税专用缴款书”（见表 4－3）和“海关出口关税专用缴款书”（略）。

表 4－3　海关进口关税专用缴款书

收入系统：海关系统　　填发日期：2025 年 01 月 15 日　　号码 No. 192546845961236584－A04

<table>
<tr><td rowspan="3">收款单位</td><td>收入机关</td><td colspan="3">中央金库</td><td rowspan="3">缴款单位</td><td>名称</td><td>浙江万事亨通贸易有限公司</td></tr>
<tr><td>科目</td><td>进口关税</td><td>预算级次</td><td>中央</td><td>账号</td><td>3526956374128951237</td></tr>
<tr><td>收款国库</td><td colspan="3">中国银行温州东方路支行</td><td>开户银行</td><td>中国工商银行温州青年路支行</td></tr>
</table>

<table>
<tr><td>税号</td><td>货物名称</td><td>数量</td><td>单位</td><td>完税价格（¥）</td><td>税率%</td><td>税款金额（¥）</td></tr>
<tr><td></td><td>红心维生素复合果汁饮料</td><td>20</td><td>箱</td><td>816 000.00</td><td>20</td><td>163 200.00</td></tr>
<tr><td></td><td></td><td></td><td></td><td></td><td></td><td></td></tr>
<tr><td colspan="5">金额大写（人民币）壹拾陆万叁仟贰佰元整</td><td>合计（¥）</td><td>163 200.00</td></tr>
</table>

<table>
<tr><td>申请单位编号</td><td>2323612568</td><td>报关单编号</td><td>456347897180789123</td><td>填制单位：</td><td>收款国库（银行）</td></tr>
<tr><td>合同（批文）号</td><td>HT2025002</td><td>运输工具（号）</td><td>MAESTALMES/05EI</td><td rowspan="3">中华人民共和国温州海关

制单人：略
复核人：略</td><td rowspan="3">中国银行温州东方路支行</td></tr>
<tr><td>缴款期限</td><td>2025 年 01 月 30 日前</td><td>提/装货单号</td><td>RLCDNS210</td></tr>
<tr><td colspan="4">一般征税　照章征税 2025－01－12
国际代码 123645957845685　　USD 6.8
电子支付流水号 EPLAT0000059784562　　163 200.00</td></tr>
</table>

注：自填发缴款书之日起 15 日内缴纳税款（期末遇星期六、星期日或法定节假日顺延），逾期缴纳按日加收税款总额万分之五的滞纳金。

工作实例 4－3

甲公司进口一批货物，于本年 2 月 1 日完成关税的申报，申报关税税额为 10 000 元。假设本年 2 月 15 日为甲公司缴纳关税的最后期限，但甲公司迟至本年 2 月 25 日才缴纳 10 000 元的关税。

工作要求：计算海关对甲公司上述业务应征收的关税滞纳金。

工作实施：本年 2 月 15 日为缴纳关税的最后期限。从本年 2 月 16 日至 2 月 25 日，关税共滞纳 10 天，则：

关税滞纳金 = 10 000 × 10 × 0.5‰ = 50（元）

三、关税的担保与强制执行等措施

税款尚未缴纳，纳税人、扣缴义务人依照有关法律、行政法规的规定申请提供担保要求放行货物的，海关应当依法办理担保手续。

进出口货物的纳税人在规定的纳税期限内有转移、藏匿其应税货物以及其他财产的明显迹象，或者存在其他可能导致无法缴纳税款风险的，海关可以责令其提供担保；纳税人不提供担保的，经直属海关关长或者其授权的隶属海关关长批准，海关可以实施下列强制措施：（1）书面通知银行业金融机构冻结纳税人金额相当于应纳税款的存款、汇款；（2）查封、扣押纳税人价值相当于应纳税款的货物或者其他财产。纳税人在规定的纳税期限内缴纳税款的，海关应当立即解除强制措施。

纳税人未缴清税款、滞纳金且未向海关提供担保的，经直属海关关长或者其授权的隶属海关关长批准，海关可以按照规定通知移民管理机构对纳税人或者其法定代表人依法采取限制出境措施。

扣缴义务人未按照规定的期限缴纳或者解缴税款的，由海关责令其限期缴纳；逾期仍未缴纳且无正当理由的，经直属海关关长或者其授权的隶属海关关长批准，海关可以实施下列强制执行措施：（1）书面通知银行业金融机构划拨纳税人、扣缴义务人金额相当于应纳税款的存款、汇款；（2）查封、扣押纳税人、扣缴义务人价值相当于应纳税款的货物或者其他财产，依法拍卖或者变卖所查封、扣押的货物或者其他财产，以拍卖或者变卖所得抵缴税款，剩余部分退还纳税人、扣缴义务人。

特别提示 海关实施强制执行时，对未缴纳的滞纳金同时强制执行。

四、关税的确认

自纳税人、扣缴义务人缴纳税款或者货物放行之日起 3 年内，海关有权对纳税人、扣缴义务人的应纳税额进行确认。

海关确认的应纳税额与纳税人、扣缴义务人申报的税额不一致的，海关应当向纳税人、扣缴义务人出具税额确认书。纳税人、扣缴义务人应当按照税额确认书载明的应纳税额，在海关规定的期限内补缴税款或者办理退税手续。

经海关确认应纳税额后需要补缴税款但未在规定的期限内补缴的，自规定的期限届满之日起，按日加收滞纳税款万分之五的滞纳金。

五、关税的追征

因纳税人、扣缴义务人违反规定造成少征或者漏征税款的，海关可以自缴纳税款或者货物放行之日起 3 年内追征税款，并自缴纳税款或者货物放行之日起，按日加收少征或者漏征税款万分之五的滞纳金。对走私行为，海关追征税款、滞纳金的，不受上述规定期限的限制，并有权核定应纳税额。

海关发现海关监管货物因纳税人、扣缴义务人违反规定造成少征或者漏征税款的，应当自纳税人、扣缴义务人应缴纳税款之日起 3 年内追征税款，并自应缴纳税款之日起按日加收少征或者漏征税款万分之五的滞纳金。

特别提示 海关可以对纳税人、扣缴义务人欠缴税款的情况予以公告。

六、关税的退还

海关发现多征税款的，应当及时通知纳税人办理退还手续。

纳税人发现多缴税款的，可以自缴纳税款之日起 3 年内，向海关书面申请退还多缴的税款。海关应当自受理申请之日起 30 日内查实并通知纳税人办理退还手续，纳税人应当自收到通知之日起 3 个月内办理退还手续。

有下列情形之一的，纳税人自缴纳税款之日起 1 年内，可以向海关申请退还关税：(1) 已征进口关税的货物，因品质、规格原因或者不可抗力，1 年内原状复运出境；(2) 已征出口关税的货物，因品质、规格原因或者不可抗力，1 年内原状复运进境，并已重新缴纳因出口而退还的国内环节有关税收；(3) 已征出口关税的货物，因故未装运出口，申报退关。

申请退还关税应当以书面形式提出，并提供原缴款凭证及相关资料。海关应当自受理申请之日起 30 日内查实并通知纳税人办理退还手续。纳税人应当自收到通知之日起 3 个月内办理退还手续。

按照其他有关法律、行政法规规定应当退还关税的，海关应当依法予以退还。按照规定退还关税的，应当加算银行同期活期存款利息。

项目技能训练

一、单项选择题

1. 根据关税法律制度的规定，下列进口货物中，可享受法定免税的是（　　）。

A. 有商业价值的进口货样

B. 进出境运输工具装载的途中必需的饮食用品

C. 外国企业无偿赠送的物资

D. 科贸公司进口的科教用品

2. 出口货物的完税价格不应该包括（　　）。

A. 货物的成交价格

B. 货物运至中华人民共和国境内输出地点装载前的运输及其相关费用、保险费货物运至我国境内输出地点装载前的运输及其相关费用

C. 货物运至我国境内输出地点装载前的保险费

D. 货物从离境口岸至境外口岸之间的运输及其相关费用、保险费

3.《中华人民共和国关税法》自（　　）起施行。

A. 2024 年 10 月 1 日　　B. 2024 年 12 月 1 日

C. 2025 年 1 月 1 日　　D. 2025 年 3 月 1 日

4. 关税纳税人因不可抗力或者国家税收政策调整，不能按期缴纳关税的，经向海关申请并提供担保，可以延期缴纳，但最长不得超过（　　）个月。

A. 3　　B. 6　　C. 9　　D. 12

5. 纳税人、扣缴义务人未在规定的纳税期限内缴纳关税税款的，自规定的期限届满之日起，按日加收滞纳税款（　　）的滞纳金。

A. 2‰　　B. 0.5‰　　C. 2%　　D. 1%

二、多项选择题

1. 下列各项中，属于关税纳税人的有（　　）。

A. 进口货物的收货人　　B. 进口货物的代理人

C. 出口货物的发货人　　D. 出口货物的代理人

2. 根据关税法律制度的规定，下列进口货物中，可享受法定免税的有（　　）。

A. 进出境运输工具装载的途中必需的燃料

B. 国际组织无偿赠送的物资

C. 在海关放行前遭受损坏的货物、进境物品

D. 国务院规定的免征额度内的一票货物

3. 下列各项中，属于我国进口税则设置的税率的有（　　）。

A. 最惠国税率　　B. 协定税率　　C. 特惠税率　　D. 普通税率

三、判断题

1. 自纳税人、扣缴义务人缴纳税款或者货物放行之日起 5 年内，海关有权对纳税人、扣缴义务人的应纳税额进行确认。（　　）

2. 根据关税法律制度的规定，进口货物到达前，经海关核准先行申报的，应当适用装载该货物的运输工具申报进境之日实施的税率。（　　）

3. 根据关税法律制度的规定，进口货物的计税价格以成交价格以及该货物运抵中华人民共和国境内输入地点起卸后的运输及其相关费用、保险费为基础确定。（　　）

4. 从事跨境电子商务零售进口的电子商务平台经营者、物流企业和报关企业，以及法律、行政法规规定负有代扣代缴、代收代缴关税税款义务的单位和个人，是关税的扣缴义务人。（　　）

四、业务题

甲工业企业本年 1 月报关进口货物一批，成交价格为 350 000 美元，该货物运抵中华人民共和国境内输入地点起卸前的运输及其相关费用为 25 000 美元，该货物运抵中华人民共和国境内输入地点起卸前的保险费 8 000 美元，该货物适用的进口税率为 30%。进口报关当日中国人民银行公布的市场汇价为 1∶7.20 元人民币。

要求：计算甲工业企业应缴纳的关税。

五、实务咨询题

1. 甲公司本年 3 月发现 4 年前有一笔多缴的关税税款，请问甲公司能否向海关书面申请退还多缴的税款？

2. 张某为 15 周岁的中国公民，能否享受海南离岛旅客免税购物政策？

项目五 城市维护建设税、教育费附加和地方教育附加计算与申报[①]

学习目标

（1）能明确城市维护建设税的基本原理，能判定哪些业务应缴纳城市维护建设税、教育费附加和地方教育附加。

（2）能根据相关业务资料计算城市维护建设税、教育费附加和地方教育附加。

（3）能根据相关业务资料填写《增值税附加税费计算表》《增值税及附加税费申报表》《消费税附加税费计算表》《消费税及附加税费申报表》等申报表，并能进行城市维护建设税、教育费附加和地方教育附加的税费申报。

素养目标

（1）增强依法纳税意识和社会责任感。

（2）增强制度自信，激发爱国情怀。

（3）树立严谨的工作作风，培养工匠精神。

（4）深入理解城市维护建设税、教育费附加和地方教育附加相关政策，引导学生深入社会实践、关注现实问题，培育支持家乡建设、支持教育事业的职业素养。

素养提升设计

素养提升设计举例见表 5－1。

表 5－1 素养提升设计举例

选取的知识点	素养提升元素
城市维护建设税	教师讲解“我国征收城市维护建设税的目的是保障城市环境及其他基础设施的维护和建设”，培养学生“以城市群、都市圈为依托构建大中小城市协调发展格局，推进以县城为重要载体的城镇化建设”的理念。
教育费附加和地方教育附加	教师讲解“我国征收教育费附加和地方教育附加的目的是发展教育事业”，增强学生“坚持教育优先发展”理念，培养学生珍惜受教育的机会、支持教育事业的理念。

项目引例

城市维护建设税、教育费附加和地方教育附加的计算与申报

接“项目二 增值税计算与申报”的“项目引例——增值税的计算与纳税申报”。

---

① 本项目中涉及“城市维护建设税”的内容主要根据 2021 年 9 月 1 日起施行的《中华人民共和国城市维护建设税法》编写。

要求：

1.（1）计算厦门光明有限责任公司 2023 年 6 月应缴纳的城市维护建设税。（2）厦门光明有限责任公司 2023 年 7 月 10 日对 2023 年 6 月的城市维护建设税进行税费申报，填写《增值税及附加税费申报表（一般纳税人适用）附列资料（五）（附加税费情况表）》以及《增值税及附加税费申报表（一般纳税人适用）》的第 39～41 栏次。

2.（1）计算厦门光明有限责任公司 2023 年 6 月应缴纳的教育费附加及地方教育附加。（2）厦门光明有限责任公司 2023 年 7 月 10 日对 2023 年 6 月的教育费附加及地方教育附加进行税费申报，填写《增值税及附加税费申报表（一般纳税人适用）附列资料（五）（附加税费情况表）》以及《增值税及附加税费申报表（一般纳税人适用）》的第 39～41 栏次。

项目引例解析

分别见本项目的任务四和任务五。

任务一　城市维护建设税的基本原理认知

一、城市维护建设税的含义

城市维护建设税是对在中华人民共和国境内缴纳增值税、消费税的单位和个人征收的一种税。

二、城市维护建设税的发展

中华人民共和国成立以来，我国城市建设和维护在不同时期都取得了较大的成绩，但国家在城市建设方面一直资金不足。1979 年以前，我国用于城市维护建设的资金来源由当时的工商税附加、城市公用事业附加和国家下拨的城市维护费组成。1979 年国家开始在部分大中城市试行从上年工商利润中提取 5%用于城市维护和建设的办法，但未能从根本上解决问题。1981 年国务院在批转财政部关于改革工商税制的设想中提出："根据城市建设的需要，开征城市维护建设税，作为县以上城市和工矿区市政建设的专项资金。"1985 年 2 月 8 日国务院发布并于同年 1 月 1 日起实施《中华人民共和国城市维护建设税暂行条例》（以下简称《城市维护建设税暂行条例》），2011 年 1 月 8 日根据《国务院关于废止和修改部分行政法规的决定》进行了修订。2020 年 8 月 11 日，第十三届全国人民代表大会常务委员会第二十一次会议通过了《中华人民共和国城市维护建设税法》，自 2021 年 9 月 1 日起施行。1985 年 2 月 8 日国务院发布的《中华人民共和国城市维护建设税暂行条例》同时废止。

现行城市维护建设税法律制度的基本规范，是 2020 年 8 月 11 日第十三届全国人民代表大会常务委员会第二十一次会议通过，自 2021 年 9 月 1 日起施行的《中华人民共和国城市维护建设税法》（以下简称《城市维护建设税法》）。

三、城市维护建设税的特点

我国城市维护建设税具有以下特点：（1）税款专款专用；（2）属于附加税；（3）根据城镇规模设定不同的比例税率；（4）征收范围较广。

素养提升园地

国家宪法日：一张图告诉你我国有哪些税收法律

任务二 城市维护建设税纳税人、扣缴义务人和征税范围的确定

一、城市维护建设税纳税人和扣缴义务人的确定

（一）城市维护建设税的纳税人

城市维护建设税（简称城建税）的纳税人，是在中华人民共和国境内缴纳增值税、消费税的单位和个人。

单位包括国有企业、集体企业、私营企业、股份制企业、其他企业和行政单位、事业单位、军事单位、社会团体、其他单位；个人包括个体工商户以及其他个人。

自 2010 年 12 月 1 日起，对外商投资企业、外国企业及外籍个人（以下简称外资企业）征收城市维护建设税。

（二）城市维护建设税的扣缴义务人

代扣代缴、代收代缴增值税、消费税的单位和个人，同时也是城市维护建设税的代扣代缴、代收代缴义务人。

特别提示 代扣代缴，不含因境外单位和个人向境内销售劳务、服务、无形资产代扣代缴增值税的情形。

二、城市维护建设税征税范围的确定

城市维护建设税的征税范围比较广。凡是在市区、县城、镇，以及市区、县城、镇以外的其他地区，只要是缴纳增值税、消费税的单位和个人，均属于城市维护建设税的征税范围。

对进口货物或者境外单位和个人向境内销售劳务、服务、无形资产缴纳的增值税、消费税税额，不征收城市维护建设税。

任务三 城市维护建设税的计算

任务引例

我公司为增值税一般纳税人，只缴纳增值税，不缴纳消费税，本年 1 月的增值税销项

税额为 4 000 元，增值税进项税额为 1 000 元，但上个月还有 5 000 元的进项税额未抵扣（即上月增值税留抵税额为 5 000 元），因此本年 1 月应缴纳的增值税为零，请问本年 1 月我公司还要计算缴纳城市维护建设税吗？

一、城市维护建设税计税依据的确定

城市维护建设税、教育费附加和地方教育附加的计税（费）依据为纳税人依法实际缴纳的增值税、消费税税额。

具体来说，依法实际缴纳的增值税、消费税税额，是指纳税人依照增值税、消费税相关法律法规和税收政策规定计算的应当缴纳的增值税、消费税税额（不含因进口货物或境外单位和个人向境内销售劳务、服务、无形资产缴纳的增值税、消费税税额），加上增值税免抵税额，扣除直接减免的增值税、消费税税额和期末留抵退税退还的增值税税额后的金额。

增值税免抵税额，是指出口货物、劳务或者跨境销售服务、无形资产增值税免抵税额。

直接减免的增值税、消费税税额，是指依照增值税、消费税相关法律法规和税收政策规定，直接减征或免征的增值税、消费税税额，不包括实行先征后返、先征后退、即征即退办法退还的增值税、消费税税额。

纳税人自收到留抵退税额之日起，应当在下一个税费申报期从城市维护建设税、教育费附加和地方教育附加计税（费）依据中扣除。留抵退税额仅允许在按照增值税一般计税方法确定的城市维护建设税、教育费附加和地方教育附加计税（费）依据中扣除。当期未扣除完的余额，在以后税费申报期按规定继续扣除。

对于增值税小规模纳税人更正、查补此前按照一般计税方法确定的城市维护建设税、教育费附加和地方教育附加计税（费）依据，允许扣除尚未扣除完的留抵退税额。

对增值税免抵税额征收的城市维护建设税、教育费附加和地方教育附加，纳税人应在税务机关核准免抵税额的下一个税费申报期内向主管税务机关申报缴纳。

纳税人违反增值税、消费税有关税法而加收的滞纳金和罚款，是税务机关对纳税人违法行为的经济制裁，不作为城市维护建设税、教育费附加和地方教育附加的计税（费）依据。但纳税人在被查补增值税、消费税和被处以罚款时，应同时对其偷（逃）漏的城市维护建设税、教育费附加和地方教育附加进行补税（费）、缴纳滞纳金和罚款。

城市维护建设税、教育费附加和地方教育附加以纳税人依法实际缴纳的增值税、消费税税额为计税（费）依据并随增值税、消费税同时征收，如果要免征或者减征增值税（出口货物、劳务或者跨境销售服务、无形资产增值税免抵税额除外）、消费税，也就要同时免征或者减征城市维护建设税、教育费附加和地方教育附加。

任务引例解析

根据《城市维护建设税法》的规定，城市维护建设税以纳税人依法实际缴纳的增值税、消费税税额为计税依据；城市维护建设税的纳税义务发生时间与增值税、消费税的纳税义务发生时间一致，分别与增值税、消费税同时缴纳。

你公司本年 1 月应缴纳的增值税为零，因此，你公司本年 1 月城市维护建设税也是零申报缴纳。

二、城市维护建设税税率的判定

城市维护建设税采用比例税率。按纳税人所在地的不同，设置三档差别比例税率（见表5－2）。

表5－2　城市维护建设税税率表

纳税人所在地	税率
市区	7%
县城或者镇	5%
市区、县城或者镇以外的其他地区	1%

城市维护建设税纳税人按所在地在市区、县城、镇和不在上述区域适用不同税率。市区、县城、镇按照行政区划确定。行政区划变更的，自变更完成当月起适用新行政区划对应的城市维护建设税税率，纳税人在变更完成当月的下一个纳税申报期按新税率申报缴纳。

城市维护建设税的适用税率，应当按照纳税人所在地的规定税率执行。但是，对下列两种情况，可按缴纳增值税、消费税所在地的规定税率就地缴纳城市维护建设税：

（1）由受托方代扣代缴、代收代缴增值税、消费税的单位和个人，其代扣代缴、代收代缴的城市维护建设税按受托方所在地适用税率执行。

（2）流动经营等无固定纳税地点的单位和个人，在经营地缴纳增值税、消费税的，其城市维护建设税的缴纳按经营地适用税率执行。

三、城市维护建设税优惠政策的运用

城市维护建设税原则上不单独减免，但因城市维护建设税具有附加税性质，当主税（增值税、消费税）发生减免时，城市维护建设税相应发生税收减免。城市维护建设税的税收减免具体有以下几种情况：

（1）城市维护建设税按减免后实际缴纳的增值税、消费税税额计征，即随增值税、消费税的减免而减免（出口货物、劳务或者跨境销售服务、无形资产增值税免抵税额除外）。

（2）对由于减免增值税、消费税而发生退税的，可同时退还已征收的城市维护建设税。但对出口货物、劳务和跨境销售服务、无形资产退还增值税、消费税的，不退还已缴纳的城市维护建设税。

【知识串联】对进口货物或者境外单位和个人向境内销售劳务、服务、无形资产缴纳的增值税、消费税税额，不征收城市维护建设税。

（3）因纳税人多缴发生的增值税、消费税退税，同时退还已缴纳的城市维护建设税。增值税、消费税实行先征后返、先征后退、即征即退的，除另有规定外，不予退还随增值税、消费税附征的城市维护建设税。

（4）对国家重大水利工程建设基金免征城市维护建设税。

(5) 根据国民经济和社会发展的需要，国务院对重大公共基础设施建设、特殊产业和群体以及重大突发事件应对等情形可以规定减征或者免征城市维护建设税，报全国人民代表大会常务委员会备案。

特别提示 自2023年1月1日至2027年12月31日，对增值税小规模纳税人、小型微利企业和个体工商户减半征收资源税（不含水资源税）、城市维护建设税、房产税、城镇土地使用税、印花税（不含证券交易印花税）、耕地占用税和教育费附加、地方教育附加。增值税小规模纳税人、小型微利企业和个体工商户已依法享受资源税、城市维护建设税、房产税、城镇土地使用税、印花税、耕地占用税、教育费附加、地方教育附加等其他优惠政策的，可叠加享受上述规定的优惠政策。

四、城市维护建设税应纳税额的计算

城市维护建设税应纳税额的计算公式为：

应纳城市维护建设税＝纳税人依法实际缴纳的增值税、消费税税额×适用税率

工作实例5-1

位于某市区的甲企业本年3月应缴纳的增值税为400 000元，应缴纳的消费税为420 000元。

工作要求： 计算甲企业应缴纳的城市维护建设税。

工作实施： 应纳城市维护建设税＝(400 000＋420 000)×7%＝820 000×7%＝57 400(元)。

任务四　城市维护建设税的纳税申报

一、城市维护建设税的纳税义务发生时间

城市维护建设税的纳税义务发生时间与增值税、消费税的纳税义务发生时间一致，分别与增值税、消费税同时缴纳。

点拨指导 同时缴纳是指在缴纳增值税、消费税时，应当在增值税、消费税同一缴纳地点、同一缴纳期限内，一并缴纳对应的城市维护建设税。采用委托代征、代扣代缴、代收代缴、预缴、补缴等方式缴纳增值税、消费税的，应当同时缴纳城市维护建设税。代扣代缴，不含因境外单位和个人向境内销售劳务、服务、无形资产代扣代缴增值税情形。

二、城市维护建设税的纳税期限

城市维护建设税的纳税期限与增值税、消费税的纳税期限一致。根据增值税和消费税法律制度的规定，增值税、消费税的纳税期限分别为1日、3日、5日、10日、15日、1个月或者1个季度；纳税人的具体纳税期限，由税务机关根据纳税人应纳税额的大小分别

核定；不能按照固定期限纳税的，可以按次纳税。

特别提示 扣缴义务人解缴税款的期限，依照上述规定执行。

三、城市维护建设税的纳税地点

纳税人实际缴纳增值税、消费税的地点，就是该纳税人缴纳城市维护建设税的地点。但是下列情况除外：

（1）代扣代缴、代收代缴增值税、消费税的单位和个人，同时也是城市维护建设税的代扣代缴、代收代缴义务人，其城市维护建设税的纳税地点在代扣代收地。

（2）跨省开采的油田，下属生产单位与核算单位不在一个省内的，其生产的原油，在油井所在地缴纳增值税，其应纳税款由核算单位按照各油井的产量和规定税率，计算汇拨各油井所在地缴纳。因此，各油井应纳的城市维护建设税应由核算单位计算，随同增值税一并汇拨油井所在地，由油井在缴纳增值税的同时，一并缴纳城市维护建设税。

（3）对流动经营等无固定纳税地点的单位和个人，城市维护建设税应随同增值税、消费税在经营地按适用税率缴纳。

（4）纳税人跨地区提供建筑服务、销售和出租不动产的，应在建筑服务发生地、不动产所在地预缴增值税时，以预缴增值税税额为计税依据，并按预缴增值税所在地的城市维护建设税适用税率和教育费附加征收率就地计算缴纳城市维护建设税和教育费附加。

预缴增值税的纳税人在其机构所在地申报缴纳增值税时，以其实际缴纳的增值税税额为计税依据，并按机构所在地的城市维护建设税适用税率和教育费附加征收率就地计算缴纳城市维护建设税和教育费附加。

四、城市维护建设税的纳税申报实务

纳税人对城市维护建设税进行纳税申报时，应当根据不同的情形分别填报《增值税及附加税费预缴表附列资料（附加税费情况表）》（略），以及《增值税及附加税费预缴表》（略）；《增值税及附加税费申报表（一般纳税人适用）附列资料（五）（附加税费情况表）》（见表 2-19），以及《增值税及附加税费申报表（一般纳税人适用）》（见表 2-20）；《增值税及附加税费申报表（小规模纳税人适用）附列资料（二）（附加税费情况表）》（见表 2-21），以及《增值税及附加税费申报表（小规模纳税人适用）》（见表 2-23）；《消费税附加税费计算表》（见表 3-6），以及《消费税及附加税费申报表》（见表 3-7）。

项目引例解析 1

第一步：计算厦门光明有限责任公司 2023 年 6 月的应纳城市维护建设税。

应纳城市维护建设税=57 870×7%=4 050.9（元）。

第二步：对城市维护建设税进行纳税申报。

厦门光明有限责任公司 2023 年 7 月 10 日对 2023 年 6 月的城市维护建设税进行纳税申报，填写《增值税及附加税费申报表（一般纳税人适用）附列资料（五）（附加税费情况表）》（见表 2-19）以及《增值税及附加税费申报表（一般纳税人适用）》（见表 2-20）

的第 39～41 栏次。

任务五 教育费附加和地方教育附加的计算与申报

一、教育费附加和地方教育附加的认知

（一）教育费附加和地方教育附加缴纳人和扣缴义务人的确定

教育费附加和地方教育附加缴纳人和扣缴义务人同城市维护建设税纳税人和扣缴义务人。

（二）教育费附加和地方教育附加征费范围的确定

教育费附加和地方教育附加征费范围同城市维护建设税征税范围。

二、教育费附加和地方教育附加的计算

（一）教育费附加和地方教育附加计费依据的确定

教育费附加和地方教育附加计费依据同城市维护建设税计税依据。

（二）教育费附加和地方教育附加征收率的判定

现行教育费附加征收率为 3%，现行地方教育附加征收率为 2%。

（三）教育费附加和地方教育附加优惠政策的运用

教育费附加和地方教育附加优惠政策同城市维护建设税优惠政策。

（四）教育费附加和地方教育附加缴纳额的计算

教育费附加和地方教育附加缴纳额的计算公式为：

应纳教育费附加＝纳税人依法实际缴纳的增值税、消费税税额×征收率（3%）

$$\text{应纳地方教育附加}=\text{纳税人依法实际缴纳的增值税、消费税税额}\times\text{征收率}（2\%）$$

三、教育费附加和地方教育附加的申报

（一）教育费附加和地方教育附加的缴纳义务发生时间、缴纳期限、缴纳地点

教育费附加和地方教育附加的缴纳义务发生时间、缴纳期限、缴纳地点同城市维护建设税纳税义务发生时间、纳税期限、纳税地点。

（二）教育费附加和地方教育附加的申报实务

纳税人对教育费附加和地方教育附加进行申报时，应当根据不同的情形分别填报《增

值税及附加税费预缴表附列资料（附加税费情况表）》（略），以及《增值税及附加税费预缴表》（略）；《增值税及附加税费申报表（一般纳税人适用）附列资料（五）（附加税费情况表）》（见表2-19），以及《增值税及附加税费申报表（一般纳税人适用）》（见表2-20）；《增值税及附加税费申报表（小规模纳税人适用）附列资料（二）（附加税费情况表）》（见表2-21），以及《增值税及附加税费申报表（小规模纳税人适用）》（见表2-23）；《消费税附加税费计算表》（见表3-6），以及《消费税及附加税费申报表》（见表3-7）。

项目引例解析2

第一步：根据经济业务计算当期应纳教育费附加和地方教育附加。

应纳教育费附加＝57 870×3％＝1 736.1（元）。

应纳地方教育附加＝57 870×2％＝1 157.4（元）。

第二步：对教育费附加和地方教育附加进行税费申报。

厦门光明有限责任公司2023年7月10日对2023年6月的教育费附加和地方教育附加进行税费申报，填写《增值税及附加税费申报表（一般纳税人适用）附列资料（五）（附加税费情况表）》（见表2-19）以及《增值税及附加税费申报表（一般纳税人适用）》（见表2-20）的第39～41栏次。

工作实例5-2

接“项目二　增值税计算与申报”的工作实例2-20，当地规定，小规模纳税人的“六税两费”按50％幅度减征。

工作要求：（1）计算厦门宏达贸易有限公司2023年6月的应纳城市维护建设税、教育费附加及地方教育附加。

（2）厦门宏达贸易有限公司2023年7月10日对2023年6月的城市维护建设税、教育费附加及地方教育附加进行税费申报，填写《增值税及附加税费申报表（小规模纳税人适用）附列资料（二）（附加税费情况表）》以及《增值税及附加税费申报表（小规模纳税人适用）》的第23～25栏次。

工作实施：

（1）计算厦门宏达贸易有限公司2023年6月的应纳城市维护建设税、教育费附加及地方教育附加。

应纳城市维护建设税＝5 800×7％＝406（元）

应纳教育费附加＝5 800×3％＝174（元）

应纳地方教育附加＝5 800×2％＝116（元）

作为增值税小规模纳税人城市维护建设税减征额＝406×50％＝203（元）

作为增值税小规模纳税人教育费附加减征额＝174×50％＝87（元）

作为增值税小规模纳税人地方教育附加减征额＝116×50％＝58（元）

本期应补（退）城市维护建设税＝406－203＝203（元）

本期应补（退）教育费附加＝174－87＝87（元）

本期应补（退）地方教育附加＝116－58＝58（元）

（2）厦门宏达贸易有限公司2023年7月10日对2023年6月的城市维护建设税、教育费附加及地方教育附加进行税费申报，填写《增值税及附加税费申报表（小规模纳税人适用）附列资料（二）（附加税费情况表）》（见表2－21）以及《增值税及附加税费申报表（小规模纳税人适用）》（见表2－23）的第23～25栏次。

工作实例5－3

接“项目三　消费税计算与申报”的“项目引例——消费税的计算与纳税申报”。

工作要求：（1）计算陕西金帝卷烟有限公司2023年6月的应纳城市维护建设税、教育费附加及地方教育附加。

（2）陕西金帝卷烟有限公司2023年7月10日对2023年6月的城市维护建设税、教育费附加及地方教育附加进行税费申报，填写《消费税附加税费计算表》以及《消费税及附加税费申报表》等申报表的第15～17栏次。

工作实施：

（1）计算陕西金帝卷烟有限公司2023年6月的应纳城市维护建设税、教育费附加及地方教育附加。

应纳城市维护建设税＝1 339 400×7％＝93 758（元）

应纳教育费附加＝1 339 400×3％＝40 182（元）

应纳地方教育附加＝1 339 400×2％＝26 788（元）

（2）陕西金帝卷烟有限公司2023年7月10日对2023年6月的城市维护建设税、教育费附加及地方教育附加进行税费申报，填写《消费税附加税费计算表》（见表3－6）以及《消费税及附加税费申报表》等申报表（见表3－7）的第15～17栏次。

项目技能训练

一、单项选择题

1. 下列关于城市维护建设税的说法中，正确的是（　　）。

A. 只要缴纳增值税就会缴纳城市维护建设税

B. 只有同时缴纳增值税、消费税的纳税人才能成为城市维护建设税的纳税人

C. 只要退还增值税、消费税，就退还城市维护建设税

D. 城市维护建设税的纳税人，是在中华人民共和国境内缴纳增值税、消费税的单位和个人

2. 甲生产企业为增值税一般纳税人（位于市区），主要经营内销和出口业务，本年2月实际向税务机关缴纳增值税40万元，出口货物免抵税额4万元。另外，进口货物缴纳增值税17万元，缴纳消费税30万元。甲生产企业本年2月需要缴纳的城市维护建设税为（　　）万元。

A. 2.8　　B. 3.08　　C. 2.52　　D. 5.81

3. 下列表述中，符合城市维护建设税有关规定的是（　　）。

A. 缴纳增值税的个体工商户不缴纳城市维护建设税

B. 流动经营的无固定纳税地点的纳税人在经营地缴纳城市维护建设税

C. 流动经营的无固定纳税地点的纳税人在居住地缴纳城市维护建设税

D. 对由于减免增值税、消费税而发生退税的，不能同时退还已征收的城市维护建设税

4. 下列属于城市维护建设税、教育费附加和地方教育附加的计税（费）依据的是（　　）。

A. 增值税、消费税的计税依据

B. 印花税、增值税的计税依据

C. 纳税人实际缴纳的增值税和消费税税额

D. 纳税人实际缴纳的增值税和车船税税额

5. 城市维护建设税纳税人所在地在县城、镇的，其适用的城市维护建设税税率为（　　）。

A. 7%　　B. 5%　　C. 3%　　D. 1%

二、多项选择题

1. 下列行为中，需要缴纳城市维护建设税的有（　　）。

A. 政府机关出租房屋行为

B. 企业购买房屋行为

C. 油田开采天然原油并销售的行为

D. 企业将土地使用权转让给农业生产者用于农业生产的行为

2. 下列关于城市维护建设税适用税率的表述中，正确的是（　　）。

A. 按纳税人所在地区的不同，设置了三档地区差别比例税率

B. 由受托方代收、代扣增值税、消费税的，可按纳税人所在地的规定税率就地缴纳城市维护建设税

C. 流动经营等无固定纳税地点的纳税人应随同增值税、消费税在经营地按适用税率缴纳城市维护建设税

D. 纳税人所在地为市区的，城市维护建设税的税率为 7%

3. 下列关于城市维护建设税减免税优惠政策的说法中，错误的有（　　）。

A. 某企业出口服装退还增值税后，还应退还城市维护建设税

B. 某企业享受增值税先征后返的税收优惠政策，城市维护建设税应当同时先征后返

C. 某企业进口小汽车，海关代征增值税和消费税，应同时代征城市维护建设税

D. 某市外商投资企业本年 8 月生产货物并缴纳了增值税，需同时缴纳城市维护建设税

三、判断题

1. 城市维护建设税的计税依据为纳税人依法实际缴纳的增值税、消费税税额。（　　）

2. 纳税人违反增值税、消费税有关税法而加收的滞纳金和罚款，是税务机关对纳税人违法行为的经济制裁，应作为城市维护建设税的计税依据。（　　）

3. 对国家重大水利工程建设基金免征城市维护建设税。 （ ）

4. 代扣代缴、代收代缴增值税、消费税的单位和个人，同时也是城市维护建设税的代扣代缴、代收代缴义务人，其城市维护建设税的纳税地点在代扣代收地。 （ ）

四、业务题

位于市区的甲进出口企业为增值税一般纳税人，本年3月实际缴纳了增值税50万元，出口货物免抵税额8万元。另外，进口货物缴纳增值税17万元、消费税28万元。

要求：计算甲进出口企业本年3月需要缴纳的城市维护建设税、教育费附加和地方教育附加。

五、实务咨询题

甲公司增值税按月申报缴纳，请问甲公司的城市维护建设税可否按照季度申报缴纳？

项目六　土地增值税计算与申报

学习目标

（1）能明确土地增值税的基本原理，能判定哪些业务应缴纳土地增值税。

（2）能根据相关业务资料计算土地增值税。

（3）能根据相关业务资料填写《土地增值税税源明细表》《财产和行为税纳税申报表》等申报表，并能进行土地增值税的纳税申报。

素养目标

（1）增强依法纳税意识和社会责任感。

（2）增强制度自信，激发爱国情怀。

（3）树立严谨的工作作风，培养工匠精神。

（4）深入理解土地增值税相关政策，引导学生深入社会实践、关注现实问题，培育踏踏实实、勤俭节约的职业素养。

素养提升设计

素养提升设计举例见表6-1。

表6-1　素养提升设计举例

选取的知识点	素养提升元素
土地增值税的基本原理认知	教师讲解“我国征收土地增值税的目的是抑制炒买炒卖土地获取暴利的行为，保护正当房地产开发的发展，抵制投机行为”，培养学生踏踏实实、勤勤恳恳的品格，坚持“房子是用来住的、不是用来炒的”理念，抵制投机取巧、不劳而获、急功近利的思想。
土地增值税优惠政策的运用	教师讲解“建造普通标准住宅出售，增值额未超过扣除项目金额20%的，免征土地增值税”的优惠政策，培养学生简朴、节约的生活习惯，引导学生理性消费、抵制铺张浪费的思想。

项目引例

土地增值税的计算与纳税申报

山东德胜铁矿有限公司的纳税人识别号为91370709864220086Y，法定代表人为张明，注册地址和生产经营地址均为山东省济南市开发区东关街道胜利路999号，开户银行为中国工商银行济南胜利路支行，账号为3301022009011512365，电话号码为0531-88888××。

山东德胜铁矿有限公司2023年6月底转让其自建的位于县城的一栋办公楼，取得含增值税销售收入12 000万元（作为产权转移书据的商品房销售合同中列明了含增值税金额12 000万元，但未列明增值税税款）。山东德胜铁矿有限公司与购买方于2023年6月30日签订商品房销售合同。2011年建造该办公楼时，取得土地使用权所支付的金额为3 000万元，发生建造成本4 000万元。该办公楼转让时已经计提折旧3 200万元。转让时经政府批准的房地产评估机构评估后，确定该办公楼的重置成本价为8 000万元，成新度折扣率为60%。产权转移书据适用的印花税税率为0.5‰，山东德胜铁矿有限公司支付给房地产评估机构的评估费用为10万元（含增值税，取得增值税普通发票）。当地税务机关认为：因转让房地产缴纳的教育费附加、地方教育附加均可视同“与转让房地产有关的税金”，作为土地增值税的扣除项目。山东德胜铁矿有限公司选择简易计税方法缴纳增值税。

要求：

1. 计算山东德胜铁矿有限公司2023年6月上述业务的应纳增值税和应纳土地增值税。
2. 山东德胜铁矿有限公司2023年7月5日对土地增值税进行纳税申报，填写《土地增值税税源明细表》《财产和行为税纳税申报表》。

项目引例解析

见本项目的任务四。

任务一　土地增值税的基本原理认知

一、土地增值税的含义

土地增值税是对有偿转让国有土地使用权、地上建筑物及其附着物（简称房地产），取得增值收入的单位和个人征收的一种税。

二、土地增值税的发展

1949年中华人民共和国成立以来，我国对土地、房屋等不动产的征税制度比较薄弱，先后开征过的税种有契税、城市房地产税、房产税、城镇土地使用税等，但这些税种都不是对土地增值额或土地收益额的征税。1993年12月13日国务院发布了《中华人民共和国土地增值税暂行条例》，从1994年1月1日起开征土地增值税。1995年1月27日财政部颁布了《中华人民共和国土地增值税暂行条例实施细则》（该细则自发布之日起施行，1994年1月1日至本细则发布之日期间的土地增值税参照本细则的规定计算征收），进一步细化了土地增值税征收管理办法。

现行土地增值税法律制度的基本规范，是1993年12月13日国务院颁布，自1994年1月1日起实施的《中华人民共和国土地增值税暂行条例》（以下简称《土地增值税暂行条例》，于2011年修订），以及1995年1月27日财政部颁布的《中华人民共和国土地增值税暂行条例实施细则》（以下简称《土地增值税暂行条例实施细则》）。

三、土地增值税的特点

我国的土地增值税具有以下特点：（1）以转让房地产的增值额为计税依据；（2）征税范围比较广；（3）实行超率累进税率；（4）采用扣除法或评估法计算增值额；（5）实行按次征收。

任务二 土地增值税纳税人和征税范围的确定

一、土地增值税纳税人的确定

土地增值税的纳税人是指转让国有土地使用权、地上建筑物及其附着物并取得收入的单位和个人。单位包括各类企业、事业单位、国家机关和社会团体及其他组织。个人包括个体经营者（个体工商户）。土地增值税也适用于外商投资企业、外国企业及外籍纳税人。

二、土地增值税征税范围的确定

（一）土地增值税征税范围的基本规定

（1）土地增值税对转让国有土地使用权的行为征税，对出让国有土地使用权的行为不征税。

转让国有土地使用权，是指土地使用者通过向国家支付土地出让金等形式取得国有土地使用权后，将国有土地使用权再转让的行为，是国有土地使用权的二级市场上的转让行为。

土地增值税征税范围不包括国有土地使用权出让。国有土地使用权出让，是指土地使用者为得到国有土地使用权而向国家支付土地出让金，国家以土地所有者的身份将土地使用权在一定期限内让与土地使用者的行为。因为土地使用权的出让方是国家，出让收入在性质上相当于政府凭借其拥有的国有土地所有权而在土地一级市场上收取的租金，所以，政府出让土地使用权的行为及取得的收入不属于土地增值税的征税范围。

（2）土地增值税既对转让国有土地使用权的行为征税，也对地上的建筑物及其附着物连同国有土地使用权一并转让的行为征税。

地上的建筑物，是指建于土地上的一切建筑物，包括地上地下的各种附属设施。附着物，是指附着于土地上的不能移动，一经移动即遭损坏的物品。

（3）土地增值税只对有偿转让的房地产征税，对以继承、赠与等方式无偿转让的房地产，不予征税。

转让国有土地使用权、地上的建筑物及其附着物并取得收入，是指以出售或者其他方式有偿转让房地产的行为，不包括以继承、赠与方式无偿转让房地产的行为。不征土地增值税的房地产赠与行为包括以下两种情况：（1）房产所有人、土地使用权所有人将房屋产权、土地使用权赠与直系亲属或承担直接赡养义务人的行为。（2）房产所有人、土地使用权所有人通过中国境内非营利的社会团体、国家机关将房屋产权、土地使用权赠与教育、民政和其他社会福利、公益事业的行为。社会团体是指中国青少年发展基金会、中国希望工程基金会、中国宋庆龄基金会、国家减灾委员会、中国红十字会、中国残疾人联合会、中国老龄事业发展基金会、中国老区建设促进会，以及经民政部门批准成立的其他非营利的公益性组织。

【知识串联】国有土地使用权出让、土地使用权转让时，承受人均应缴纳契税。

（二）土地增值税征税范围的特殊规定

（1）房地产开发企业开发的房地产转为自用或出租。

房地产开发企业将开发的部分房地产转为企业自用或用于出租等商业用途时，如果产权未发生转移，则不征收土地增值税。

（2）房地产的交换。

由于房地产交换既发生了房产产权、土地使用权的转移，交换双方又取得了实物形态的收入，因此属于土地增值税的征税范围。但对个人之间互换自有居住用房地产的，经当地税务机关核实，可以免征土地增值税。

【知识串联】土地使用权互换、房屋互换，互换价格相等的，互换双方计税依据为零；互换价格不相等的，以其差额为计税依据，由支付差额的一方缴纳契税。

（3）合作建房。

对于一方出地，另一方出资金，双方合作建房，建成后按比例分房自用的，暂免征收土地增值税；建成后转让的，应征收土地增值税。

（4）房地产的出租。

房地产出租，出租人虽取得了收入，但没有发生房产产权、土地使用权的转让，因此不属于土地增值税的征税范围。

（5）房地产的抵押和抵债。

房产产权、土地使用权在抵押期间并没有发生权属的变更，因此，对房地产的抵押，在抵押期间不征收土地增值税。待抵押期满后，视该房地产是否转移产权而确定是否征收土地增值税。

对于以房地产抵债而发生房地产权属转让的，应列入土地增值税的征税范围。

【知识串联】土地、房屋权属的抵押，不属于契税的征税范围。以土地、房屋权属偿还债务，视同发生权属转移，承受人应当缴纳契税。

（6）房地产的代建行为。

房地产的代建行为，是指房地产开发公司代客户进行房地产的开发，开发完成后向客户收取代建收入的行为。对于房地产开发公司而言，代建行为虽然取得了收入，但没有发生房地产权属的转移，其收入属于劳务收入性质，因此不属于土地增值税的征税范围。

（7）房地产的评估增值。

国有企业在清产核资时对房地产进行重新评估而产生的评估增值，因其既没有发生房地产权属的转移，房产产权、土地使用权人也未取得收入，因此不属于土地增值税的征税范围。

（8）土地使用者处置土地使用权。

土地使用者转让、抵押或置换土地，无论其是否取得了该土地的使用权属证书，无论其在转让、抵押或置换土地过程中是否与对方当事人办理了土地使用权属证书变更登记手续，只要土地使用者享有占有、使用、收益或处分该土地的权利，且有合同等证据表明其实质转让、抵押或置换了土地并取得了相应的经济利益，土地使用者及其对方当事人就应当依照税法规定缴纳土地增值税和契税等。

（三）与企业改制重组有关的土地增值税征税范围的规定

2027 年 12 月 31 日前，执行以下与企业改制重组有关的土地增值税政策：

（1）企业按照《中华人民共和国公司法》有关规定整体改制，包括非公司制企业改制为有限责任公司或股份有限公司，有限责任公司变更为股份有限公司，股份有限公司变更为有限责任公司，对改制前的企业将国有土地使用权、地上的建筑物及其附着物（以下简称房地产）转移、变更到改制后的企业，暂不征收土地增值税。整体改制是指不改变原企业的投资主体，并承继原企业权利、义务的行为。

（2）按照法律规定或者合同约定，两个或两个以上企业合并为一个企业，且原企业投资主体存续的，对原企业将房地产转移、变更到合并后的企业，暂不征收土地增值税。

（3）按照法律规定或者合同约定，企业分设为两个或两个以上与原企业投资主体相同的企业，对原企业将房地产转移、变更到分立后的企业，暂不征收土地增值税。

（4）单位、个人在改制重组时以房地产作价入股进行投资，对其将房地产转移、变更到被投资的企业，暂不征收土地增值税。

（5）上述与改制重组有关的土地增值税政策不适用于房地产转移任意一方为房地产开发企业的情形。

（6）改制重组后再转让房地产并申报缴纳土地增值税时，对“取得土地使用权所支付的金额”，按照改制重组前取得该宗国有土地使用权所支付的地价款和按国家统一规定缴纳的有关费用确定；经批准以国有土地使用权作价出资入股的，为作价入股时县级及以上自然资源部门批准的评估价格。按购房发票确定扣除项目金额的，按照改制重组前购房发票所载金额并从购买年度起至本次转让年度止每年加计 5%计算扣除项目金额，购买年度是指购房发票所载日期的当年。

点拨指导 不改变原企业的投资主体、投资主体相同，是指企业改制重组前后出资人不发生变动，出资人的出资比例可以发生变动；投资主体存续，是指原企业出资人必须存在于改制重组后的企业，出资人的出资比例可以发生变动。

任务三　土地增值税的计算

任务引例

我公司是一家房地产开发企业，请问我公司在清算土地增值税时，对未开票的房产应如何确认收入？

一、土地增值税计税依据的确定

土地增值税的计税依据是纳税人转让房地产所取得的土地增值额（简称“增值

额”)。而土地增值额为纳税人转让房地产所取得的收入减除《土地增值税暂行条例》规定扣除项目金额后的余额。

(一) 应税收入的确定

纳税人转让房地产取得的应税收入(简称“房地产转让收入”),包括转让房地产取得的全部价款及有关的经济利益,从形式上看包括货币收入、实物收入和其他收入。非货币收入要折合货币金额计入收入总额。

“营改增”后,土地增值税纳税人转让房地产取得的收入为不含增值税收入。适用增值税一般计税方法的纳税人,其转让房地产的土地增值税应税收入不含增值税销项税额;适用增值税简易计税方法的纳税人,其转让房地产的土地增值税应税收入不含增值税应纳税额。免征增值税的,确定计税依据时,转让房地产取得的收入不扣减增值税税额。

为方便纳税人,简化土地增值税预征税款计算,房地产开发企业采取预收款方式销售自行开发的房地产项目的,可按照以下方法计算土地增值税预征的计征依据:

土地增值税预征的计征依据=预收款-应预缴增值税税款

房地产开发企业在“营改增”后进行房地产开发项目土地增值税清算时,按以下方法确定应税收入:

土地增值税应税收入=“营改增”前转让房地产取得的收入+“营改增”后转让房地产取得的不含增值税收入

实务咨询 我公司为一家房地产开发企业,收取顾客的违约金及更名费是否需要缴纳土地增值税?

答:《土地增值税暂行条例实施细则》第五条规定:“条例第二条所称的收入,包括转让房地产的全部价款及有关的经济收益。”

你公司作为一家房地产开发企业,因购房者在履行买卖合同时违约而收取的违约金及更名费属于与转让房地产的全部价款有关的经济收益,因此应并入转让房地产所取得的收入中计征土地增值税。

(二) 纳税人从转让收入中减除的扣除项目

1. 取得土地使用权所支付的金额(适用新建房转让和存量房地产转让)

取得土地使用权所支付的金额包括纳税人为取得土地使用权所支付的地价款和按国家统一规定缴纳的费用。

特别提示 按国家统一规定缴纳的有关费用(取得土地使用权时),是指纳税人在取得土地使用权过程中为办理有关手续,按国家统一规定缴纳的有关登记、过户手续费。房地产开发企业为取得土地使用权所支付的契税,应视同“按国家统一规定缴纳的有关费用”,计入“取得土地使用权所支付的金额”中扣除(指的是计入“取得土地使用权所支付的金额”中作为从转让收入中减除的扣除项目)。

2. 房地产开发成本(适用新建房转让)

房地产开发成本是指纳税人房地产开发项目实际发生的成本,包括土地征用及拆迁补偿费、前期工程费、建筑安装工程费、基础设施费、公共配套设施费、开发间接费用。

（1）土地征用及拆迁补偿费，包括土地征用费、耕地占用税、劳动力安置费及有关地上、地下附着物拆迁补偿的净支出、安置动迁用房支出等。

（2）前期工程费，包括规划、设计、项目可行性研究和水文、地质、勘察、测绘、“三通一平”等支出。

（3）建筑安装工程费，是指以出包方式支付给承包单位的建筑安装工程费，以自营方式发生的建筑安装工程费。

（4）基础设施费，包括开发小区内道路、供水、供电、供气、排污、排洪、通信、照明、环卫、绿化等工程发生的支出。

（5）公共配套设施费，包括不能有偿转让的开发小区内公共配套设施发生的支出。

（6）开发间接费用，是指直接组织、管理开发项目发生的费用，包括工资、职工福利费、折旧费、修理费、办公费、水电费、劳动保护费、周转房摊销等。

3. 房地产开发费用（适用新建房转让）

房地产开发费用是指与房地产开发项目有关的销售费用、管理费用、财务费用。房地产开发费用的计算方法如下：

（1）纳税人能按转让房地产项目分摊利息支出并能提供金融机构贷款证明的，最多允许扣除的房地产开发费用＝利息（最高不能超过按商业银行同类同期贷款利率计算的金额）＋(取得土地使用权所支付的金额＋房地产开发成本）×5%。

（2）纳税人不能按转让房地产项目分摊利息支出或不能提供金融机构贷款证明的（也包含全部使用自有资金的无借款的情况），最多允许扣除的房地产开发费用＝（取得土地使用权所支付的金额＋房地产开发成本）×10%。

（3）房地产开发企业既向金融机构借款，又有其他借款的，其房地产开发费用计算扣除时不能同时适用上述（1）、（2）项所述两种办法。

（4）土地增值税清算时，已经计入房地产开发成本的利息支出，应调整至财务费用中计算扣除。

4. 与转让房地产有关的税金（适用新建房转让和存量房地产转让）

“营改增”后，与转让房地产有关的税金包括城市维护建设税、印花税（非房地产开发企业的印花税记入“税金及附加”科目，可以在此扣除；房地产开发企业由于印花税记入“管理费用”科目且通过管理费用扣除，故不能在此重复扣除）。教育费附加视同税金扣除。“营改增”后，计算土地增值税增值额的扣除项目“与转让房地产有关的税金”中不包括增值税。土地增值税扣除项目涉及的增值税进项税额，允许在销项税额中计算抵扣的，不计入扣除项目，不允许在销项税额中计算抵扣的，可以计入扣除项目。

点拨指导 从法理上来看，地方教育附加是可以视同“与转让房地产有关的税金”作为土地增值税的扣除项目（“土地增值税的扣除项目”是“计算土地增值税增值额的扣除项目”的简称）的，但国家层面没有明确的文件规定，各地具体执行也不一样。纳税人应当事先咨询当地税务机关，然后进行具体的操作。

“营改增”后，房地产开发企业实际缴纳的城市维护建设税、教育费附加，凡能够按清算项目准确计算的，允许据实扣除。凡不能按清算项目准确计算的，则按该清算项目预缴增值税时实际缴纳的城市维护建设税、教育费附加扣除。其他转让房地产行为的城市维护建设税、教育费附加扣除比照上述规定执行。

房地产开发企业在“营改增”后进行房地产开发项目土地增值税清算时，按以下方法确定与转让房地产有关的税金：

$$\text{与转让房地产有关的税金}=\text{“营改增”前实际缴纳的营业税、城市维护建设税、教育费附加}+\text{“营改增”后允许扣除的城市维护建设税、教育费附加}$$

5. **财政部规定的其他扣除项目（适用新建房转让）**

从事房地产开发的纳税人，可按取得土地使用权所支付的金额与房地产开发成本之和加计20%扣除。计算公式如下：

$$\text{从事房地产开发的纳税人可加计扣除}=\left(\text{取得土地使用权所支付的金额}+\text{房地产开发成本}\right)\times 20\%$$

特别提示 （1）此项加计扣除金额对房地产开发企业有效，非房地产开发企业不享受此项政策；（2）取得土地使用权后未经开发就转让的，不得加计扣除。

6. **旧房及建筑物的评估价格（适用存量房地产转让）**

税法规定，转让旧房的，应按房屋及建筑物的评估价格、取得土地使用权所支付的地价款和按国家统一规定缴纳的有关费用以及在转让环节缴纳的税金作为扣除项目金额计征土地增值税。

（1）“旧房及建筑物的评估价格”是指转让已使用过的房屋及建筑物时，由政府批准设立的房地产评估机构评定的重置成本价乘以成新度折扣率后的价格。评估价格须经当地税务机关确认。计算公式为：

$$\text{评估价格}=\text{重置成本价}\times\text{成新度折扣率}$$

纳税人转让旧房及建筑物，凡不能取得评估价格，但能提供购房发票的，经当地税务部门确认，《土地增值税暂行条例》第六条第（一）、（三）项规定的扣除项目的金额（即取得土地使用权所支付的金额、新建房及配套设施的成本、费用，或者旧房及建筑物的评估价格，下同），可按发票所载金额并从购买年度起至转让年度止每年加计5%计算扣除。计算扣除项目时，“每年”按购房发票所载日期起至售房发票开具之日止，每满12个月计1年；超过1年，未满12个月但超过6个月的，可以视同为1年。

“营改增”后，纳税人转让旧房及建筑物，凡不能取得评估价格，但能提供购房发票的，《土地增值税暂行条例》第六条第（一）、（三）项规定的扣除项目的金额按照下列方法计算：

1）提供的购房凭据为“营改增”前取得的营业税发票的，按照发票所载金额（不扣减营业税）并从购买年度起至转让年度止每年加计5%计算。

2）提供的购房凭据为“营改增”后取得的增值税普通发票的，按照发票所载价税合计金额从购买年度起至转让年度止每年加计5%计算。

3）提供的购房发票为“营改增”后取得的增值税专用发票的，按照发票所载不含增值税金额加上不允许抵扣的增值税进项税额之和，并从购买年度起至转让年度止每年加计5%计算。

对纳税人购房时缴纳的契税，凡能提供契税完税凭证的，准予作为“与转让房地产有关的税金”予以扣除，但不作为加计5%的基数。

对于转让旧房及建筑物，既没有评估价格，又不能提供购房发票的，税务机关可以根据《税收征收管理法》第三十五条的规定，实行核定征收。

（2）对取得土地使用权时未支付地价款或不能提供已支付的地价款凭据的，不允许扣除取得土地使用权时所支付的金额。

二、土地增值税税率的判定

土地增值税采用四级超率累进税率。超额累进税率的累进依据为绝对数；超率累进税率的累进依据为相对数。本税种的累进依据为增值额与扣除项目金额之间的比率。土地增值税税率见表 6－2。

表 6－2　土地增值税税率表

级数	增值额与扣除项目金额的比率	税率	速算扣除系数
1	不超过 50％的部分	30％	0
2	超过 50％至 100％的部分	40％	5％
3	超过 100％至 200％的部分	50％	15％
4	超过 200％的部分	60％	35％

三、土地增值税优惠政策的运用

（1）建造普通标准住宅出售，增值额未超过扣除项目金额 20％的，免征土地增值税。

普通标准住宅与其他住宅的具体划分界限，在 2005 年 5 月 31 日以前由各省、自治区、直辖市人民政府规定。自 2005 年 6 月 1 日起，普通标准住宅应同时满足：住宅小区建筑容积率在 1.0 以上；单套建筑面积在 120 平方米以下；实际成交价格低于同级别土地上住房平均交易价格 1.2 倍以下。各省、自治区、直辖市要根据实际情况，制定本地区享受优惠政策住房具体标准。允许单套建筑面积和价格标准适当浮动，但向上浮动的比例不得超过上述标准的 20％。

（2）因国家建设需要依法征收、收回的房地产，免征土地增值税。

（3）因城市实施规划、国家建设的需要而搬迁，由纳税人自行转让原房地产的，免征土地增值税。

（4）从 2008 年 11 月 1 日起，对个人销售住房暂免征收土地增值税。

四、土地增值税应纳税额的计算

计算土地增值税的步骤如下：

第一步，计算房地产转让收入。

第二步，计算扣除项目金额。

第三步，用房地产转让收入减除扣除项目金额计算增值额。公式为：

增值额＝房地产转让收入－扣除项目金额

第四步，计算增值额与扣除项目金额之间的比率（增值率），并根据土地增值税税率表确定适用税率和速算扣除系数。

第五步，套用公式计算土地增值税应纳税额。公式为：

土地增值税应纳税额＝增值额×税率－扣除项目金额×速算扣除系数

五、房地产开发企业土地增值税的清算

(一) 土地增值税的清算单位

土地增值税以国家有关部门审批的房地产开发项目为单位进行清算，对于分期开发的项目，以分期项目为单位清算。

开发项目中同时包含普通住宅和非普通住宅的，应分别计算增值额。

(二) 土地增值税的清算条件

(1) 符合下列情形之一的，纳税人应进行土地增值税的清算：

1) 房地产开发项目全部竣工、完成销售的；

2) 整体转让未竣工决算房地产开发项目的；

3) 直接转让土地使用权的。

(2) 符合下列情形之一的，主管税务机关可要求纳税人进行土地增值税清算：

1) 已竣工验收的房地产开发项目，已转让的房地产建筑面积占整个项目可售建筑面积的比例在85%以上，或该比例虽未超过85%，但剩余的可售建筑面积已经出租或自用的；

2) 取得销售(预售)许可证满3年仍未销售完毕的；

3) 纳税人申请注销税务登记但未办理土地增值税清算手续的；

4) 省税务机关规定的其他情况。

(三) 土地增值税的核定征收

房地产开发企业有下列情形之一的，税务机关可以参照与其开发规模和收入水平相近的当地企业的土地增值税税负情况，按不低于预征率的征收率核定征收土地增值税：

(1) 依照法律、行政法规的规定应当设置但未设置账簿的。

(2) 擅自销毁账簿或者拒不提供纳税资料的。

(3) 虽设置账簿，但账目混乱或者成本资料、收入凭证、费用凭证残缺不全，难以确定转让收入或扣除项目金额的。

(4) 符合土地增值税清算条件，未按照规定的期限办理清算手续，经税务机关责令限期清算，逾期仍不清算的。

(5) 申报的计税依据明显偏低，又无正当理由的。

为了规范核定工作，核定征收率原则上不得低于5%，各省级税务机关应当结合本地实际，区分不同房地产类型制定核定征收率。

任务引例解析

根据《国家税务总局关于土地增值税清算有关问题的通知》(国税函〔2010〕220号)的规定，土地增值税清算时，已全额开具商品房销售发票的，按照发票所载金额确认收入；未开具发票或未全额开具发票的，以交易双方签订的销售合同所载的售房金额及其他收益确认收入。销售合同所载商品房面积与有关部门实际测量面积不一致，在清算前已发生补、退房款的，应在计算土地增值税时予以调整。

因此，你公司在土地增值税清算时，对于未开具发票的房产，应以交易双方签订的销

售合同所载的售房金额及其他收益确认收入。

实务咨询 我公司是一家房地产开发企业，在清算时补缴了土地增值税，是否需要缴纳滞纳金?

答：根据《国家税务总局关于土地增值税清算有关问题的通知》（国税函〔2010〕220号）的规定，纳税人按规定预缴土地增值税后，清算补缴的土地增值税，在主管税务机关规定的期限内补缴的，不加收滞纳金。

因此，你公司作为一家房地产开发企业，在清算时补缴的土地增值税，不需要缴纳滞纳金。

任务四 土地增值税的纳税申报

一、土地增值税的纳税期限

土地增值税的纳税人应自转让房地产合同签订之日起7日内向房地产所在地主管税务机关办理纳税申报，并在税务机关核定的期限内缴纳土地增值税。

根据《土地增值税暂行条例实施细则》的规定，对纳税人在项目全部竣工结算前转让房地产取得的收入可以预征土地增值税，具体办法由各省、自治区、直辖市税务局根据当地情况制定。因此，对纳税人预售房地产所取得的收入，当地税务机关规定预征土地增值税的，纳税人应当到主管税务机关办理纳税申报，并按规定比例预缴，待办理决算后，多退少补；当地税务机关规定不预征土地增值税的，也应在取得收入时先到税务机关登记或备案。

对实行预征办法的地区，自2024年12月1日起，将土地增值税预征率下限降低0.5个百分点。调整后，除保障性住房外，东部地区省份预征率下限为1.5%，中部和东北地区省份预征率下限为1%，西部地区省份预征率下限为0.5%（地区的划分按照国务院有关文件的规定执行）。

二、土地增值税的纳税地点

土地增值税的纳税人应向房地产所在地主管税务机关办理纳税申报。

这里所说的“房地产所在地”，是指房地产的坐落地。纳税人转让的房地产坐落在两个或两个以上地区的，应按房地产所在地分别申报纳税。

三、土地增值税的纳税申报实务

纳税人对土地增值税进行纳税申报时，应当填报《土地增值税税源明细表》（见表6－3）、《财产和行为税减免税明细申报附表》（略）、《财产和行为税纳税申报表》（见表6－4）①。

① 《财产和行为税纳税申报表》适用于申报城镇土地使用税、房产税、契税、耕地占用税、土地增值税、印花税、车船税、烟叶税、环境保护税、资源税。本表根据各税种税源明细表自动生成，申报前需填写税源明细表。本表包含一张附表《财产和行为税减免税明细申报附表》。

表 6-3 土地增值税税源明细表（节选）①

税款所属期限：自 2023 年 06 月 30 日至 2023 年 06 月 30 日
纳税人识别号（统一社会信用代码）：91370709864220086Y
纳税人名称：山东德胜铁矿有限公司　　　　　金额单位：人民币元（列至角分）；面积单位：平方米

<table>
<tr><td colspan="8">土地增值税申报计算及减免信息</td></tr>
<tr><td colspan="8">申报类型：</td></tr>
<tr><td colspan="8">1. 从事房地产开发的纳税人预缴适用 □</td></tr>
<tr><td colspan="8">2. 从事房地产开发的纳税人清算适用 □</td></tr>
<tr><td colspan="8">3. 从事房地产开发的纳税人按核定征收方式清算适用 □</td></tr>
<tr><td colspan="8">4. 纳税人整体转让在建工程适用 □</td></tr>
<tr><td colspan="8">5. 从事房地产开发的纳税人清算后尾盘销售适用 □</td></tr>
<tr><td colspan="8">6. 转让旧房及建筑物的纳税人适用 ☑</td></tr>
<tr><td colspan="8">7. 转让旧房及建筑物的纳税人核定征收适用 □</td></tr>
<tr><td colspan="2">项目名称</td><td colspan="2">略</td><td colspan="2">项目编码</td><td colspan="2">略</td></tr>
<tr><td colspan="2">项目地址</td><td colspan="6">略</td></tr>
<tr><td colspan="2">项目总可售面积</td><td colspan="2">略</td><td colspan="2">自用和出租面积</td><td colspan="2">略</td></tr>
<tr><td>已售面积</td><td>略</td><td>其中：普通住宅已售面积</td><td>略</td><td>其中：非普通住宅已售面积</td><td>略</td><td>其中：其他类型房地产已售面积</td><td>略</td></tr>
<tr><td colspan="2">清算时已售面积</td><td colspan="2">略</td><td colspan="2">清算后剩余可售面积</td><td colspan="2">略</td></tr>
<tr><td>申报类型</td><td colspan="3">项目</td><td colspan="2">序号</td><td colspan="2">金额</td></tr>
<tr><td rowspan="9">6. 转让旧房及建筑物的纳税人适用
7. 转让旧房及建筑物的纳税人核定征收适用</td><td colspan="3">一、转让房地产收入总额</td><td colspan="2">1=2+3+4</td><td colspan="2">114 285 714.29</td></tr>
<tr><td colspan="3">1. 货币收入</td><td colspan="2">2</td><td colspan="2">114 285 714.29</td></tr>
<tr><td colspan="3">2. 实物收入</td><td colspan="2">3</td><td colspan="2"></td></tr>
<tr><td colspan="3">3. 其他收入</td><td colspan="2">4</td><td colspan="2"></td></tr>
<tr><td colspan="3">二、扣除项目金额合计</td><td colspan="2">（1）5=6+7+10+15
（2）5=11+12+14+15</td><td colspan="2">78 731 428.57</td></tr>
<tr><td colspan="3">（1）提供评估价格</td><td colspan="2"></td><td colspan="2"></td></tr>
<tr><td colspan="3">1. 取得土地使用权所支付的金额</td><td colspan="2">6</td><td colspan="2">30 000 000.00</td></tr>
<tr><td colspan="3">2. 旧房及建筑物的评估价格</td><td colspan="2">7=8×9</td><td colspan="2">48 000 000.00</td></tr>
<tr><td colspan="3">其中：旧房及建筑物的重置成本价</td><td colspan="2">8</td><td colspan="2">80 000 000.00</td></tr>
</table>

① 《土地增值税税源明细表》原表的内容较多，涉及不同情形土地增值税的缴纳，为了学习需要，此处为节选后的《土地增值税税源明细表》。可以通过国家税务总局网址下载原表。

续表

<table>
<tr><th>申报类型</th><th colspan="2">项目</th><th>序号</th><th>金额</th></tr>
<tr><td rowspan="23">6. 转让旧房及建筑物的纳税人适用
7. 转让旧房及建筑物的纳税人核定征收适用</td><td colspan="2">成新度折扣率</td><td>9</td><td>60%</td></tr>
<tr><td colspan="2">3. 评估费用</td><td>10</td><td>100 000.00</td></tr>
<tr><td colspan="2">（2）提供购房发票</td><td></td><td></td></tr>
<tr><td colspan="2">1. 购房发票金额</td><td>11</td><td></td></tr>
<tr><td colspan="2">2. 发票加计扣除金额</td><td>12=11×5%×13</td><td></td></tr>
<tr><td colspan="2">其中：房产实际持有年数</td><td>13</td><td></td></tr>
<tr><td colspan="2">3. 购房契税</td><td>14</td><td></td></tr>
<tr><td colspan="2">4. 与转让房地产有关的税金等</td><td>15=16+17+18+19</td><td>631 428.57</td></tr>
<tr><td colspan="2">其中：营业税</td><td>16</td><td></td></tr>
<tr><td colspan="2">城市维护建设税</td><td>17</td><td>285 714.29</td></tr>
<tr><td colspan="2">印花税</td><td>18</td><td>60 000.00</td></tr>
<tr><td colspan="2">教育费附加</td><td>19</td><td>285 714.28</td></tr>
<tr><td colspan="2">三、增值额</td><td>20=1−5</td><td>35 554 285.72</td></tr>
<tr><td colspan="2">四、增值额与扣除项目金额之比（%）</td><td>21=20÷5</td><td>45.16%</td></tr>
<tr><td colspan="2">五、适用税率（核定征收率）（%）</td><td>22</td><td>30%</td></tr>
<tr><td colspan="2">六、速算扣除系数（%）</td><td>23</td><td></td></tr>
<tr><td colspan="2">七、减免税额</td><td>24=26+28+30</td><td></td></tr>
<tr><td rowspan="2">其中：减免税（1）</td><td>减免性质代码和项目名称（1）</td><td>25</td><td></td></tr>
<tr><td>减免税额（1）</td><td>26</td><td></td></tr>
<tr><td rowspan="2">减免税（2）</td><td>减免性质代码和项目名称（2）</td><td>27</td><td></td></tr>
<tr><td>减免税额（2）</td><td>28</td><td></td></tr>
<tr><td rowspan="2">减免税（3）</td><td>减免性质代码和项目名称（3）</td><td>29</td><td></td></tr>
<tr><td>减免税额（3）</td><td>30</td><td></td></tr>
</table>

表 6-4　财产和行为税纳税申报表

纳税人识别号（统一社会信用代码）：91370709864220086Y

纳税人名称：山东德胜铁矿有限公司　　金额单位：人民币元（列至角分）

序号	税种	税目	税款所属期起	税款所属期止	计税依据	税率	应纳税额	减免税额	已缴税额	应补（退）税额
1	土地增值税		2023年06月30日	2023年06月30日	35 554 285.72	30%	10 666 285.72	0.00	0.00	10 666 285.72
2	资源税	铁矿	2023年06月01日	2023年06月30日	3 000 000.00	2%	60 000.00	0.00	0.00	60 000.00
3	房产税		2023年04月01日	2023年06月30日	56 000 000.00	1.2%	168 000.00	0.00	0.00	168 000.00
4	城镇土地使用税		2023年04月01日	2023年06月30日	12 000.00	7	21 000.00	0.00	0.00	21 000.00
5	车船税	乘用车	2023年06月01日	2023年12月31日	1	360	210.00	0.00	0.00	210.00
6	印花税	买卖合同	2023年06月01日	2023年06月30日	3 200 000.00	0.3‰	960.00	0.00	0.00	960.00
7	印花税	土地使用权、房屋等建筑物和构筑物所有权转让书据	2023年06月01日	2023年06月30日	120 000 000.00	0.5‰	60 000.00	0.00	0.00	60 000.00
8	契税		2023年07月05日	2023年07月05日	10 000 000.00	3%	300 000.00	0.00	0.00	300 000.00
9	环境保护税	大气污染物	2023年04月01日	2023年06月30日	1 050.00	1.20	1 260.00	0.00	0.00	1 260.00
10										
11	合计	—	—	—	—	—	11 277 715.72	0.00	0.00	11 277 715.72

续表

<table>
<tr><td colspan="2">声明：此表是根据国家税收法律法规及相关规定填写的，本人（单位）对填报内容（及附带资料）的真实性、可靠性、完整性负责。
纳税人（签章）：山东德胜铁矿有限公司　　　　2023 年 07 月 05 日</td></tr>
<tr><td>经办人：略
经办人身份证号：略
代理机构签章：
代理机构统一社会信用代码：</td><td>受理人：
受理税务机关（章）：
受理日期：　年　月　日</td></tr>
</table>

项目引例解析

第一步：根据经济业务计算应纳土地增值税。

（1）计算销售房地产应纳增值税。

根据《国家税务总局关于发布〈纳税人转让不动产增值税征收管理暂行办法〉的公告》（国家税务总局公告 2016 年第 14 号）（注：房地产开发企业销售自行开发的房地产项目不适用本办法）的规定，一般纳税人转让其 2016 年 4 月 30 日前自建的不动产，可以选择适用简易计税方法计税，以取得的全部价款和价外费用为销售额，按照 5%的征收率计算应纳税额。纳税人应按照上述计税方法向不动产所在地主管税务机关预缴税款，向机构所在地主管税务机关申报纳税。

应预缴增值税＝120 000 000÷（1＋5%）×5%＝5 714 285.71（元）

应纳增值税＝应预缴增值税＝5 714 285.71（元）

（2）计算销售房地产应纳土地增值税。

根据《财政部 国家税务总局关于营改增后契税 房产税 土地增值税 个人所得税计税依据问题的通知》（财税〔2016〕43 号）的规定，营改增后，土地增值税纳税人转让房地产取得的收入为不含增值税收入［其中，对于一般纳税人适用简易计税方法计税的情况，不含增值税收入＝含增值税收入－增值税额＝含增值税收入÷（1＋增值税征收率）］。

房地产转让收入（不含增值税收入）＝120 000 000－5 714 285.71
＝120 000 000÷（1＋5%）
＝114 285 714.29（元）

取得土地使用权所支付的金额＝30 000 000（元）

办公楼的评估价格＝80 000 000×60%＝48 000 000（元）

支付的评估费用＝100 000（元）

应纳城市维护建设税＝5 714 285.71×5%＝285 714.29（元）

应纳教育费附加＝5 714 285.71×3%＝171 428.57（元）

应纳地方教育附加＝5 714 285.71×2%＝114 285.71（元）

应税产权转移书据印花税的计税依据为产权转移书据所列的金额，不包括列明的增值税税款。因此，计算土地增值税时可扣除的印花税＝120 000 000×0.5‰＝60 000（元）。

与转让房地产有关的税金等＝285 714.29＋171 428.57＋114 285.71＋60 000
＝631 428.57（元）

扣除项目金额＝30 000 000＋48 000 000＋100 000＋631 428.57

＝78 731 428.57（元）

增值额＝114 285 714.29－78 731 428.57＝35 554 285.72（元）

增值额与扣除项目金额的比率（增值率）＝35 554 285.72÷78 731 428.57×100%＝45.16%

适用税率为30%，速算扣除系数为0。

应纳土地增值税＝35 554 285.72×30%＝10 666 285.72（元）

第二步：对土地增值税进行纳税申报。

填写《土地增值税税源明细表》（见表6-3）、《财产和行为税纳税申报表》（见表6-4）。

项目技能训练

一、单项选择题

1. 下列各项中，应当缴纳土地增值税的是（　　）。

A. 公司与公司之间交换房产

B. 房地产开发公司为客户代建房产

C. 单位、个人在改制重组时以房地产作价入股进行投资，对其将房地产转移、变更到被投资的企业

D. 房地产的出租

2. 纳税人建造普通标准住宅出售，增值额超过扣除项目金额20%的，应就其（　　）按规定计算缴纳土地增值税。

A. 超过部分的增值额　　B. 全部增值额

C. 扣除项目金额　　D. 出售金额

3. 我国现行土地增值税实行的税率属于（　　）。

A. 比例税率　　B. 超额累进税率

C. 定额税率　　D. 超率累进税率

4. 土地增值税的纳税人应当自转让房地产合同签订之日起（　　）日内向房地产所在地主管税务机关办理纳税申报，并在税务机关核定的期限内缴纳土地增值税。

A. 7　　B. 15　　C. 30　　D. 60

二、多项选择题

1. 下列各项行为中，免征或暂免征收土地增值税的有（　　）。

A. 企业与企业之间的房地产交换

B. 私营企业的房地产评估增值

C. 双方合作建房，建成后分房自用的

D. 因国家建设需要依法收回的房地产的

2. 下列各项行为中，属于土地增值税扣除项目中房地产开发成本项目的有（　　）。
A. 取得土地使用权支付的金额
B. 土地征用及拆迁补偿费
C. 建筑安装工程费
D. 开发间接费用
3. 下列项目中，在计算土地增值税的扣除项目时不应计入房地产开发成本的有（　　）。
A. 耕地占用税
B. 利息支出
C. 为取得土地使用权缴纳的过户手续费
D. 为取得土地使用权所支付的地价款

三、判断题

1. 土地增值税的纳税人，是指转让国有土地使用权、地上建筑物及其附着物并取得收入的单位。（　　）
2. 房地产继承不属于土地增值税的征税范围。（　　）
3. 土地增值税以国家有关部门审批的房地产开发项目为单位进行清算，对于分期开发的项目，以分期项目为单位清算。（　　）

四、业务题

甲房地产开发公司为增值税一般纳税人，本年 1 月转让一幢写字楼取得收入 1 000 万元（不含增值税）。已知该公司为取得土地使用权所支付的金额为 50 万元，房地产开发成本为 200 万元（不含增值税），经税务机关批准扣除的房地产开发费用为 40 万元，与转让房地产有关的税金为 60 万元。已知增值率超过 50%至 100%的部分，税率为 40%，速算扣除系数为 5%；增值率超过 100%至 200%的部分，税率为 50%，速算扣除系数为 15%。

要求：计算甲房地产开发公司本年 1 月应缴纳的土地增值税。

五、实务咨询题

1. 甲房地产开发企业销售地下车位使用权，与业主签订合同约定使用年限为 20 年，使用费一次性收取，请问该业务是否应当缴纳土地增值税？
2. 甲房地产开发公司销售精装修房，并将向购房者收取的装修费用计入转让收入，其装修成本能否在计算土地增值税时扣除？

项目七　资源税计算与申报

学习目标

（1）能明确资源税的基本原理，能判定哪些业务应缴纳资源税。

（2）能根据相关业务资料计算资源税。

（3）能根据相关业务资料填写《资源税税源明细表》《财产和行为税纳税申报表》等申报表，并能进行资源税的纳税申报。

素养目标

（1）增强依法纳税意识和社会责任感。

（2）增强制度自信，激发爱国情怀。

（3）树立严谨的工作作风，培养工匠精神。

（4）深入理解资源税相关政策，引导学生深入社会实践、关注现实问题，增强节能减排、珍惜资源的环保意识。

素养提升设计

素养提升设计举例见表 7-1。

表 7-1　素养提升设计举例

选取的知识点	素养提升元素
资源税的基本原理认知	教师讲解"我国征收资源税的目的是促进国家资源的适度开采和节约使用，促进产业结构优化升级，促进资源再生产业的发展，实现我国经济社会可持续发展"，引导学生绿色消费，推动形成绿色低碳的生活方式。
资源税优惠政策的运用	教师讲解"对青藏铁路公司及其所属单位运营期间自采自用的砂、石等材料免征资源税"的优惠政策，增强学生支持西部大开发的理念，激发开发我国西部的热情。

项目引例

资源税的计算与纳税申报

接"项目六　土地增值税计算与申报"的"项目引例——土地增值税的计算与纳税申报"，山东德胜铁矿有限公司 2023 年 6 月生产铁矿原矿 8 000 吨。当月对外销售铁矿原矿 5 000 吨，双方购销合同上记载每吨不含增值税售价为 600 元，合计不含增值税售价为

3 000 000 元。已售出的铁矿原矿的成本为 2 200 000 元。该批铁矿原矿已经发出，款项以银行存款收讫。该批铁矿原矿的资源税税率为 2%。山东德胜铁矿有限公司资源税纳税期限为 1 个月。

要求：

1. 计算山东德胜铁矿有限公司 2023 年 6 月上述业务的增值税销项税额和应纳资源税。

2. 山东德胜铁矿有限公司 2023 年 7 月 5 日对 2023 年 6 月的资源税进行纳税申报，填写《资源税税源明细表》《财产和行为税纳税申报表》。

项目引例解析

见本项目的任务四。

任务一 资源税的基本原理认知

一、资源税的含义

资源税是对在中华人民共和国领域和中华人民共和国管辖的其他海域开发应税资源的单位与个人课征的一种税。

二、资源税的发展

对资源占用行为课税不仅被当今许多国家广泛采用，而且具有十分悠久的历史。我国对资源占用课税的历史至少可以追溯到周代，当时的“山泽之赋”就是对伐木、采矿、狩猎、捕鱼、煮盐等开发利用自然资源的生产活动课征的赋税。此后，我国历代政府一直延续了对矿冶资源、盐业资源等自然资源开发利用课税的制度。

中华人民共和国成立后，颁布了《全国税政实施要则》，明确了对盐的生产、运销征收盐税。但是，对矿产资源的开采如何课税并没有规定，所以在长达 30 多年的时间内我国实行的是资源无偿开采的制度。

1984 年 10 月 1 日，《中华人民共和国资源税条例（草案）》施行，我国开始对自然资源征税，征收范围仅为原油、天然气、煤炭和铁矿石。资源税法律制度建立的初衷仅仅是调节级差收益，只要没有获得 12%以上的利润，企业和个人就可以无偿开采国有矿产资源。

1986 年 10 月 1 日，《中华人民共和国矿产资源法》施行，该法第五条进一步明确：国家对矿产资源施行有偿开采。开采矿产资源，必须按照国家有关规定缴纳资源税和资源补偿费。“税费并存”的制度从此以法律的形式确立下来。1993 年全国财税体制改革，对 1984 年第一代资源税法律制度做了重大修改，形成了第二代资源税制度。

1993 年 12 月国务院颁布的《中华人民共和国资源税暂行条例》及《中华人民共和国资源税暂行条例实施明细》，把盐税并到资源税中，并将资源税征收范围扩大为原油、天然气、煤炭、其他非金属矿原矿、黑色金属矿原矿、有色金属矿原矿和盐 7 种，于 1994 年 1 月 1 日起不再按超额利润征税，而是按矿产品销售量征税，按照“普遍征收、级差调节”的原则，就资源赋税情况、开采条件、资源等级、地理位置等客观条件的差异规定了幅度税额，为每一个课税矿区规定了适用税率。这一规定考虑了资源条件优劣的差别，对级差收益进行了有效调节。

2010 年 6 月 1 日，我国率先在新疆开展原油、天然气资源税从价计征改革，拉开了资源税制度改革的序幕。2010 年 12 月 1 日，原油、天然气资源税改革扩大到内蒙古、甘肃、四川、青海、贵州、宁夏等 12 个西部省区；2011 年 11 月 1 日，原油、天然气资源税改革推广至全国范围；2014 年 12 月 1 日，煤炭资源税从价计征改革全面实施，同时全面清理涉煤收费基金；2015 年 5 月 1 日，资源税从价计征改革覆盖稀土、钨、钼 3 个品目。

2016 年 7 月 1 日起，我国全面推开资源税改革，资源税改革步入全速前进的“快车道”。改革的主要内容包括：河北省开展水资源费改税试点，条件成熟后在全国推开。不在全国范围统一规定对森林、草场、滩涂等资源征税，但对具备征收条件的，授权省级政府提出征收方案建议，报国务院批准后实施。全面推开从价计征方式，对绝大部分矿产品实行从价计征，但对经营分散、多为现金交易且难以控管的黏土、砂石等少数矿产品，仍实行从量定额计征。将全部资源品目矿产资源补偿费费率降为零，停征价格调节基金，取缔地方针对矿产资源违规设立的收费基金项目。

自 2017 年 12 月 1 日起在北京、天津、山西、内蒙古、山东、河南、四川、陕西、宁夏 9 个省（自治区、直辖市）扩大水资源税改革试点。

2019 年 8 月 26 日，第十三届全国人民代表大会常务委员会第十二次会议通过了《中华人民共和国资源税法》，自 2020 年 9 月 1 日起施行。1993 年 12 月 25 日国务院发布的《中华人民共和国资源税暂行条例》同时废止。2024 年 10 月 15 日，财政部、国家税务总局、水利部联合公布《水资源税改革试点实施办法》，宣布自 2024 年 12 月 1 日起全面实施水资源税改革试点。

现行资源税法律制度的基本规范，是 2019 年 8 月 26 日第十三届全国人民代表大会常务委员会第十二次会议通过，自 2020 年 9 月 1 日起施行的《中华人民共和国资源税法》（以下简称《资源税法》），以及 2024 年 10 月 15 日财政部、国家税务总局、水利部联合公布，自 2024 年 12 月 1 日起全面实施的《水资源税改革试点实施办法》。

三、资源税的特点

我国资源税具有以下特点：（1）具有特定的征收范围；（2）绝大多数应税产品实行从价征收；（3）不同的应税产品适用税率不尽相同。

素养提升园地

老物件折射新中国税收70年历程　新税务助力实现中国梦

任务二　资源税纳税人、征税范围和税目的确定

一、资源税纳税人的确定

资源税的纳税人是指在中华人民共和国领域和中华人民共和国管辖的其他海域开发应

税资源（产品）的单位和个人。

对资源税纳税人的理解，应注意以下三点：

（1）资源税仅对在中华人民共和国领域和中华人民共和国管辖的其他海域开发应税资源（产品）的单位和个人征收，因此，对进口的相关产品不征收资源税。由于对进口的相关产品不征收资源税，相应地，对出口的相关产品也不免征或退还已纳资源税。

特别提示 对于资源税，进口不征，出口不退（免）。

（2）资源税纳税人不仅包括符合规定的中国企业和个人，还包括外商投资企业和外国企业。

（3）中外合作开采陆上、海上石油资源的企业依法缴纳资源税。2011 年 11 月 1 日前已依法订立中外合作开采陆上、海上石油资源合同的，在该合同有效期内，继续依照国家有关规定缴纳矿区使用费，不缴纳资源税；合同期满后，依法缴纳资源税。

实务咨询 我公司是一家生产建材产品的企业，请问我公司在收购应税矿产品时有代扣代缴资源税的义务吗？

答：根据《国家税务总局关于公布取消一批税务证明事项以及废止和修改部分规章规范性文件的决定》（国家税务总局令第 48 号）的规定，废止了《中华人民共和国资源税代扣代缴管理办法》（国税发〔1998〕49 号文件印发，国家税务总局令第 44 号修改）。根据《关于〈国家税务总局关于公布取消一批税务证明事项以及废止和修改部分规章规范性文件的决定〉的解读》，取消“资源税管理证明”后，实行纳税人自主申报，不再采用代扣代缴的征管方式。

因此，资源税由在中华人民共和国领域和中华人民共和国管辖的其他海域开发应税资源的单位和个人自行缴纳，你公司没有代扣代缴的义务。

二、资源税征税范围的确定

应税资源的具体范围，由《资源税法》所附《资源税税目税率表》确定。

我国目前资源税的征税范围仅涉及矿产品和盐两大类，具体包括：

（1）能源矿产。包括：原油；天然气、页岩气、天然气水合物；煤；煤成（层）气；铀、钍；油页岩、油砂、天然沥青、石煤；地热。

（2）金属矿产。包括黑色金属和有色金属。

（3）非金属矿产。包括矿物类、岩石类和宝玉石类。

（4）水气矿产。包括：二氧化碳气、硫化氢气、氦气、氡气；矿泉水。

（5）盐。包括：钠盐、钾盐、镁盐、锂盐；天然卤水；海盐。

纳税人开采或者生产应税产品自用的，应当依照《资源税法》规定缴纳资源税；但是，自用于连续生产应税产品的，不缴纳资源税。纳税人自用应税产品应当缴纳资源税的情形，包括纳税人以应税产品用于非货币性资产交换、捐赠、偿债、赞助、集资、投资、广告、样品、职工福利、利润分配或者连续生产非应税产品等。

点拨指导 由于资源产品属于有形动产，资源税的征税范围与增值税的征税范围有一定程度的重叠。

特别提示 资源税对应税产品的生产者或开采者征收，并且在其销售或自用时一次性征收，批发、零售等环节不征收资源税。

自 2016 年 7 月 1 日起在河北省开展水资源税改革试点，采取水资源费改税方式，将地表水和地下水纳入征税范围，实行从量定额计征。自 2017 年 12 月 1 日起在北京、天津、山西、内蒙古、山东、河南、四川、陕西、宁夏 9 个省（自治区、直辖市）扩大水资源税改革试点。2024 年 10 月 15 日，财政部、国家税务总局、水利部联合公布《水资源税改革试点实施办法》，宣布自 2024 年 12 月 1 日起全面实施水资源税改革试点。

三、资源税税目的确定

知识链接

《水资源税改革试点实施办法》

资源税的税目依照《资源税税目税率表》执行。

纳税人以自采原矿（经过采矿过程采出后未进行选矿或者加工的矿石）直接销售，或者自用于应当缴纳资源税情形的，按照原矿计征资源税。

纳税人以自采原矿洗选加工为选矿产品（通过破碎、切割、洗选、筛分、磨矿、分级、提纯、脱水、干燥等过程形成的产品，包括富集的精矿和研磨成粉、粒级成型、切割成型的原矿加工品）销售，或者将选矿产品自用于应当缴纳资源税情形的，按照选矿产品计征资源税，在原矿移送环节不缴纳资源税。对于无法区分原生岩石矿种的粒级成型砂石颗粒，按照“砂石”税目征收资源税。

任务三 资源税的计算

一、资源税计税依据的确定

资源税按照《资源税税目税率表》实行从价计征或者从量计征。

《资源税税目税率表》中规定可以选择实行从价计征或者从量计征的，具体计征方式由省、自治区、直辖市人民政府提出，报同级人民代表大会常务委员会决定，并报全国人民代表大会常务委员会和国务院备案。

应税产品为矿产品的，包括原矿和选矿产品。

（一）资源税从价计征的计税依据

资源税从价计征的计税依据为应税产品的销售额。

1. 销售额确定的基本规定

资源税应税产品的销售额，按照纳税人销售应税产品向购买方收取的全部价款确定，不包括增值税税款。

计入销售额中的相关运杂费用，凡取得增值税发票或者其他合法有效凭据的，准予从销售额中扣除。相关运杂费用是指应税产品从坑口或者洗选（加工）地到车站、码头或者购买方指定地点的运输费用、建设基金以及随运销产生的装卸、仓储、港杂费用。

特别提示 纳税人将其开采的应税产品直接出口的，按其离岸价格（不含增值税）计算销售额征收资源税。

2. 特殊情形下销售额的确定

纳税人申报的应税产品销售额明显偏低且无正当理由的，或者有自用应税产品行为而无销售额的，主管税务机关可以按下列方法和顺序确定其应税产品销售额：

（1）按纳税人最近时期同类产品的平均销售价格确定。

（2）按其他纳税人最近时期同类产品的平均销售价格确定。

（3）按后续加工非应税产品销售价格，减去后续加工环节的成本利润后确定。

（4）按应税产品组成计税价格确定。

组成计税价格＝成本×（1＋成本利润率）÷（1－资源税税率）

上述公式中的成本利润率由省、自治区、直辖市税务机关确定。

（5）按其他合理方法确定。

3. 外购应税产品购进金额、购进数量的扣减

纳税人用已纳资源税的应税产品进一步加工应税产品销售的，不再缴纳资源税。纳税人外购应税产品与自采应税产品混合销售或者混合加工为应税产品销售的，在计算应税产品销售额或者销售数量时，准予扣减外购应税产品的购进金额或者购进数量；当期不足扣减的，可结转下期扣减。纳税人应当准确核算外购应税产品的购进金额或者购进数量，未准确核算的，一并计算缴纳资源税。

特别提示 纳税人核算并扣减当期外购应税产品购进金额、购进数量，应当依据外购应税产品的增值税发票、海关进口增值税专用缴款书或者其他合法有效凭据。

纳税人以外购原矿与自采原矿混合为原矿销售，或者以外购选矿产品与自产选矿产品混合为选矿产品销售的，在计算应税产品销售额或者销售数量时，直接扣减外购原矿或者外购选矿产品的购进金额或者购进数量。

纳税人以外购原矿与自采原矿混合洗选加工为选矿产品销售的，在计算应税产品销售额或者销售数量时，按照下列方法进行扣减：

$$\begin{matrix}\text{准予扣减的外购应税}\\\text{产品购进金额(数量)}\end{matrix}=\begin{matrix}\text{外购原矿购进}\\\text{金额(数量)}\end{matrix}\times\left(\begin{matrix}\text{本地区原矿}\\\text{适用税率}\end{matrix}\div\begin{matrix}\text{本地区选矿}\\\text{产品适用税率}\end{matrix}\right)$$

不能按照上述方法计算扣减的，按照主管税务机关确定的其他合理方法进行扣减。

（二）资源税从量计征的计税依据

资源税从量计征的计税依据为应税产品的销售数量。应税产品的销售数量，包括纳税人开采或者生产应税产品的实际销售数量和自用于应当缴纳资源税情形的应税产品数量。

二、资源税税率的判定

资源税采用比例税率和定额税率两种形式。资源税税目税率表如表 7－2 所示。

表 7－2　资源税税目税率表

税目			征税对象	税率
能源矿产	原油		原矿	6%
	天然气、页岩气、天然气水合物		原矿	6%
	煤		原矿或者选矿	2%～10%
	煤成（层）气		原矿	1%～2%
	铀、钍		原矿	4%
	油页岩、油砂、天然沥青、石煤		原矿或者选矿	1%～4%
	地热		原矿	1%～20%或者每立方米 1～30 元
金属矿产	黑色金属	铁、锰、铬、钒、钛	原矿或者选矿	1%～9%
	有色金属	铜、铅、锌、锡、镍、锑、镁、钴、铋、汞	原矿或者选矿	2%～10%
		铝土矿	原矿或者选矿	2%～9%
		钨	选矿	6.5%
		钼	选矿	8%
		金、银	原矿或者选矿	2%～6%
		铂、钯、钌、锇、铱、铑	原矿或者选矿	5%～10%
		轻稀土	选矿	7%～12%
		中重稀土	选矿	20%
		铍、锂、锆、锶、铷、铯、铌、钽、锗、镓、铟、铊、铪、铼、镉、硒、碲	原矿或者选矿	2%～10%
非金属矿产	矿物类	高岭土	原矿或者选矿	1%～6%
		石灰岩	原矿或者选矿	1%～6%或者每吨（或者每立方米）1～10 元
		磷	原矿或者选矿	3%～8%
		石墨	原矿或者选矿	3%～12%
		萤石、硫铁矿、自然硫	原矿或者选矿	1%～8%

续表

税目			征税对象	税率
非金属矿产	矿物类	天然石英砂、脉石英、粉石英、水晶、工业用金刚石、冰洲石、蓝晶石、硅线石（矽线石）、长石、滑石、刚玉、菱镁矿、颜料矿物、天然碱、芒硝、钠硝石、明矾石、砷、硼、碘、溴、膨润土、硅藻土、陶瓷土、耐火黏土、铁矾土、凹凸棒石黏土、海泡石黏土、伊利石黏土、累托石黏土	原矿或者选矿	1%～12%
		叶蜡石、硅灰石、透辉石、珍珠岩、云母、沸石、重晶石、毒重石、方解石、蛭石、透闪石、工业用电气石、白垩、石棉、蓝石棉、红柱石、石榴子石、石膏	原矿或者选矿	2%～12%
		其他黏土（铸型用黏土、砖瓦用黏土、陶粒用黏土、水泥配料用黏土、水泥配料用红土、水泥配料用黄土、水泥配料用泥岩、保温材料用黏土）	原矿或者选矿	1%～5%或者每吨（或者每立方米）0.1～5元
	岩石类	大理岩、花岗岩、白云岩、石英岩、砂岩、辉绿岩、安山岩、闪长岩、板岩、玄武岩、片麻岩、角闪岩、页岩、浮石、凝灰岩、黑曜岩、霞石正长岩、蛇纹岩、麦饭石、泥灰岩、含钾岩石、含钾砂页岩、天然油石、橄榄岩、松脂岩、粗面岩、辉长岩、辉石岩、正长岩、火山灰、火山渣、泥炭	原矿或者选矿	1%～10%
		砂石	原矿或者选矿	1%～5%或者每吨（或者每立方米）0.1～5元
	宝玉石类	宝石、玉石、宝石级金刚石、玛瑙、黄玉、碧玺	原矿或者选矿	4%～20%
水气矿产	二氧化碳气、硫化氢气、氦气、氡气		原矿	2%～5%
	矿泉水		原矿	1%～20%或者每立方米1～30元

续表

税目		征税对象	税率
盐	钠盐、钾盐、镁盐、锂盐	选矿	3%～15%
	天然卤水	原矿	3%～15%或者每吨（或者每立方米）1～10元
	海盐	原矿或者选矿	2%～5%

纳税人开采或者生产不同税目应税产品的，应当分别核算不同税目应税产品的销售额或者销售数量；未分别核算或者不能准确提供不同税目应税产品的销售额或者销售数量的，从高适用税率。

纳税人开采或者生产同一税目下适用不同税率应税产品的，应当分别核算不同税率应税产品的销售额或者销售数量；未分别核算或者不能准确提供不同税率应税产品的销售额或者销售数量的，从高适用税率。

三、资源税优惠政策的运用

（1）有下列情形之一的，免征资源税：

1）开采原油以及在油田范围内运输原油过程中用于加热的原油、天然气；

2）煤炭开采企业因安全生产需要抽采的煤成（层）气；

3）青藏铁路公司及其所属单位运营期间自采自用的砂、石等材料。

（2）有下列情形之一的，减征资源税：

1）从低丰度油气田开采的原油、天然气，减征20%资源税；

2）高含硫天然气、三次采油和从深水油气田开采的原油、天然气，减征30%资源税；

3）稠油、高凝油减征40%资源税；

4）从衰竭期矿山开采的矿产品，减征30%资源税；

5）2027年12月31日前，对页岩气资源税减征30%；

6）2027年12月31日前，对充填开采置换出来的煤炭，资源税减征50%。

根据国民经济和社会发展需要，国务院对有利于促进资源节约集约利用、保护环境等情形可以规定免征或者减征资源税，报全国人民代表大会常务委员会备案。

（3）有下列情形之一的，省、自治区、直辖市可以决定免征或者减征资源税：

1）纳税人开采或者生产应税产品过程中，因意外事故或者自然灾害等原因遭受重大损失；

2）纳税人开采共伴生矿、低品位矿、尾矿。

这里的免征或者减征资源税的具体办法，由省、自治区、直辖市人民政府提出，报同级人民代表大会常务委员会决定，并报全国人民代表大会常务委员会和国务院备案。

特别提示 纳税人的减税、免税项目，应当单独核算销售额或者销售数量；未单独核算或者不能准确提供销售额或者销售数量的，不予减税或者免税。

纳税人开采或者生产同一应税产品，其中既有享受减免税政策的，又有不享受减免税政策的，按照免税、减税项目的产量占比等方法分别核算确定免税、减税项目的销售额或者销售数量。

纳税人开采或者生产同一应税产品同时符合两项或者两项以上减征资源税优惠政策的，除另有规定外，只能选择其中一项执行。

四、资源税应纳税额的计算

实行从价计征的，应纳税额按照应税产品的销售额乘以具体适用税率（比例税率）计算。实行从量计征的，应纳税额按照应税产品的销售数量乘以具体适用税率（定额税率）计算。

（1）采用从价计征办法应纳税额的计算公式：

应纳税额＝应税产品的销售额×比例税率

工作实例 7－1

甲煤矿本年 8 月开采原煤 100 万吨，当月对外销售 90 万吨；为职工宿舍供暖，使用本月开采的原煤 2 万吨；向洗煤车间移送本月开采的原煤 5 万吨加工洗煤，尚未对外销售；其余 3 万吨原煤待售。已知该煤矿每吨原煤不含增值税售价为 500 元［不含应税产品从坑口或者洗选（加工）地到车站、码头或者购买方指定地点的运输费用、建设基金以及随运销产生的装卸、仓储、港杂费用］，当地原煤适用的资源税税率为 6%。

工作要求：计算甲煤矿本年 8 月应缴纳的资源税。

工作实施：甲煤矿本年 8 月应纳资源税＝（90＋2）×500×6%＝2 760（万元）。

（2）采用从量计征办法应纳税额的计算公式：

应纳税额＝应税产品的销售数量×定额税率

任务四 资源税的纳税申报

资源税由税务机关依照《资源税法》和《税收征收管理法》的规定征收管理。海上开采的原油和天然气资源税由海洋石油税务管理机构征收管理。税务机关与自然资源等相关部门应当建立工作配合机制，加强资源税征收管理。

一、资源税的纳税义务发生时间

纳税人销售应税产品，纳税义务发生时间为收讫销售款项或者取得索取销售款项凭据的当日；自用应税产品的，纳税义务发生时间为移送应税产品的当日。

二、资源税的纳税期限

资源税按月或者按季申报缴纳；不能按固定期限计算缴纳的，可以按次申报缴纳。

纳税人按月或者按季申报缴纳的，应当自月度或者季度终了之日起 15 日内，向税务机关办理纳税申报并缴纳税款；按次申报缴纳的，应当自纳税义务发生之日起 15 日内，向税务机关办理纳税申报并缴纳税款。

三、资源税的纳税地点

纳税人应当在矿产品的开采地或者海盐的生产地缴纳资源税。

四、资源税的纳税申报实务

纳税人对资源税进行纳税申报时，应当填报《资源税税源明细表》（见表 7－3）、《财产和行为税减免税明细申报附表》（略）、《财产和行为税纳税申报表》（见表 6－4）。

表 7－3 资源税税源明细表

税款所属期限：自 2023 年 06 月 01 日至 2023 年 06 月 30 日
纳税人识别号（统一社会信用代码）：91370709864220086Y
纳税人名称：山东德胜铁矿有限公司　　金额单位：人民币元（列至角分）

申报计算明细										
序号	税目	子目	计量单位	销售数量	准予扣减的外购应税产品购进数量	计税销售数量	销售额	准予扣除的运杂费	准予扣减的外购应税产品购进金额	计税销售额
	1	2	3	4	5	6＝4－5	7	8	9	10＝7－8－9
1	铁矿	原矿	吨	5 000.00			3 000 000.00	0.00	0.00	3 000 000.00
2										
合计							3 000 000.00	0.00	0.00	3 000 000.00

减免税计算明细									
序号	税目	子目	减免性质代码和项目名称	计量单位	减免税销售数量	减免税销售额	适用税率	减征比例	本期减免税额
	1	2	3	4	5	6	7	8	9①＝5×7×8
									9②＝6×7×8
1									
2									
合计									

项目引例解析

第一步：根据经济业务计算当期增值税销项税额和应纳资源税。

增值税销项税额＝5 000×600×13%＝3 000 000×13%＝390 000（元）

应纳资源税＝5 000×600×2%＝3 000 000×2%＝60 000（元）

第二步：对资源税进行纳税申报。

填写《资源税税源明细表》（见表7－3）、《财产和行为税纳税申报表》（见表6－4）。

项目技能训练

一、单项选择题

1. 下列各项中，属于资源税纳税人的是（　　）。

A. 我国进口铜矿石的外贸企业

B. 我国销售海盐的商店

C. 我国开采天然气的自营油气田

D. 我国销售外购原煤的煤矿企业

2. 纳税人开采或者生产同一税目下适用不同税率应税产品的，应当分别核算不同税率应税产品的销售额或者销售数量；未分别核算或者不能准确提供不同税率应税产品的销售额或者销售数量的，（　　）。

A. 从高适用税率

B. 从低适用税率

C. 由主管税务机关核定不同税目应税产品的销售额或者销售数量，按各自的税率分别计算纳税

D. 上报财政部决定

3. 甲煤矿本年2月开采原煤10万吨，将其中4万吨对外销售，取得不含增值税销售额2 000万元；将其中1万吨原煤用于职工食堂；将另外3万吨原煤用于连续生产洗选煤，生产出来的洗选煤当月全部销售，取得不含增值税销售额3 000万元；剩余的2万吨原煤留存待售。已知当地原煤适用的资源税税率为6%，洗选煤适用的资源税税率为4%，则甲煤矿本年2月的应纳资源税为（　　）万元。

A. 150　　B. 270　　C. 330　　D. 390

二、多项选择题

1. 纳税人自用应税产品应当缴纳资源税的情形，包括（　　）。

A. 纳税人以应税产品用于非货币性资产交换

B. 纳税人以应税产品用于捐赠

C. 纳税人以应税产品用于连续生产非应税产品

D. 纳税人以应税产品用于连续生产应税产品

2. 纳税人销售资源税应税产品向购买方收取的下列款项中，应当计入销售额缴纳资源税的有（　　）。

A. 向购买方收取的不含增值税价款

B. 向购买方收取的手续费

C. 向购买方收取的包装费

D. 向购买方收取的增值税销项税额

3. 下列关于资源税申报与缴纳的说法中，正确的有（　　）。

A. 纳税人销售应税产品，纳税义务发生时间为收讫销售款项或者取得索取销售款项凭据的当日

B. 纳税人自用应税产品的，纳税义务发生时间为移送应税产品的当日

C. 纳税人应当在矿产品的开采地或者海盐的核算地缴纳资源税

D. 资源税按月或者按季申报缴纳；不能按固定期限计算缴纳的，可以按次申报缴纳

三、判断题

1. 资源税对应税产品的生产者或开采者征收，并且在其销售、自用、批发、零售等环节征收。（　　）

2. 纳税人用已纳资源税的应税产品进一步加工应税产品销售的，不再缴纳资源税。（　　）

3. 资源税应税产品为矿产品的，包括原矿和选矿产品。（　　）

四、业务题

甲企业本年 1 月将境内开采的原油 200 吨交由销售部门对外销售。对外含增值税销售额为每吨 6 328 元，当月全部销售完毕。甲企业原油适用的资源税税率为 6%。要求：计算甲企业本年 1 月上述业务的应纳资源税。

五、实务咨询题

甲公司将开采的应税产品用于捐赠，请问是否需要缴纳资源税？

项目八 房产税计算与申报

学习目标

（1）能明确房产税的基本原理，能判定哪些业务应缴纳房产税。

（2）能根据相关业务资料计算房产税。

（3）能根据相关业务资料填写《城镇土地使用税 房产税税源明细表》《财产和行为税纳税申报表》等申报表，并能进行房产税的纳税申报。

素养目标

（1）增强依法纳税意识和社会责任感。

（2）增强制度自信，激发爱国情怀。

（3）树立严谨的工作作风，培养工匠精神。

（4）深入理解房产税相关政策，引导学生深入社会实践、关注现实问题，培育踏踏实实、勤勤恳恳的职业素养。

素养提升设计

素养提升设计举例见表 8-1。

表 8-1 素养提升设计举例

选取的知识点	素养提升元素
房产税的基本原理认知	教师讲解“我国征收房产税的目的是抑制房产投资投机行为，调控房产市场价格，节约和优化配置社会资源，规范房地产行业的发展，缩小贫富差距，实现社会公平”，培养学生踏踏实实、勤勤恳恳、奉献社会的品格，抵制投机取巧、不劳而获、一本万利的思想。
房产税优惠政策的运用	教师讲解“自 2021 年 10 月 1 日起，对企事业单位、社会团体以及其他组织向个人、专业化规模化住房租赁企业出租住房的，减按 4%的税率征收房产税”的优惠政策，增强学生“房子是用来住的、不是用来炒的”理念。

项目引例

房产税的计算与纳税申报

接“项目六　土地增值税计算与申报”的“项目引例——土地增值税的计算与纳税申报”，山东德胜铁矿有限公司 2023 年度拥有一栋房产，房产名称为 A，房产原值为 80 000 000 元，全部自用。山东德胜铁矿有限公司为房产的产权所有人，房屋坐落地址为山东省济南市开发区东关街道胜利路 999 号，房产用途为工业用途，房产取得时间为 2018 年 7 月。当地规定房产税计算余值的扣除比例为 30%。按照当地规定，房产税按年计算、每季度缴纳一次。山东德胜铁矿有限公司 2023 年 7 月 5 日对 2023 年第 2 季度的房产税进行纳税申报。

要求：

1. 计算山东德胜铁矿有限公司 2023 年第 2 季度的应纳房产税。

2. 山东德胜铁矿有限公司 2023 年 7 月 5 日对 2023 年第 2 季度的房产税进行纳税申报，填写《城镇土地使用税 房产税税源明细表》《财产和行为税纳税申报表》。

项目引例解析

见本项目的任务四。

任务一　房产税的基本原理认知

一、房产税的含义

房产税是以房屋为征税对象，按照房屋的计税余值或租金收入，向拥有房屋产权的单位和个人征收的一种税。

二、房产税的发展

房产税在我国是一个古老的税种，最早始于周代。中华人民共和国成立后，政务院颁布的《全国税政实施要则》，把房产税列为全国开征的一个独立税种。1973 年进行税制改革，在简化税制的原则下，把试行工商税的企业缴纳的城市房地产税并入了工商税，但保留城市房地产税这一税种，只对居民个人和房产管理部门以及外侨的房屋继续征收。

1984 年进行工商税制全面改革，重新恢复对房产征税。1986 年 9 月 15 日，国务院正式发布了《中华人民共和国房产税暂行条例》，从 1986 年 10 月 1 日开始施行。各省、自治区、直辖市人民政府根据《中华人民共和国房产税暂行条例》的规定，先后制定了实施细则。至此，房产税又在全国范围内全面征收。2011 年 1 月 8 日，根据国务院令第 588 号《国务院关于废止和修改部分行政法规的决定》对《中华人民共和国房产税暂行条例》进行了修订。

现行房产税法律制度的基本规范，是1986年9月15日国务院发布，自1986年10月1日起实施并于2011年1月修订的《中华人民共和国房产税暂行条例》（以下简称《房产税暂行条例》）。

三、房产税的特点

我国房产税具有以下特点：（1）属于财产税中的个别财产税；（2）征税范围限于城镇的经营性房屋；（3）根据房屋的经营使用方式确定不同的计税办法。

任务二 房产税纳税人和征税范围的确定

一、房产税纳税人的确定

房产税的纳税人，是指在中华人民共和国城市、县城、建制镇和工矿区（不包括农村）内拥有房屋产权的单位和个人，具体包括产权所有人、承典人、房产代管人或者使用人。

（1）产权属于国家所有的，其经营管理的单位为纳税人。

（2）产权属于集体和个人所有的，集体单位和个人为纳税人。

（3）产权出典的房产，由承典人依照房产余值缴纳房产税。

产权出典是指产权所有人为了某种需要，将自己的房屋在一定的期限内转让给他人使用，以押金形式换取一定数额的现金（或者实物），并立有某种合同（契约）的行为。在此，房屋所有人称为房屋出典人，支付现金（或者实物）的人称为房屋的承典人。

【知识串联】 *房产出租的，房产产权所有人（出租人）为纳税人。*

（4）产权所有人、承典人均不在房产所在地的，房产代管人或者使用人为纳税人。

（5）产权未确定以及租典（租赁、出典）纠纷未解决的，房产代管人或者使用人为纳税人。

（6）无租使用其他单位房产的应税单位和个人，依照房产余值代缴房产税。

二、房产税征税范围的确定

房产税的征税对象是房产，即有屋面和围护结构（有墙或两边有柱），能够遮风避雨，可提供人们在其中生产、学习、工作、娱乐、居住或储藏物资的场所。

房产税的征税范围是城市、县城、建制镇和工矿区的房屋，不包括农村的房屋。

另外，房地产开发企业建造的商品房，在出售前，不征收房产税，但对出售前房地产开发企业已使用或出租、出借的商品房，应按规定征收房产税。

特别提示 *独立于房屋之外的建筑物，如围墙、烟囱、水塔、菜窖、室外游泳池等不属于房产税的征税范围。*

任务三　房产税的计算

任务引例

我公司按揭买房产生了利息支出，请问该利息支出是否计入房产原值计征房产税？

一、房产税计税依据的确定

房产税的计税依据是房产的计税余值或房产的租金收入。按照房产计税余值征税的，称为从价计征；按照房产租金收入计征的，称为从租计征。

（一）从价计征房产税的计税依据

从价计征房产税的计税依据为房产的计税余值。房产的计税余值是指按照房产原值一次减除10%～30%后的余值（具体减除幅度由省、自治区、直辖市人民政府确定）。

对于房产原值的规定主要有以下几点：

（1）房产原值是指纳税人按照会计制度的规定，在账簿“固定资产”科目中记载的房屋原价。因此，凡按会计制度的规定在账簿中记载有房屋原价的，应以房屋原价按规定减除一定比例后作为房产余值计征房产税；没有记载房屋原价的，按照上述原则，并参照同类房屋确定房产原值，按规定计征房产税。

特别提示 自2009年1月1日起，对依照房产原值计税的房产，不论是否记载在会计账簿“固定资产”科目中，均应按照房屋原价计算缴纳房产税。房屋原价应根据国家有关会计制度的规定进行核算。对纳税人未按国家会计制度的规定核算并记载的，应按规定予以调整或重新评估。

特别提示 自2010年12月21日起，对按照房产原值计税的房产，无论会计上如何核算，房产原值均应包含地价，包括为取得土地使用权支付的价款、开发土地发生的成本费用等。宗地容积率低于0.5的，按房产建筑面积的2倍计算土地面积并据此确定计入房产原值的地价。

任务引例解析

根据《财政部 国家税务总局关于房产税、城镇土地使用税有关问题的通知》（财税〔2008〕152号）的规定，对依照房产原值计税的房产，不论是否记载在会计账簿“固定资产”科目中，均应按照房屋原价计算缴纳房产税。房屋原价应根据国家有关会计制度的规定进行核算。对纳税人未按国家会计制度的规定核算并记载的，应按规定予以调整或重新评估。

因此，你公司按揭买房发生的利息支出，凡按照国家会计制度的规定应该计入房产原价的，应计入房产原价（房产原值）后计征房产税。

（2）房产原值应包括与房屋不可分割的各种附属设备或一般不单独计算价值的配套设施，主要有：暖气、卫生、通风、照明、煤气等设备；各种管线，如蒸汽、压缩空气、石油、给水排水等管道及电力、电信、电缆导线；电梯、升降机、过道、晒台等。属于房屋附属设备的水管、下水道、暖气管、煤气管等应从最近的探视井或三通管起计算原值；电灯网、照明线从进线盒连接管起计算原值。

点拨指导 凡以房屋为载体，不可随意移动的附属设备和配套设施，如给排水、采暖、消防、中央空调、电气及智能化楼宇设备等，无论在会计核算中是否单独记账与核算，都应计入房产原值，计征房产税。

特别提示 对更换房屋附属设备和配套设施的，在将其价值计入房产原值时，可扣减原来相应设备和设施的价值；对附属设备和配套设施中易损坏、需要经常更换的零配件，更新后不再计入房产原值。

（3）纳税人对原有房屋进行改建、扩建的，要相应增加房屋的原值。

（4）凡在房产税征收范围内的具备房屋功能的地下建筑，包括与地上房屋相连的地下建筑以及完全建在地面以下的建筑、地下人防设施等，均应当依照有关规定征收房产税。上述具备房屋功能的地下建筑是指有屋面和维护结构，能够遮风避雨，可供人们在其中生产、经营、工作、学习、娱乐、居住或储藏物资的场所。自用的地下建筑，按以下方式计税：

1）工业用途房产，以房屋原价的50%～60%作为应税房产原值。

应纳房产税的税额＝应税房产原值（房屋原价的50%～60%）×［1－（10%～30%］×1.2%

2）商业和其他用途房产，以房屋原价的70%～80%作为应税房产原值。

应纳房产税的税额＝应税房产原值（房屋原价的70%～80%）×［1－（10%～30%）］×1.2%

房屋原价折算为应税房产原值的具体比例，由各省、自治区、直辖市和计划单列市财政和地方税务部门在上述幅度内自行确定。

3）对于与地上房屋相连的地下建筑，如房屋的地下室、地下停车场、商场的地下部分等，应将地下部分与地上房屋视为一个整体按照地上房屋建筑的有关规定计算征收房产税。

（二）从租计征房产税的计税依据

从租计征房产税的计税依据为房产的租金收入（包括实物收入和货币收入）。如果是以劳务或者其他形式为报酬抵付房租收入的，应根据当地同类房产的租金水平，确定一个标准租金额从租计征。“营改增”后，房产出租的，计征房产税的租金收入不含增值税。免征增值税的，确定计税依据时，租金收入不扣减增值税税额。

对出租房产，租赁双方签订的租赁合同约定有免收租金期限的，免收租金期间由产权所有人按照房产原值缴纳房产税。

出租的地下建筑，按照出租地上房屋建筑的有关规定计算征收房产税。

（三）特殊业务房产税的计税依据

（1）对于投资联营的房产的计税规定。

1）对以房产投资联营、投资者参与投资利润分红、共担风险的，按房产余值作为计税依据计缴房产税。

2）对以房产投资收取固定收入、不承担经营风险的，实际上是以联营名义取得房屋租金，应以出租方取得的租金收入为计税依据计缴房产税。

特别提示 融资租赁房产，实质上相当于分期付款购买固定资产，因此应以房产余值计征房产税。由承租人自融资租赁合同约定开始日的次月起依照房产余值缴纳房产税。合同未约定开始日的，由承租人自合同签订的次月起依照房产余值缴纳房产税。

(2）居民住宅区内业主共有的经营性房产的计税规定。从 2007 年 1 月 1 日起，对居民住宅区内业主共有的经营性房产，由实际经营（包括自营和出租）的代管人或使用人缴纳房产税。

点拨指导 自营房产的，依照房产原值减除 10％～30％后的余值计征，没有房产原值或不能将业主共有房产与其他房产的原值准确划分开的，由房产所在地税务机关参照同类房产核定房产原值；出租房产的，按照租金收入计征。

二、房产税税率的判定

(一）房产税从价计征税率的判定

房产税从价计征的年税率为 1.2％。

(二）房产税从租计征税率的判定

房产税从租计征的税率为 12％。

对个人出租住房，不区分用途，按 4％的税率征收房产税；对企事业单位、社会团体以及其他组织按市场价格向个人出租用于居住的住房，减按 4％的税率征收房产税。

特别提示 自 2021 年 10 月 1 日起，对企事业单位、社会团体以及其他组织向个人、专业化规模化住房租赁企业出租住房的，减按 4％的税率征收房产税。企事业单位、社会团体以及其他组织，对利用非居住存量土地和非居住存量房屋（含商业办公用房、工业厂房改造后出租用于居住的房屋）建设的保障性租赁住房，取得保障性租赁住房项目认定书后，向个人、专业化规模化住房租赁企业出租上述保障性租赁住房，比照适用上述房产税政策。其中，住房租赁企业，是指按规定向住房城乡建设部门进行开业报告或者备案的从事住房租赁经营业务的企业。专业化规模化住房租赁企业的标准为：企业在开业报告或者备案城市内持有或者经营租赁住房 1 000 套（间）及以上或者建筑面积 3 万平方米及以上；各省、自治区、直辖市住房城乡建设部门会同同级财政、税务部门，可根据租赁市场发展情况，对本地区全部或者部分城市在 50％的幅度内下调标准。

三、房产税优惠政策的运用

房产税的税收优惠政策主要有以下几项：

(1）国家机关、人民团体、军队自用的房产免征房产税。上述自用的房产，是指这些单位本身的办公用房和公务用房。但其出租房产以及非自身业务使用的生产、营业用房，不属于免税范围，应照章纳税。

（2）由国家财政部门拨付事业经费的单位自用的房产。上述自用的房产，是指这些单位本身的业务用房。但其所属的附属工厂、商店、招待所等不属于单位公务、业务用房，不属于免税范围，应照章纳税。

特别提示 由国家财政部门拨付事业经费的单位，其经费来源实行自收自支后，应征收房产税。

（3）宗教寺庙、公园、名胜古迹自用的房产免征房产税。宗教寺庙自用的房产，是指举行宗教仪式等的房屋和宗教人员的生活用房屋。公园、名胜古迹自用的房产，是指供公共参观游览的房屋及其管理单位的办公用房屋。

特别提示 上述（1）、（2）、（3）中的这些免税单位出租的房产以及非本身业务用的生产、营业用房产不属于免税范围，应征收房产税。例如，公园、名胜古迹中附设的营业单位，如影剧院、饮食部、茶社、照相馆等所使用的房产及出租的房产，应征收房产税。

（4）个人所有非营业用的房产免征房产税。个人所有的非营业用房，主要是指居民住房，不分面积多少，一律免征房产税。对个人拥有的营业用房或者出租的房产，不属于免税房产，应照章纳税。

（5）对非营利性医疗机构、疾病控制机构和妇幼保健机构等卫生机构自用的房产，免征房产税。

（6）企业办的各类学校、医院、托儿所、幼儿园自用的房产，可以比照由国家财政部门拨付事业经费的单位自用的房产，免征房产税。

（7）经有关部门鉴定，对毁损不堪的居住房屋和危险房屋，在停止使用后，可免征房产税。

（8）纳税人因房屋大修导致连续停用半年以上的，在房屋大修期间免征房产税，免征税额由纳税人在申报缴纳房产税时自行计算扣除，并在申报表附表或备注栏中做相应说明。

（9）凡是在基建工地为基建工地服务的各种工棚、材料棚、休息棚和办公室、食堂、茶炉房、汽车房等临时性房屋，不论是施工企业自行建造还是由基建单位出资建造交施工企业使用的，在施工期间，一律免征房产税。但是，如果在基建工程结束以后，施工企业将这种临时性房屋交还或估价转让给基建单位的，应当从基建单位接收的次月起，照章纳税。

（10）纳税单位与免税单位共同使用的房屋，按各自使用的部分划分，分别征收或免征房产税。

（11）自 2021 年 10 月 1 日起，对企事业单位、社会团体以及其他组织向个人、专业化规模化住房租赁企业出租住房的，减按 4%的税率征收房产税。专业化规模化住房租赁企业的标准为：企业在开业报告或者备案城市内持有或者经营租赁住房 1 000 套（间）及以上或者建筑面积 3 万平方米及以上。各省、自治区、直辖市住房城乡建设部门会同同级财政、税务部门，可根据租赁市场发展情况，对本地区全部或者部分城市在 50%的幅度内下调标准。

（12）经财政部批准免税的其他房产。

四、房产税应纳税额的计算

（1）从价计征房产税的计算公式为：

应纳税额＝房产原值×（1－扣除比例）×1.2%

由此公式计算出来的房产税税额是年税额。

（2）从租计征房产税的计算公式为：

应纳税额＝租金收入×12%（或4%）

工作实例8-1

甲企业本年度共计拥有土地65 000平方米，其中子弟学校占地3 000平方米、幼儿园占地1 200平方米、企业内部绿化占地2 000平方米。本年度上半年，企业共有房产原值4 000万元，6月30日，企业将原值200万元、占地面积400平方米的一栋仓库出租给某商场存放货物，租期1年，每月租金收入1.5万元（不含增值税）。8月10日对委托施工单位建设的生产车间办理验收手续，由在建工程转入固定资产原值500万元。当地规定房产原值减除幅度为20%。

工作要求：计算甲企业本年应缴纳的房产税。

工作实施：

第一步，房产原值扣除出租部分再扣20%后，从价计税：

（4 000－200）×（1－20%）×1.2%＝36.48（万元）

第二步，下半年出租房产，则上半年按计税余值即1至6月共6个月使用期计税：

200×（1－20%）×1.2%÷12×6＝0.96（万元）

或用全年房产原值扣20%损耗计税后，减掉下半年出租房产的分摊税金：

4 000×（1－20%）×1.2%－200×（1－20%）×1.2%×6÷12＝37.44（万元）

第三步，出租房产按7月至当年底共6个月租金收入计税：

1.5×6×12%＝1.08（万元）

第四步，在建工程完工转入的房产应自验收手续之次月起计税，故应从9月计至年底共4个月：

500×（1－20%）×1.2%÷12×4＝1.6（万元）

本年应纳房产税合计＝36.48＋0.96＋1.08＋1.6＝40.12（万元）

或

本年应纳房产税合计＝37.44＋1.08＋1.6＝40.12（万元）

任务四　房产税的纳税申报

一、房产税的纳税义务发生时间

（1）纳税人将原有房产用于生产经营，从生产经营之月起，缴纳房产税。

（2）纳税人自行新建房屋用于生产经营，从建成之日的次月起，缴纳房产税。

（3）纳税人委托施工企业建设的房屋，从办理验收手续的次月起，缴纳房产税。

（4）纳税人购置新建商品房，自房屋交付使用之次月起，缴纳房产税。

（5）纳税人购置存量房，自办理房屋权属转移、变更登记手续，房地产权所属登记机关签发房屋权属证书之次月起，缴纳房产税。

（6）纳税人出租、出借房产，自交付出租、出借房产之次月起，缴纳房产税。

（7）房地产开发企业自用、出租、出借本企业建造的商品房，自房屋使用或交付之次月起，缴纳房产税。

（8）自 2009 年 1 月 1 日起，纳税人因房产的实物或权利状态发生变化而依法终止房产税的纳税义务的，其应纳税款的计算应截止到房产的实物或权利发生变化的当月末。

二、房产税的纳税期限

房产税按年计算，分期缴纳。具体纳税期限由省、自治区、直辖市人民政府规定。

以山东省为例，《国家税务总局山东省税务局关于财产和行为税有关政策问题的公告》（国家税务总局山东省税务局公告 2019 年第 3 号）规定：房产税按月、季或半年缴纳的，申报纳税期限为月份、季度或半年终了后 15 日内。

三、房产税的纳税地点

房产税在房产所在地缴纳。对房产不在同一地方的纳税人，应按房产的坐落地点分别向房产所在地的税务机关缴纳。

四、房产税的纳税申报实务

纳税人对房产税进行纳税申报时，应当填报《城镇土地使用税 房产税税源明细表》（见表 8－2）、《财产和行为税减免税明细申报附表》（略）、《财产和行为税纳税申报表》（见表 6－4）。

项目引例解析

第一步：根据经济业务计算 2023 年第 2 季度的应纳房产税。

2023 年第 2 季度应纳房产税＝80 000 000×（1－30%）×1.2%÷4
＝168 000（元）

第二步：对房产税进行纳税申报。

填写《城镇土地使用税 房产税税源明细表》（见表 8－2）中的“二、房产税税源明细”以及《财产和行为税纳税申报表》（见表 6－4）。

表 8-2　城镇土地使用税 房产税税源明细表

纳税人识别号（统一社会信用代码）：91370709864220086Y
纳税人名称：山东德胜铁矿有限公司
金额单位：人民币元（列至角分）；面积单位：平方米

<table>
<tr><td colspan="10">一、城镇土地使用税税源明细①</td></tr>
<tr><td colspan="2">*纳税人类型</td><td colspan="2">土地使用权人☑
集体土地使用人☐ 无偿使用人☐
代管人☐ 实际使用人☐
（必选）</td><td colspan="2">土地使用权人纳税人识别号（统一社会信用代码）</td><td colspan="2">91370709864220086Y</td><td>土地使用权人名称</td><td>山东德胜铁矿有限公司</td></tr>
<tr><td colspan="2">*土地编号</td><td colspan="2">系统自动赋予编号</td><td colspan="2">土地名称</td><td colspan="2">A 土地</td><td>不动产权证号</td><td>略</td></tr>
<tr><td colspan="2">不动产单元代码</td><td colspan="2">略</td><td colspan="2">宗地号</td><td colspan="2">略</td><td>*土地性质</td><td>国有☑集体☐（必选）</td></tr>
<tr><td colspan="2">*土地取得方式</td><td colspan="2">划拨☐ 出让☐ 转让☑
租赁☐ 其他☐
（必选）</td><td colspan="2">*土地用途</td><td colspan="4">工业☑ 商业☐ 居住☐ 综合☐ 房地产开发企业的开发用地☐ 其他☐
（必选）</td></tr>
<tr><td colspan="2">*土地坐落地址
（详细地址）</td><td colspan="8">山东省（自治区、直辖市）济南市（区）开发县（区）东关乡镇（街道）胜利路 999 号（必填）</td></tr>
<tr><td colspan="2">*土地所属主管税务所（科、分局）</td><td colspan="8">系统自动带出</td></tr>
<tr><td colspan="2">*土地取得时间</td><td>2018 年 07 月</td><td>变更类型</td><td colspan="4">纳税义务终止（权属转移☐ 其他☐）
信息项变更（土地面积变更☐ 土地等级变更☐ 减免税变更☐ 其他☐）</td><td>变更时间</td><td>年　月</td></tr>
<tr><td colspan="2">*占用土地面积</td><td>12 000.00</td><td>地价</td><td>略</td><td>*土地等级</td><td colspan="2">一级</td><td>*税额标准</td><td>系统自动带出</td></tr>
<tr><td rowspan="5">减免税部分</td><td rowspan="2">序号</td><td colspan="4" rowspan="2">减免性质代码和项目名称</td><td colspan="2">减免起止时间</td><td rowspan="2">减免税土地面积</td><td rowspan="2">月减免税金额</td></tr>
<tr><td>减免起始月份</td><td>减免终止月份</td></tr>
<tr><td>1</td><td colspan="4"></td><td>年　月</td><td>年　月</td><td></td><td></td></tr>
<tr><td>2</td><td colspan="4"></td><td></td><td></td><td></td><td></td></tr>
<tr><td>3</td><td colspan="4"></td><td></td><td></td><td></td><td></td></tr>
</table>

① 首次进行纳税申报的纳税人，需要填写全部土地的相关信息。此后办理纳税申报时，纳税人的土地及相关信息未发生变化的，可仅对已填报的信息进行确认；发生变化的，仅就变化的内容进行填写。

续表

<table>
<tr><td colspan="12">二、房产税税源明细①</td></tr>
<tr><td colspan="12">（一）从价计征房产税明细</td></tr>
<tr><td colspan="2">*纳税人类型</td><td colspan="3">产权所有人 ☑ 经营管理人 □
承典人 □ 房屋代管人 □
房屋使用人 □ 融资租赁承租人 □
（必选）</td><td>所有权人纳税人识别号
（统一社会信用代码）</td><td colspan="3">91370709864220086Y</td><td colspan="2">所有权人名称</td><td>山东德胜铁矿
有限公司</td></tr>
<tr><td colspan="2">*房产编号</td><td colspan="3">系统赋予编号</td><td>房产名称</td><td colspan="6">A</td></tr>
<tr><td colspan="2">不动产权证号</td><td colspan="3">略</td><td>不动产单元代码</td><td colspan="6">略</td></tr>
<tr><td colspan="2">*房屋坐落地址
（详细地址）</td><td colspan="10">山东省（自治区、直辖市）济南市（区）开发县（区）东关乡镇（街道）胜利路 999 号（必填）</td></tr>
<tr><td colspan="2">*房产所属主管
税务所
（科、分局）</td><td colspan="10">系统自动带出</td></tr>
<tr><td colspan="2">房屋所在土地编号</td><td colspan="2">系统自动带出</td><td colspan="2">*房产用途</td><td colspan="6">工业☑ 商业及办公□ 住房□ 其他□（必选）</td></tr>
<tr><td colspan="2">*房产取得时间</td><td>2018 年 07 月</td><td>变更类型</td><td colspan="5">纳税义务终止（权属转移□ 其他□）
信息项变更（房产原值变更□ 出租房产原值变更□ 减免税变更□ 申报租金收入变更□ 其他□）</td><td colspan="2">变更时间</td><td>年　月</td></tr>
<tr><td colspan="2">*建筑面积</td><td colspan="2">略</td><td colspan="2">其中：出租房产面积</td><td colspan="6">0.00</td></tr>
<tr><td colspan="2">*房产原值</td><td colspan="2">80 000 000.00</td><td colspan="2">其中：出租房产原值</td><td colspan="3">0.00</td><td colspan="2">计税比例</td><td>70%</td></tr>
<tr><td rowspan="5">减免税
部分</td><td rowspan="2">序号</td><td colspan="4" rowspan="2">减免性质代码和项目名称</td><td colspan="3">减免起止时间</td><td colspan="2" rowspan="2">减免税房产原值</td><td rowspan="2">月减免税
金额</td></tr>
<tr><td>减免起始月份</td><td colspan="2">减免终止月份</td></tr>
<tr><td>1</td><td colspan="4"></td><td>年　月</td><td colspan="2">年　月</td><td colspan="2"></td><td></td></tr>
<tr><td>2</td><td colspan="4"></td><td></td><td colspan="2"></td><td colspan="2"></td><td></td></tr>
<tr><td>3</td><td colspan="4"></td><td></td><td colspan="2"></td><td colspan="2"></td><td></td></tr>
</table>

① 首次进行纳税申报的纳税人，需要填写全部房产的相关信息，此后办理纳税申报时，纳税人的房产及相关信息未发生变化的，可仅对已填报的信息进行确认；发生变化的，仅就变化的内容进行填写。

续表

<table>
<tr><td colspan="8">（二）从租计征房产税明细</td></tr>
<tr><td colspan="3">* 房产编号</td><td></td><td colspan="2">房产名称</td><td colspan="2"></td></tr>
<tr><td colspan="3">* 房产所属主管税务所（科、分局）</td><td colspan="5"></td></tr>
<tr><td colspan="3">承租方纳税人识别号
（统一社会信用代码）</td><td></td><td colspan="2">承租方名称</td><td colspan="2"></td></tr>
<tr><td colspan="3">* 出租面积</td><td></td><td colspan="2">* 申报租金收入</td><td colspan="2"></td></tr>
<tr><td colspan="3">* 申报租金所属租赁期起</td><td></td><td colspan="2">* 申报租金所属
租赁期止</td><td colspan="2"></td></tr>
<tr><td rowspan="5">减免税
部分</td><td rowspan="2">序号</td><td colspan="2" rowspan="2">减免性质代码和项目名称</td><td colspan="2">减免起止时间</td><td rowspan="2">减免税租金收入</td><td rowspan="2">月减免税
金额</td></tr>
<tr><td>减免起始月份</td><td>减免终止月份</td></tr>
<tr><td>1</td><td colspan="2"></td><td>年　月</td><td>年　月</td><td></td><td></td></tr>
<tr><td>2</td><td colspan="2"></td><td></td><td></td><td></td><td></td></tr>
<tr><td>3</td><td colspan="2"></td><td></td><td></td><td></td><td></td></tr>
</table>

项目技能训练

一、单项选择题

1. 下列关于房产税纳税人和征税范围的说法中，正确的是（　　）。

A. 房产税的征税对象是房屋和建筑物

B. 房产税不对外资企业征收

C. 房屋产权出典的，以承典人为房产税的纳税人

D. 农民出租农村的房屋也应缴纳房产税

2. 甲公司大楼原值 30 000 万元，本年 2 月 28 日将其中闲置房间出租，租期 2 年。出租这一部分的房产原值 5 000 万元，租金每年 1 000 万元（不含增值税）。当地规定房产原值减除比例为 20%，本年甲公司应缴纳房产税（　　）万元。

A. 348　　B. 388　　C. 340　　D. 368

3. 下列各项中，应作为融资租赁房屋房产税计税依据的是（　　）。

A. 房产售价　　B. 房产余值

C. 房产原值　　D. 房产租金

4. 下列情况中，免征房产税的是（　　）。

A. 外贸出口企业仓库用房

B. 个人出租使用免税单位房屋用于经营

C. 个人出租的房屋

D. 个人自住的 200 平方米的别墅

5. 下列表述中，不符合房产税纳税义务发生时间有关规定的是（　　）。

A. 自建房屋用于生产经营的，自建成之次月起缴纳房产税

B. 出租房产，自交付出租房产之次月起计征房产税

C. 将原有房产用于生产经营的，从生产经营之次月起计征房产税

D. 购置新建商品房，自房屋交付使用之次月起计征房产税

二、多项选择题

1. 下列各项中，属于房产税纳税人的有（　　）。

A. 出租住宅的城市居民　　B. 出租门面房的县城个体户

C. 出租房屋的某县事业单位　　D. 出租房屋的乡村农民

2. 下列各项中，免征房产税的有（　　）。

A. 疾病控制机构自用的房产

B. 名胜古迹自用的房产

C. 企业办的学校用房

D. 军队自用的房产

3. 房产税的纳税人具体包括（　　）。

A. 产权所有人　　B. 承典人

C. 房产代管人　　　　　　　　　　　　D. 房产使用人

三、判断题

1. 房产税的征税范围是城市、县城、建制镇和工矿区的房屋，不包括农村。（　）

2. 宗教寺庙中附设的饮食部、茶社等所使用的房产及出租的房产，属于房产税免税范围。（　）

3. 对企事业单位、社会团体以及其他组织按市场价格向个人出租用于居住的住房，减按4%的税率征收房产税。（　）

4. 个人所有非营业用的房产免征房产税。（　）

四、业务题

甲公司为增值税一般纳税人，本年1月1日房屋原始价值为1 200万元。本年3月底公司将其中的200万元房产出租给外单位使用，租期2年，每年收取租金10万元（不含增值税）。当地政府规定，从价计征房产税的，扣除比例为20%。房产税按年计算，分半年缴纳。

要求：计算甲公司本年上半年应缴纳的房产税。

五、实务咨询题

某小区内有一处人防设施，产权属于全体业主，由物业公司代为经营管理，请问该处人防设施的房产税应由业主还是物业公司缴纳？

项目九 城镇土地使用税计算与申报

学习目标

（1）能明确城镇土地使用税的基本原理，能判定哪些业务应缴纳城镇土地使用税。

（2）能根据相关业务资料计算城镇土地使用税。

（3）能根据相关业务资料填写《城镇土地使用税 房产税税源明细表》《财产和行为税纳税申报表》等申报表，并能进行城镇土地使用税的纳税申报。

素养目标

（1）增强依法纳税意识和社会责任感。

（2）增强制度自信，激发爱国情怀。

（3）树立严谨的工作作风，培养工匠精神。

（4）深入理解城镇土地使用税相关政策，引导学生深入社会实践、关注现实问题，培育踏踏实实的职业素养。

素养提升设计

素养提升设计举例见表 9－1。

表 9－1 素养提升设计举例

选取的知识点	素养提升元素
城镇土地使用税的基本原理认知	教师讲解“我国征收城镇土地使用税的目的是促进土地资源的合理配置和节约使用，提高土地使用效益，调节不同地区因土地资源的差异而形成的级差收入”，培养学生勤俭节约、合理配置资源、促进区域协调发展的理念。
城镇土地使用税优惠政策的运用	教师讲解“直接用于农、林、牧、渔业的生产用地，免征城镇土地使用税”的优惠政策，增强学生支持农、林、牧、渔业发展，加快建设农业强国的热情。

项目引例

城镇土地使用税的计算与纳税申报

接“项目六 土地增值税计算与申报”的“项目引例——土地增值税的计算与纳税申

报”，山东德胜铁矿有限公司生产经营用地的土地面积为 12 000 平方米，土地名称为 A。山东德胜铁矿有限公司为土地使用权人，土地性质为国有土地，土地取得方式为转让，土地用途为工业用途，土地坐落地址为山东省济南市开发区东关街道胜利路 999 号，土地所属主管税务所为山东省济南市开发区税务局，土地取得时间为 2018 年 7 月。该土地为一级土地，城镇土地使用税的单位税额为每平方米 7 元。按照当地规定，城镇土地使用税按年计算、每季度缴纳一次。

要求：

1. 计算山东德胜铁矿有限公司 2023 年第 2 季度应纳的城镇土地使用税。

2. 山东德胜铁矿有限公司 2023 年 7 月 5 日对 2023 年第 2 季度的城镇土地使用税进行纳税申报，填写《城镇土地使用税 房产税税源明细表》中的“一、城镇土地使用税税源明细”以及《财产和行为税纳税申报表》。

项目引例解析

见本项目的任务四。

任务一　城镇土地使用税的基本原理认知

一、城镇土地使用税的含义

城镇土地使用税是以城镇土地为征税对象，对使用土地的单位和个人征收的一种税。

二、城镇土地使用税的发展

国务院于 1988 年 9 月 27 日发布了《中华人民共和国城镇土地使用税暂行条例》，从 1988 年 11 月 1 日起施行。《中华人民共和国城镇土地使用税暂行条例》历经四次修订，最新版本为 2019 年 3 月 2 日修订后的版本。

现行城镇土地使用税法律制度的基本规范，是 2019 年 3 月 2 日国务院修订，自公布之日起施行的《中华人民共和国城镇土地使用税暂行条例》（以下简称《城镇土地使用税暂行条例》）、1988 年 10 月国家税务总局签发的《关于城镇土地使用税若干具体问题的解释和暂行规定》及各省、直辖市、自治区制定的城镇土地使用税暂行条例实施细则等。

三、城镇土地使用税的特点

我国城镇土地使用税具有以下特点：（1）对占用土地的行为进行征税；（2）以土地为征税对象；（3）征税范围有所限定；（4）实行差别幅度税额。

任务二 城镇土地使用税纳税人和征税范围的确定

一、城镇土地使用税纳税人的确定

城镇土地使用税的纳税人，是指在城市、县城、建制镇、工矿区范围内使用土地的单位和个人。单位，包括国有企业、集体企业、私营企业、股份制企业、外商投资企业、外国企业及其他企业和事业单位、社会团体、国家机关、军队及其他单位。个人，包括个体工商户及其他个人。

具体规定如下：

（1）拥有土地使用权的单位和个人，为纳税人。

（2）拥有土地使用权的单位和个人不在土地所在地的，土地的代管人或实际使用人为纳税人。

（3）土地使用权未确定或权属纠纷未解决的，土地的实际使用人为纳税人。

特别提示 在城镇土地使用税征税范围内，实际使用应税集体所有建设用地、但未办理土地使用权流转手续的，由实际使用集体土地的单位和个人按规定缴纳城镇土地使用税。

（4）土地使用权共有的，共有各方均为纳税人，根据共有各方实际使用土地的面积占总面积的比例分别计算城镇土地使用税，由共有各方分别缴纳。

特别提示 一般情况下，用于租赁的房屋，由出租方缴纳城镇土地使用税。但在城镇土地使用税征税范围内，承租集体所有建设用地的，由直接从集体经济组织承租土地的单位和个人缴纳城镇土地使用税。

二、城镇土地使用税征税范围的确定

凡在城市、县城、建制镇、工矿区范围内的土地，不论是国家所有还是集体所有，都属于城镇土地使用税的征税范围。建立在城市、县城、建制镇和工矿区以外的工矿企业则不需要缴纳城镇土地使用税。

自2009年1月1日起，公园、名胜古迹内的索道公司经营用地，应按规定缴纳城镇土地使用税。

任务三 城镇土地使用税的计算

任务引例

我公司有一块直接用于采摘、观光的种植、养殖、饲养的土地，请问该用地是否需要缴纳城镇土地使用税？

一、城镇土地使用税计税依据的确定

城镇土地使用税以纳税人实际占用的土地面积为计税依据，土地面积计量标准为每平方米。即税务机关根据纳税人实际占用的土地面积，按照规定的税额计算应纳税额，向纳税人征收城镇土地使用税。

纳税人实际占用的土地面积按下列方法确定：

（1）由省、自治区、直辖市人民政府确定的单位组织测定土地面积的，以测定的面积为准。

（2）尚未组织测量，但纳税人持有政府部门核发的土地使用证书的，以证书确认的土地面积为准。

（3）尚未核发土地使用证书的，应由纳税人申报土地面积，据以纳税，待核发土地使用证以后再做调整。

（4）对在城镇土地使用税征税范围内单独建造的地下建筑用地，按规定征收城镇土地使用税。其中，已取得地下土地使用权证的，按土地使用权证确认的土地面积计算应征税款；未取得地下土地使用权证或地下土地使用权证上未标明土地面积的，按地下建筑垂直投影面积计算应征税款。对上述地下建筑用地暂按应征税款的50%征收城镇土地使用税。

二、城镇土地使用税税率的判定

城镇土地使用税采用定额税率，即采用有幅度的差别税额，按大、中、小城市和县城、建制镇、工矿区分别规定每平方米城镇土地使用税年应纳税额。

大、中、小城市以公安部门登记在册的非农业正式户口人数为依据，按照国务院颁布的《城市规划条例》中规定的标准划分。人口在50万以上者为大城市；人口在20万至50万者为中等城市；人口在20万以下者为小城市。城镇土地使用税税率见表9-2。

表9-2　城镇土地使用税税率表

级别	人口/人	每平方米税额/元
大城市	50万以上	1.5～30
中等城市	20万～50万	1.2～24
小城市	20万以下	0.9～18
县城、建制镇、工矿区		0.6～12

经济落后地区，城镇土地使用税的适用税额标准可适当降低，但降低幅度不得超过上述规定最低税额的30%。

三、城镇土地使用税优惠政策的运用

（一）城镇土地使用税减免的一般规定

（1）国家机关、人民团体、军队自用的土地，免征城镇土地使用税。上述自用的土地是指这些单位本身的办公用地和公务用地。

（2）由国家财政部门拨付事业经费的单位自用的土地，免征城镇土地使用税。上述自用的土地是指这些单位本身的业务用地。

（3）宗教寺庙、公园、名胜古迹自用的土地，免征城镇土地使用税。宗教寺庙自用的土地，是指举行宗教仪式等的用地和寺庙内的宗教人员生活用地。公园、名胜古迹自用的土地，是指供公共参观游览的用地及其管理单位的办公用地。

特别提示 以上（1）、（2）、（3）中的生产、营业用地和其他用地，不属于免税范围，应按规定缴纳土地使用税。例如，公园、名胜古迹中附设的营业单位，如影剧院、饮食部、茶社、照相馆等使用的土地，应按规定缴纳城镇土地使用税。

（4）市政街道、广场、绿化地带等公共用地，免征城镇土地使用税。非社会性的公共用地如企业内的广场、道路、绿化等占用的土地，不能免税。

（5）直接用于农、林、牧、渔业的生产用地，免征城镇土地使用税。

特别提示 直接用于农、林、牧、渔业的生产用地，是指直接从事于种植、养殖、饲养的专业用地，不包括农副产品加工场地和生活、办公用地。

（6）经批准开山填海整治的土地和改造的废弃土地，从使用的月份起免征城镇土地使用税5年至10年。

（7）对非营利性医疗机构、疾病控制机构和妇幼保健机构等卫生机构和非营利性科研机构自用的土地，免征城镇土地使用税。

（8）对国家拨付事业经费和企业办的各类学校、托儿所、幼儿园自用的土地，免征城镇土地使用税。

（9）对民航机场用地中的机场飞行区（包括跑道、滑行道、停机坪、安全带、夜航灯光区）用地，场内外通信导航设施用地和飞行区四周排水防洪设施用地，免征城镇土地使用税。机场道路，区分为场内、场外道路，场外道路用地免征城镇土地使用税；场内道路用地依照规定征收城镇土地使用税。机场工作区（包括办公、生产和维修用地及候机楼、停车场）用地、生活区用地、绿化用地，均须依照规定征收城镇土地使用税。

（10）对盐场的盐滩、盐矿的矿井用地，暂免征收城镇土地使用税。

任务引例解析

根据《财政部 国家税务总局关于房产税、城镇土地使用税有关政策的通知》（财税〔2006〕186号）的规定，在城镇土地使用税征税范围内经营采摘、观光农业的单位和个人，其直接用于采摘、观光的种植、养殖、饲养的土地，根据《城镇土地使用税暂行条例》第六条中“直接用于农、林、牧、渔业的生产用地”的规定，免征城镇土地使用税。

因此，你公司直接用于采摘、观光的种植、养殖、饲养的土地，免征城镇土地使用税。

（二）城镇土地使用税减免的特殊规定（包括但不限于）

（1）凡是缴纳了耕地占用税的，从批准征用之日起满1年后征收城镇土地使用税；征用非耕地因不需要缴纳耕地占用税，应从批准征用之次月起征收城镇土地使用税。

（2）对免税单位无偿使用纳税单位的土地（如公安、海关等单位使用铁路、民航等单位的土地），免征城镇土地使用税；对纳税单位无偿使用免税单位的土地，纳税单位应照章缴纳城镇土地使用税。纳税单位与免税单位共同使用、共有使用权土地上的多层建筑，对纳税单位可按其占用的建筑面积占建筑总面积的比例计征城镇土地使用税。

（3）对政府部门和企事业单位、社会团体以及个人等社会力量投资兴办的福利性、非营利性的老年服务机构，其自用的土地，免征城镇土地使用税。

（4）对于各类危险品仓库、厂房所需的防火、防爆、防毒等安全防范用地，可由各省、自治区、直辖市税务局确定，暂免征收城镇土地使用税；对仓库库区、厂房本身用地，应照章征收城镇土地使用税。

（5）对企业的铁路专用线、公路等用地，除另有规定外，在企业厂区（包括生产、办公及生活区）以内的，应照章征收城镇土地使用税；在厂区以外、与社会公用地段未加隔离的，暂免征收城镇土地使用税。

（6）对企业厂区（包括生产、办公及生活区）以内的绿化用地，应照章征收城镇土地使用税，对厂区以外的公共绿化用地和向社会开放的公园用地，暂免征收城镇土地使用税。

四、城镇土地使用税应纳税额的计算

城镇土地使用税应纳税额可以通过纳税人实际占用的土地面积乘以该土地所在地段的适用税率求得。其计算公式为：

全年应纳税额＝实际占用应税土地面积（平方米）×适用税率

工作实例 9－1

甲公园（位于某县城）本年实际占地面积为 10 000 平方米，其中影剧院、饮食部、茶社、照相馆等营业场所占地面积为 2 000 平方米，其他自用的土地为 12 000 平方米。当地规定的城镇土地使用税每平方米年税额为 5 元。

工作要求：计算甲公园本年应纳的城镇土地使用税。

工作实施：宗教寺庙、公园、名胜古迹自用的土地，免征城镇土地使用税。但宗教寺庙、公园、名胜古迹生产、营业用地和其他用地，不属于免税范围，应按规定缴纳土地使用税。例如，公园、名胜古迹中附设的营业单位，如影剧院、饮食部、茶社、照相馆等使用的土地，应按规定缴纳城镇土地使用税。由此可得：

应纳城镇土地使用税＝2 000×5＝10 000（元）

任务四　城镇土地使用税的纳税申报

一、城镇土地使用税的纳税义务发生时间

（1）纳税人购置新建商品房，自房屋交付使用之次月起，缴纳城镇土地使用税。

（2）纳税人购置存量房，自办理房屋权属转移、变更登记手续，房地产权属登记机关签发房屋权属证书之次月起，缴纳城镇土地使用税。

（3）纳税人出租、出借房产（由房产所有人缴纳），自交付出租、出借房产之次月起，缴纳城镇土地使用税。

（4）以出让或转让方式有偿取得土地使用权的，应由受让方从合同约定交付土地时间的次月起缴纳城镇土地使用税；合同未约定交付时间的，由受让方从合同签订的次月起缴纳城镇土地使用税。

（5）纳税人新征用的耕地，自批准征用之日起满 1 年时开始缴纳城镇土地使用税。

（6）纳税人新征用的非耕地，自批准征用次月起缴纳城镇土地使用税。

（7）自 2009 年 1 月 1 日起，纳税人因土地的权利发生变化而依法终止城镇土地使用税纳税义务的，其应纳税款的计算应截止到土地权利发生变化的当月末。

二、城镇土地使用税的纳税期限

城镇土地使用税按年计算、分期缴纳，具体纳税期限由省、自治区、直辖市人民政府确定。

以山东省为例，《国家税务总局山东省税务局关于财产和行为税有关政策问题的公告》（国家税务总局山东省税务局公告 2019 年第 3 号）规定，城镇土地使用税按季或半年缴纳的，申报纳税期限为季度或半年终了后 15 日内。

三、城镇土地使用税的纳税地点

城镇土地使用税在土地所在地缴纳。

纳税人使用的土地不属于同一省、自治区、直辖市管辖的，由纳税人分别向土地所在地的税务机关缴纳城镇土地使用税；在同一省、自治区、直辖市管辖范围内，纳税人跨地区使用的土地，其纳税地点由各省、自治区、直辖市税务局确定。

四、城镇土地使用税的纳税申报实务

纳税人对城镇土地使用税进行纳税申报时，应当填报《城镇土地使用税 房产税税源明细表》（见表 8－2）、《财产和行为税减免税明细申报附表》（略）、《财产和行为税纳税申报表》（见表 6－4）。

项目引例解析

第一步：根据经济业务计算 2023 年第 2 季度的应纳城镇土地使用税。

2023 年第 2 季度应纳城镇土地使用税＝12 000×7÷4＝21 000（元）

第二步：对城镇土地使用税进行纳税申报。

填写《城镇土地使用税 房产税税源明细表》（见表 8－2）中的“一、城镇土地使用税税源明细”以及《财产和行为税纳税申报表》（见表 6－4）。

项目技能训练

一、单项选择题

1. 城镇土地使用税的计税依据是（ ）。

A. 纳税人使用土地而产生的收益

B. 纳税人因地理位置不同而产生的级差收入

C. 纳税人出租场地而取得的租金收入

D. 纳税人实际占用的土地面积

2. 城镇土地使用税的税率采用（ ）。

A. 有幅度差别的比例税率 B. 有幅度差别的定额税率

C. 全国统一定额 D. 税务机关确定的定额

3. 城镇土地使用税的征收办法为（ ）。

A. 按日计算，按期缴纳 B. 按季计算，按期缴纳

C. 按年计算，分期缴纳 D. 按年计算，按期缴纳

4. 纳税人实际占用的土地面积尚未核发土地使用证书的，（ ）城镇土地使用税。

A. 免征

B. 由纳税人据实申报土地面积，并以此为计税依据征收

C. 由税务机关估定土地面积征收

D. 由房地产管理部门估定土地面积征收

5. 在同一省、自治区、直辖市管辖范围内，纳税人跨地区使用土地，下列关于城镇土地使用税纳税地点的表述中，正确的是（ ）。

A. 在纳税人注册地纳税

B. 在土地所在地纳税

C. 纳税人选择纳税地点

D. 由省、自治区、直辖市税务局确定纳税地点

二、多项选择题

1. 下列选项中，应当缴纳城镇土地使用税的有（ ）。

A. 学校教师食堂用地 B. 工厂实验室用地

C. 公园内茶社用地 D. 百货大楼仓库用地

2. 下列各项中，属于免征城镇土地使用税的有（ ）。

A. 公园管理单位办公用土地

B. 绿化地带等公共用地

C. 纳税单位无偿使用免税单位的土地

D. 直接用于农、林、牧、渔业的生产用地

3. 下列关于城镇土地使用税的纳税义务发生时间的表述中，正确的有（ ）。

A. 纳税人购置新建商品房，自房屋交付使用之次月起缴纳城镇土地使用税

B. 纳税人购置存量房，自房屋交付使用之次月起缴纳城镇土地使用税

C. 以出让或转让有偿取得土地使用权的，应由受让方从合同约定交付土地时间的次月起缴纳城镇土地使用税

D. 纳税人新征用的非耕地，自批准征用次月起缴纳城镇土地使用税

三、判断题

1. 纳税人新征用的耕地，自批准征用之日起满 2 年时开始缴纳城镇土地使用税。（　）

2. 由国家财政部门拨付事业经费的单位自用的土地，免征城镇土地使用税。（　）

3. 对于各类危险品仓库、厂房所需的防火、防爆、防毒等安全防范用地，可由各省、自治区、直辖市税务局确定，暂免征收城镇土地使用税；对仓库库区、厂房本身用地，应照章征收城镇土地使用税。（　）

4. 纳税人使用的土地不属于同一省、自治区、直辖市管辖的，由纳税人统一向其中一地税务机关缴纳城镇土地使用税。（　）

四、业务题

甲百货大楼为增值税一般纳税人，实行统一核算，土地使用证上载明，该企业实际占用土地情况为：中心店占地面积为 8 000 平方米，一分店占地面积为 3 000 平方米，二分店占地面积为 6 000 平方米，仓库占地面积为 6 500 平方米。经税务机关确认，该百货大楼所占用土地分别适用市政府确定的以下税额：中心店位于一等地段，每平方米年税额 7 元；一分店位于二等地段，每平方米年税额 5 元；二分店位于三等地段，每平方米年税额 4 元；仓库位于五等地段，每平方米年税额 1 元。

要求：计算甲百货大楼每年应缴纳的城镇土地使用税。

五、实务咨询题

甲公司有一批地下建筑用地，请问应当如何缴纳城镇土地使用税？

项目十　车船税计算与申报

学习目标

（1）能明确车船税的基本原理，能判定哪些业务应缴纳车船税。

（2）能根据相关业务资料计算车船税。

（3）能根据相关业务资料填写《车船税税源明细表》《财产和行为税纳税申报表》等申报表，并能进行车船税的纳税申报。

素养目标

（1）增强依法纳税意识和社会责任感。

（2）增强制度自信，激发爱国情怀。

（3）树立严谨的工作作风，培养工匠精神。

（4）深入理解车船税相关政策，引导学生深入社会实践、关注现实问题，培育理性开支、节约资源的职业素养。

素养提升设计

素养提升设计举例见表 10－1。

表 10－1　素养提升设计举例

选取的知识点	素养提升元素
车船税的基本原理认知	教师讲解"我国征收车船税的目的是引导汽车合理消费，调节全社会的财富分配，调整产业结构，促进节能减排"，培养学生理性消费、保护环境和资源的理念，支持国家积极稳妥推进碳达峰、碳中和政策。
车船税优惠政策的运用	教师讲解"对节约能源、使用新能源的车船可以减征或者免征车船税"的优惠政策，引导学生绿色消费，推动形成绿色低碳的生活方式。

项目引例

车船税的计算与纳税申报

接"项目六　土地增值税计算与申报"的"项目引例——土地增值税的计算与纳税申

报”，山东德胜铁矿有限公司 2023 年 6 月 25 日新购置一辆乘用车，车牌号码为鲁 A123XX，车辆识别代码（车架号）为 ABCD1232565001232，发动机气缸容量为 1.8 升，载客人数为 4 人。山东德胜铁矿有限公司支付给销售方价款 200 000 元（含增值税），并取得销售方开具的机动车销售统一发票，款项以银行存款支付。买卖合同（2023 年 6 月 25 日签订）只记载含增值税价款 200 000 元。车辆购置税的税率为 10%。按照当地规定，从事机动车交通事故责任强制保险业务的保险机构为机动车车船税的扣缴义务人，应当在收取保险费时依法代收车船税，并出具代收税款凭证。但本例是特殊情况，即纳税人自行申报缴纳车船税。假设当地规定，对新购置的车船应当于车船购置的次月 15 日之前进行车船税纳税申报。车船税税率为：发动机气缸容量为 1.6 升以上至 2.0 升（含）、载客人数 9 人（含）以下的乘用车每辆为 360 元。山东德胜铁矿有限公司于 2023 年 7 月 5 日对 2023 年 6 月至 12 月的车船税进行纳税申报。

要求：

1. 计算山东德胜铁矿有限公司 2023 年 6 月至 12 月新购置乘用车的应纳车船税。

2. 山东德胜铁矿有限公司 2023 年 7 月 5 日对 2023 年 6 月至 12 月新购置乘用车的车船税进行纳税申报，填写《车船税税源明细表》《财产和行为税纳税申报表》。

项目引例解析

见本项目的任务四。

任务一 车船税的基本原理认知

一、车船税的含义

车船税是以车辆、船舶（简称车船）为征税对象，向车船的所有人或者管理人征收的一种税。

二、车船税的发展

我国对车船课税历史悠久，早在公元前 129 年，我国就开征了“算商车”。1945 年 6 月，国民党政府颁布了《使用牌照税法》，在全国统一开征车船使用牌照税。中华人民共和国成立后，中央人民政府政务院于 1951 年 9 月颁布了《车船使用牌照税暂行条例》，在全国部分地区开征。1973 年简化税制、合并税种时，把对国营企业和集体企业征收的车船使用牌照税并入工商税。从那时起，车船使用牌照税只对不缴纳工商税的单位、个人及外侨征收，征税范围大大缩小。1984 年 10 月国务院决定恢复对车船征税，因原税名“车船使用牌照税”易引起歧义，实际工作中往往误认为是对牌照征税，因此，改名为“车船使用税”。1986 年 9 月 15 日，国务院发布了《中华人民共和国车船使用税暂行条例》，决定从 1986 年 10 月 1 日起在全国施行。各省、自治区、直辖市人民政府根据《中华人民共和国车船使用税暂行条例》的规定，先后制定了施行细则。2006 年 12 月 29 日，国务院颁布了《中华人民共和国车船税暂行条例》，并于2007年1月1日实施，同时将“车船使用税”改名为“车船税”。2011年2月25日，第十一届全国人民代表大会常务委员会第十九次会议通过了《中华人民共和国车船税法》，自2012年1月1日起施行。2006年12月29日国务院公布的《中华人民共和国车船税暂行条例》同时废止。

现行车船税法律制度的基本规范是2019年4月23日第十三届全国人民代表大会常务委员会第十次会议修正，自公布之日起施行的《中华人民共和国车船税法》（以下简称《车船税法》），以及2011年11月23日经国务院常务会议审议通过，自2012年1月1日起施行《中华人民共和国车船税法实施条例》（以下简称《车船税法实施条例》）。

三、车船税的特点

我国车船税具有以下特点：（1）征收范围广；（2）税源流动性强；（3）采用定额幅度税率。

任务二　车船税纳税人、扣缴义务人、征税范围和税目的确定

一、车船税纳税人和扣缴义务人的确定

（一）车船税的纳税人

在中华人民共和国境内的车辆、船舶的所有人或者管理人为车船税的纳税人。其中，所有人是指在我国境内拥有车船的单位和个人，对于私家车来说，也就是我们通常所说的车主；管理人是指对车船具有管理权或者使用权，不具有所有权的单位。外商投资企业、外国企业、华侨、外籍人员和港澳台同胞，也属于车船税的纳税人。

（二）车船税的扣缴义务人

根据《车船税法》的规定，从事机动车第三者责任强制保险业务的保险机构为机动车车船税的扣缴义务人（这里指的是代收代缴义务人），应当在收取保险费时依法代收车船税，并出具代收税款凭证。

特别提示 2004年5月1日起实施的《道路交通安全法》首次提出“建立机动车第三者责任强制保险制度，设立道路交通事故社会救助基金”。2006年3月21日国务院颁布《机动车交通事故责任强制保险条例》，“机动车第三者责任强制保险”从此被“机动车交通事故责任强制保险”（简称“交强险”）代替。因此，就目前的情形，准确的说法应为：从事机动车交通事故责任强制保险业务的保险机构为机动车车船税的扣缴义务人。

点拨指导 机动车车船税扣缴义务人在代收车船税时，应当在机动车交通事故责任强制保险的保险单以及保费发票上注明已收税款的信息，作为代收税款凭证。

二、车船税征税范围的确定

车船税的征税范围是指在中华人民共和国境内属于《车船税法》所附《车船税税目税额表》规定的车辆、船舶。“车辆、船舶”是指依法在车船登记管理部门登记的机动车辆和船舶，以及依法不需要在车船登记管理部门登记的在单位内部场所行驶或者作业的机动车辆和船舶。车辆、船舶具体包括：

（1）车辆。

1）乘用车；

2）商用客车（包括电车）；

3）商用货车（包括半挂牵引车、三轮汽车和低速载货汽车等）；

4）挂车；

5）摩托车；

6）其他车辆（不包括拖拉机）。

（2）船舶（包括机动船舶、游艇）。

境内单位和个人租入外国籍船舶的，不征收车船税。境内单位和个人将船舶出租到境外的，应依法征收车船税。经批准临时入境的外国车船和香港特别行政区、澳门特别行政区、台湾地区的车船，不征收车船税。

特别提示 拖拉机、电动自行车、纯电动乘用车和燃料电池乘用车不属于车船税的征税范围。汽车、摩托车、电车、挂车、农用运输车属于车船税的征税范围。

三、车船税税目的确定

车船税的税目、税率，依照《车船税税目税额表》执行。

任务三 车船税的计算

一、车船税计税依据的确定

（一）车船税计税依据的一般规定

（1）乘用车、商用客车、摩托车：以辆数为计税依据。

（2）商用货车、挂车、其他车辆：以整备质量吨位数为计税依据。

（3）机动船舶：以净吨位数为计税依据。

（4）游艇：以艇身长度为计税依据。

（二）车船税计税依据的特殊规定

（1）《车船税法》及其实施条例涉及的整备质量、净吨位、艇身长度等计税单位，有尾数的一律按照含尾数的计税单位据实计算车船税应纳税额。计算得出的应纳税额小数点后超过两位的，可四舍五入保留两位小数。

（2）乘用车以车辆登记管理部门核发的机动车登记证书或者行驶证书所载的排气量毫升数确定税额区间。

二、车船税税率的判定

车船税采用定额税率，又称固定税额。省、自治区、直辖市人民政府根据《车船税法》所附《车船税税目税额表》确定车辆具体适用税额时，应当遵循以下原则：

（1）乘用车依排气量从小到大递增税额。

（2）客车按照核定载客人数 20 人以下和 20 人（含）以上两档划分，递增税额。

省、自治区、直辖市人民政府确定的车辆具体适用税额，应当报国务院备案。车船税税目税额表见表 10－2。

表 10－2　车船税税目税额表

税目		计税单位	年基准税额	备注
乘用车［按发动机汽缸容量（排气量）分档］	1.0 升（含）以下	每辆	60～360 元	核定载客人数 9 人（含）以下
	1.0 升以上至 1.6 升（含）		300～540 元	
	1.6 升以上至 2.0 升（含）		360～660 元	
	2.0 升以上至 2.5 升（含）		660～1 200 元	
	2.5 升以上至 3.0 升（含）		1 200～2 400 元	
	3.0 升以上至 4.0 升（含）		2 400～3 600 元	
	4.0 升以上		3 600～5 400 元	
商用车	客车	每辆	480～1 440 元	核定载客人数 9 人以上，包括电车
	货车	整备质量每吨	16～120 元	包括半挂牵引车、三轮汽车和低速载货汽车等
挂车			按照货车税额的 50%计算	
其他车辆	专用作业车		16～120 元	不包括拖拉机
	轮式专用机械车		16～120 元	
摩托车		每辆	36～180 元	
机动船舶	净吨位不超过 200 吨	净吨位每吨	3 元	拖船、非机动驳船分别按照机动船舶税额的 50%计算；拖船按照发动机功率每 1 千瓦折合净吨位 0.67 吨计算征收车船税
	净吨位 200～2 000 吨		4 元	
	净吨位 2 000～10 000 吨		5 元	
	净吨位超过 10 000 吨		6 元	

续表

税目		计税单位	年基准税额	备注
游艇	艇身长度不超过 10 米	艇身长度每米	600 元	
	艇身长度 10～18 米		900 元	
	艇身长度 18～30 米		1 300 元	
	艇身长度超过 30 米		2 000 元	
	辅助动力帆艇		600 元	

点拨指导 排气量、整备质量、核定载客人数、净吨位、千瓦、艇身长度，以车船登记管理部门核发的车船登记证书或者行驶证所载数据为准。

特别提示 依法不需要办理登记的车船和依法应当登记而未办理登记或者不能提供车船登记证书、行驶证的车船，以车船出厂合格证明或者进口凭证标注的技术参数、数据为准；不能提供车船出厂合格证明或者进口凭证的，由主管税务机关参照国家相关标准核定，没有国家相关标准的，参照同类车船核定。

点拨指导 对于在设计和技术特性上用于特殊工作，并装置有专用设备或器具的汽车，应认定为专用作业车，如汽车起重机、消防车、混凝土泵车、清障车、高空作业车、洒水车、扫路车等。以载运人员或货物为主要目的的专用汽车，如救护车，不属于专用作业车。

点拨指导 客货两用车，又称多用途货车，是指在设计和结构上主要用于载运货物，但在驾驶员座椅后带有固定或折叠式座椅，可运载 3 人以上乘客的货车。客货两用车依照货车的计税单位和年基准税额计征车船税。

三、车船税优惠政策的运用

（1）捕捞、养殖渔船免征车船税。

（2）军队、武装警察部队专用的车船免征车船税。

（3）警用车船免征车船税。

（4）悬挂应急救援专用号牌的国家综合性消防救援车辆和国家综合性消防救援专用船舶免征车船税。

（5）依照法律规定应当予以免税的外国驻华使领馆、国际组织驻华代表机构及其有关人员的车船免征车船税。

（6）对节约能源、使用新能源的车船可以减征或者免征车船税。免征或者减半征收车船税的车船的范围，由国务院财政、税务主管部门商国务院有关部门制定，报国务院批准。

点拨指导 对符合标准的节能汽车，减半征收车船税；对符合标准的新能源车船，免征车船税，具体标准详见《财政部 税务总局 工业和信息化部 交通运输部 关于节能 新能源车船享受车船税优惠政策的通知》（财税〔2018〕74 号）。免征车船税的新能源汽车是指纯电动商用车、插电式（含增程式）混合动力汽车、燃料电池商用车。纯电动乘用车和燃料电池乘用车不属于车船税征税范围，对其不征车船税。

（7）对受地震、洪涝等严重自然灾害影响纳税困难以及其他特殊原因确需减免税的车船，可以在一定期限内减征或者免征车船税。具体减免期限和数额由省、自治区、直辖市人民政府确定，报国务院备案。

（8）省、自治区、直辖市人民政府根据当地实际情况，可以对公共交通车船，农村居民拥有并主要在农村地区使用的摩托车、三轮汽车和低速载货汽车定期减征或者免征车船税。

【知识串联】注意不征税和免税的区别。拖拉机、电动自行车、纯电动乘用车和燃料电池乘用车本身就不属于车船税的征税范围，因此不属于免税项目。

四、车船税应纳税额的计算

（1）车船税各税目应纳税额的计算公式为：

应纳车船税＝计税单位×适用年基准税额

特别提示

拖船和非机动驳船的应纳车船税＝计税单位×适用年基准税额×50%

（2）购置的新车船，购置当年的应纳税额自纳税义务发生的当月起按月计算。其计算公式为：

应纳税额＝年应纳税额÷12×应纳税月份数

工作实例 10－1

甲公司本年拥有机动船 4 艘，每艘净吨位为 3 000 吨；拖船 1 艘，发动机功率为2 500 千瓦。机动船舶车船税计税标准为净吨位超过 200 吨但不超过 2 000 吨的，每吨 4 元；净吨位超过 2 000 吨但不超过 10 000 吨的，每吨 5 元。

工作要求：计算甲公司本年应缴纳的车船税。

工作实施：将 2 500 千瓦换算为净吨位数。

2 500×0.67＝1 675（净吨位数）

拖船、非机动驳船分别按照机动船舶税额的 50%计算。

本年应纳车船税＝3 000×4×5＋1 675×4×50%＝63 350（元）

任务四　车船税的纳税申报

任务引例

我公司将使用了 2 年的车辆出售给其他公司，但是今年的车船税在出售之前已经缴纳，请问我公司能否申请退税，然后由购买方履行纳税义务？

一、车船税的申报缴纳或者征收方式

（一）自行申报方式

没有扣缴义务人的，纳税人应当向主管税务机关自行申报缴纳车船税。扣缴义务人已代收代缴车船税的，纳税人不再向车辆登记地的主管税务机关申报缴纳车船税。

点拨指导 纳税人在购买机动车交通事故责任强制保险时，由扣缴义务人代收代缴车船税的，凭注明已收税款信息的机动车交通事故责任强制保险单，车辆登记地的主管税务机关不再征收该纳税年度的车船税；再次征收的，车辆登记地主管税务机关应予以退还。

（二）代收代缴方式

从事机动车第三者责任强制保险业务（现为"从事机动车交通事故责任强制保险业务"）的保险机构为机动车车船税的扣缴义务人，在收取保险费时依法代收车船税。已完税或者依法减免税的车辆，纳税人应当向扣缴义务人提供登记地的主管税务机关出具的完税凭证或者减免税证明。纳税人没有按照规定期限缴纳车船税的，扣缴义务人在代收代缴税款时，可以一并代收代缴欠缴税款的滞纳金。车船税扣缴义务人代收代缴欠缴税款的滞纳金，从各省、自治区、直辖市人民政府规定的申报纳税期限截止日期的次日起计算。

扣缴义务人应当及时解缴代收代缴的税款和滞纳金，并向主管税务机关申报。扣缴义务人向税务机关解缴税款和滞纳金时，应当同时报送明细的税款和滞纳金扣缴报告。扣缴义务人解缴税款和滞纳金的具体期限，由省、自治区、直辖市地方税务机关依照法律、行政法规的规定确定。

（三）委托代征方式

根据《国家税务总局 交通运输部关于发布〈船舶车船税委托代征管理办法〉的公告》（国家税务总局 交通运输部公告 2013 年第 1 号）的规定，自 2013 年 2 月 1 日起，税务机关可以委托交通运输部门海事管理机构代为征收船舶车船税税款。

在交通运输部直属海事管理机构（以下简称海事管理机构）登记的应税船舶，其车船税由船籍港所在地的税务机关委托当地海事管理机构代征。

海事管理机构受税务机关委托，在办理船舶登记手续或受理年度船舶登记信息报告时代征船舶车船税。

二、车船税的纳税义务发生时间

车船税纳税义务发生时间为取得车船所有权或管理权的当月。取得车船所有权或者管理权的当月，应当以购买车船的发票或者其他证明文件所载日期的当月为准。

纳税人缴纳车船税时，应当提供反映排气量、整备质量、核定载客人数、净吨位、千瓦、艇身长度等与纳税相关信息的相应凭证以及税务机关根据实际需要要求提供的其他资料。纳税人以前年度已经提供前款所列资料信息的，可以不再提供。

购置的新车船，购置当年的应纳税额自纳税义务发生的当月起按月计算。

点拨指导 具体来说，购置的新机动车，购置当年的应纳税款从购买日期的当月起至该年度终了按月计算。对于在国内购买的机动车，购买日期以机动车销售统一发票所载日期为准；对于进口机动车，购买日期以海关关税专用缴款书所载日期为准。

三、车船税的纳税期限

车船税按年申报、分月计算、一次性缴纳。纳税年度自公历1月1日起至12月31日止。具体纳税期限由各省、自治区、直辖市人民政府规定。

四、车船税的纳税地点

车船税由税务机关负责征收。车船税的纳税地点为车船的登记地或者车船税扣缴义务人所在地。其中，纳税人自行申报缴纳车船税的，纳税地点为车船登记地（或者说“车船登记地的主管税务机关所在地”）；扣缴义务人代收代缴车船税的，纳税地点为扣缴义务人所在地。

依法不需要办理登记的车船，车船税的纳税地点为车船的所有人或者管理人所在地。

五、车船税征收管理的其他规定

（1）在一个纳税年度内，已完税的车船被盗抢、报废、灭失的，纳税人可以凭有关管理机关出具的证明和完税证明，向纳税所在地的主管税务机关申请退还自被盗抢、报废、灭失月份起至该纳税年度终了期间的税款。

已办理退税的被盗抢车船失而复得的，纳税人应当从公安机关出具相关证明的当月起计算缴纳车船税。

（2）已缴纳车船税的车船在同一纳税年度内办理转让过户的，不另纳税，也不退税。

（3）已经缴纳车船税的车船，因质量原因被退回生产企业或者经销商的，纳税人可以向纳税所在地的主管税务机关申请退还自退货月份起至该纳税年度终了期间的税款。退货月份以退货发票所载日期的当月为准。

（4）保险机构作为车船税扣缴义务人，在代收车船税并开具增值税发票时，应在增值税发票备注栏中注明代收车船税税款信息，具体包括保险单号、税款所属期（详细至月）、代收车船税金额、滞纳金金额、金额合计等。该增值税发票可作为纳税人缴纳车船税及滞纳金的会计核算原始凭证。

任务引例解析

根据《车船税法实施条例》的规定，已缴纳车船税的车船在同一纳税年度内办理转让过户的，不另纳税，也不退税。

因此，你公司不能申请退税。

六、车船税的纳税申报实务

纳税人对车船税进行纳税申报时，应当填报《车船税税源明细表》（见表10－3）、《财产和行为税减免税明细申报附表》（略）、《财产和行为税纳税申报表》（见表6－4）。

表 10－3　车船税税源明细表

纳税人识别号（统一社会信用代码）：91370709864220086Y

纳税人名称：山东德胜铁矿有限公司　　　　体积单位：升；质量单位：吨；功率单位：千瓦；长度单位：米

车辆税源明细												
序号	车牌号码	* 车辆识别代码（车架号）	* 车辆类型	车辆品牌	车辆型号	* 车辆发票日期或注册登记日期	排（气）量	核定载客	整备质量	* 单位税额	减免性质代码和项目名称	纳税义务终止时间
1	鲁A123XX	ABCD1232565001232	乘用车	略	略	2023 年 06 月 25 日	1.8 升	4 人		360 元		
2												
3												

船舶税源明细															
序号	船舶登记号	* 船舶识别号	* 船舶种类	* 中文船名	初次登记号码	船籍港	发证日期	取得所有权日期	建成日期	净吨位	主机功率	艇身长度（总长）	* 单位税额	减免性质代码和项目名称	纳税义务终止时间
1															
2															
3															

项目引例解析

第一步：根据经济业务计算 2023 年 6 月至 12 月新购置乘用车的应纳车船税。

2023 年 6 月至 12 月新购置乘用车的应纳车船税＝360÷12×7＝210（元）

第二步：对车船税进行纳税申报。

填写《车船税税源明细表》（见表 10－3）、《财产和行为税纳税申报表》（见表 6－4）。

项目技能训练

一、单项选择题

1. 甲商厦有一辆客货两用汽车，为顾客送货，乘客座位 4 个，整备质量 2 吨。当地省政府规定，载客 4 人乘用车车船税税额为 200 元/辆，载货汽车为 40 元/吨，甲商厦每年应缴纳车船税（　　）元。

A. 80　　B. 180　　C. 200　　D. 280

2. 下列各项中，符合车船税征收管理规定的是（　　）。

A. 扣缴义务人代收代缴车船税的，纳税地点为车船登记地的主管税务机关所在地

B. 纳税人自行申报缴纳车船税的，纳税地点为车船登记地的主管税务机关所在地

C. 车船税纳税义务发生时间为取得车船所有权或者管理权的次月

D. 不需要办理登记的车船不必缴纳车船税

3. 甲单位一辆货车整备质量为 10 吨，当地人民政府确定该地区货车的车船税适用税额为每吨 60 元，则甲单位这辆载货汽车每年应纳车船税为（　　）元。

A. 600　　B. 800　　C. 640　　D. 840

二、多项选择题

1. 下列各项中，符合车船税征收管理规定的有（　　）。

A. 车船税按年申报，分月计算，一次性缴纳

B. 购置的新车船，购置当年的应纳税额自纳税义务发生的当月起按月计算

C. 已办理退税的被盗抢车船失而复得的，纳税人应当从公安机关出具相关证明的当月起计算缴纳车船税

D. 没有扣缴义务人的，纳税人不需要自行申报缴纳车船税

2. 车船税计税单位有（　　）。

A. 每辆　　B. 每艘

C. 净吨位每吨　　D. 整备质量每吨

3. 下列情况中，不缴或免缴车船税的有（　　）。

A. 建筑工地的小推车　　B. 公安部门的警车

C. 武装警察部队专用的车船　　D. 汽车制造厂尚未销售的汽车

三、判断题

1. 对受地震、洪涝等严重自然灾害影响纳税困难以及有其他特殊原因确需减免税的车船，可以在一定期限内减征或者免征车船税。（　　）

2. 已缴纳车船税的车船在同一纳税年度内办理转让过户的，不另纳税，也不退税。（　　）

3. 游艇以净吨位数为计税依据计算车船税。（　　）

四、业务题

甲公司为增值税一般纳税人，本年拥有载货汽车 2 辆，其中 A 车整备质量 10 吨，B 车整备质量 20 吨，当地规定的车船税税率为 60 元/吨；拥有载客汽车 5 辆，当地规定的车船税税率为 1 000 元/辆；拥有机动船 1 艘，净吨位为 40 吨，当地规定的车船税税率为 3 元/吨。

要求：计算甲公司本年应缴纳的车船税。

五、实务咨询题

甲公司已经由扣缴义务人代收代缴了车船税，是否还要向车辆登记地的主管税务机关缴纳车船税？

项目十一 印花税计算与申报

学习目标

（1）能明确印花税的基本原理，能判定哪些业务应缴纳印花税。

（2）能根据相关业务资料计算印花税。

（3）能根据相关业务资料填写《印花税税源明细表》《财产和行为税纳税申报表》等申报表，并能进行印花税的纳税申报。

素养目标

（1）增强依法纳税意识和社会责任感。

（2）增强制度自信，激发爱国情怀。

（3）树立严谨的工作作风，培养工匠精神。

（4）深入理解印花税相关政策，引导学生深入社会实践、关注现实问题，培育诚信守约、自觉纳税的职业素养。

素养提升设计

素养提升设计举例见表 11－1。

表 11－1　素养提升设计举例

选取的知识点	素养提升元素
印花税的基本原理认知	教师讲解“我国征收印花税的目的是促进纳税人提高应税凭证的兑现率，提高纳税人的纳税意识”，培养学生诚信守约、自觉纳税的理念，促进形成“弘扬诚信文化、健全诚信建设”的长效机制。
印花税优惠政策的运用	教师讲解“自 2022 年 7 月 1 日起，个人与电子商务经营者订立的电子订单，免征印花税”的优惠政策，激发学生毕业后利用电子商务方式进行创业的热情。

项目引例

印花税的计算与纳税申报

接“项目六　土地增值税计算与申报”的“项目引例——土地增值税的计算与纳税申报”，接“项目引例——资源税的计算与纳税申报”“项目引例——土地增值税的计算与纳税申报”“项目引例——车船税的计算与纳税申报”。假设山东德胜铁矿有限公司属于按期汇总缴纳印花税的纳税人，纳税期限为 1 个月，纳税申报期限为税款所属时期后 15 天内。

要求：

1. 计算山东德胜铁矿有限公司 2023 年 6 月相关业务的应纳印花税。

2. 山东德胜铁矿有限公司 2023 年 7 月 5 日对 2023 年 6 月的印花税进行纳税申报，填写《印花税税源明细表》《财产和行为税纳税申报表》。

项目引例解析

见本项目的任务四。

任务一　印花税的基本原理认知

一、印花税的含义

印花税是对书立应税凭证、进行证券交易的单位和个人征收的一种税。印花税因其采用在应税凭证上粘贴印花税票的方法缴纳税款而得名。

二、印花税的发展

印花税最早产生于 1624 年的荷兰，现在已是世界各国普遍开征的一个税种。我国在北洋政府和民国时期也先后颁布过《印花税法》，开征过印花税。中华人民共和国成立以后，中央人民政府政务院于 1950 年颁布了《印花税暂行条例》，在全国范围内开征印花税；1958 年简化税制时，经全国人民代表大会常务委员会通过，将印花税并入工商统一税，不再单设税种征收，直至经济体制改革以前。

改革开放后，我国的商品经济得以迅速发展。为适应商品经济发展的要求，我国先后颁布了《经济合同法》《商标法》《工商企业登记管理条例》等一系列经济法规，在经济活动中依法书立、领受各种经济凭证成为普遍现象，重新开征印花税不仅是必要的，也具备了一定的条件。因此，国务院于 1988 年 8 月 6 日颁布了《中华人民共和国印花税暂行条例》，自同年 10 月 1 日起施行。1988 年 9 月 29 日财政部颁布了《中华人民共和国印花税暂行条例施行细则》（以下简称《印花税暂行条例施行细则》），与《中华人民共和国印花税暂行条例》同时施行。随着我国经济体制由计划经济向社会主义市场经济体制转变，印花税的征收在规范书立、领受经济凭证行为方面起着更加重要的作用。为进一步规范印花税管理，便利纳税人，国家税务总局于 2016 年 11 月 29 日发布了《印花税管理规程（试行)》，自 2017 年 1 月 1 日起施行。2021 年 6 月 10 日，中华人民共和国第十三届全国人民代表大会常务委员会第二十九次会议通过的《中华人民共和国印花税法》，自 2022 年 7 月 1 日起施行，1988 年 8 月 6 日国务院发布的《中华人民共和国印花税暂行条例》同时废止。

现行印花税法律制度的基本规范，是 2021 年 6 月 10 日中华人民共和国第十三届全国人民代表大会常务委员会第二十九次会议通过，自 2022 年 7 月 1 日起施行的《中华人民共和国印花税法》(以下简称《印花税法》)。

三、印花税的特点

我国印花税具有以下特点：(1) 征税范围广；(2) 税率较低，税负较轻；(3) 根据自 2022 年 7 月 1 日起施行的《中华人民共和国印花税法》，一般采用申报的方式缴纳，也可以采用自行粘贴印花税票等方式缴纳（2022 年 6 月 30 日之前，一般采用自行粘贴印花税票的方式缴纳）。

任务二　印花税纳税人、扣缴义务人、征税范围和税目的确定

任务引例

我公司为证券交易的受让方，请问我公司是否需要缴纳印花税?

一、印花税纳税人和扣缴义务人的确定

(一) 印花税的纳税人

在中华人民共和国境内书立应税凭证、进行证券交易的单位和个人，为印花税的纳税人，应当依照《印花税法》的规定缴纳印花税。

在中华人民共和国境外书立在境内使用的应税凭证的单位和个人，应当依照《印花税法》的规定缴纳印花税。

特别提示 印花税纳税人的具体情形：

(1) 书立应税凭证的纳税人，为对应税凭证有直接权利义务关系的单位和个人。

(2) 采用委托贷款方式书立的借款合同的纳税人，为受托人和借款人，不包括委托人。

(3) 按买卖合同或者产权转移书据税目缴纳印花税的拍卖成交确认书纳税人，为拍卖标的的产权人和买受人，不包括拍卖人。

(4) 证券交易印花税对证券交易的出让方征收，不对受让方征收。

任务引例解析

根据《印花税法》的规定，证券交易印花税对证券交易的出让方征收，不对受让方征收。因此，你公司作为证券交易的受让方，不缴纳印花税。

（二）印花税的扣缴义务人

纳税人为境外单位或者个人，在境内有代理人的，以其境内代理人为扣缴义务人；在境内没有代理人的，由纳税人自行申报缴纳印花税，具体办法由国务院税务主管部门规定。

证券登记结算机构为证券交易印花税的扣缴义务人，应当向其机构所在地的主管税务机关申报解缴税款以及银行结算的利息。

二、印花税征税范围的确定

（一）印花税征税范围的基本规定

印花税征税范围中的应税凭证，是指《印花税法》所附《印花税税目税率表》列明的合同、产权转移书据和营业账簿。

特别提示 我国并非对所有类型的合同、产权转移书据和营业账簿征收印花税，只对《印花税法》所附《印花税税目税率表》列明的合同、产权转移书据和营业账簿征收印花税。

印花税征税范围中的证券交易，是指转让在依法设立的证券交易所、国务院批准的其他全国性证券交易场所交易的股票和以股票为基础的存托凭证。

（二）印花税应税凭证的特殊情形

（1）在中华人民共和国境外书立在境内使用的应税凭证，应当按规定缴纳印花税，具体包括以下几种情形：

1）应税凭证的标的为不动产的，该不动产在境内。

2）应税凭证的标的为股权的，该股权为中国居民企业的股权。

3）应税凭证的标的为动产或者商标专用权、著作权、专利权、专有技术使用权的，其销售方或者购买方在境内，但不包括境外单位或者个人向境内单位或者个人销售完全在境外使用的动产或者商标专用权、著作权、专利权、专有技术使用权。

4）应税凭证的标的为服务的，其提供方或者接受方在境内，但不包括境外单位或者个人向境内单位或者个人提供完全在境外发生的服务。

（2）企业之间书立的确定买卖关系、明确买卖双方权利义务的订单、要货单等单据，且未另外书立买卖合同的，应当按规定缴纳印花税。

（3）发电厂与电网之间、电网与电网之间书立的购售电合同，应当按买卖合同税目缴纳印花税。

（三）不属于印花税征收范围的凭证

下列情形的凭证，不属于印花税征收范围：

（1）人民法院的生效法律文书，仲裁机构的仲裁文书，监察机关的监察文书。

（2）县级以上人民政府及其所属部门按照行政管理权限征收、收回或者补偿安置房地产书立的合同、协议或者行政类文书。

（3）总公司与分公司、分公司与分公司之间书立的作为执行计划使用的凭证。

三、印花税税目的确定

印花税的税目依照《印花税法》列明的《印花税税目税率表》执行。

任务三　印花税的计算

一、印花税计税依据的确定

（一）印花税计税依据的一般规定

印花税的计税依据为各种应税凭证上所记载的计税金额。具体规定为：

（1）应税合同的计税依据为合同所列的金额，不包括列明的增值税税款。

（2）应税产权转移书据的计税依据为产权转移书据所列的金额，不包括列明的增值税税款。

（3）应税营业账簿的计税依据为账簿记载的实收资本（股本）、资本公积合计金额。

（4）证券交易的计税依据为成交金额。

特别提示 不记载实收资本（股本）、资本公积金额的营业账簿（例如记载固定资产金额的营业账簿），不属于印花税的征税范围。

（二）印花税计税依据的特殊规定

（1）应税合同、产权转移书据未列明金额的，印花税的计税依据按照实际结算的金额确定。

（2）计税依据按照上述规定仍不能确定的，按照书立合同、产权转移书据时的市场价格确定；依法应当执行政府定价或者政府指导价的，按照国家有关规定确定。

（3）证券交易无转让价格的，按照办理过户登记手续时该证券前一个交易日收盘价计算确定计税依据；无收盘价的，按照证券面值计算确定计税依据。

（4）同一应税凭证由两方以上当事人书立的，按照各自涉及的金额分别计算应纳税额。

（5）已缴纳印花税的营业账簿，以后年度记载的实收资本（股本）、资本公积合计金额与已缴纳印花税的实收资本（股本）、资本公积合计金额相比增加的，按照增加部分计算应纳税额。

答疑解惑

印花税应税合同中列明不含增值税价款和增值税税款，请问印花税的计税依据是含增值税价款还是不含增值税价款？

答：根据《印花税法》的规定，应税合同的计税依据为合同所列的金额，不包括列明的增值税税款。

因此，应税合同中列明不含增值税价款和增值税税款，印花税的计税依据为合同所列的不含增值税价款。

（三）印花税计税依据的其他规定以及补税和退税的具体情形

（1）同一应税合同、应税产权转移书据中涉及两方以上纳税人，且未列明纳税人各自涉及金额的，以纳税人平均分摊的应税凭证所列金额（不包括列明的增值税税款）确定计税依据。

（2）应税合同、应税产权转移书据所列的金额与实际结算金额不一致，不变更应税凭证所列金额的，以所列金额为计税依据；变更应税凭证所列金额的，以变更后的所列金额为计税依据。已缴纳印花税的应税凭证，变更后所列金额增加的，纳税人应当就增加部分的金额补缴印花税；变更后所列金额减少的，纳税人可以就减少部分的金额向税务机关申请退还或者抵缴印花税。

（3）纳税人因应税凭证列明的增值税税款计算错误导致应税凭证的计税依据减少或者增加的，纳税人应当按规定调整应税凭证列明的增值税税款，重新确定应税凭证计税依据。已缴纳印花税的应税凭证，调整后计税依据增加的，纳税人应当就增加部分的金额补缴印花税；调整后计税依据减少的，纳税人可以就减少部分的金额向税务机关申请退还或者抵缴印花税。

（4）纳税人转让股权的印花税计税依据，按照产权转移书据所列的金额（不包括列明的认缴后尚未实际出资权益部分）确定。

（5）应税凭证金额为人民币以外的货币的，应当按照凭证书立当日的人民币汇率中间价折合人民币确定计税依据。

（6）境内的货物多式联运，采用在起运地统一结算全程运费的，以全程运费作为运输合同的计税依据，由起运地运费结算双方缴纳印花税；采用分程结算运费的，以分程的运费作为计税依据，分别由办理运费结算的各方缴纳印花税。

（7）未履行的应税合同、产权转移书据，已缴纳的印花税不予退还及抵缴税款。

（8）纳税人多贴的印花税票，不予退税及抵缴税款。

二、印花税税率的判定

印花税的税率依照《印花税法》列明的《印花税税目税率表》（见表 11－2）执行。

表 11－2　印花税税目税率表

税目		计税依据及税率	备注
合同（指书面合同）	借款合同	借款金额的万分之零点五	指银行业金融机构、经国务院银行业监督管理机构批准设立的其他金融机构与借款人（不包括同业拆借）的借款合同
	融资租赁合同	租金的万分之零点五	

续表

税目		计税依据及税率	备注
合同（指书面合同）	买卖合同	价款的万分之三	指动产买卖合同（不包括个人书立的动产买卖合同）
	承揽合同	报酬的万分之三	
	建设工程合同	价款的万分之三	
	运输合同	运输费用的万分之三	指货运合同和多式联运合同（不包括管道运输合同）
	技术合同	价款、报酬或者使用费的万分之三	不包括专利权、专有技术使用权转让书据
	租赁合同	租金的千分之一	
	保管合同	保管费的千分之一	
	仓储合同	仓储费的千分之一	
	财产保险合同	保险费的千分之一	不包括再保险合同
产权转移书据	土地使用权出让书据	价款的万分之五	转让包括买卖（出售）、继承、赠与、互换、分割
	土地使用权、房屋等建筑物和构筑物所有权转让书据（不包括土地承包经营权和土地经营权转移）	价款的万分之五	
	股权转让书据（不包括应缴纳证券交易印花税的）	价款的万分之五	
	商标专用权、著作权、专利权、专有技术使用权转让书据	价款的万分之三	
营业账簿		实收资本（股本）、资本公积合计金额的万分之二点五	
证券交易		成交金额的千分之一	

三、印花税优惠政策的运用

下列凭证免征印花税：

（1）应税凭证的副本或者抄本。

（2）依照法律规定应当予以免税的外国驻华使馆、领事馆和国际组织驻华代表机构为获得馆舍书立的应税凭证。

（3）中国人民解放军、中国人民武装警察部队书立的应税凭证。

（4）农民、家庭农场、农民专业合作社、农村集体经济组织、村民委员会购买农业生产资料或者销售农产品书立的买卖合同和农业保险合同。

（5）无息或者贴息借款合同、国际金融组织向中国提供优惠贷款书立的借款合同。

（6）财产所有权人将财产赠与政府、学校、社会福利机构、慈善组织书立的产权转移书据。

（7）非营利性医疗卫生机构采购药品或者卫生材料书立的买卖合同。

（8）个人与电子商务经营者订立的电子订单。

（9）自2023年8月28日起，证券交易印花税实施减半税收政策。

根据国民经济和社会发展的需要，国务院对居民住房需求保障、企业改制重组、破产、支持小型微型企业发展等情形可以规定减征或者免征印花税，报全国人民代表大会常务委员会备案。

特别提示 对应税凭证适用印花税减免优惠的，书立该应税凭证的纳税人均可享受印花税减免政策，明确特定纳税人适用印花税减免优惠的除外。

点拨指导 为贯彻落实《印花税法》，自2022年7月1日起，"继续执行的印花税优惠政策文件及条款目录"详见《财政部 税务总局关于印花税法实施后有关优惠政策衔接问题的公告》（财政部 税务总局公告2022年第23号）。

四、印花税应纳税额的计算

印花税的应纳税额按照计税依据乘以适用税率计算。其计算公式为：

应纳税额＝计税依据×适用税率

同一应税凭证载有两个以上税目事项并分别列明金额的，按照各自适用的税目税率分别计算应纳税额；未分别列明金额的，从高适用税率。

工作实例 11-1

甲公司于本年7月成立，建立资金账簿1本，登记实收资本2 000 000元。在成立当月，甲公司与乙公司签订商品销售合同，合同列明不含增值税价款为500 000元，增值税税款为65 000元；当月甲公司与丙运输公司签订运输合同，合同列明不含增值税运费金额为40 000元，增值税税款为3 600元。已知营业账簿适用的印花税税率为0.25‰，买卖合同适用的印花税税率为0.3‰，运输合同适用的印花税税率为0.3‰。

工作要求： 计算甲公司的应纳印花税。

工作实施：

买卖合同应纳印花税＝500 000×0.3‰＝150（元）

运输合同应纳印花税＝40 000×0.3‰＝12（元）

营业账簿应纳印花税＝2 000 000×0.25‰＝500（元）

应纳印花税合计＝150＋12＋500＝662（元）

任务四 印花税的纳税申报

一、印花税的缴纳方式

印花税一般采用申报的方式缴纳。

印花税也可以采用粘贴印花税票或者由税务机关依法开具其他完税凭证的方式缴纳。印花税票粘贴在应税凭证上的，由纳税人在每枚税票的骑缝处盖戳注销或者画销。印花税票由国务院税务主管部门监制。

特别提示 《印花税法》实施之前，印花税一般采用粘贴印花税票或者由税务机关依法开具其他完税凭证的方式缴纳；而《印花税法》实施之后，印花税一般采用申报的方式缴纳，也可以采用粘贴印花税票或者由税务机关依法开具其他完税凭证的方式缴纳。

二、印花税的纳税义务发生时间

印花税的纳税义务发生时间为纳税人书立应税凭证或者完成证券交易的当日。

证券交易印花税扣缴义务发生时间为证券交易完成的当日。

三、印花税的纳税期限

印花税按季、按年或者按次计征。实行按季、按年计征的，纳税人应当自季度、年度终了之日起 15 日内申报缴纳税款；实行按次计征的，纳税人应当自纳税义务发生之日起 15 日内申报缴纳税款。

证券交易印花税按周解缴。证券交易印花税扣缴义务人应当自每周终了之日起 5 日内申报解缴税款以及银行结算的利息。

点拨指导 应税合同、产权转移书据印花税可以按季或者按次申报缴纳，应税营业账簿印花税可以按年或者按次申报缴纳，具体纳税期限由各省、自治区、直辖市、计划单列市税务局结合征管实际确定。

应税合同、产权转移书据未列明金额，在后续实际结算时确定金额的，纳税人应当于书立应税合同、产权转移书据的首个纳税申报期申报应税合同、产权转移书据书立情况，在实际结算后下一个纳税申报期，以实际结算金额计算申报缴纳印花税。

特别提示 境外单位或者个人的应税凭证印花税可以按季、按年或者按次申报缴纳，具体纳税期限由各省、自治区、直辖市、计划单列市税务局结合征管实际确定。

四、印花税的纳税地点

纳税人为单位的，应当向其机构所在地的主管税务机关申报缴纳印花税；纳税人为个人的，应当向应税凭证书立地或者纳税人居住地的主管税务机关申报缴纳印花税。

不动产产权发生转移的，纳税人应当向不动产所在地的主管税务机关申报缴纳印花税。

纳税人为境外单位或者个人，在境内有代理人的，以其境内代理人为扣缴义务人。境外单位或者个人的境内代理人应当按规定扣缴印花税，向境内代理人机构所在地（居住地）主管税务机关申报解缴税款。

纳税人为境外单位或者个人，在境内没有代理人的，纳税人应当自行申报缴纳印花税。境外单位或者个人可以向资产交付地、境内服务提供方或者接受方所在地（居住地）、书立应税凭证境内书立人所在地（居住地）主管税务机关申报缴纳；涉及不动产产权转移的，应当向不动产所在地主管税务机关申报缴纳。

证券登记结算机构为证券交易印花税的扣缴义务人，应当向其机构所在地的主管税务机关申报解缴税款以及银行结算的利息。

特别提示 《印花税法》实施后，纳税人享受印花税优惠政策，继续实行“自行判别、申报享受、有关资料留存备查”的办理方式。纳税人对留存备查资料的真实性、完整性和合法性承担法律责任。

五、印花税的纳税申报实务

纳税人对印花税进行纳税申报时，应当填报《印花税税源明细表》（见表 11－3）、《财产和行为税减免税明细申报附表》（略）、《财产和行为税纳税申报表》（见表 6－4）。

表 11－3　印花税税源明细表

纳税人识别号（统一社会信用代码）：91370709864220086Y

纳税人名称：山东德胜铁矿有限公司　　　　金额单位：人民币元（列至角分）

序号	*税目	*税款所属期起	*税款所属期止	应纳税凭证编号	应纳税凭证书立（领受）日期	*计税金额或件数	核定比例	*税率	减免性质代码和项目名称
按期申报									
1	买卖合同	2023 年 06 月 01 日	2023 年 06 月 30 日	略	略	3 000 000.00		0.3‰	
2	土地使用权、房屋等建筑物和构筑物所有权转让书据	2023 年 06 月 01 日	2023 年 06 月 30 日	略	略	120 000 000.00		0.5‰	
3	买卖合同	2023 年 06 月 01 日	2023 年 06 月 30 日	略	略	200 000.00		0.3‰	
按次申报									
1									
2									
3									

项目引例解析

第一步：根据经济业务计算当期应纳印花税。

（1）销售铁矿原矿，按照买卖合同税目计算缴纳的印花税＝3 000 000×0.3‰＝900（元）。

（2）转让办公楼，按照土地使用权、房屋等建筑物和构筑物所有权转让书据税目计算缴纳的印花税＝120 000 000×0.5‰＝60 000（元）。

（3）购置乘用车，按照买卖合同税目计算缴纳的印花税＝200 000×0.3‰＝60（元）。

第二步：对印花税进行纳税申报。

填写《印花税税源明细表》（见表11-3）、《财产和行为税纳税申报表》（见表6-4）。

项目技能训练

一、单项选择题

1. 下列各项中，属于印花税纳税人的是（　　）。

A. 合同的担保人　　B. 合同的证人

C. 合同的鉴定人　　D. 合同的签订人

2. 根据《印花税法》的规定，下列合同中，应当征收印花税的是（　　）。

A. 应税凭证的副本

B. 中国人民武装警察部队书立的应税凭证

C. 企业与电子商务经营者订立的电子订单

D. 财产所有权人将财产赠与政府书立的产权转移书据

3. 甲公司本年1月租用乙公司的厂房，并签订租用厂房合同，租期为3年，每年租金为500 000元，合同规定租金于本年1月一次性支付，租赁合同适用的印花税税率为租金的1‰，则甲公司应纳印花税为（　　）元。

A. 5　　B. 500　　C. 750　　D. 1 500

4. 证券交易印花税按周解缴。证券交易印花税扣缴义务人应当自每周终了之日起（　　）日内申报解缴税款以及银行结算的利息。

A. 5　　B. 7　　C. 10　　D. 15

二、多项选择题

1. 下列关于印花税计税依据的说法中，正确的有（　　）。

A. 应税合同的计税依据为合同所列的金额，不包括列明的增值税税款

B. 应税产权转移书据的计税依据为产权转移书据所列的金额，包括列明的增值税税款

C. 应税营业账簿的计税依据为账簿记载的实收资本（股本）、资本公积合计金额

D. 证券交易的计税依据为成交金额

2. 下列关于印花税纳税义务发生时间的说法中，正确的有（　　）。

A. 印花税的纳税义务发生时间为纳税人书立应税凭证或者完成证券交易的当日

B. 证券交易印花税扣缴义务发生时间为证券交易完成的当日

C. 印花税的纳税义务发生时间为纳税人书立应税凭证或者完成证券交易的次日

D. 证券交易印花税扣缴义务发生时间为证券交易完成的次日

3. 下列各项中，符合《印花税法》规定的有（　　）。

A. 证券交易印花税按周解缴

B. 证券交易印花税扣缴义务人应当自每周终了之日起 5 日内申报解缴税款以及银行结算的利息

C. 证券交易印花税扣缴义务发生时间为证券交易完成的当日

D. 证券交易印花税对证券交易的受让方征收，不对出让方征收

三、判断题

1. 同一应税凭证由两方以上当事人书立的，按照各自涉及的金额分别计算应纳税额。（　　）

2. 应税合同的计税依据为合同所列的金额，包括列明的增值税税款。（　　）

3. 在中华人民共和国境外书立在境内使用的应税凭证的单位和个人，无须依照《印花税法》的规定缴纳印花税。（　　）

4. 印花税可以采用粘贴印花税票或者由税务机关依法开具其他完税凭证的方式缴纳。（　　）

四、业务题

甲公司与乙公司于本年 8 月签订一份技术合同，合同记载支付不含增值税价款、报酬、使用费的价款共计 500 万元。甲公司又与丙公司签订了一份建设工程合同，合同上注明不含增值税总包价款为 1 000 万元。技术合同适用的印花税税率为 0.3‰，建设工程合同适用的印花税税率为 0.3‰。

要求：计算甲公司上述业务的应纳印花税。

五、实务咨询题

李某与电子商务经营者订立了电子订单，请问李某需要缴纳印花税吗？

项目十二　契税计算与申报[①]

学习目标

（1）能明确契税的基本原理，能判定哪些业务应缴纳契税。

（2）能根据相关业务资料计算契税。

（3）能根据相关业务资料填写《契税税源明细表》《财产和行为税纳税申报表》等申报表，并能进行契税的纳税申报。

素养目标

（1）增强依法纳税意识和社会责任感。

（2）增强制度自信，激发爱国情怀。

（3）树立严谨的工作作风，培养工匠精神。

（4）深入理解契税相关政策，引导学生深入社会实践、关注现实问题，培育踏踏实实、奉献社会的职业素养。

素养提升设计

素养提升设计举例见表 12－1。

表 12－1　素养提升设计举例

选取的知识点	素养提升元素
契税的基本原理认知	教师讲解“我国征收契税的目的是保障不动产所有人的权益，促进房地产市场的健康发展，促进收入分配的调节，抑制投机炒房等行为”，培养学生踏踏实实、奉献社会的品格，抵制投机取巧、不劳而获的思想。
契税优惠政策的运用	教师讲解“我国对承受荒山、荒地、荒滩土地使用权用于农、林、牧、渔业生产的，免征契税”的优惠政策，该政策有利于“强化农业科技和装备支撑，拓宽农民增收致富渠道，增强脱贫地区和脱贫群众内生发展动力”，培养学生保护生态环境的理念，强化学生支持农、林、牧、渔业发展的理念，激发投身农、林、牧、渔业的热情。

① 本项目主要根据 2021 年 9 月 1 日起施行的《中华人民共和国契税法》编写。

项目引例

契税的计算与纳税申报

接“项目六　土地增值税计算与申报”的“项目引例——土地增值税的计算与纳税申报”，山东德胜铁矿有限公司2023年7月5日从山东运达房地产开发股份有限公司（纳税人识别号为91370209092090765A）手中购入一套办公用房，该商品房位于山东省济南市开发区光明路3号，面积为2 000平方米，成交价格为10 000 000元（不含增值税），款项购买当日通过银行存款支付，取得由山东运达房地产开发股份有限公司开具的增值税专用发票。山东德胜铁矿有限公司取得的增值税专用发票2023年7月符合抵扣规定。省政府规定契税税率为3%。山东德胜铁矿有限公司于2023年7月5日对契税进行纳税申报。①

要求：

1. 计算山东德胜铁矿有限公司2023年7月相关业务的应纳契税。

2. 山东德胜铁矿有限公司2023年7月5日对契税进行纳税申报，填写《契税税源明细表》《财产和行为税纳税申报表》。

项目引例解析

见本项目的任务四。

任务一　契税的基本原理认知

一、契税的含义

契税是以在中华人民共和国境内转移土地、房屋权属为征税对象，向承受权属的单位和个人征收的一种税。

二、契税的发展

契税在我国有着悠久的历史。它起源于东晋的“估税”，至今已有1 600多年的历史。中华人民共和国成立以后，政务院于1950年3月31日第26次政务会议通过并公布了《契税暂行条例》，废除了旧的契税法制，建立了新的契税制度，取消了契税附加验税、注册等杂费，降低了税率，减轻了人民的负担。该暂行条例规定，凡土地、房屋的买卖、典当、赠与或交换，均应凭土地房屋所有证，由当事人双方订立契约，并由承受人申报缴纳契税。税率分两种：买卖、赠与税税率为6%，典当税税率为3%。对交换房屋双方价值相等的，免税；不相等的，就其超过价值部分按6%税率缴纳契税。

① 目前，纳税人在房地产交易税收申报时一般使用不动产登记办税功能模块中的增量房交易纳税申报表、存量房交易纳税申报表、土地交易纳税申报表，合并申报增值税及附加税费、所得税、印花税、契税等。财产和行为税合并申报后，不动产登记办税有关申报表单仍可以继续使用。为方便学习，本例山东德胜铁矿有限公司于2023年7月5日通过《契税税源明细表》《财产和行为税纳税申报表》对契税进行纳税申报。

1954年，财政部对《契税暂行条例》进行修改。修改的主要内容是：对公有制单位的买卖、典当、承受赠与和交换土地、房屋的行为，免征契税。社会主义“三大改造”完成后，国家禁止土地买卖和转让，征收土地契税自然停止。契税的征税范围只限于非公有制单位的房屋产权转移行为，契税收入甚微。“文化大革命”期间，有的地方甚至明令停止办理契税征收业务。1978年中华人民共和国第三部宪法公布后，逐步落实了房产政策。随着改革开放的不断深入，城乡房屋买卖又重新活跃起来。为此，财政部于1981年和1990年分别发出了《关于改进和加强契税征收管理工作的通知》和《关于加强契税工作的通知》，对契税政策进行了一些补充和调整，契税征收工作全面恢复。

1997年7月7日，国务院重新颁布了《中华人民共和国契税暂行条例》，并于1997年10月1日起施行。

2020年8月11日，第十三届全国人民代表大会常务委员会第二十一次会议通过了《中华人民共和国契税法》，自2021年9月1日起施行，1997年7月7日国务院发布的《中华人民共和国契税暂行条例》同时废止。

现行契税法律制度的基本规范，是2020年8月11日第十三届全国人民代表大会常务委员会第二十一次会议通过，自2021年9月1日起施行的《中华人民共和国契税法》（以下简称《契税法》）。

三、契税的特点

我国契税具有以下特点：（1）属于财产税；（2）以转移土地、房屋权属为征税对象；（3）由土地、房屋权属承受人缴纳。

素养提升园地

动漫：民法典“税税”念

任务二　契税纳税人和征税范围的确定

任务引例

张某将他自己拥有的房地产投入他自己投资的个人独资企业，请问是否需要缴纳契税？

一、契税纳税人的确定

契税的纳税人，是指在中华人民共和国境内承受土地、房屋权属转移的单位和个人。境内是指在中华人民共和国实际税收行政管辖范围内。土地、房屋权属是指土地使用权和房屋所有权。单位是指企业单位、事业单位、国家机关、军事单位和社会团体以及其他组织。个人是指个体经营者（个体工商户）及其他个人，包括中国公民和外籍人员。

征收契税的土地、房屋权属，具体为土地使用权、房屋所有权。

点拨指导 契税由权属的承受人缴纳。这里所说的承受，是指以受让、购买、受赠、互换等方式取得土地、房屋权属的行为。

二、契税征税范围的确定

契税的征税范围包括：

（1）土地使用权出让（指的是国有土地使用权出让）。

（2）土地使用权转让（包括出售、赠与、互换，不包括土地承包经营权和土地经营权的转移）。

（3）房屋买卖、赠与、互换。

需要注意的是，以作价投资（入股）、偿还债务、划转、奖励等方式转移土地、房屋权属的，应当缴纳契税（土地、房屋权属承受方应当缴纳契税）。

特别提示 以作价投资（入股）、偿还债务等应交付经济利益的方式转移土地、房屋权属的，参照土地使用权出让、出售或房屋买卖确定契税适用税率、计税依据等。以划转、奖励等没有价格的方式转移土地、房屋权属的，参照土地使用权或房屋赠与确定契税适用税率、计税依据等。

点拨指导 公司增资扩股中，对以土地、房屋权属作价入股或作为出资投入企业的，征收契税；企业破产清算期间，对非债权人承受破产企业土地、房屋权属的，征收契税。

土地、房屋权属的典当、分拆（分割）、出租、抵押等行为，不属于契税的征税范围。

任务引例解析

根据《财政部 税务总局关于继续执行企业 事业单位改制重组有关契税政策的公告》（财政部 税务总局公告2021年第17号）的规定，同一投资主体内部所属企业之间土地、房屋权属的划转，包括母公司与其全资子公司之间，同一公司所属全资子公司之间，同一自然人与其设立的个人独资企业、一人有限公司之间，土地、房屋权属的划转，免征契税。

因此，张某将他自己拥有的房地产投入他自己投资的个人独资企业，免缴契税。

任务三 契税的计算

一、契税计税依据的确定

（一）契税计税依据的基本规定

1. 只有一个价格的情况下契税的计税依据

土地使用权出让、出售，房屋买卖，契税的计税依据为土地、房屋权属转移合同确定的成交价格，包括应交付的货币以及实物、其他经济利益对应的价款。

点拨指导 “营改增”后计征契税的成交价格不含增值税。免征增值税的，确定计税依据时，成交价格不扣减增值税税额。

特别提示 税务机关依法核定计税价格，应参照市场价格，采用房地产价格评估等方法合理确定。

2. 无价格的情况下契税的计税依据

土地使用权赠与、房屋赠与以及其他没有价格的转移土地、房屋权属行为，契税的计税依据为税务机关参照土地使用权出售、房屋买卖的市场价格依法核定的价格。

点拨指导 纳税人申报的成交价格、互换价格差额明显偏低且无正当理由的，由税务机关依照《税收征收管理法》的规定核定。

3. 补缴契税的情况下契税的计税依据

以划拨方式取得的土地使用权，经批准转让房地产时，契税的计税依据为补缴的土地使用权出让费用或者土地收益。

（二）契税计税依据的若干具体情形

（1）以划拨方式取得的土地使用权，经批准改为出让方式重新取得该土地使用权的，应由该土地使用权人以补缴的土地出让价款为计税依据缴纳契税。

（2）先以划拨方式取得土地使用权，后经批准转让房地产，划拨土地性质改为出让的，承受方应分别以补缴的土地出让价款和房地产权属转移合同确定的成交价格为计税依据缴纳契税。

（3）先以划拨方式取得土地使用权，后经批准转让房地产，划拨土地性质未发生改变的，承受方应以房地产权属转移合同确定的成交价格为计税依据缴纳契税。

（4）土地使用权及所附建筑物、构筑物等（包括在建的房屋、其他建筑物、构筑物和其他附着物）转让的，计税依据为承受方应交付的总价款。

（5）土地使用权出让的，计税依据包括土地出让金、土地补偿费、安置补助费、地上附着物和青苗补偿费、征收补偿费、城市基础设施配套费、实物配建房屋等应交付的货币以及实物、其他经济利益对应的价款。

（6）房屋附属设施（包括停车位、机动车库、非机动车库、顶层阁楼、储藏室及其他房屋附属设施）与房屋为同一不动产单元的，计税依据为承受方应交付的总价款，并适用与房屋相同的税率；房屋附属设施与房屋为不同不动产单元的，计税依据为转移合同确定的成交价格，并按当地确定的适用税率计税。

（7）承受已装修房屋的，应将包括装修费用在内的费用计入承受方应交付的总价款。

（8）土地使用权互换、房屋互换，互换价格相等的，互换双方计税依据为零；互换价格不相等的，以其差额为计税依据，由支付差额的一方缴纳契税。

（9）契税的计税依据不包括增值税。具体情形为：

1）土地使用权出售、房屋买卖，承受方计征契税的成交价格不含增值税；实际取得增值税发票的，成交价格以发票上注明的不含税价格确定。

2）土地使用权互换、房屋互换，契税计税依据为不含增值税价格的差额。

3）税务机关核定的契税计税价格为不含增值税价格。

二、契税税率的判定

契税采用比例税率，并实行3%～5%的幅度税率。契税的具体适用税率，由省、自治区、直辖市人民政府在上述规定的税率幅度内提出，报同级人民代表大会常务委员会决定，并报全国人民代表大会常务委员会和国务院备案。

三、契税优惠政策的运用

（一）法定免征契税的情形

（1）国家机关、事业单位、社会团体、军事单位承受土地、房屋权属用于办公、教学、医疗、科研、军事设施。

（2）非营利性的学校、医疗机构、社会福利机构承受土地、房屋权属用于办公、教学、医疗、科研、养老、救助。

（3）承受荒山、荒地、荒滩土地使用权用于农、林、牧、渔业生产。

（4）婚姻关系存续期间夫妻之间变更土地、房屋权属。

（5）夫妻因离婚分割共同财产发生土地、房屋权属变更。

（6）法定继承人通过继承承受土地、房屋权属。

（7）依照法律规定应当予以免税的外国驻华使馆、领事馆和国际组织驻华代表机构承受土地、房屋权属。

（8）城镇职工按规定第一次购买公有住房。

（9）外国银行分行按照《中华人民共和国外资银行管理条例》等相关规定改制为外商独资银行（或其分行），改制后的外商独资银行（或其分行）承受原外国银行分行的房屋权属。

根据国民经济和社会发展的需要，国务院对居民住房需求保障、企业改制重组、灾后重建等情形可以规定免征或者减征契税，报全国人民代表大会常务委员会备案。

（二）个人购买家庭住房的契税优惠政策

（1）自2024年12月1日起，对个人购买家庭唯一住房（家庭成员范围包括购房人、配偶以及未成年子女，下同），面积为140平方米及以下的，减按1%的税率征收契税；面积为140平方米以上的，减按1.5%的税率征收契税。

（2）自2024年12月1日起，对个人购买家庭第二套住房，面积为140平方米及以下的，减按1%的税率征收契税；面积为140平方米以上的，减按2%的税率征收契税。

特别提示 家庭第二套住房是指已拥有一套住房的家庭购买的第二套住房。

（三）省、自治区、直辖市可以决定免征或者减征契税的情形

省、自治区、直辖市可以决定对下列情形免征或者减征契税：

（1）因土地、房屋被县级以上人民政府征收、征用，重新承受土地、房屋权属。

（2）因不可抗力灭失住房，重新承受住房权属。

上述规定的免征或者减征契税的具体办法，由省、自治区、直辖市人民政府提出，报同级人民代表大会常务委员会决定，并报全国人民代表大会常务委员会和国务院备案。

纳税人改变有关土地、房屋的用途，或者有其他不再属于上述规定的免征、减征契税情形的，应当缴纳已经免征、减征的税款。

（四）企业、事业单位改制重组的有关契税政策

为支持企业、事业单位改制重组，优化市场环境，财政部、税务总局就2024年1月1日至2027年12月31日继续实施的有关契税政策公告如下：

（1）企业改制。企业按照《中华人民共和国公司法》有关规定整体改制，包括非公司制企业改制为有限责任公司或股份有限公司，有限责任公司变更为股份有限公司，股份有限公司变更为有限责任公司，原企业投资主体存续并在改制（变更）后的公司中所持股权（股份）比例超过75%，且改制（变更）后公司承继原企业权利、义务的，对改制（变更）后公司承受原企业土地、房屋权属，免征契税。

（2）事业单位改制。事业单位按照国家有关规定改制为企业，原投资主体存续并在改制后企业中出资（股权、股份）比例超过50%的，对改制后企业承受原事业单位土地、房屋权属，免征契税。

（3）公司合并。两个或两个以上的公司，依照法律规定、合同约定，合并为一个公司，且原投资主体存续的，对合并后公司承受原合并各方土地、房屋权属，免征契税。

（4）公司分立。公司依照法律规定、合同约定分立为两个或两个以上与原公司投资主体相同的公司，对分立后公司承受原公司土地、房屋权属，免征契税。

（5）企业破产。企业依照有关法律法规规定实施破产，债权人（包括破产企业职工）承受破产企业抵偿债务的土地、房屋权属，免征契税；对非债权人承受破产企业土地、房屋权属，凡按照《中华人民共和国劳动法》等国家有关法律法规政策妥善安置原企业全部职工的规定，与原企业全部职工签订服务年限不少于3年的劳动用工合同的，对其承受所购企业土地、房屋权属，免征契税；与原企业超过30%的职工签订服务年限不少于3年的劳动用工合同的，减半征收契税。

（6）资产划转。对承受县级以上人民政府或国有资产管理部门按规定进行行政性调整、划转国有土地、房屋权属的单位，免征契税。

同一投资主体内部所属企业之间土地、房屋权属的划转，包括母公司与其全资子公司之间，同一公司所属全资子公司之间，同一自然人与其设立的个人独资企业、 人有限公司之间土地、房屋权属的划转，免征契税。

母公司以土地、房屋权属向其全资子公司增资，视同划转，免征契税。

（7）债权转股权。经国务院批准实施债权转股权的企业，对债权转股权后新设立的公司承受原企业的土地、房屋权属，免征契税。

（8）划拨用地出让或作价出资。以出让方式或国家作价出资（入股）方式承受原改制重组企业、事业单位划拨用地的，不属于上述规定的免税范围，对承受方应按规定征收契税。

（9）公司股权（股份）转让。在股权（股份）转让中，单位、个人承受公司股权（股份），公司土地、房屋权属不发生转移，不征收契税。

点拨指导 上述企业、公司，是指依照我国有关法律法规设立并在中国境内注册的企业、公司。投资主体存续，是指原改制重组企业、事业单位的出资人必须存在于改制重组后的企业，出资人的出资比例可以发生变动。投资主体相同，是指公司分立前后出资人不发生变动，出资人的出资比例可以发生变动。

四、契税应纳税额的计算

契税的应纳税额按照计税依据乘以具体适用税率计算。其计算公式为：

应纳税额＝计税依据×税率

工作实例 12－1

居民甲有两套住房，将一套出售给居民乙，成交价格为 200 000 元；将另一套两室住房与居民丙的两处一室住房互换，并支付给丙换房差价款 60 000 元。当地规定的契税税率为 3%。

工作要求：（1）计算居民甲应缴纳的契税；（2）计算居民乙应缴纳的契税；（3）计算居民丙应缴纳的契税。

工作实施：（1）甲应纳契税＝60 000×3%＝1 800（元）。

（2）乙应纳契税＝200 000×3%＝6 000（元）。

（3）丙不缴纳契税。

任务四 契税的纳税申报

一、契税的纳税义务发生时间

契税的纳税义务发生时间是纳税人签订土地、房屋权属转移合同的当日，或者纳税人取得其他具有土地、房屋权属转移合同性质凭证的当日。

点拨指导 具有土地、房屋权属转移合同性质的凭证包括契约、协议、合约、单据、确认书以及其他凭证。

二、契税的纳税期限

纳税人应当在依法办理土地、房屋权属登记手续前申报缴纳契税。

【知识串联】 纳税人应当在转让房地产合同签订之日起 7 日内，到房地产所在地主管税务机关办理土地增值税纳税申报。

三、契税的纳税地点

契税由土地、房屋所在地的税务机关依照《契税法》和《税收征收管理法》的规定征收管理。

四、契税的纳税申报实务

纳税人对契税进行纳税申报时，应当填报《契税税源明细表》（见表 12－2）、《财产和行为税减免税明细申报附表》（略）、《财产和行为税纳税申报表》（见表 6－4）。

表 12－2　契税税源明细表

纳税人识别号（统一社会信用代码）：91370709864220086Y

纳税人名称：山东德胜铁矿有限公司　　金额单位：人民币元（列至角分）；面积单位：平方米

税源编号	（系统自动生成）	土地房屋坐落地址	山东省济南市开发区光明路3号	不动产单元代码	（略）
合同编号	（略）	合同签订日期	2023年07月05日	共有方式	☑单独所有/按份共有 □共同共有 （共有人：____）
权属转移对象	房屋-存量房-非住房	权属转移方式	房屋买卖	用途	办公
成交价格	10 000 000.00	权属转移面积	2 000.00	成交单价	（系统自动计算）
评估价格	（系统自动带出）	计税价格	10 000 000.00		
适用税率	3%	减免性质代码和项目名称			

项目引例解析

第一步：根据经济业务计算应纳契税。

应纳契税＝10 000 000×3%＝300 000（元）

第二步：对契税进行纳税申报。

填写《契税税源明细表》（见表 12－2）、《财产和行为税纳税申报表》（见表 6－4）。

项目技能训练

一、单项选择题

1. 下列行为中，应当缴纳契税的是（　　）。

A. 以抵债方式取得土地使用权　　B. 以相等价格互换房屋

C. 转移土地承包经营权　　D. 转移土地经营权

2. 甲乙双方发生房屋互换行为，当互换价格相等时，契税（　　）。

A. 由甲方缴纳　　B. 由乙方缴纳

C. 由甲乙双方各缴纳一半　　D. 甲乙双方都不缴纳

3. 契税的纳税地点是（　　）。

A. 企业的核算地　　B. 土地、房屋所在地

C. 单位的注册地　　D. 纳税人的居住地

4. 契税采用比例税率，并实行（　　）的幅度税率。

A. 1%～3%　　B. 1.5%～3%

C. 3%～5%　　D. 1.5%～5%

二、多项选择题

1. 下列关于契税纳税义务发生时间的说法中，正确的有（　　）。

A. 取得具有房地产权属转移合同性质凭证的当日

B. 签订房地产权属转移合同的当日

C. 缴纳房地产全部款项的当日

D. 缴纳房地产预付款的当日

2. 下列各项中，免征或不征契税的有（　　）。

A. 国家出让土地使用权

B. 受赠人接受他人赠与的房屋

C. 法定继承人继承土地、房屋权属

D. 承受荒山土地使用权用于林业生产

3. 甲企业以自有房产投资于乙企业，其房屋产权变为乙企业所有，则下列有关契税缴纳情况的表述中，不正确的有（　　）。

A. 甲企业按房产原账面价值计算缴纳契税

B. 甲企业按入股房产市场价格计算缴纳契税

C. 乙企业按原账面价值计算缴纳契税

D. 乙企业按入股房产市场价格计算缴纳契税

三、判断题

1. 土地使用权互换、房屋互换，互换价格相等的，互换双方计税依据为零；互换价格不相等的，以其差额为计税依据，由支付差额的一方缴纳契税。（　　）

2. 承受荒山、荒地、荒滩土地使用权用于农、林、牧、渔业生产的，免征契税。（　　）

3. 以作价投资（入股）、偿还债务、划转、奖励等方式转移土地、房屋权属的，不属于契税的征税范围。（　　）

4. 土地使用权赠与、房屋赠与以及其他没有价格的转移土地、房屋权属行为，契税的计税依据为税务机关参照土地使用权出售、房屋买卖的市场价格依法核定的价格。（　　）

四、业务题

甲企业为增值税一般纳税人，本年1月从当地政府手中取得某块土地使用权，支付土地使用权出让费1 500 000元，省政府规定契税的税率为3%。

要求：计算甲企业本年1月应缴纳的契税。

五、实务咨询题

甲公司完成购置房屋的交易后，已按规定缴纳了契税，但后来因人民法院判决导致房屋权属转移行为被撤销，且房屋权属变更至原权利人，请问甲公司是否可以申请退还契税？

项目十三　环境保护税计算与申报

学习目标

（1）能明确环境保护税的基本原理，能判定哪些业务应缴纳环境保护税。

（2）能根据相关业务资料计算环境保护税。

（3）能根据相关业务资料填写《环境保护税税源明细表》《财产和行为税纳税申报表》等申报表，并能进行环境保护税的纳税申报。

素养目标

（1）增强依法纳税意识和社会责任感。

（2）增强制度自信，激发爱国情怀。

（3）树立严谨的工作作风，培养工匠精神。

（4）深入理解环境保护税相关政策，引导学生深入社会实践、关注现实问题，强化保护环境、“绿水青山就是金山银山”的思想。

素养提升设计

素养提升设计举例见表 13-1。

表 13-1　素养提升设计举例

选取的知识点	素养提升元素
环境保护税的基本原理认知	教师讲解“我国征收环境保护税的目的是保护和改善环境，减少污染物排放，推进生态文明建设”，引导学生践行绿色环保、节能减排、珍惜资源的健康生活生产理念，帮助学生牢固树立和践行“绿水青山就是金山银山”的理念。
环境保护税优惠政策的运用	教师讲解“农业生产（不包括规模化养殖）排放应税污染物的，暂予免征环境保护税”的优惠政策，强化学生支持我国农业发展的理念。

项目引例

环境保护税的计算与纳税申报

接“项目六　土地增值税计算与申报”的“项目引例——土地增值税的计算与纳税申报”，山东德胜铁矿有限公司环境保护税的税源编号为 A37021201800256，排放口名称为粉尘排放口，污染物排放量计算方法为排污系数，2023 年 4 月向大气直接排放一般性粉尘 1 400 千克，计算基数为 20 吨；5 月向大气直接排放一般性粉尘 1 260 千克，计算基数为

18吨；6月向大气直接排放一般性粉尘1 540千克，计算基数为22吨。假设当地大气污染物每污染当量税额为1.2元（单位税额）、排污系数为0.07、污染当量值为4千克。该公司只有一个排放口。

要求：

1. 计算山东德胜铁矿有限公司2023年第2季度的应纳环境保护税。

2. 山东德胜铁矿有限公司2023年7月5日对2023年第2季度的环境保护税进行纳税申报，填写《环境保护税税源明细表》《财产和行为税纳税申报表》。

项目引例解析

见本项目的任务四。

任务一　环境保护税的基本原理认知

一、环境保护税的含义

环境保护税是对在中华人民共和国领域和中华人民共和国管辖的其他海域，直接向环境排放应税污染物的企业事业单位和其他生产经营者征收的一种税。

二、环境保护税的发展

荷兰是开征环境保护税比较早的国家，与环境保护相关的税收主要包括燃料税、噪声税、水污染税等，其税收政策已为其他发达国家研究和借鉴。另外，意大利开征了废物垃圾处置税，作为地方政府处置废物垃圾的资金来源；法国开征了森林砍伐税；欧盟开征了碳税。

在《中华人民共和国环境保护税法》出台之前，我国在环境保护方面也制定了一些税收政策，但分散于个别税种之中，在我国整个税收体系中所占比重也较小，无法充分起到调节作用，也无法满足环境保护资金的需要。2015年6月，我国国务院法制办公室公布《中华人民共和国环境保护税法（征求意见稿）》。

现行环境保护税法律制度的基本规范，是2018年10月26日第十三届全国人民代表大会常务委员会第六次会议修正，自公布之日起施行的《中华人民共和国环境保护税法》（以下简称《环境保护税法》），2017年12月25日国务院发布，自2018年1月1日起施行的《中华人民共和国环境保护税法实施条例》。

三、环境保护税的特点

素养提升园地

短片：税惠促发展 山青水更绿

我国环境保护税具有以下特点：（1）征税项目为四类重点污染物；（2）纳税人主要是企业事业单位和其他经营者；（3）直接排放应税

污染物是必要条件；（4）税额为统一定额税和浮动定额税结合；（5）采用税务部门与生态环境部门紧密配合的征收方式；（6）税收收入全部归地方。

任务二 环境保护税纳税人、征税范围和税目的确定

任务引例

我公司向依法设立的污水集中处理、生活垃圾集中处理场所排放应税污染物，请问是否需要缴纳环境保护税？

一、环境保护税纳税人的确定

环境保护税纳税人是在中华人民共和国领域和中华人民共和国管辖的其他海域，直接向环境排放应税污染物的企业事业单位和其他生产经营者。

二、环境保护税征税范围的确定

环境保护税的征税对象为纳税人直接向环境排放的应税污染物。上述应税污染物，是指《环境保护税法》所附《环境保护税税目税额表》《应税污染物和当量值表》规定的大气污染物、水污染物、固体废物和噪声。

依法设立的城乡污水集中处理、生活垃圾集中处理场所超过国家和地方规定的排放标准向环境排放应税污染物的，应当缴纳环境保护税。

特别提示 城乡污水集中处理场所是指为社会公众提供生活污水处理服务的场所，不包括为工业园区、开发区等工业聚集区域内的企业事业单位和其他生产经营者提供污水处理服务的场所，以及企业事业单位和其他生产经营者自建自用的污水处理场所。

企业事业单位和其他生产经营者贮存或者处置固体废物不符合国家和地方环境保护标准的，应当缴纳环境保护税。

达到省级人民政府确定的规模标准并且有污染物排放口的畜禽养殖场，应当依法缴纳环境保护税；依法对畜禽养殖废弃物进行综合利用和无害化处理的，不属于直接向环境排放污染物，不缴纳环境保护税。

有下列情形之一的，不属于直接向环境排放污染物，不缴纳相应污染物的环境保护税：（1）企业事业单位和其他生产经营者向依法设立的污水集中处理、生活垃圾集中处理场所排放应税污染物的；（2）企业事业单位和其他生产经营者在符合国家和地方环境保护标准的设施、场所贮存或者处置固体废物的。

任务引例解析

根据《环境保护税法》的规定，有下列情形之一的，不属于直接向环境排放污染物，不缴纳相应污染物的环境保护税：（1）企业事业单位和其他生产经营者向依法设立的污水集中处理、生活垃圾集中处理场所排放应税污染物的；（2）企业事业单位和其他生产经营者

在符合国家和地方环境保护标准的设施、场所贮存或者处置固体废物的。

因此，你公司向依法设立的污水集中处理、生活垃圾集中处理场所排放应税污染物，不需要缴纳环境保护税。

三、环境保护税税目的确定

环境保护税税目包括大气污染物、水污染物、固体废物和噪声四大类。环境保护税的税目依照《环境保护税法》所附《环境保护税税目税额表》执行。

任务三　环境保护税的计算

一、环境保护税计税依据的确定

（一）环境保护税计税依据确定的基本规定

应税污染物的计税依据，按照下列方法确定：

（1）应税大气污染物按照污染物排放量折合的污染当量数确定。

（2）应税水污染物按照污染物排放量折合的污染当量数确定。

（3）应税固体废物按照固体废物的排放量确定。

（4）应税噪声按照超过国家规定标准的分贝数确定。

（二）环境保护税计税依据确定的具体规定

（1）应税大气污染物、水污染物按照污染物排放量折合的污染当量数确定计税依据。

应税大气污染物、水污染物的污染当量数，以该污染物的排放量除以该污染物的污染当量值计算。计算公式为：

$$\text{应税大气污染物、水污染物的污染当量数} = \text{该污染物的排放量} \div \text{该污染物的污染当量值}$$

特别提示 污染当量，是指根据污染物或者污染物排放活动对环境的有害程度以及处理的技术经济性，衡量不同污染物对环境污染的综合性指标或者计量单位。同一介质相同污染当量的不同污染物，其污染程度基本相当。

每种应税大气污染物、水污染物的具体污染当量值，依照《环境保护税法》所附《应税污染物和当量值表》执行。

每一排放口或者没有排放口的应税大气污染物，按照污染当量数从大到小排序，对前三项污染物征收环境保护税。

每一排放口的应税水污染物，按照《环境保护税法》所附《应税污染物和当量值表》，区分第一类水污染物和其他类水污染物，按照污染当量数从大到小排序，对第一类水污染物按照前五项征收环境保护税，对其他类水污染物按照前三项征收环境保护税。

省、自治区、直辖市人民政府根据本地区污染物减排的特殊需要，可以增加同一排放口征收环境保护税的应税污染物项目数，报同级人民代表大会常务委员会决定，并报全国人民代表大会常务委员会和国务院备案。

纳税人有下列情形之一的，以其当期应税大气污染物、水污染物的产生量作为污染物的排放量：

1）未依法安装使用污染物自动监测设备或者未将污染物自动监测设备与生态环境主管部门的监控设备联网。

2）损毁或者擅自移动、改变污染物自动监测设备。

3）篡改、伪造污染物监测数据。

4）通过暗管、渗井、渗坑、灌注或者稀释排放以及不正常运行防治污染设施等方式违法排放应税污染物。

5）进行虚假纳税申报。

（2）应税固体废物按照固体废物的排放量确定计税依据。

应税固体废物的排放量为当期应税固体废物的产生量减去当期应税固体废物的贮存量、处置量、综合利用量的余额。计算公式为：

应税固体废物的排放量＝当期应税固体废物的产生量－当期应税固体废物的贮存量－当期应税固体废物的处置量－当期应税固体废物的综合利用量

点拨指导 固体废物的贮存量、处置量是指在符合国家和地方环境保护标准的设施、场所贮存或者处置的固体废物数量；固体废物的综合利用量是指按照国家发展和改革委员会、工业和信息化部关于资源综合利用要求以及国家和地方环境保护标准进行综合利用的固体废物数量。

纳税人有下列情形之一的，以其当期应税固体废物的产生量作为固体废物的排放量：

1）非法倾倒应税固体废物。

2）进行虚假纳税申报。

特别提示 从两个以上排放口排放应税污染物的，对每一排放口排放的应税污染物分别计算征收环境保护税；纳税人持有排污许可证的，其污染物排放口按照排污许可证载明的污染物排放口确定。

（3）应税噪声按照超过国家规定标准的分贝数确定计税依据。

工业噪声按照超过国家规定标准的分贝数确定每月税额。超过国家规定标准的分贝数是指实际产生的工业噪声与国家规定的工业噪声排放标准限值之间的差值。

（三）应税大气污染物、水污染物、固体废物排放量和噪声分贝数的确定方法

应税大气污染物、水污染物、固体废物的排放量和噪声的分贝数，按照下列方法和顺序计算：

（1）纳税人安装使用符合国家规定和监测规范的污染物自动监测设备的，按照污染物自动监测数据计算。

（2）纳税人未安装使用污染物自动监测设备的，按照监测机构出具的符合国家有关规

定和监测规范的监测数据计算。

(3) 因排放污染物种类多等原因不具备监测条件的，按照国务院生态环境主管部门规定的排污系数、物料衡算方法计算。

(4) 不能按照上述第 (1) 项至第 (3) 项规定的方法计算的，按照省、自治区、直辖市人民政府生态环境主管部门规定的抽样测算的方法核定计算。

二、环境保护税税额的判定

环境保护税税目税额如表 13-2 所示。

表 13-2　环境保护税税目税额表

税目		计税单位	税额	备注
大气污染物		每污染当量	1.2 元至 12 元	
水污染物		每污染当量	1.4 元至 14 元	
固体废物	煤矸石	每吨	5 元	
	尾矿	每吨	15 元	
	危险废物	每吨	1 000 元	
	冶炼渣、粉煤灰、炉渣、其他固体废物（含半固态、液态废物）	每吨	25 元	
噪声	工业噪声	超标 1～3 分贝	每月 350 元	1. 一个单位边界上有多处噪声超标，根据最高一处超标声级计算应纳税额；当沿边界长度超过 100 米有两处以上噪声超标，按照两个单位计算应纳税额。 2. 一个单位有不同地点作业场所的，应当分别计算应纳税额，合并计征。 3. 昼、夜均超标的环境噪声，昼、夜分别计算应纳税额，累计计征。 4. 声源一个月内超标不足 15 天的，减半计算应纳税额。 5. 夜间频繁突发和夜间偶然突发厂界超标噪声，按等效声级和峰值噪声两种指标中超标分贝值高的一项计算应纳税额。
		超标 4～6 分贝	每月 700 元	
		超标 7～9 分贝	每月 1 400 元	
		超标 10～12 分贝	每月 2 800 元	
		超标 13～15 分贝	每月 5 600 元	
		超标 16 分贝以上	每月 11 200 元	

三、环境保护税优惠政策的运用

(一) 免征项目

下列情形，暂予免征环境保护税：

(1) 农业生产（不包括规模化养殖）排放应税污染物的。

(2) 机动车、铁路机车、非道路移动机械、船舶和航空器等流动污染源排放应税污染物的。

（3）依法设立的城乡污水集中处理、生活垃圾集中处理场所排放相应应税污染物，不超过国家和地方规定的排放标准的。

（4）纳税人综合利用的固体废物，符合国家和地方环境保护标准的。

（5）国务院批准免税的其他情形。

其中，第（5）项免税规定，由国务院报全国人民代表大会常务委员会备案。

（二）减征项目

（1）纳税人排放应税大气污染物或者水污染物的浓度值低于国家和地方规定的污染物排放标准30%的，减按75%征收环境保护税。

（2）纳税人排放应税大气污染物或者水污染物的浓度值低于国家和地方规定的污染物排放标准50%的，减按50%征收环境保护税。

特别提示 应税大气污染物或者水污染物的浓度值，是指纳税人安装使用的污染物自动监测设备当月自动监测的应税大气污染物浓度值的小时平均值再平均所得数值或者应税水污染物浓度值的日平均值再平均所得数值，或者监测机构当月监测的应税大气污染物、水污染物浓度值的平均值。

四、环境保护税应纳税额的计算

环境保护税应纳税额按照下列方法计算。

（一）应税大气污染物应纳税额的计算

应税大气污染物的应纳税额为污染当量数乘以具体适用税额。计算公式为：

应税大气污染物的应纳税额＝污染当量数×具体适用税额

（二）应税水污染物应纳税额的计算

应税水污染物的应纳税额为污染当量数乘以具体适用税额。

应税水污染物的应纳税额＝污染当量数×具体适用税额

应税水污染物应纳税额的计算，具体来说：

（1）适用监测数据法的应税水污染物应纳税额的计算。

适用监测数据法的应税水污染物（包括第一类水污染物和第二类水污染物）的应纳税额为污染当量数乘以具体适用税额。计算公式为：

应税水污染物的应纳税额＝污染当量数×具体适用税额

（2）适用抽样测算法的应税水污染物应纳税额的计算。

适用抽样测算法的情形，纳税人按照《环境保护税法》所附《禽畜养殖业、小型企业和第三产业水污染物污染当量值》所规定的当量值计算污染当量数。

1）规模化禽畜养殖业排放的应税水污染物应纳税额。

禽畜养殖业的应税水污染物应纳税额为污染当量数乘以具体适用税额。其污染当量数以禽畜养殖数量除以污染当量值计算。计算公式为：

应纳税额＝污染当量数×具体适用税额

＝禽畜养殖数量÷污染当量值（头或羽）×具体适用税额

2）小型企业和第三产业排放的应税水污染物应纳税额。

小型企业和第三产业的应税水污染物应纳税额为污染当量数乘以具体适用税额。其污染当量数以污水排放量（吨）除以污染当量值（吨）计算。计算公式为：

应纳税额＝污染当量数×具体适用税额

＝污水排放量（吨）÷污染当量值（吨）×具体适用税额

3）医院排放的应税水污染物应纳税额。

医院排放的应税水污染物应纳税额为污染当量数乘以具体适用税额。其污染当量数以病床数或者污水排放量除以相应的污染当量值计算。计算公式为：

应纳税额＝污染当量数×具体适用税额

＝医院床位数÷污染当量值（床）×具体适用税额

或

应纳税额＝污染当量数×具体适用税额

＝污水排放量÷污染当量值（吨）×具体适用税额

（三）应税固体废物应纳税额的计算

应税固体废物的应纳税额为固体废物排放量乘以具体适用税额，其排放量为当期应税固体废物的产生量减去当期应税固体废物的贮存量、处置量、综合利用量的余额。计算公式为：

应税固体废物的应纳税额＝固体废物排放量×具体适用税额

＝（当期应税固体废物的产生量－当期应税固体废物的贮存量－当期应税固体废物的处置量－当期应税固体废物的综合利用量）×具体适用税额

（四）应税噪声应纳税额的计算

应税噪声的应纳税额为超过国家规定标准的分贝数对应的具体适用税额。即：

应税噪声的应纳税额＝超过国家规定标准的分贝数对应的具体适用税额

工作实例 13－1

经过计算，甲公司本年 1 月向大气直接排放二氧化硫 80 千克、氟化物 100 千克、一氧化碳 200 千克、氯化氢 100 千克。假设当地大气污染物每污染当量税额为 1.2 元。该公司只有一个排放口。二氧化硫的污染当量值为 0.95，氟化物的污染当量值为 0.87，一氧化碳的污染当量值为 16.7，氯化氢的污染当量值为 10.75。

工作要求：计算甲公司本年 1 月应缴纳的环境保护税。

工作实施：应税大气污染物、水污染物的污染当量数，以该污染物的排放量除以该污染物的污染当量值计算。

二氧化硫污染当量数＝80÷0.95＝84.21

氟化物污染当量数＝100÷0.87＝114.94

一氧化碳污染当量数＝200÷16.7＝11.98

氯化氢污染当量数＝100÷10.75＝9.30

按污染当量数排序：氟化物污染当量数（114.94）＞二氧化硫污染当量数（84.21）＞一氧化碳污染当量数（11.98）＞氯化氢污染当量数（9.30）。

甲公司只有一个排放口，排序选取前三项污染物为：氟化物、二氧化硫、一氧化碳。

应纳环境保护税＝（114.94＋84.21＋11.98）×1.2＝253.36（元）

任务四 环境保护税的纳税申报

一、环境保护税的纳税义务发生时间

环境保护税的纳税义务发生时间为纳税人排放应税污染物的当日。

二、环境保护税的纳税期限

环境保护税按月计算，按季申报缴纳。不能按固定期限计算缴纳的，可以按次申报缴纳。

纳税人按季申报缴纳的，应当自季度终了之日起15日内，向税务机关办理纳税申报并缴纳税款。纳税人按次申报缴纳的，应当自纳税义务发生之日起15日内，向税务机关办理纳税申报并缴纳税款。

纳税人申报缴纳环境保护税时，应当向税务机关报送所排放应税污染物的种类、数量，大气污染物、水污染物的浓度值，以及税务机关根据实际需要要求纳税人报送的其他纳税资料。

三、环境保护税的纳税地点

环境保护税的纳税人应当向应税污染物排放地的税务机关申报缴纳环境保护税。

应税污染物排放地是指：（1）应税大气污染物、水污染物排放口所在地；（2）应税固体废物产生地；（3）应税噪声产生地。

四、环境保护税的纳税申报实务

纳税人对环境保护税进行纳税申报时，应当填报《环境保护税税源明细表》（见表13－3）、《财产和行为税减免税明细申报附表》（略）、《财产和行为税纳税申报表》（见表6－4）。

表13－3 环境保护税税源明细表

纳税人识别号（统一社会信用代码）：91370709864220086Y

纳税人名称：山东德胜铁矿有限公司　　　　金额单位：人民币元（列至角分）

1. 按次申报□	2. 从事海洋工程□
3. 城乡污水集中处理场所□	4. 生活垃圾集中处理场所□

续表

<table>
<tr><td colspan="2">5. 污染物类别</td><td colspan="4">大气污染物 ☑ 水污染物□ 固体废物□ 噪声□</td></tr>
<tr><td colspan="2">6. 排污许可证编号</td><td colspan="4"></td></tr>
<tr><td colspan="2">7. 生产经营所在区划</td><td colspan="4">山东省济南市开发区东关街道胜利路 999 号</td></tr>
<tr><td colspan="2">8. 生态环境主管部门</td><td colspan="4">济南市生态环境保护局开发区分局</td></tr>
<tr><td colspan="6">税源基础采集信息</td></tr>
<tr><td colspan="6">新增□ 变更□ 删除□</td></tr>
<tr><td colspan="2">税源编号</td><td>(1)</td><td>A37021201800256</td><td></td><td></td></tr>
<tr><td colspan="2">排放口编号</td><td>(2)</td><td></td><td></td><td></td></tr>
<tr><td colspan="2">排放口名称或噪声源名称</td><td>(3)</td><td>粉尘排放口</td><td></td><td></td></tr>
<tr><td colspan="2">生产经营所在街乡</td><td>(4)</td><td>东关街道</td><td></td><td></td></tr>
<tr><td rowspan="2">排放口地理坐标</td><td>经度</td><td>(5)</td><td>略</td><td></td><td></td></tr>
<tr><td>纬度</td><td>(6)</td><td>略</td><td></td><td></td></tr>
<tr><td colspan="2">有效期起止</td><td>(7)</td><td>2023 年 1 月 1 日至 2025 年 12 月 31 日</td><td></td><td></td></tr>
<tr><td colspan="2">污染物类别</td><td>(8)</td><td>大气污染物</td><td></td><td></td></tr>
<tr><td colspan="2">水污染物种类</td><td>(9)</td><td></td><td></td><td></td></tr>
<tr><td colspan="2">污染物名称</td><td>(10)</td><td>粉尘</td><td></td><td></td></tr>
<tr><td colspan="2">危险废物污染物子类</td><td>(11)</td><td></td><td></td><td></td></tr>
<tr><td colspan="2">污染物排放量计算方法</td><td>(12)</td><td>排污系数</td><td></td><td></td></tr>
<tr><td rowspan="2">大气、水污染物标准排放限值</td><td>执行标准</td><td>(13)</td><td>略</td><td></td><td></td></tr>
<tr><td>标准浓度值(毫克/升或毫克/标立方米)</td><td>(14)</td><td>略</td><td></td><td></td></tr>
</table>

续表

产（排）污系数	计税基数单位	（15）	吨		
	污染物单位	（16）	千克		
	产污系数	（17）			
	排污系数	（18）	0.07		
固体废物信息	贮存情况	（19）			
	处置情况	（20）			
	综合利用情况	（21）			
噪声信息	是否昼夜产生	（22）			
	标准值——昼间（6时至22时）	（23）			
	标准值——夜间（22时至次日6时）	（24）		+	
申报计算及减免信息					
税源编号		（1）	A37021201800256	A37021201800256	A37021201800256
税款所属月份		（2）	2023年04月	2023年05月	2023年06月
排放口名称或噪声源名称		（3）	粉尘排放口	粉尘排放口	粉尘排放口
污染物类别		（4）	大气污染物	大气污染物	大气污染物
水污染物种类		（5）			
污染物名称		（6）	粉尘	粉尘	粉尘
危险废物污染物子类		（7）			
污染物排放量计算方法		（8）	排污系数	排污系数	排污系数
大气、水污染物监测计算	废气（废水）排放量（万标立方米、吨）	（9）			
	实测浓度值（毫克/标立方米、毫克/升）	（10）			
	月均浓度（毫克/标立方米、毫克/升）	（11）			
	最高浓度（毫克/标立方米、毫克/升）	（12）			

续表

产（排）污系数计算	计算基数	(13)	20.00	18.00	22.00
	产污系数	(14)			
	排污系数	(15)	0.07	0.07	0.07
固体废物计算	本月固体废物的产生量（吨）	(16)			
	本月固体废物的贮存量（吨）	(17)			
	本月固体废物的处置量（吨）	(18)			
	本月固体废物的综合利用量（吨）	(19)			
噪声计算	噪声时段	(20)			
	监测分贝数	(21)			
	超标不足 15 天	(22)			
	两处以上噪声超标	(23)			
抽样测算计算	特征指标	(24)			
	特征单位	(25)			
	特征指标数量	(26)			
	特征系数	(27)			
污染物排放量（千克或吨）		大气、水污染物监测计算： (28) ＝ (9) × (10) ÷ 100 (1 000) 大气、水污染物产（排）污系数计算： (28) ＝ (13) × (14) ×M (28) ＝ (13) × (15) ×M			

续表

污染物排放量（千克或吨）	pH值、大肠菌群数、余氯量等水污染物计算：（28）＝（9） 色度污染物计算： （28）＝（9）×色度超标倍数 固体废物排放量（含综合利用量）：（28）＝（16）－（17）－（18）	1 400.00	1 260.00	1 540.00
污染当量值（特征值）（千克或吨）	（29）	4.00	4.00	4.00
污染当量数	大气、水污染物污染当量数计算：（30）＝（28）÷（29）	350.00	315.00	385.00
减免性质代码和项目名称	（31）			
单位税额	（32）	1.20	1.20	1.20
本期应纳税额	大气、水污染物应纳税额计算：（33）＝（30）×（32） 固体废物应纳税额计算： （33）＝（28）×（32） 噪声应纳税额计算：（33）＝0.5或1［（22）为是的用0.5；为否的用1］×2或1［（23）为是的用2，为否的用1］×（32） 按照税法所附表二中畜禽养殖业等水污	420.00	378.00	462.00

续表

本期应纳税额	染物当量值表计算：（33）＝（26）÷（29）×（32） 采用特征系数计算：（33）＝（26）×（27）÷（29）×（32） 采用特征值计算：（33）＝（26）×（29）×（32）			
本期减免税额	大气、水污染物减免税额计算：（34）＝（30）×（32）×N 固体废物减免税额计算：（34）＝（19）×（32）			
本期已缴税额	（35）			
本期应补（退）税额	（36）＝（33）－（34）－（35）	420.00	378.00	462.00

项目引例解析

第一步：根据经济业务计算应纳环境保护税。

（1）计算污染物排放量。

2023 年 4 月一般性粉尘排放量＝20×1 000×0.07＝1 400（千克）；

2023 年 5 月一般性粉尘排放量＝18×1 000×0.07＝1 260（千克）；

2023 年 6 月一般性粉尘排放量＝22×1 000×0.07＝1 540（千克）。

（2）计算污染物污染当量数。

2023 年 4 月一般性粉尘污染当量数＝1 400÷4＝350；

2023 年 5 月一般性粉尘污染当量数＝1 260÷4＝315；

2023 年 6 月一般性粉尘污染当量数＝1 540÷4＝385。

（3）2023 年第 2 季度应纳环境保护税＝（350＋315＋385）×1.2＝1 260（元）。

第二步：对环境保护税进行纳税申报。

填写《环境保护税税源明细表》（见表 13－3）、《财产和行为税减免税明细申报附表》（略）、《财产和行为税纳税申报表》（见表 6－4）。

项目技能训练

一、单项选择题

1. 下列关于环境保护税的说法中，正确的是（　　）。

A. 农业生产排放应税污染物的，均免征环境保护税

B. 纳税人排放应税污染物的浓度值低于规定标准的 30%，减按 70%征收环境保护税

C. 环境保护税纳税义务发生时间为纳税人排放应税污染物的当日

D. 纳税人按次申报纳税的，应当自月度终了之日起 15 日内，申报缴纳

2. 纳税人排放应税大气污染物或者水污染物的浓度值低于国家和地方规定的污染物排放标准 50%的，减按（　　）征收环境保护税。

A. 30%　　B. 50%　　C. 75%　　D. 100%

3. 下列关于工业噪声的环境保护税的说法中，错误的是（　　）。

A. 一个单位边界上有多处噪声超标，根据最高一处超标声级计算应纳税额；当沿边界长度超过 100 米有两处以上噪声超标时，按照两个单位计算应纳税额

B. 一个单位有不同地点作业场所的，应当分别计算应纳税额，合并计征

C. 昼、夜均超标的环境噪声，昼、夜分别计算应纳税额，累计计征

D. 声源一个月内超标不足 10 天的，减半计算应纳税额

二、多项选择题

1. 下列关于环境保护税应纳税额计算的表述中，正确的有（　　）。

A. 应税大气污染物的应纳税额为污染排放量乘以具体适用税额

B. 应税水污染物的应纳税额为污染当量数乘以具体适用税额

C. 应税固体废物的应纳税额为固体废物排放量乘以具体适用税额

D. 应税噪声的应纳税额为超过国家规定标准的分贝数对应的具体适用税额

2. 下列情形中，暂予免征环境保护税的有（　　）。

A. 农业规模化养殖排放应税污染物的

B. 机动车、铁路机车、非道路移动机械、船舶和航空器等流动污染源排放应税污染物的

C. 依法设立的城乡污水集中处理、生活垃圾集中处理场所排放相应应税污染物的，不超过国家和地方规定的排放标准的

D. 纳税人综合利用的固体废物，符合国家和地方环境保护标准的

三、判断题

1.《环境保护税法》规定，农业生产（不包括规模化养殖）排放应税污染物的，暂免征收环境保护税。（　　）

2. 每一排放口或者没有排放口的应税大气污染物，按照污染当量数从大到小排序，

对前五项污染物征收环境保护税。（　　）

3. 纳税人按季申报缴纳的，应当自季度终了之日起 15 日内，向税务机关办理纳税申报并缴纳税款。（　　）

四、业务题

甲企业为增值税一般纳税人，本年 1 月只有一个生产场所，只在昼间生产，边界处声环境功能区类型为Ⅰ类，生产时产生噪声为 63 分贝，《工业企业厂界环境噪声排放标准》规定Ⅰ类功能区昼间的噪声排放限值为 55 分贝，当月超标天数为 12 天。

要求：计算甲企业本年 1 月噪声污染应缴纳的环境保护税。

五、实务咨询题

甲公司是一家火电企业，企业总部在济南市市区，但电厂在章丘区，属于国控单位，原来是向省环保厅缴纳排污费。请问改缴环境保护税后，甲公司应在哪里申报缴纳?

项目十四　企业所得税计算与申报

学习目标

(1) 能明确企业所得税的基本原理，会界定企业所得税纳税人，会判断哪些业务应当缴纳企业所得税，会选择企业所得税适用税率，能充分运用企业所得税优惠政策。

(2) 能确定企业所得税的计税依据，能根据相关业务资料确定企业所得税的收入总额，确定不征税收入和免税收入，确定企业所得税准予扣除的项目，确定企业所得税不得扣除的项目，能根据相关业务资料进行亏损弥补。

(3) 能根据相关业务资料对固定资产、生物资产、无形资产、长期待摊费用、存货和投资资产的涉税业务进行税务处理。

(4) 能根据相关业务资料计算居民企业和非居民企业的应纳税额，能根据相关业务资料计算境外所得的抵扣税额。

(5) 会判断哪些业务可能被税务机关进行特别纳税调整，能明确税务机关进行特别纳税调整的方法和税务机关进行核定征收的方法，会计算因特别纳税调整而加收的利息，识记追溯时限。

(6) 能确定企业所得税的纳税义务发生时间、纳税期限和纳税地点，能根据相关业务资料填写《中华人民共和国企业所得税年度纳税申报表》等申报表，并能进行企业所得税的纳税申报。

素养目标

(1) 增强依法纳税意识和社会责任感。

(2) 增强制度自信，激发爱国情怀。

(3) 树立严谨的工作作风，培养工匠精神。

(4) 深入理解企业所得税相关政策，引导学生深入社会实践、关注现实问题，强化学生重视科技创新、支持我国农业发展的思想。

素养提升设计

素养提升设计举例见表 14-1。

表 14-1　素养提升设计举例

选取的知识点	素养提升元素
企业所得税税率的判定	教师讲解“国家需要重点扶持的高新技术企业减按15%的税率征收企业所得税”的优惠政策，该政策有利于“强化企业科技创新主体地位，发挥科技型骨干企业引领支撑作用”，强化学生重视科学研究、发展智能产业、拓展智能生活、科技兴国强国的理念。

续表

选取的知识点	素养提升元素
企业所得税优惠政策的运用	教师讲解"从事农、林、牧、渔业项目的所得的企业所得税免税与减税政策"的优惠政策，强化学生支持我国农、林、牧、渔业发展的理念，投身农、林、牧、渔业的热情，加快建设农业强国。

项目引例

企业所得税的计算与纳税申报（预缴与汇算清缴）

山东宏远有限公司为居民企业，其纳税人识别号为91370722004056710N，企业从业人数在2022年的每一个季度均为400人，资产总额在2022年的每一个季度均为6 000万元，所属行业为工业企业（制造业企业）。法人代表为张明，会计主管为李丽。2022年度境内经营业务如下：

(1) 取得销售收入3 000万元。

(2) 发生销售成本1 500万元。

(3) 发生销售费用700万元（其中广告费500万元、职工薪酬50万元、资产折旧摊销费50万元、办公费50万元、差旅费50万元），管理费用600万元[其中业务招待费20万元、职工薪酬50万元、资产折旧摊销费100万元、办公费200万元、差旅费180万元、用于X产品新技术的研究开发费用共计50万元（其中研发活动直接消耗的材料、燃料和动力费用18万元，直接从事研发活动的本企业在职人员费用16万元，专门用于研发活动的折旧费、维护费、运行维护费3万元，有关无形资产摊销费5万元，中间试验和产品试制的有关费用，样品、样机及一般测试手段购置费5万元，研发成果论证、评审、验收、鉴定费用2万元，设计、制定、资料和翻译费用1万元）]，财务费用50万元（均为利息支出）。

(4) 发生各种税金200万元（含增值税150万元）。

(5) 发生固定资产处置净损益（收益）100万元（会计上记入"资产处置损益"科目，而非"营业外收入"科目），发生无形资产处置净损益（损失）2万元（会计上记入"资产处置损益"科目，而非"营业外支出"科目）。

(6) 营业外支出78万元（含通过公益性社会团体向C市D希望小学捐款2万元，支付税收滞纳金76万元）。

(7) 2018年1月，以银行存款直接投资于山东兴华股份有限公司（居民企业），山东兴华股份有限公司2022年7月宣告发放股利100万元，山东宏远有限公司取得权益性投资收益（股利）40万元（已在被投资方所在地按15%的税率缴纳了企业所得税）。

(8) 计入成本、费用中的实发工资总额150万元，拨缴职工工会经费3万元，支出职工福利费25万元，职工教育经费14.25万元。

(9) 山东宏远有限公司在A、B两国设有分支机构，在A国机构的税后所得为35万元，A国所得税税率为30%；B国机构的税后所得为32万元，B国所得税税率为20%。在A、B两国已分别缴纳所得税15万元、8万元。假设A、B两国的应税所得额的计算与我国税法相同。山东宏远有限公司选择"分国（地区）不分项"的方法来计算其来源于境外的应纳税所得额。

山东宏远有限公司2022年度无以前年度亏损（2017—2021年均无亏损）。2022年度前三个季度已经预缴企业所得税共计34.25万元；2022年第四季度营业收入为800万元，营业成本为400万元，利润总额为50万元，2022年第四季度预缴企业所得税12.5万元；2023年1月12日对2022年第四季度预缴企业所得税进行纳税申报，2023年5月15日进行企业所得税年度纳税申报（企业所得税汇算清缴）。山东宏远有限公司选择2023年办理2022年度企业所得税汇算清缴时统一享受研发费用加计扣除优惠政策。

另外，该公司为员工缴纳各类基本社会保障性缴款60万元，未缴纳补充养老和医疗保险，为员工缴纳住房公积金40万元，未超过当地政府规定标准。

要求：

1. 计算下列项目：(1) 山东宏远有限公司2022年度的会计利润；(2) 山东宏远有限公司2022年度的纳税调整增加额；(3) 山东宏远有限公司2022年度的纳税调整减少额；(4) 山东宏远有限公司2022年度的应纳税所得额；(5) 山东宏远有限公司2022年度的应补（退）缴的企业所得税。

2. 进行纳税申报：(1) 山东宏远有限公司2023年1月12日对2022年第四季度预缴企业所得税进行纳税申报，填写2022年第四季度《中华人民共和国企业所得税月（季）度预缴纳税申报表（A类）》及其附表；(2) 山东宏远有限公司2023年5月15日进行企业所得税年度纳税申报，填写2022年度的《中华人民共和国企业所得税年度纳税申报表（A类）》及其附表（企业所得税汇算清缴）。

项目引例解析

分别见本项目的任务八和任务十。

任务一 企业所得税的基本原理认知

一、企业所得税的含义

企业所得税是对中华人民共和国境内的企业和其他取得收入的组织的生产经营所得和其他所得征收的所得税。

二、企业所得税的发展

在1949年首届全国税务会议上，通过了统一全国税收政策的基本方案，其中包括对企业所得和个人所得征税的办法。1950年，政务院发布了《全国税政实施要则》，规定全国设置14种税收，其中涉及对所得征税的有工商业税（所得税部分）、存款利息所得税和薪给报酬所得税3种税收。

改革开放以后，为适应引进国外资金、技术和人才，开展对外经济技术合作的需要，根据党中央统一部署，税制改革工作在“七五”计划期间逐步推开。1980年9月，第五届全国人民代表大会第三次会议通过了《中华人民共和国中外合资经营企业所得税法》并公布施行。企业所得税税率确定为30%，另按应纳所得税额附征10%的地方所得税。1981年12月，第五届全国人民代表大会第四次会议通过了《中华人民共和国外国企业所得税法》，实行20%～40%的5级超额累进税率，另按应纳税的所得额附征10%的地方所得税。

作为企业改革和城市改革的一项重大措施，1983年国务院决定在全国试行国营企业"利改税"，即将实行了30多年的国营企业向国家上缴利润的制度改为缴纳企业所得税的制度。

1991年4月，第七届全国人民代表大会将《中华人民共和国中外合资经营企业所得税法》与《中华人民共和国外国企业所得税法》合并，颁布了《中华人民共和国外商投资企业和外国企业所得税法》，并于同年7月1日起施行。

1993年12月13日，国务院将《中华人民共和国国营企业所得税条例（草案）》《国营企业调节税征收办法》《中华人民共和国集体企业所得税暂行条例》《中华人民共和国私营企业所得税暂行条例》进行整合，颁布了《中华人民共和国企业所得税暂行条例》，自1994年1月1日起施行。

上述改革标志着中国的所得税制度改革向着法制化、科学化和规范化的方向迈出了重要的步伐。

2007年3月16日，全国人民代表大会通过了《中华人民共和国企业所得税法》，并于2008年1月1日开始施行。从此，内、外资企业实行统一的企业所得税法。

现行企业所得税法律制度的基本规范，是2007年3月16日第十届全国人民代表大会第五次全体会议通过的《中华人民共和国企业所得税法》（2017年2月24日第十二届全国人民代表大会常务委员会第二十六次会议通过《关于修改〈中华人民共和国企业所得税法〉的决定》第一次修正、2018年12月29日第十三届全国人民代表大会常务委员会第七次会议通过《关于修改〈中华人民共和国电力法〉等四部法律的决定》第二次修正，以下简称《企业所得税法》）和2007年11月28日国务院第197次常务会议通过的《中华人民共和国企业所得税实施条例》（以下简称《企业所得税实施条例》）。

三、企业所得税的特点

企业所得税具有以下特点：（1）通常以纯所得为征税对象；（2）通常以经过计算得出的应纳税所得额为计税依据；（3）纳税人和实际负担人通常是一致的，因此，可以直接调节纳税人的收入。

任务二　企业所得税纳税人和扣缴义务人的确定

一、企业所得税的纳税人

在中华人民共和国境内，企业和其他取得收入的组织（以下统称企业）为企业所得税的纳税人。

点拨指导 合伙企业以每个合伙人为纳税人，合伙企业的合伙人是自然人的，作为自然人的合伙人缴纳个人所得税；合伙人是法人或其他组织的，作为法人或其他组织的合伙人缴纳企业所得税，该合伙人在缴纳企业所得税时，适用《企业所得税法》。

缴纳企业所得税的企业分为居民企业和非居民企业，分别承担不同的纳税责任。

（一）居民企业

居民企业是指依法在中国境内成立，或者依照外国（地区）法律成立但实际管理机构在中国境内的企业，包括除个人独资企业和合伙企业以外的公司、企业、事业单位、社会团体、民办非企业单位、基金会、外国商会、农民专业合作社以及取得收入的其他组织。

（二）非居民企业

非居民企业，是指依照外国（地区）法律成立且实际管理机构不在中国境内，但在中国境内设立机构、场所的，或者在中国境内未设立机构、场所，但有来源于中国境内所得的企业。

实际管理机构是指对企业的生产经营、人员、账务、财产等实施实质性全面管理和控制的机构。机构、场所是指在中国境内从事生产经营活动的机构、场所，包括：

（1）管理机构、营业机构、办事机构。

（2）工厂、农场、开采自然资源的场所。

（3）提供劳务的场所。

（4）从事建筑、安装、装配、修理、勘探等工程作业的场所。

（5）其他从事生产经营活动的机构、场所。

非居民企业委托营业代理人在中国境内从事生产经营活动的，包括委托单位或者个人经常代其签订合同，或者储存、交付货物等，该营业代理人视为非居民企业在中国境内设立的机构、场所。

二、企业所得税的扣缴义务人

（一）支付人为扣缴义务人

非居民企业在中国境内未设立机构、场所的，或者虽设立机构、场所但取得的所得与其所设机构、场所没有实际联系的，其来源于中国境内的所得应缴纳的所得税，实行源泉扣缴，以支付人为扣缴义务人。税款由扣缴义务人在每次支付或者到期应支付时，从支付或者到期应支付的款项中扣缴。

支付人是指依照有关法律规定或者合同约定对非居民企业直接负有支付相关款项义务的单位或者个人。支付包括现金支付、汇拨支付、转账支付和权益兑价支付等货币支付和非货币支付。到期应支付的款项是指支付人按照权责发生制原则应当计入相关成本、费用的应付款项。

（二）指定扣缴义务人

对非居民企业在中国境内取得工程作业和劳务所得应缴纳的所得税，税务机关可以指定工程价款或者劳务费的支付人为扣缴义务人。

税法规定的可以指定扣缴义务人的情形包括：

（1）预计工程作业或提供劳务期限不足一个纳税年度，且有证据表明不履行纳税义务的。

（2）没有办理税务登记或者临时税务登记，且未委托中国境内的代理人履行纳税义务的。

（3）未按照规定期限办理企业所得税纳税申报或者预缴申报的。

（4）其他规定情形。

（三）扣缴义务人的其他规定

扣缴义务人由县级以上税务机关指定，并同时告知扣缴义务人所扣税款的计算依据、计算方法、扣缴期限。

扣缴义务人每次代扣的税款，应当自代扣之日起 7 日内缴入国库，并向所在地的税务机关报送扣缴企业所得税报告表。

扣缴义务人未依法扣缴或者无法履行扣缴义务的，由纳税人在所得发生地缴纳。在中国境内存在多处所得发生地的，由纳税人选择其中一地申报缴纳企业所得税。

纳税人未依法缴纳的，税务机关可以从该纳税人在中国境内其他收入项目（指该纳税人在中国境内取得的其他各种来源的收入）的支付人应付的款项中，追缴该纳税人的应纳税款。

税务机关在追缴该纳税人应纳税款时，应当将追款理由、追缴数额、扣缴期限和缴纳方式等告知该纳税人。

任务三　企业所得税征税对象的确定

一、居民企业的征税对象

居民企业应当就其来源于中国境内、境外的所得缴纳企业所得税。所得包括销售货物所得、提供劳务所得、转让财产所得、股息红利等权益性投资所得、利息所得、租金所得、特许权使用费所得、接受捐赠所得和其他所得。

二、非居民企业的征税对象

非居民企业在中国境内设立机构、场所的，应当就其所设机构、场所取得的来源于中国境内的所得，以及发生在中国境外但与其所设机构、场所有实际联系的所得，缴纳企业所得税。其中，“实际联系”是指非居民企业在中国境内设立的机构、场所拥有据以取得所得的股权、债券，以及拥有、管理、控制据以取得所得的财产等。

非居民企业在中国境内未设立机构、场所的，或者虽设立机构、场所但取得的所得与其所设机构、场所没有实际联系的，应当就其来源于中国境内的所得缴纳企业所得税。

来源于中国境内、境外的所得，按照以下原则确定：

（1）销售货物所得，按照交易活动发生地确定。

（2）提供劳务所得，按照劳务发生地确定。

（3）转让财产所得，不动产转让所得按照不动产所在地确定，动产转让所得按照转让动产的企业或者机构、场所所在地确定，权益性投资资产转让所得按照被投资企业所在地确定。

（4）股息、红利等权益性投资所得，按照分配所得的企业所在地确定。

（5）利息所得、租金所得、特许权使用费所得，按照负担、支付所得的企业或者机构、场所所在地确定，或者按照负担、支付所得的个人住所地确定。

（6）其他所得，由国务院财政、税务主管部门确定。

任务四 企业所得税税率的判定

企业所得税税率是体现国家与企业分配关系的核心要素。税率设计的原则是兼顾国家、企业、职工个人三者间的利益，既要保证财政收入的稳定增长，又要使企业在发展生产、经营方面有一定的财力保证；既要考虑到企业的实际情况和负担能力，又要维护税率的统一性。

企业所得税实行比例税率。比例税率简便易行，透明度高，不会因征税而改变企业间收入分配比例，有利于促进效率的提高。现行规定如下：

（1）基本税率为25%。居民企业应当就其来源于中国境内、境外的所得缴纳企业所得税，适用的企业所得税税率为25%；非居民企业在中国境内设立机构、场所的，应当就其所设机构、场所取得的来源于中国境内的所得，以及发生在中国境外但与其所设机构、场所有实际联系的所得，缴纳企业所得税，适用的企业所得税税率为25%。

（2）低税率为20%。非居民企业在中国境内未设立机构、场所的，或者虽设立机构、场所但取得的所得与其所设机构、场所没有实际联系的，应当就其来源于中国境内的所得缴纳企业所得税，适用的企业所得税税率为20%，但实际征税时减按10%的税率征收。

任务五 企业所得税优惠政策的运用

任务引例

我公司用于研发活动的仪器同时用于非研发活动，其实际发生的折旧费是否可以在企业所得税税前加计扣除？

税收优惠是指国家运用税收政策在税收法律、行政法规中规定对某一部分特定企业和课税对象给予减轻或免除税收负担的一种措施。税法规定的企业所得税的税收优惠方式包括免税、减税、加计扣除、加速折旧、减计收入、税额抵免等。

一、免税与减税优惠

（一）从事农、林、牧、渔业项目的所得

企业（包括“公司＋农户”经营模式的企业）从事农、林、牧、渔业项目的所得，包括免征和减征两部分。

企业从事下列项目的所得，免征企业所得税：

（1）蔬菜、谷物、薯类、油料、豆类、棉花、麻类、糖料、水果、坚果的种植。

（2）农作物新品种的选育。

（3）中药材的种植。

（4）林木的培育和种植。

（5）牲畜、家禽的饲养等。

（6）林产品的采集。

（7）灌溉、农产品初加工、兽医、农技推广、农机作业和维修等农、林、牧、渔服务业项目。

（8）远洋捕捞。

企业从事下列项目的所得，减半征收企业所得税：

（1）花卉、茶以及其他饮料作物和香料作物的种植。

（2）海水养殖、内陆养殖等。

（二）从事国家重点扶持的公共基础设施项目投资经营的所得

企业从事国家重点扶持的公共基础设施项目的投资经营的所得，自项目取得第一笔生产经营收入所属纳税年度起，第一年至第三年免征企业所得税，第四年至第六年减半征收企业所得税。

企业承包经营、承包建设和内部自建自用上述规定的项目，不得享受上述企业所得税优惠。

（三）从事符合条件的环境保护、节能节水项目的所得

企业从事符合条件的环境保护、节能节水项目的所得，自项目取得第一笔生产经营收入所属纳税年度起，第一年至第三年免征企业所得税，第四年至第六年减半征收企业所得税。

依照规定享受减免税优惠的项目，在减免税期限内转让的，受让方自受让之日起，可以在剩余期限内享受规定的减免税优惠；减免税期限届满后转让的，受让方不得就该项目重复享受减免税优惠。

特别提示 “三免三减半”政策，减免税期间从取得第一笔生产经营收入所属纳税年度起。

（四）符合条件的技术转让所得

符合条件的技术转让所得免征、减征企业所得税，是指一个纳税年度内，居民企业转

让技术所有权所得不超过 500 万元的部分，免征企业所得税；超过 500 万元的部分，减半征收企业所得税。

二、高新技术企业优惠

国家需要重点扶持的高新技术企业减按 15%的税率征收企业所得税。自 2018 年 1 月 1 日起，对经认定的技术先进型服务企业（服务贸易类），减按 15%的税率征收企业所得税。

认定为高新技术企业须同时满足以下条件：

（1）企业申请认定时须注册成立一年以上。

（2）企业通过自主研发、受让、受赠、并购等方式，获得对其主要产品（服务）在技术上发挥核心支持作用的知识产权的所有权。

（3）对企业主要产品（服务）发挥核心支持作用的技术属于《国家重点支持的高新技术领域》规定的范围。

（4）企业从事研发和相关技术创新活动的科技人员占企业当年职工总数的比例不低于 10%。

（5）企业近三个会计年度（实际经营期不满三年的按实际经营时间计算，下同）的研究开发费用总额占同期销售收入总额的比例符合如下要求：

1）最近一年销售收入小于 5 000 万元（含）的企业，比例不低于 5%；

2）最近一年销售收入在 5 000 万元至 2 亿元（含）的企业，比例不低于 4%；

3）最近一年销售收入在 2 亿元以上的企业，比例不低于 3%。

其中，企业在中国境内发生的研究开发费用总额占全部研究开发费用总额的比例不低于 60%。

（6）近一年高新技术产品（服务）收入占企业同期总收入的比例不低于 60%。

（7）企业创新能力评价应达到相应要求。

（8）企业申请认定前一年内未发生重大安全、重大质量事故或严重环境违法行为。

三、技术先进型服务企业优惠

自 2018 年 1 月 1 日起，对经认定的技术先进型服务企业（服务贸易类），减按 15%的税率征收企业所得税。

四、小型微利企业优惠

自 2019 年 1 月 1 日至 2021 年 12 月 31 日，对小型微利企业年应纳税所得额不超过 100 万元的部分，减按 25%计入应纳税所得额，按 20%的税率缴纳企业所得税；对年应纳税所得额超过 100 万元但不超过 300 万元的部分，减按 50%计入应纳税所得额，按 20%的税率缴纳企业所得税。自 2021 年 1 月 1 日至 2022 年 12 月 31 日，对小型微利企业年应纳税所得额不超过 100 万元的部分，在上述优惠政策基础上，再减半征收企业所得税，即减按 12.5%计入应纳税所得额，按 20%的税率缴纳企业所得税。自 2023 年 1 月 1 日至 2027 年 12 月 31 日，对小型微利企业年应纳税所得额不超过 100 万元的部分，减按 25%计入应纳税所得额，按 20%的税率缴纳企业所得税。自 2022 年 1 月 1 日至 2027 年 12 月

31日，对小型微利企业年应纳税所得额超过100万元但不超过300万元的部分，减按25%计入应纳税所得额，按20%的税率缴纳企业所得税。

特别提示 上述小型微利企业是指从事国家非限制和禁止行业，且同时符合年度应纳税所得额不超过300万元、从业人数不超过300人、资产总额不超过5 000万元三个条件的企业。

从业人数，包括与企业建立劳动关系的职工人数和企业接受的劳务派遣用工人数。所称从业人数和资产总额指标，应按企业全年的季度平均值确定。具体计算公式如下：

季度平均值＝（季初值＋季末值）÷2

全年季度平均值＝全年各季度平均值之和÷4

年度中间开业或者终止经营活动的，以其实际经营期作为一个纳税年度确定上述相关指标。

与小型微利企业所得税优惠政策有关的征管问题规定如下：

（1）符合财政部、税务总局规定的小型微利企业条件的企业，按照相关政策规定享受小型微利企业所得税优惠政策。企业设立不具有法人资格分支机构的，应当汇总计算总机构及其各分支机构的从业人数、资产总额、年度应纳税所得额，依据合计数判断是否符合小型微利企业条件。

（2）小型微利企业无论是按查账征收方式还是按核定征收方式缴纳企业所得税，均可享受小型微利企业所得税优惠政策。

（3）小型微利企业在预缴和汇算清缴企业所得税时，通过填写纳税申报表，即可享受小型微利企业所得税优惠政策。小型微利企业应准确填报基础信息，包括从业人数、资产总额、年度应纳税所得额、国家限制或禁止行业等，信息系统将为小型微利企业智能预填优惠项目、自动计算减免税额。

（4）小型微利企业预缴企业所得税时，资产总额、从业人数、年度应纳税所得额指标，暂按当年度截至本期预缴申报所属期末的情况进行判断。

（5）原不符合小型微利企业条件的企业，在年度中间预缴企业所得税时，按照相关政策标准判断符合小型微利企业条件的，应按照截至本期预缴申报所属期末的累计情况，计算减免税额。当年度此前期间如因不符合小型微利企业条件而多预缴的企业所得税税款，可在以后季度应预缴的企业所得税税款中抵减。

（6）企业预缴企业所得税时享受了小型微利企业所得税优惠政策，但在汇算清缴时发现不符合相关政策标准的，应当按照规定补缴企业所得税税款。

（7）小型微利企业所得税统一实行按季度预缴。按月度预缴企业所得税的企业，在当年度4月、7月、10月预缴申报时，若按相关政策标准判断符合小型微利企业条件的，下一个预缴申报期起调整为按季度预缴申报，一经调整，当年度内不再变更。

知识链接

2分钟了解：小型微利企业所得税优惠政策

工作实例14-1

甲企业为一家居民企业，符合小型微利企业条件。甲企业本年度的应纳税所得额是

280 万元。

工作要求：计算甲企业本年度应缴纳的企业所得税。

工作实施：应纳企业所得税＝100×25%×20%＋(280－100)×25%×20%＝14（万元）。

或者应纳企业所得税＝280×25%×20%＝14（万元）。

五、加计扣除优惠

（一）研究开发费

企业为开发新技术、新产品和新工艺发生的研究开发费用（又称研究开发费用、研发费用），未形成无形资产计入当期损益的，在按照规定据实扣除的基础上，按照研究开发费用的50%加计扣除；形成无形资产的，按照无形资产成本的150%摊销。企业开展研发活动中实际发生的研发费用，未形成无形资产计入当期损益的，在按规定据实扣除的基础上，在2018年1月1日至2023年12月31日期间，再按照实际发生额的75%在税前加计扣除；形成无形资产的，在上述期间按照无形资产成本的175%在税前摊销。适用研发费用税前加计扣除比例75%的企业，在2022年10月1日至2022年12月31日期间，税前加计扣除比例提高至100%。制造业企业开展研发活动中实际发生的研发费用，未形成无形资产计入当期损益的，在按规定据实扣除的基础上，自2021年1月1日起，再按照实际发生额的100%在税前加计扣除；形成无形资产的，自2021年1月1日起，按照无形资产成本的200%在税前摊销。企业开展研发活动中实际发生的研发费用，未形成无形资产计入当期损益的，在按规定据实扣除的基础上，自2023年1月1日起，再按照实际发生额的100%在税前加计扣除；形成无形资产的，自2023年1月1日起，按照无形资产成本的200%在税前摊销（该政策作为制度性安排长期实施）。集成电路企业和工业母机企业开展研发活动中实际发生的研发费用，未形成无形资产计入当期损益的，在按规定据实扣除的基础上，在2023年1月1日至2027年12月31日期间，再按照实际发生额的120%在税前扣除；形成无形资产的，在上述期间按照无形资产成本的220%在税前摊销。

企业委托外部机构或个人开展研发活动发生的费用，可按规定税前扣除；加计扣除时按照研发活动发生费用的80%作为加计扣除基数。自2018年1月1日起，取消企业委托境外研发费用不得加计扣除的限制。即自2018年1月1日起，委托境外进行研发活动所发生的费用，按照费用实际发生额的80%计入委托方的委托境外研发费用。委托境外研发费用不超过境内符合条件的研发费用2/3的部分，可以按规定在企业所得税税前加计扣除。上述费用实际发生额应按照独立交易原则确定。委托方与受托方存在关联关系的，受托方应向委托方提供研发项目费用支出明细情况。委托境外进行研发活动不包括委托境外个人进行的研发活动。

特别提示 除烟草制造业、住宿和餐饮业、批发和零售业、房地产业、租赁和商务服务业、娱乐业、财政部和国家税务总局规定的其他行业以外，其他行业企业均可享受研究开发费用加计扣除的具体政策。

任务引例解析

根据《国家税务总局关于研发费用税前加计扣除归集范围有关问题的公告》（国家税务总局公告2017年第40号）的规定，用于研发活动的仪器、设备，同时用于非研发活动的，企业应对其仪器、设备使用情况做必要记录，并将其实际发生的折旧费按实际工时占比等合理方法在研发费用和生产经营费用间分配，未分配的不得加计扣除。

因此，你公司应对仪器使用情况做必要记录，并将其实际发生的折旧费按实际工时占比等合理方法在研发费用和生产经营费用间分配，未分配的不得加计扣除。

实务咨询 我公司同时符合研究开发费用加计扣除和小型微利企业两个优惠政策的条件，两种优惠是否可以同时享受？

答：根据《财政部 国家税务总局关于执行企业所得税优惠政策若干问题的通知》（财税〔2009〕69号）的规定，企业所得税法及其实施条例中规定的各项税收优惠，凡企业符合规定条件的，可以同时享受。

因此，企业可根据具体情况提交相应的备案资料享受上述两项优惠政策。

（二）企业安置残疾人员所支付的工资

企业安置残疾人员所支付的工资，是指企业安置残疾人员的，在按照支付给残疾职工工资据实扣除的基础上，按照支付给残疾职工工资的100%加计扣除。

六、创业投资企业优惠

创业投资企业从事国家需要重点扶持和鼓励的创业投资，可以按投资额的一定比例抵扣应纳税所得额。

创业投资企业优惠，是指创业投资企业采取股权投资方式投资于未上市的中小高新技术企业2年以上的，可以按照其投资额的70%在股权持有满2年的当年抵扣该创业投资企业的应纳税所得额；当年不足抵扣的，可以在以后纳税年度结转抵扣。例如：甲企业2022年1月1日向乙企业（未上市的中小高新技术企业）投资100万元，股权持有到2023年12月31日。甲企业2023年度可抵扣的应纳税所得额为70万元。

（1）公司制创业投资企业采取股权投资方式直接投资于种子期、初创期科技型企业（以下简称初创科技型企业）满2年（24个月，下同）的，可以按照投资额的70%在股权持有满2年的当年抵扣该公司制创业投资企业的应纳税所得额；当年不足抵扣的，可以在以后纳税年度结转抵扣。

（2）有限合伙制创业投资企业（以下简称合伙创投企业）采取股权投资方式直接投资于初创科技型企业满2年的，该合伙创投企业的合伙人分别按以下方式处理：

1）法人合伙人可以按照对初创科技型企业投资额的70%抵扣法人合伙人从合伙创投企业分得的所得；当年不足抵扣的，可以在以后纳税年度结转抵扣。

2）个人合伙人可以按照对初创科技型企业投资额的70%抵扣个人合伙人从合伙创投企业分得的经营所得；当年不足抵扣的，可以在以后纳税年度结转抵扣。

（3）天使投资个人采取股权投资方式直接投资于初创科技型企业满2年的，可以按照投资额的70%抵扣转让该初创科技型企业股权取得的应纳税所得额；当期不足抵扣的，可以在以后取得转让该初创科技型企业股权的应纳税所得额时结转抵扣。

天使投资个人投资多个初创科技型企业的，对其中办理注销清算的初创科技型企业，天使投资个人对其投资额的70%尚未抵扣完的，可自注销清算之日起36个月内抵扣天使投资个人转让其他初创科技型企业股权取得的应纳税所得额。

（4）有限合伙制创业投资企业采取股权投资方式投资于未上市的中小高新技术企业满2年的，其法人合伙人可按照对未上市中小高新技术企业投资额的70%抵扣该法人合伙人从该有限合伙制创业投资企业分得的应纳税所得额；当年不足抵扣的，可以在以后纳税年度结转抵扣。

七、加速折旧优惠

企业的固定资产由于技术进步等原因，确需加速折旧的，可以缩短折旧年限或者采取加速折旧的方法。可采用以上折旧方法的固定资产是指：

（1）由于技术进步，产品更新换代较快的固定资产。

（2）常年处于强震动、高腐蚀状态的固定资产。

采取缩短折旧年限方法的，最低折旧年限不得低于规定折旧年限的60%；若为购置已使用过的固定资产，其最低折旧年限不得低于税法规定最低折旧年限减去已使用年限后剩余年限的60%。最低折旧年限一经确定，一般不得变更。采取加速折旧方法的，可以采取双倍余额递减法或者年数总和法。

依据财税〔2014〕75号文件，对有关固定资产加速折旧企业所得税政策问题规定如下：

（1）对生物药品制造业，专用设备制造业，铁路、船舶、航空航天和其他运输设备制造业，计算机、通信和其他电子设备制造业，仪器仪表制造业，信息传输、软件和信息技术服务业6个行业的企业2014年1月1日后新购进的固定资产，可缩短折旧年限或采取加速折旧的方法。

对上述6个行业的小型微利企业2014年1月1日后新购进的研发和生产经营共用的仪器、设备，单位价值不超过100万元的，允许一次性计入当期成本费用在计算应纳税所得额时扣除，不再分年度计算折旧；单位价值超过100万元的，可缩短折旧年限或采取加速折旧的方法。

（2）对所有行业企业2014年1月1日后新购进的专门用于研发的仪器、设备，单位价值不超过100万元的，允许一次性计入当期成本费用在计算应纳税所得额时扣除，不再分年度计算折旧；单位价值超过100万元的，可缩短折旧年限或采取加速折旧的方法。

（3）对所有行业企业持有的单位价值不超过5 000元的固定资产，允许一次性计入当期成本费用在计算应纳税所得额时扣除，不再分年度计算折旧。

（4）企业按（1）、（2）项规定缩短折旧年限的，最低折旧年限不得低于《企业所得税法实施条例》第六十条规定折旧年限的60%；采取加速折旧方法的，可采取双倍余额递减法或者年数总和法。上述（1）、（2）、（3）项规定之外的企业固定资产加速折旧所得税处理问题，继续按照《企业所得税法》及其实施条例和现行税收政策规定执行。

另外，依据财税〔2015〕106号文件，对有关固定资产加速折旧企业所得税政策问题补充规定如下：

（1）对轻工、纺织、机械、汽车等4个领域重点行业的企业2015年1月1日后新购进的固定资产，可由企业选择缩短折旧年限或采取加速折旧的方法。

（2）对上述行业的小型微利企业2015年1月1日后新购进的研发和生产经营共用的仪器、设备，单位价值不超过100万元的，允许一次性计入当期成本费用在计算应纳税所得额时扣除，不再分年度计算折旧；单位价值超过 100 万元的，可由企业选择缩短折旧年限或采取加速折旧的方法。

（3）企业按上述规定缩短折旧年限的，最低折旧年限不得低于《企业所得税法实施条例》规定折旧年限的 60%；采取加速折旧方法的，可采取双倍余额递减法或者年数总和法。

自 2019 年 1 月 1 日起，适用财税〔2014〕75 号文件和财税〔2015〕106 号文件规定，固定资产加速折旧优惠的行业范围，扩大至全部制造业领域。

企业在 2018 年 1 月 1 日至 2027 年 12 月 31 日期间新购进的设备、器具，单位价值不超过 500 万元的，允许一次性计入当期成本费用在计算应纳税所得额时扣除，不再分年度计算折旧。设备、器具，是指除房屋、建筑物以外的固定资产。

按照《企业所得税法》及其实施条例的有关规定，企业根据自身生产经营需要，也可选择不实行加速折旧政策。

八、减计收入优惠

（1）企业以《资源综合利用企业所得税优惠目录》规定的资源作为主要原材料，生产国家非限制和禁止并符合国家和行业相关标准的产品取得的收入，减按 90%计入收入总额。

（2）自 2019 年 6 月 1 日至 2025 年 12 月 31 日，为社区提供养老、托育、家政等服务的机构，提供社区养老、托育、家政服务取得的收入，在计算应纳税所得额时，减按 90%计入收入总额。社区包括城市社区和农村社区。

九、税额抵免优惠

税额抵免，是指企业购置并实际使用《环境保护专用设备企业所得税优惠目录》《节能节水专用设备企业所得税优惠目录》《安全生产专用设备企业所得税优惠目录》规定的环境保护、节能节水、安全生产等专用设备的，该专用设备的投资额的 10%可以从企业当年的应纳税额中抵免；当年不足抵免的，可以在以后 5 个纳税年度结转抵免。

享受上述规定的企业所得税优惠的企业，应当实际购置并自身实际投入使用上述规定的专用设备；企业购置上述专用设备在 5 年内转让、出租的，应当停止享受企业所得税优惠，并补缴已经抵免的企业所得税税款。转让的受让方可以按照该专用设备投资额的 10%抵免当年企业所得税应纳税额；当年应纳税额不足抵免的，可以在以后 5 个纳税年度结转抵免。

企业同时从事适用不同企业所得税优惠政策的项目的，其优惠项目应当单独计算所得，并合理分摊企业的期间费用；没有单独计算的，不得享受企业所得税优惠。

自 2009 年 1 月 1 日起，增值税一般纳税人购进生产用固定资产发生的进项税额可从其销项税额中抵扣。如果增值税进项税额允许抵扣，其专用设备投资额不再包括增值税进项税额；如果增值税进项税额不允许抵扣，其专用设备投资额应为增值税专用发票上注明的价税合计金额，企业购买专用设备取得普通发票的，其专用设备投资额为普通发票上注明的金额（实际上也是价税合计金额）。

企业在 2024 年 1 月 1 日至 2027 年 12 月 31 日期间发生的节能节水、环境保护和安全生产专用设备数字化、智能化改造投入，不超过该专用设备购置时原计税基础 50%的部分，可按照 10%比例抵免企业当年应纳税额。企业当年应纳税额不足抵免的，可以向以后年度结转，但结转年限最长不得超过 5 年。

十、民族自治地方企业优惠

民族自治地方的自治机关对本民族自治地方的企业应缴纳的企业所得税中属于地方分享的部分，可以决定减征或者免征。自治州、自治县决定减征或者免征的，须报省、自治区、直辖市人民政府批准。但对民族自治地方内国家限制和禁止行业的企业，不得减征或者免征企业所得税。

十一、非居民企业优惠

在中国境内未设立机构、场所，或者虽设立机构、场所但取得的所得与其所设机构、场所没有实际联系的非居民企业减按10%的税率征收企业所得税。该类非居民企业取得下列所得免征企业所得税：

（1）外国政府向中国政府提供贷款取得的利息所得。

（2）国际金融组织向中国政府和居民企业提供优惠贷款取得的利息所得。

（3）经国务院批准的其他所得。

十二、其他有关行业的优惠

（一）鼓励集成电路产业和软件产业发展的优惠

（1）自2020年1月1日起，国家鼓励的集成电路线宽小于28纳米（含），且经营期在15年以上的集成电路生产企业或项目，第1年至第10年免征企业所得税；国家鼓励的集成电路线宽小于65纳米（含），且经营期在15年以上的集成电路生产企业或项目，第1年至第5年免征企业所得税，第6年至第10年按照25%的法定税率减半征收企业所得税；国家鼓励的集成电路线宽小于130纳米（含），且经营期在10年以上的集成电路生产企业或项目，第1年至第2年免征企业所得税，第3年至第5年按照25%的法定税率减半征收企业所得税。

对于按照集成电路生产企业享受税收优惠政策的，优惠期自获利年度起计算；对于按照集成电路生产项目享受税收优惠政策的，优惠期自项目取得第1笔生产经营收入所属纳税年度起计算，集成电路生产项目需单独进行会计核算、计算所得，并合理分摊期间费用。

国家鼓励的线宽小于130纳米（含）的集成电路生产企业，属于国家鼓励的集成电路生产企业清单年度之前5个纳税年度发生的尚未弥补完的亏损，准予向以后年度结转，总结转年限最长不得超过10年。

（2）自2020年1月1日起，国家鼓励的集成电路设计、装备、材料、封装、测试企业和软件企业，自获利年度起，第1年至第2年免征企业所得税，第3年至第5年按照25%的法定税率减半征收企业所得税。

（3）自2020年1月1日起，国家鼓励的重点集成电路设计企业和软件企业，自获利年度起，第1年至第5年免征企业所得税，接续年度减按10%的税率征收企业所得税。

（二）经营性文化事业单位转制为企业的优惠

经营性文化事业单位转制为企业，自转制注册之日起5年内免征企业所得税。上述税收政策执行至 2027 年 12 月 31 日。企业在 2027 年 12 月 31 日享受上述税收政策不满五年的，可继续享受至 5 年期满为止。

特别提示 经营性文化事业单位是指从事新闻出版、广播影视和文化艺术的事业单位。

（三）鼓励证券投资基金发展的优惠

（1）对证券投资基金从证券市场中取得的收入，包括买卖股票、债券的差价收入，股权的股息、红利收入，债券的利息收入及其他收入，暂不征收企业所得税。

（2）对投资者从证券投资基金分配中取得的收入，暂不征收企业所得税。

（3）对证券投资基金管理人运用基金买卖股票、债券的差价收入，暂不征收企业所得税。

（四）债券利息减免税的优惠

（1）对企业取得的 2012 年及以后年度发行的地方政府债券利息收入，免征企业所得税。

（2）自 2018 年 11 月 7 日至 2021 年 11 月 6 日止，对境外机构投资境内债券市场取得的债券利息收入暂免征收企业所得税。自 2021 年 11 月 7 日至 2025 年 12 月 31 日，上述政策继续执行。

特别提示 暂免征收企业所得税的范围不包括境外机构在境内设立的机构、场所取得的与该机构、场所有实际联系的债券利息。

（3）对企业投资者持有 2024—2027 年发行的铁路债券取得的利息收入，减半征收企业所得税。

特别提示 铁路债券是指以中国国家铁路集团有限公司为发行和偿还主体的债券，包括中国铁路建设债券、中期票据、短期融资券等债务融资工具。

（五）从事污染防治的第三方企业的优惠

自 2024 年 1 月 1 日起至 2027 年 12 月 31 日止，对符合条件的从事污染防治的第三方企业减按 15%的税率征收企业所得税。从事污染防治的第三方企业是指受排污企业或政府委托，负责环境污染治理设施（包括自动连续监测设施）运营维护的企业。

（六）生产和装配伤残人员专门用品企业的优惠

2027 年 12 月 31 日前，对符合条件的生产和装配伤残人员专门用品，且在民政部发布的《中国伤残人员专门用品目录》范围之内的居民企业，免征企业所得税。

十三、西部大开发的优惠

自 2021 年 1 月 1 日至 2030 年 12 月 31 日，对设在西部地区的鼓励类产业企业减按 15%的税率征收企业所得税。这里所称鼓励类产业企业是指以《西部地区鼓励类产业目录》

中规定的产业项目为主营业务，且其主营业务收入占企业收入总额60%以上的企业。

十四、海南自由贸易港的优惠

为支持海南自由贸易港建设，自2020年1月1日至2024年12月31日有关企业所得税优惠政策规定如下：

（1）对注册在海南自由贸易港并实质性运营的鼓励类产业企业，减按15%的税率征收企业所得税。

特别提示 鼓励类产业企业，是指以海南自由贸易港鼓励类产业目录中规定的产业项目为主营业务，且其主营业务收入占企业收入总额60%以上的企业。实质性运营，是指企业的实际管理机构设在海南自由贸易港，并对企业生产经营、人员、账务、财产等实施实质性全面管理和控制。对不符合实质性运营的企业，不得享受优惠。

对总机构设在海南自由贸易港的符合条件的企业，仅就其设在海南自由贸易港的总机构和分支机构的所得，适用15%税率；对总机构设在海南自由贸易港以外的企业，仅就其设在海南自由贸易港内的符合条件的分支机构的所得，适用15%税率。具体征管办法按照税务总局有关规定执行。

（2）对在海南自由贸易港设立的旅游业、现代服务业、高新技术产业企业新增境外直接投资取得的所得，免征企业所得税。

特别提示 新增境外直接投资所得应当符合以下条件：

（1）从境外新设分支机构取得的营业利润；或从持股比例超过20%（含）的境外子公司分回的，与新增境外直接投资相对应的股息所得。

（2）被投资国（地区）的企业所得税法定税率不低于5%。

特别提示 旅游业、现代服务业、高新技术产业，按照海南自由贸易港鼓励类产业目录执行。

（3）对在海南自由贸易港设立的企业，新购置（含自建、自行开发）固定资产或无形资产，单位价值不超过500万元（含）的，允许一次性计入当期成本费用在计算应纳税所得额时扣除，不再分年度计算折旧和摊销；新购置（含自建、自行开发）固定资产或无形资产，单位价值超过500万元的，可以缩短折旧、摊销年限或采取加速折旧、摊销的方法。

特别提示 固定资产，是指除房屋、建筑物以外的固定资产。

任务六　企业所得税应纳税所得额的计算

任务引例

我公司员工出差购买车票时附带支付的人身意外伤害保险费能否在我公司企业所得税税前扣除？

一、企业所得税计税依据确定的基本方法

应纳税额的多少，取决于应纳税所得额和适用税率两个因素。在实际过程中，应纳税所得额的计算一般有两种方法。

（一）间接计算法

在间接计算法下，在会计利润的基础上加上或减去按照税法规定调整的项目金额后，即为应纳税所得额。计算公式为：

应纳税所得额＝会计利润总额±纳税调整项目金额

纳税调整项目金额包括两方面的内容：一是企业的财务会计处理和税法规定不一致时应予以调整的金额；二是企业按税法规定准予扣除的金额。

（二）直接计算法

在直接计算法下，企业每一纳税年度的收入总额减除不征税收入、免税收入、各项扣除以及允许弥补的以前年度亏损后的余额为应纳税所得额。计算公式为：

应纳税所得额＝收入总额－不征税收入－免税收入－各项扣除－弥补亏损

特别提示 应税收入、不征税收入和免税收入均应计入收入总额。

点拨指导 在计算应纳税所得额时，企业财务会计处理办法与税收法律法规的规定不一致的，应当依照税收法律法规的规定计算。

二、收入总额的确定

企业的收入总额包括以货币形式和非货币形式从各种来源取得的收入。企业取得收入的货币形式包括现金、银行存款、应收账款、应收票据、准备持有至到期的债券投资以及债务的豁免等；企业以非货币形式取得的收入，包括固定资产、生物资产、无形资产、股权投资、存货、不准备持有至到期的债券投资、劳务以及有关权益等，这些非货币资产应当按照公允价值确定收入额，公允价值是指按照市场价格确定的价值。

（一）一般收入的确认

1. 销售货物收入

销售货物收入是指企业销售商品、产品、原材料、包装物、低值易耗品以及其他存货取得的收入。

企业销售商品同时满足下列条件的，应确认收入的实现：

（1）商品销售合同已经签订，企业已将商品所有权相关的主要风险和报酬转移给购货方。

（2）企业对已售出的商品既没有保留通常与所有权相联系的继续管理权，也没有实施有效控制。

（3）收入的金额能够可靠地计量。

（4）已发生或将发生的销售方的成本能够可靠地核算。

符合上款收入确认条件，采取下列商品销售方式的，应按以下规定确认收入实现时间：

（1）销售商品采用托收承付方式的，在办妥托收手续时确认收入。

（2）销售商品采取预收款方式的，在发出商品时确认收入。

（3）销售商品需要安装和检验的，在购买方接受商品以及安装和检验完毕时确认收入。如果安装程序比较简单，可在发出商品时确认收入。

（4）销售商品采用支付手续费方式委托代销的，在收到代销清单时确认收入。

2. 提供劳务收入

提供劳务收入是指企业从事建筑安装、修理修配、交通运输、仓储租赁、金融保险、邮电通信、咨询经纪、文化体育、科学研究、技术服务、教育培训、餐饮住宿、中介代理、卫生保健、社区服务、旅游、娱乐、加工以及其他劳务服务活动取得的收入。

企业在各个纳税期末，提供劳务交易的结果能够可靠估计的，应采用完工进度（完工百分比）法确认提供劳务收入。

提供劳务交易的结果能够可靠估计，是指同时满足下列条件：

（1）收入的金额能够可靠地计量。

（2）交易的完工进度能够可靠地确定。

（3）交易中已发生和将发生的成本能够可靠地核算。

企业提供劳务完工进度的确定，可选用下列方法：

（1）已完工作的测量。

（2）已提供劳务占劳务总量的比例。

（3）发生成本占总成本的比例。

企业应按照从接受劳务方已收或应收的合同或协议价款确定劳务收入总额，根据纳税期末提供劳务收入总额乘以完工进度扣除以前纳税年度累计已确认提供劳务收入后的金额，确认为当期劳务收入；同时，按照提供劳务估计总成本乘以完工进度扣除以前纳税期间累计已确认劳务成本后的金额，结转为当期劳务成本。

下列提供劳务满足收入确认条件的，应按规定确认收入：

（1）安装费。安装费应根据安装完工进度确认收入。安装工作是商品销售附带条件的，安装费在确认商品销售实现时确认收入。

（2）宣传媒介的收费。宣传媒介的收费应在相关的广告或商业行为出现于公众面前时确认收入。广告的制作费，应根据制作广告的完工进度确认收入。

（3）软件费。为特定客户开发软件的收费，应根据开发的完工进度确认收入。

（4）服务费。包含在商品售价内可区分的服务费，在提供服务的期间分期确认收入。

（5）艺术表演、招待宴会和其他特殊活动的收费。艺术表演、招待宴会和其他特殊活动的收费在相关活动发生时确认收入。收费涉及几项活动的，预收的款项应合理分配给每项活动，分别确认收入。

（6）会员费。申请入会或加入会员，只允许取得会籍，所有其他服务或商品都要另行收费的，在取得该会员费时确认收入。申请入会或加入会员后，会员在会员期内不再付费就可得到各种服务或商品，或者以低于非会员的价格销售商品或提供服务的，该会员费应在整个受益期内分期确认收入。

（7）特许权费。属于提供设备和其他有形资产的特许权费，在交付资产或转移资产所有权时确认收入；属于提供初始及后续服务的特许权费，在提供服务时确认收入。

（8）劳务费。长期为客户提供重复的劳务收取的劳务费，在相关劳务活动发生时确认收入。

3．转让财产收入

转让财产收入是指企业转让固定资产、生物资产、无形资产、股权、债权等财产取得的收入。

4．股息、红利等权益性投资收益

股息、红利等权益性投资收益是指企业因权益性投资从被投资方取得的收入。股息、红利等权益性投资收益，除国务院财政、税务主管部门另有规定外，按照被投资方做出利润分配决定的日期确认收入的实现。

5．利息收入

利息收入是指企业将资金提供给他人使用但不构成权益性投资，或者因他人占用本企业资金取得的收入，包括存款利息、贷款利息、债券利息、欠款利息等收入。利息收入应按照合同约定的债务人应付利息的日期确认收入的实现。

6．租金收入

租金收入是指企业提供固定资产、包装物或者其他有形资产的使用权取得的收入。租金收入应按照合同约定的承租人应付租金的日期确认收入的实现。

7．特许权使用费收入

特许权使用费收入是指企业提供专利权、非专利技术、商标权、著作权以及其他特许使用权取得的收入。特许权使用费收入应按照合同约定的特许权使用人应付特许权使用费的日期确认收入的实现。

8．接受捐赠收入

接受捐赠收入是指企业接受的来自其他企业、组织或者个人无偿给予的货币性资产、非货币性资产。接受捐赠收入按照实际收到捐赠资产的日期确认收入的实现。

9．其他收入

其他收入是指企业取得的除以上收入外的其他收入，包括企业资产溢余收入、逾期未退包装物押金收入、确实无法偿付的应付款项、已经做坏账损失处理后又收回的应收款项、债务重组收入、补贴收入、违约金收入、汇兑收益等。

企业取得财产（包括各类资产、股权、债权等）转让收入、债务重组收入、接受捐赠收入、无法偿付的应付款收入等，不论是以货币形式还是非货币形式体现，除另有规定外，均应一次性计入确认收入的年度计算缴纳企业所得税。

点拨指导 在2021年及以后年度汇算清缴中，企业按照市场价格销售货物、提供劳务服务等，凡由政府财政部门根据企业销售货物、提供劳务服务的数量、金额的一定比例给予全部或部分资金支付的，应当按照权责发生制原则确认收入。除上述情形外，企业取得的各种政府财政支付，如财政补贴、补助、补偿、退税等，应当按照实际取得收入的时间确认收入。

（二）特殊收入的确认

（1）采取分期收款方式销售货物，按照合同约定的收款日期确认收入的实现。

（2）采用售后回购方式销售商品，销售的商品按售价确认收入，回购的商品作为购进商品处理。有证据表明不符合销售收入确认条件的，如以销售商品方式进行融资，收到的款项应确认为负债。回购价格大于原售价的，差额应在回购期间确认为利息费用。

（3）采取以旧换新方式销售商品，应当按照销售商品收入的确认条件确认收入，回收的商品作为购进商品处理。

（4）采取商业折扣（折扣销售）条件销售商品。企业为促进商品销售而在商品价格上给予的价格扣除属于商业折扣，商品销售涉及商业折扣的，应当按照扣除商业折扣后的金额确定销售商品收入金额。

（5）采取现金折扣（销售折扣）条件销售商品。债权人为鼓励债务人在规定的期限内付款而向债务人提供的债务扣除属于现金折扣，销售商品涉及现金折扣的，应当按扣除现金折扣前的金额确定销售商品收入金额，现金折扣在实际发生时作为财务费用扣除。

（6）采取折让方式销售商品。企业因售出商品的质量不合格等原因而在售价上给予的减让属于销售折让；企业因售出商品质量、品种不符合要求等原因而发生的退货属于销售退回。企业已经确认销售收入的售出商品发生销售折让和销售退回，应当在发生当期冲减当期销售商品收入。

（7）采取“买一赠一”等方式组合销售本企业商品的，不属于捐赠，应将总的销售金额按各项商品的公允价值的比例来分摊确认各项的销售收入。

【知识串联】纳税人将自产、委托加工或者购进的货物无偿赠送其他单位或者个人，视同销售货物缴纳增值税。对于“买一赠一”等方式组合销售是否视同销售缴纳增值税，各地税务机关有两种不同的观点：一种观点认为“买一赠一”等方式组合销售属于无偿赠送，因此视同销售缴纳增值税；另一种观点认为“买一”是“赠一”的前提，“买一赠一”等方式组合销售不属于无偿赠送，而是有偿赠送，因此不视同销售，不需要缴纳增值税。

工作实例 14-2

甲服装企业采用“买一赠一”的方式销售本企业商品，规定以每套 1 500 元（不含增值税价，下同）购买 A 西服的客户可获赠一条 B 领带，A 西服正常出厂价格 1 500 元，B 领带正常出厂价格 200 元，本年 1 月甲服装企业销售西服领带组合共计 100 套，共取得收入 150 000 元。

工作要求：计算甲服装企业本年 1 月“买一赠一”销售方式下 A 西服和 B 领带各自的销售收入。

工作实施：企业以“买一赠一”等方式组合销售本企业商品的，不属于捐赠，应将总的销售金额按各项商品的公允价值的比例来分摊确认各项的销售收入。

$$\text{分摊到 A 西服上的销售收入}=\text{总销售金额}\times\text{A 西服的公允价值}\div\left(\text{A 西服的公允价值}+\text{B 领带的公允价值}\right)$$

$$=150\ 000\times1\ 500\div(1\ 500+200)=132\ 352.94\text{（元）}$$

$$\text{分摊到 B 领带上的销售收入}=\text{总销售金额}\times\text{B 领带的公允价值}\div\left(\text{A 西服的公允价值}+\text{B 领带的公允价值}\right)$$

=150 000×200÷（1 500+200）=17 647.06（元）

（8）企业受托加工制造大型机械设备、船舶、飞机等，以及从事建筑、安装、装配业务或者提供劳务等，持续时间超过 12 个月的，按照纳税年度内完工进度或者完成的工作量确认收入的实现。

（9）采取产品分成方式取得收入的，以企业分得产品的时间确认收入的实现，其收入额按照产品的公允价值确定。

（10）企业发生非货币性资产交换，以及将货物、财产、劳务用于捐赠、偿债、赞助、集资、广告、样品、职工福利和进行利润分配等用途，应当视同销售货物、转让财产和提供劳务，但国务院财政、税务主管部门另有规定的除外。

（三）处置资产收入的确认

根据《国家税务总局关于企业处置资产所得税处理问题的通知》（国税函〔2008〕828 号）等文件，对处置资产收入的确认规定如下：

（1）企业发生下列情形的处置资产，除将资产转移至境外以外，由于资产所有权属在形式和实质上均不发生改变，可作为内部处置资产，不视同销售确认收入，相关资产的计税基础延续计算：

1）将资产用于生产、制造、加工另一产品；

2）改变资产形状、结构或性能；

3）改变资产用途（如自建商品房转为自用或经营）；

4）将资产在总机构及其分支机构之间转移；

5）上述两种或两种以上情形的混合；

6）其他不改变资产所有权属的用途。

（2）企业将资产移送他人的下列情形，因资产所有权属已发生改变而不属于内部处置资产，应按规定视同销售确定收入：

1）用于市场推广或销售；

2）用于交际应酬；

3）用于职工奖励或福利；

4）用于股息分配；

5）用于对外捐赠；

6）其他改变资产所有权属的用途。

（3）企业发生上述第（2）条规定情形的，除另有规定外，应按照被移送资产的公允价值确定销售收入。

实务咨询 我公司将自己开发的商品房对外出租，是否需要视同销售缴纳企业所得税？

答：根据《国家税务总局关于企业处置资产所得税处理问题的通知》（国税函〔2008〕828 号）的规定，企业发生下列情形的处置资产，除将资产转移至境外以外，由于资产所有权属在形式和实质上均不发生改变，可作为内部处置资产，不视同销售确认收入，相关资产的计税基础延续计算：（1）将资产用于生产、制造、加工另一产品；（2）改变资产形状、结构或性能；（3）改变资产用途（如自建商品房转为自用或经营）；（4）将资产在总机构及其分支机构之间转移；(5) 上述两种或两种以上情形的混合；(6) 其他不改变资产所有权属的用途。

因此，你公司将自己开发的商品房对外出租属于上述改变资产用途的情形，不需要视同销售缴纳企业所得税。

三、不征税收入和免税收入的确定

国家为了扶持和鼓励某些特殊的纳税人和特定的项目，或者避免因征税影响企业的正常经营，对企业取得的某些收入予以不征税或免税的特殊政策，以减轻企业的负担，促进经济的协调发展。

（一）不征税收入

收入总额中的下列收入为不征税收入：

(1) 财政拨款。

(2) 依法收取并纳入财政管理的行政事业性收费、政府性基金。

(3) 国务院规定的其他不征税收入。它是指企业取得的，由国务院财政、税务主管部门规定专项用途并经国务院批准的财政性资金。

特别提示 企业的不征税收入用于支出所形成的费用，不得在计算应纳税所得额时扣除；企业的不征税收入用于支出所形成的资产，其计算的折旧、摊销不得在计算应纳税所得额时扣除。

（二）免税收入

企业的下列收入为免税收入：

(1) 国债利息收入。

(2) 符合条件的居民企业之间的股息、红利等权益性投资收益（该收益是指居民企业直接投资于其他居民企业取得的投资收益，且该收益不包括连续持有居民企业公开发行并上市流通的股票不足 12 个月取得的投资收益）。

(3) 在中国境内设立机构、场所的非居民企业从居民企业取得与该机构、场所有实际联系的股息、红利等权益性投资收益（该收益不包括连续持有居民企业公开发行并上市流通的股票不足 12 个月取得的投资收益）。

(4) 符合条件的非营利组织的收入。

(5) 非营利组织其他免税收入。

四、准予扣除的项目的确定

（一）税前扣除项目的原则

企业申报的扣除项目和金额要真实、合法。真实是指能提供有关支出确属已经实际发生的证明；合法是指符合国家税法的规定，若其他法规规定与税收法规规定不一致，应以税收法规的规定为标准。除税收法规另有规定外，税前扣除一般应遵循以下原则：

（1）权责发生制原则，即企业费用应在发生的所属期扣除，而不是在实际支付时确认扣除。

（2）配比原则，即企业发生的费用应当与收入配比扣除。除特殊规定外，企业发生的费用不得提前或滞后申报扣除。

（3）相关性原则，即企业可扣除的费用从性质和根源上必须与取得应税收入直接相关。

（4）确定性原则，即企业可扣除的费用不论何时支付，其金额必须是确定的。

（5）合理性原则，即符合生产经营活动常规，应当计入当期损益或者有关资产成本的必要和正常的支出。

（二）准予扣除项目的基本范围

1. 税前扣除项目

税前扣除项目包括成本、费用、税金、损失和其他支出。

（1）成本，是指企业在生产经营活动中发生的销售成本、销货成本、业务支出以及其他耗费。

（2）费用，是指企业在生产经营活动中发生的销售费用、管理费用和财务费用，已经计入成本的有关费用除外。

（3）税金，是指企业发生的除企业所得税和允许抵扣的增值税以外的各项税金及其附加。

特别提示 企业发生的除企业所得税和允许抵扣的增值税以外的各项税金及其附加，准予在计算应纳税所得额时扣除。允许抵扣的增值税指的是允许从增值税销项税额中抵扣的增值税进项税额，不予在计算应纳税所得额时扣除。但这里遗漏了增值税销项税额，以及采用简易计税方法下的增值税税额。另外，企业作为扣缴义务人为个人负担的个人所得税也不予在计算应纳税所得额时扣除，因此上述说法是不全面的。建议修改为：企业发生的除企业所得税、一般计税方法下的增值税销项税额、允许抵扣的增值税进项税额、简易计税方法下的增值税税额、企业作为扣缴义务人为个人负担的个人所得税以外的各项税金及其附加，准予在计算应纳税所得额时扣除。

（4）损失，是指企业在生产经营活动中发生的固定资产和存货的盘亏、毁损、报废损失，转让财产损失，呆账损失，坏账损失，自然灾害等不可抗力因素造成的损失以及其他损失。企业发生的损失，减除责任人赔偿和保险赔款后的余额，依照国务院财政、税务主管部门的规定扣除。企业已经作为损失处理的资产，在以后纳税年度又全部收回或者部分收回时，应当计入当期收入。

（5）其他支出，是指除成本、费用、税金、损失外，企业在生产经营活动中发生的与生产经营活动有关的、合理的支出。

2. 按照实际发生额或者规定的标准扣除的项目

在计算应纳税所得额时，下列项目可按照实际发生额或者规定的标准扣除：

（1）工资、薪金支出。它是指企业每一纳税年度支付给在本企业任职或者受雇的员工的所有现金形式或者非现金形式的劳动报酬，包括基本工资、奖金、津贴、补贴、年终加薪、加班工资，以及与员工任职或者受雇有关的其他支出。企业发生的合理的工资、薪金支出，准予扣除。

（2）职工福利费、工会经费、职工教育经费。

1）企业发生的职工福利费支出，不超过工资、薪金总额14%的部分准予扣除。

2）企业拨缴的工会经费，不超过工资、薪金总额2%的部分准予扣除。

3）除国务院财政、税务主管部门另有规定外，企业发生的职工教育经费支出，不超过工资、薪金总额8%的部分准予扣除，超过部分准予在以后纳税年度结转扣除。

4）集成电路设计企业和符合条件的软件企业的职工培训费用，应单独进行核算并按实际发生额在计算应纳税所得额时扣除。集成电路设计企业和符合条件的软件企业应准确划分职工教育经费中的职工培训费支出，对于不能准确划分的，以及准确划分后职工教育经费中扣除职工培训费用的余额，一律按照工资、薪金总额8%的比例扣除。

工作实例 14-3

甲软件生产企业为一家居民企业，本年实际发生工资支出250万元，职工福利费支出45万元，职工教育经费30万元，其中职工培训费用支出5万元。

工作要求：计算甲软件生产企业在本年计算应纳税所得额时，应调增的应纳税所得额。

工作实施：职工福利费不超过工资、薪金的14%的部分准予扣除，职工福利费应调增所得额＝45－250×14%＝10（万元）。

职工教育经费应调增应纳税所得额＝30－5－250×8%＝5（万元），合计应调增应纳税所得额＝10＋5＝15（万元）。

（3）社会保险费。

1）企业依照国务院有关主管部门或者省级人民政府规定的范围和标准为职工缴纳的“五险一金”，即基本养老保险费、基本医疗保险费、失业保险费、工伤保险费、生育保险费等基本社会保险费和住房公积金，准予扣除。

2）企业为投资者或者职工支付的补充养老保险费、补充医疗保险费，在国务院财政、税务主管部门规定的范围和标准内，准予扣除。

特别提示 企业根据国家有关政策规定，为在本企业任职或者受雇的全体员工支付的补充养老保险费、补充医疗保险费，分别在不超过职工工资总额5%标准内的部分，在计算应纳税所得额时准予扣除；超过的部分，不予扣除。

【知识串联】（1）企业参加财产保险，按照规定缴纳的保险费，准予扣除。（2）除企业依照国家有关规定为特殊工种职工支付的人身安全保险费和国务院财政、税务主管部门规定可以扣除的其他商业保险费外，企业为投资者或者职工支付的商业保险费，不得扣除。（3）企业职工因公出差乘坐交通工具发生的人身意外保险费支出，准予企业在计算应纳税所得额时扣除。（4）企业参加雇主责任险、公众责任险等责任保险，按照规定缴纳的保险费，准予在企业所得税税前扣除。该项规定适用于2018年度及以后年度企业所得税汇算清缴。

任务引例解析

根据《国家税务总局关于企业所得税有关问题的公告》（国家税务总局公告2016年第80号）的规定，企业职工因公出差乘坐交通工具发生的人身意外保险费支出，准予企业在计算应纳税所得额时扣除。

因此，你公司为一般员工缴纳的人身意外伤害保险准予在企业所得税税前扣除。

(4) 利息费用。企业在生产、经营活动中发生的利息费用，按下列规定扣除：

1) 非金融企业向金融企业借款的利息支出、金融企业的各项存款利息支出和同业拆借利息支出、企业经批准发行债券的利息支出可据实扣除。

2) 非金融企业向非金融企业借款的利息支出，不超过按照金融企业同期同类贷款利率计算的数额的部分可据实扣除，超过部分不允许扣除。

【知识串联】企业从其关联方接受的债权性投资与权益性投资的比例超过财政部、国家税务总局的规定标准而发生的利息支出，不能在计算应纳税所得额时扣除。财政部、国家税务总局的规定标准如下："企业实际支付给关联方的利息支出，除另有规定外，其接受关联方债权性投资与其权益性投资的比例为：金融企业 5：1；其他企业 2：1。"

工作实例 14-4

甲企业为一家居民企业，本年度"财务费用"科目中的利息，包括以年利率 8% 向银行借入的 9 个月的生产周转用资金 300 万元的借款利息，也包括 10.5 万元的向非金融企业借入的与前述向银行借款同期的生产周转用 100 万元资金的借款利息。

工作要求：计算甲企业本年度计算应纳税所得额时可扣除的利息费用。

工作实施：计算应纳税所得额时可扣除的利息费用 = 300 × 8% ÷ 12 × 9 = 18（万元）。

向非金融企业借入款项可扣除的利息费用限额 = 100 × 8% ÷ 12 × 9 = 6（万元），该企业支付的利息 10.5 万元超过同类同期银行贷款利息，只能按照限额 6 万元扣除。

该企业本年度计算应纳税所得额时可扣除的利息费用 = 18 + 6 = 24（万元）。

(5) 借款费用。

1) 企业在生产经营活动中发生的合理的不需要资本化的借款费用，准予扣除。

2) 企业为购置、建造固定资产、无形资产和经过 12 个月以上的建造才能达到预定可销售状态的存货发生借款的，在有关资产购置、建造期间发生的合理的借款费用，应予以资本化，作为资本性支出计入有关资产的成本；有关资产交付使用后发生的借款利息，可在发生当期扣除。

(6) 汇兑损失。企业在货币交易中以及纳税年度终了时将人民币以外的货币性资产、负债按照期末即期人民币汇率中间价折算为人民币时产生的汇兑损失，除已经计入有关资产成本以及向所有者进行利润分配外，准予扣除。

答疑解惑

为什么已经计入有关资产成本以及向所有者进行利润分配的汇兑损失不能税前扣除？

答：对于已经计入有关资产成本的汇兑损失，通过以后各期该资产计提折旧或摊销的方式税前扣除；对于向所有者进行利润分配的汇兑损失，由于进行利润分配已经是税后的事情了（利润分配是对企业所得税税后净利润进行分配），因此不能税前扣除。

(7) 业务招待费。企业发生的与生产经营活动有关的业务招待费支出，按照发生额的

60%扣除，但最高不得超过当年销售（营业）收入的5‰。

作为业务招待费限额的计算基数的收入范围，是当年销售（营业）收入，销售（营业）收入包括销售货物收入、让渡资产使用权（收取资产租金或使用费）收入、提供劳务收入等主营业务收入，还包括其他业务收入、视同销售收入等。但是不含营业外收入、转让固定资产或无形资产所有权收入、投资收益（从事股权投资业务的企业除外）。

对从事股权投资业务的企业（包括集团公司总部、创业投资企业等），其从被投资企业所分配的股息、红利以及股权转让收入，可以按规定的比例计算业务招待费扣除限额。

工作实例 14-5

乙企业为一家居民企业，本年销售货物收入为2 000万元，让渡专利使用权收入为200万元，包装物出租收入为50万元，视同销售货物收入为400万元，转让商标所有权收入为150万元，接受捐赠收入为20万元，债务重组收益为10万元，发生业务招待费30万元。

工作要求：计算乙企业本年度可在企业所得税税前扣除的业务招待费金额。

工作实施：可在企业所得税税前扣除的业务招待费的扣除基数＝2 000＋200＋50＋400＝2 650（万元）。

转让商标所有权、接受捐赠收入、债务重组收益均不属于主营业务收入、其他业务收入、视同销售收入范畴，不能作为计算业务招待费扣除限额的基数。

业务招待费发生额的60%：30×60%＝18（万元）；

当年销售（营业）收入的5‰：2 650×5‰＝13.25（万元）。

13.25万元＜18万元，因此，当年可在企业所得税税前扣除的业务招待费金额为13.25万元。

（8）广告费和业务宣传费。企业发生的符合条件的广告费和业务宣传费支出，除国务院财政、税务主管部门另有规定外，不超过当年销售（营业）收入15%的部分，准予扣除；超过部分，准予结转以后纳税年度扣除。

2016年1月1日至2025年12月31日，对化妆品制造或销售、医药制造和饮料制造（不含酒类制造）企业发生的广告费和业务宣传费支出，不超过当年销售（营业）收入30%的部分，准予扣除；超过部分，准予在以后纳税年度结转扣除。

工作实例 14-6

甲企业为一家居民企业，生产并销售机器设备，本年实现商品销售收入1 000万元，发生现金折扣50万元，接受捐赠收入50万元，转让无形资产所有权收入10万元。该企业当年实际发生业务招待费15万元，广告费120万元，业务宣传费40万元。

工作要求：计算本年度甲企业可税前扣除的业务招待费、广告费、业务宣传费的合计额。

工作实施：销售商品涉及现金折扣，应按照扣除现金折扣前的金额确定销售收入。业务招待费按发生额的60%税前扣除，但不得超过当年销售（营业）收入的5‰，可税前扣除的业务招待费＝1 000×5‰＝5（万元）＜15×60%＝9（万元）；广告费和业务宣传费不超过当年销售（营业）收入的15%的部分准予税前扣除，可税前扣除的广告费和业务宣传费＝1 000×15%＝150（万元）＜120＋40＝160（万元）；合计可税前扣除金额＝5＋

150＝155（万元）。

（9）环境保护专项资金。企业依照法律、行政法规有关规定提取的用于环境保护、生态恢复等方面的专项资金，准予扣除。专项资金提取后改变用途的，不得扣除。

（10）租赁费。企业根据生产经营活动的需要租入固定资产支付的租赁费，按照下列方法扣除：

1）以经营租赁方式租入固定资产发生的租赁费支出，按照租赁期限均匀扣除。所谓经营租赁，是指所有权不转移的租赁。

2）以融资租赁方式租入固定资产发生的租赁费支出，按照规定构成融资租入固定资产价值的部分应当提取折旧费，分期扣除。所谓融资租赁，是指实质上转移了与资产所有权有关的全部风险和报酬的租赁。

（11）劳动保护支出。企业发生的合理的劳动保护支出，准予扣除。

（12）公益性捐赠支出。公益性捐赠是指企业通过公益性社会组织或者县级以上人民政府及其部门，用于符合法律规定的慈善活动、公益事业的捐赠。企业当年发生以及以前年度结转的公益性捐赠支出，不超过年度利润总额12%的部分，准予扣除；超过年度利润总额12%的部分，准予结转以后3年内在计算应纳税所得额时扣除（也就是说，企业发生的公益性捐赠支出未在当年税前扣除的部分，准予向以后年度结转扣除，但结转年限自捐赠发生年度的次年起计算最长不得超过3年）。年度利润总额，是指企业依照国家统一会计制度的规定计算的年度会计利润。

点拨指导 公益性社会组织，应当依法取得公益性捐赠税前扣除资格。

特别提示 纳税人“直接”向受赠人的捐赠属于非公益性捐赠，不得在企业所得税税前扣除。

企业在对公益性捐赠支出计算扣除时，应先扣除以前年度结转的捐赠支出，再扣除当年发生的捐赠支出。

自2021年1月1日起，企业或个人通过公益性群众团体用于符合法律规定的公益慈善事业捐赠支出，准予按税法规定在计算应纳税所得额时扣除。公益性群众团体，包括依照《社会团体登记管理条例》规定不需要进行社团登记的人民团体以及经国务院批准免予登记的社会团体，且按规定条件和程序已经取得公益性捐赠税前扣除资格。

自2019年1月1日至2025年12月31日，企业通过公益性社会组织或者县级（含县级）以上人民政府及其组成部门，用于目标脱贫地区的扶贫捐赠支出，准予在计算企业所得税应纳税所得额时据实扣除。在政策执行期限内，目标脱贫地区实现脱贫的，可继续适用上述政策。企业同时发生扶贫捐赠支出和其他公益性捐赠支出，在计算公益性捐赠支出年度扣除限额时，符合条件的扶贫捐赠支出不计算在内。

（13）有关资产的费用。企业转让各类固定资产发生的费用，允许扣除。企业按规定计算的固定资产折旧费、无形资产和递延资产的摊销费，准予扣除。

（14）总机构分摊的费用。非居民企业在中国境内设立的机构、场所，就其中国境外总机构发生的与该机构、场所生产经营有关的费用，能够提供总机构出具的费用汇集范围、定额、分配依据和方法等证明文件，并合理分摊的，准予扣除。

（15）资产损失。企业当期发生的固定资产和流动资产盘亏、毁损净损失，由其提供清查盘存资料，经主管税务机关审核后，准予扣除；企业因存货盘亏、毁损、报废等原因不得从销项税中抵扣的进项税，应视同企业财产损失，准予与存货损失一起在企业所得税税前按规定扣除。

特别提示 资产损失取消了审批制度，取而代之的是申报扣除制度。企业发生的资产损失，应按规定的程序和要求向主管税务机关申报后方能在税前扣除。未经申报的损失，不得在税前扣除。

（16）手续费及佣金支出。

1）企业发生的与生产经营有关的手续费及佣金支出，不超过以下规定计算限额以内的部分，准予扣除；超过部分，不得扣除：

自2019年1月1日起，保险企业发生与其经营活动有关的手续费及佣金支出，不超过当年全部保费收入扣除退保金等后余额的18%（含本数）的部分，在计算应纳税所得额时准予扣除；超过部分，允许结转以后年度扣除。

其他企业按其与具有合法经营资格中介服务机构或个人（不含交易双方及其雇员、代理人和代表人等）所签订服务协议或合同确认的收入金额的5%计算限额。

2）企业应与具有合法经营资格中介服务机构或个人签订代办协议或合同，并按国家有关规定支付手续费及佣金。除委托个人代理外，企业以现金等非转账方式支付的手续费及佣金不得在税前扣除。企业为发行权益性证券支付给有关证券承销机构的手续费及佣金不得在税前扣除。

3）企业不得将手续费及佣金支出计入回扣、业务提成、返利、进场费等费用。

4）企业已计入固定资产、无形资产等相关资产的手续费及佣金支出，应当通过折旧、摊销等方式分期扣除，不得在发生当期直接扣除。

5）企业支付的手续费及佣金不得直接冲减服务协议或合同金额，应如实入账。

6）企业应当如实向当地主管税务机关提供当年手续费及佣金计算分配表和其他相关资料，并依法取得合法真实凭证。

（17）党组织工作经费。

1）国有企业（包括国有独资、全资和国有资本绝对控股、相对控股企业）纳入管理费用的党组织工作经费，实际支出不超过职工年度工资、薪金总额1%的部分，可以据实在企业所得税税前扣除。

2）非公有制企业党组织工作经费纳入企业管理费用列支，不超过职工年度工资、薪金总额1%的部分，可以据实在企业所得税税前扣除。

（18）依照有关法律、行政法规和国家有关税法规定准予扣除的其他项目，如会员费、合理的会议费、差旅费、违约金、诉讼费用等。

答疑解惑

企业所得税税前扣除的项目中有哪些属于超支部分准予结转以后纳税年度扣除的？

答：允许在以后纳税年度结转扣除的费用有：职工教育经费；广告费和业务宣传费支出；公益性捐赠支出；保险企业发生的与其经营活动有关的手续费及佣金支出。

五、不得扣除的项目的确定

在计算应纳税所得额时，下列支出不得扣除：

（1）向投资者支付的股息、红利等权益性投资收益款项。

（2）企业所得税税款。

（3）税收滞纳金，是指纳税人违反税收法规，被税务机关处以的滞纳金。

（4）罚金、罚款和被没收财物的损失，是指纳税人违反国家有关法律、法规规定，被有关部门处以的罚款，以及被司法机关处以的罚金和被没收财物的损失。

（5）超过规定标准的捐赠支出。

（6）赞助支出，是指企业发生的与生产经营活动无关的各种非广告性质支出。

（7）未经核定的准备金支出，是指不符合国务院财政、税务主管部门规定的各项资产减值准备、风险准备等准备金支出。

（8）企业之间支付的管理费、企业内营业机构之间支付的租金和特许权使用费，以及非银行企业内营业机构之间支付的利息。

（9）与取得收入无关的其他支出。

特别提示 企业以其取得的不征税收入用于支出所形成的费用或资产（包括对资产计提的折旧、摊销）不得在税前扣除，但企业取得的各项免税收入所对应的各项成本费用，除另有规定外，可以在计算企业应纳税所得额时扣除。

六、亏损弥补

亏损是指企业依照《企业所得税法》的规定，将每一纳税年度的收入总额减除不征税收入、免税收入和各项扣除后小于零的数额。税法规定，企业某一纳税年度发生的亏损可以用下一年度的所得弥补，下一年度的所得不足以弥补的，可以逐年延续弥补，但最长不得超过 5 年。

点拨指导 这里的“5 年”，不论是盈利还是亏损，都作为实际弥补期限计算；先亏先补，后亏后补。也就是说，亏损弥补期限是自亏损年度报告的下一年度起连续 5 年不间断地计算。

企业在汇总计算缴纳所得税时，其境外营业机构的亏损不得抵减境内营业机构的盈利。自 2018 年 1 月 1 日起，当年具备高新技术企业或科技型中小企业资格的企业，其具备资格年度之前 5 个年度发生的尚未弥补完的亏损，准予结转以后年度弥补，最长结转年限由 5 年延长至 10 年。

工作实例 14－7

甲企业为一家居民企业，一直执行 5 年亏损弥补规定，且 20×1 年首次出现亏损。甲企业的资产规模不符合小型微利企业的条件。经税务机关审定的甲企业连续 7 年应纳税所得额（未弥补亏损）情况如表 14－2 所示。

表 14－2　经税务机关审定的甲企业连续 7 年应纳税所得额（未弥补亏损）情况

单位：万元

年度	20×1	20×2	20×3	20×4	20×5	20×6	20×7
应纳税所得额的情况	－100	10	－20	30	20	30	180

工作要求： 计算甲企业 7 年间应缴纳的企业所得税。

工作实施： 关于 20×1 年的亏损，要用 20×2 年至 20×6 年的所得弥补，尽管期间 20×3 年亏损，也要占用 5 年抵亏期的一个抵扣年度，且先亏先补，20×3 年的亏损需在 20×1 年的亏损问题解决之后才能考虑。到了 20×6 年，20×1 年的亏损未弥补完但 5 年抵亏期满，还有 10 万元亏损不得用税前所得弥补。

20×3 年之后的 20×4 年至 20×6 年之间的所得，已被用于弥补 20×1 年的亏损，20×3 年的亏损只能用 20×7 年所得弥补，在弥补 20×3 年亏损后，20×7 年还有所得（应纳税所得额）＝180－20＝160（万元），要计算缴纳企业所得税，应纳企业所得税＝160×25%＝40（万元）。

任务七　资产的企业所得税税务处理

任务引例

我公司购买汽车缴纳的车辆购置税和牌照费是否计入固定资产原值计提折旧？

资产是由于资本投资而形成的财产，对于资本性支出以及无形资产受让、开办、开发费用，不允许作为成本、费用从纳税人的收入总额中作一次性扣除，只能采取分次计提折旧或分次摊销的方式予以扣除。即纳税人经营活动中使用的固定资产的折旧费用、无形资产和长期待摊费用的摊销费用可以扣除。税法规定，纳入税务处理范围的资产形式主要有固定资产、生物资产、无形资产、长期待摊费用、投资资产、存货等，均以历史成本为计税基础。历史成本是指企业取得该项资产时实际发生的支出。企业持有各项资产期间资产增值或者减值，除国务院财政、税务主管部门规定可以确认损益外，不得调整该资产的计税基础。

一、固定资产的企业所得税税务处理

固定资产是指企业为生产产品、提供劳务、出租或者经营管理而持有的、使用时间超过 12 个月的非货币性资产，包括房屋、建筑物、机器、机械、运输工具以及其他与生产经营活动有关的设备、器具、工具等。

（一）固定资产计税基础

（1）外购的固定资产，以购买价款和支付的相关税费以及直接归属于使该资产达到预定用途发生的其他支出为计税基础。

（2）自行建造的固定资产，以竣工结算前发生的支出为计税基础。

（3）融资租入的固定资产，以租赁合同约定的付款总额和承租人在签订租赁合同过程中发生的相关费用为计税基础，租赁合同未约定付款总额的，以该资产的公允价值和承租人在签订租赁合同过程中发生的相关费用为计税基础。

（4）盘盈的固定资产，以同类固定资产的重置完全价值为计税基础。

（5）通过捐赠、投资、非货币性资产交换、债务重组等方式取得的固定资产，以该资产的公允价值和支付的相关税费为计税基础。

（6）改建的固定资产，除已足额提取折旧的固定资产和租入的固定资产以外的其他固定资产，以改建过程中发生的改建支出增加计税基础。

任务引例解析

根据《企业所得税法实施条例》的规定，固定资产按照以下方法确定计税基础：外购的固定资产，以购买价款和支付的相关税费以及直接归属于使该资产达到预定用途发生的其他支出为计税基础。

由于车辆购置税和牌照费是汽车达到预定用途前发生的支出，因此，你公司购买汽车缴纳的车辆购置税和牌照费应当计入固定资产原值计提折旧。

（二）固定资产折旧的范围

在计算应纳税所得额时，企业按照规定计算的固定资产折旧，准予扣除。下列固定资产不得计算折旧扣除：

（1）房屋、建筑物以外未投入使用的固定资产。

（2）以经营租赁方式租入的固定资产。

（3）以融资租赁方式租出的固定资产。

（4）已足额提取折旧仍继续使用的固定资产。

（5）与经营活动无关的固定资产。

（6）单独估价作为固定资产入账的土地。

（7）其他不得计算折旧扣除的固定资产。

特别提示 未投入使用的房屋、建筑物计算的折旧可以在税前扣除；房屋、建筑物以外未投入使用的固定资产，不得计算折旧扣除。

点拨指导 经营租赁方式租入资产，由出租人计算折旧扣除，承租人不得计算折旧扣除。融资租赁方式租出资产，由承租人计算折旧扣除，出租人不得计算折旧扣除。

（三）固定资产折旧的计提方法

（1）企业应当自固定资产投入使用月份的次月起计算折旧；停止使用的固定资产，应当自停止使用月份的次月起停止计算折旧。

（2）企业应当根据固定资产的性质和使用情况，合理确定固定资产的预计净残值。固定资产的预计净残值一经确定，不得变更。

（3）固定资产按照直线法计算的折旧，准予扣除。

（四）固定资产折旧的计提年限

除国务院财政、税务主管部门另有规定外，固定资产计算折旧的最低年限如下：

（1）房屋、建筑物，为 20 年。

（2）飞机、火车、轮船、机器、机械和其他生产设备，为 10 年。

（3）与生产经营活动有关的器具、工具、家具等，为 5 年。

（4）飞机、火车、轮船以外的运输工具，为4年。

（5）电子设备，为3年。

从事开采石油、天然气等矿产资源的企业，在开始商业性生产前发生的费用和有关固定资产的折耗、折旧方法，由国务院财政、税务主管部门另行规定。

工作实例 14-8

甲企业是一家居民企业，为增值税一般纳税人，本年8月20日为其生产部门购进1台机器，取得增值税专用发票，注明价款1 500万元，税额195万元，该机器于当月投入使用。假定该企业固定资产预计净残值率为5%，该企业按照机器的最低折旧年限采用直线法计提折旧。

工作要求：计算甲企业购买的机器本年度在企业所得税税前扣除的折旧额。

工作实施：机器折旧年限最低为10年。甲企业是在本年8月20日购买的机器，因此从本年9月起开始计提折旧。

该机器账面成本=1 500（万元）。

本年度在计算应纳税所得额时准予扣除的折旧额=1 500×（1－5%）÷（10×12）×4=47.5（万元）。

二、生物资产的企业所得税税务处理

生物资产，是指有生命的动物和植物。生物资产分为消耗性生物资产、生产性生物资产和公益性生物资产。上述3类生物资产中，只有生产性生物资产可以计提折旧。消耗性生物资产，是指为出售而持有的或在将来收获为农产品的生物资产，包括生长中的农田作物、蔬菜、用材林以及存栏待售的牲畜等。生产性生物资产，是指为产出农产品、提供劳务或出租等目的而持有的生物资产，包括经济林、薪炭林、产畜和役畜等。公益性生物资产，是指以防护、环境保护为主要目的的生物资产，包括防风固沙林、水土保持林和水源涵养林等。

（一）生物资产的计税基础

生产性生物资产按照以下方法确定计税基础：

（1）外购的生产性生物资产，以购买价款和支付的相关税费为计税基础。

（2）通过捐赠、投资、非货币性资产交换、债务重组等方式取得的生产性生物资产，以该资产的公允价值和支付的相关税费为计税基础。

（二）生物资产的折旧方法和折旧年限

生产性生物资产按照直线法计算的折旧，准予扣除。企业应当自生产性生物资产投入使用月份的次月起计算折旧；停止使用的生产性生物资产，应当自停止使用月份的次月起停止计算折旧。

企业应当根据生产性生物资产的性质和使用情况，合理确定生产性生物资产的预计净残值。生产性生物资产的预计净残值一经确定，不得变更。

生产性生物资产计算折旧的最低年限如下：

（1）林木类生产性生物资产，为10年。

（2）畜类生产性生物资产，为3年。

三、无形资产的企业所得税税务处理

无形资产，是指企业长期使用但没有实物形态的资产，包括专利权、商标权、著作权、土地使用权、非专利技术、商誉等。

（一）无形资产的计税基础

无形资产按照以下方法确定计税基础：

（1）外购的无形资产，以购买价款和支付的相关税费以及直接归属于使该资产达到预定用途发生的其他支出为计税基础。

（2）自行开发的无形资产，以开发过程中该资产符合资本化条件后至达到预定用途前发生的支出为计税基础。

（3）通过捐赠、投资、非货币性资产交换、债务重组等方式取得的无形资产，以该资产的公允价值和支付的相关税费为计税基础。

（二）无形资产摊销的范围

在计算应纳税所得额时，企业按照规定计算的无形资产摊销费用，准予扣除。

下列无形资产不得计算摊销费用扣除：

（1）自行开发的支出已在计算应纳税所得额时扣除的无形资产。

（2）自创商誉。

（3）与经营活动无关的无形资产。

（4）其他不得计算摊销费用扣除的无形资产。

（三）无形资产的摊销方法及年限

无形资产的摊销，采取直线法计算。无形资产的摊销年限不得低于10年。作为投资或者受让的无形资产，有关法律规定或者合同约定了使用年限的，可以按照规定或者约定的使用年限分期摊销。外购商誉的支出，在企业整体转让或者清算时，准予扣除。

四、长期待摊费用的企业所得税税务处理

长期待摊费用，是指企业发生的应在1个年度以上或几个年度进行摊销的费用。在计算应纳税所得额时，企业发生的下列支出作为长期待摊费用，按照规定摊销的，准予扣除：

（1）已足额提取折旧的固定资产的改建支出。

（2）租入固定资产的改建支出。

（3）固定资产的大修理支出。

（4）其他应当作为长期待摊费用的支出。

特别提示 企业的固定资产修理支出（非固定资产大修理支出）可在发生当期直接扣除。固定资产的大修理支出，则要按照固定资产尚可使用年限分期摊销。

固定资产的改建支出，是指改变房屋或者建筑物结构、延长使用年限等发生的支出。已足额提取折旧的固定资产的改建支出，按照固定资产预计尚可使用年限分期摊销；租入固定资产的改建支出，按照合同约定的剩余租赁期限分期摊销；改建的固定资产延长使用年限的，除已足额提取折旧的固定资产、租入固定资产的改建支出外，其他的固定资产发生改建支出，应适当延长折旧年限。

大修理支出，按照固定资产尚可使用年限分期摊销。

《企业所得税法》所指固定资产的大修理支出，是指同时符合下列条件的支出：

（1）修理支出达到取得固定资产时的计税基础 50%以上。

（2）修理后固定资产的使用年限延长 2 年以上。

其他应当作为长期待摊费用的支出，自支出发生月份的次月起，分期摊销，摊销年限不得低于 3 年。

五、存货的企业所得税税务处理

存货，是指企业持有以备出售的产品或者商品、处在生产过程中的在产品、在生产或者提供劳务过程中耗用的材料和物料等。

（一）存货的计税基础

存货按照以下方法确定成本：

（1）通过支付现金方式取得的存货，以购买价款和支付的相关税费为成本。

（2）通过支付现金以外的方式取得的存货，以该存货的公允价值和支付的相关税费为成本。

（3）生产性生物资产收获的农产品，以产出或者采收过程中发生的材料费、人工费和分摊的间接费用等必要支出为成本。

（二）存货的成本计算方法

企业使用或者销售的存货的成本计算方法，可以在先进先出法、加权平均法、个别计价法中选用一种。成本计算方法一经选用，不得随意变更。

特别提示 我国不允许使用后进先出法这种存货的成本计算方法。

企业转让以上资产，在计算企业应纳税所得额时，资产的净值允许扣除。其中，资产的净值是指有关资产、财产的计税基础减除已经按照规定扣除的折旧、折耗、摊销、准备金等后的余额。

除国务院财政、税务主管部门另有规定外，企业在重组过程中，应当在交易发生时确认有关资产的转让所得或者损失，相关资产应当按照交易价格重新确定计税基础。

六、投资资产的企业所得税税务处理

投资资产，是指企业对外进行权益性投资和债权性投资而形成的资产。

（一）投资资产的成本

投资资产按以下方法确定投资成本：

（1）通过支付现金方式取得的投资资产，以购买价款为成本。

（2）通过支付现金以外的方式取得的投资资产，以该资产的公允价值和支付的相关税费为成本。

（二）投资资产成本的扣除方法

企业对外投资期间，投资资产的成本在计算应纳税所得额时不得扣除，企业在转让或者处置投资资产时，投资资产的成本准予扣除。

（三）投资企业撤回或减少投资的税务处理

自 2011 年 7 月 1 日起，投资企业从被投资企业撤回或减少投资，其取得的资产中，相当于初始出资的部分，应确认为投资收回；相当于被投资企业累计未分配利润和累计盈余公积按减少实收资本比例计算的部分，应确认为股息所得；其余部分确认为投资资产转让所得。

被投资企业发生的经营亏损，由被投资企业按规定结转弥补；投资企业不得调整降低其投资成本，也不得将其确认为投资损失。

任务八 企业所得税的计算

一、居民企业以及在中国境内设立机构、场所的，且取得所得与该机构、场所有实际联系的非居民企业查账征收应纳税额的计算

居民企业以及在中国境内设立机构、场所的，且取得所得与该机构、场所有实际联系的非居民企业应纳所得税税额等于应纳税所得额乘以适用税率，再减去减免税额和抵免税额的余额。其基本计算公式为：

应纳税额＝应纳税所得额×适用税率－减免税额－抵免税额

从计算公式可以看出，应纳税额的多少，取决于应纳税所得额和适用税率等因素。在实际过程中，应纳税所得额的计算一般有两种方法。

（一）直接计算法

在直接计算法下，企业每一纳税年度的收入总额减除不征税收入、免税收入、各项扣除以及允许弥补的以前年度亏损后的余额为应纳税所得额。其计算公式为：

应纳税所得额＝收入总额－不征税收入－免税收入－各项扣除金额－弥补亏损

（二）间接计算法

在间接计算法下，在会计利润总额的基础上加或减按照税法规定调整的项目金额后，即为应纳税所得额。其计算公式为：

应纳税所得额＝会计利润总额±纳税调整项目金额

纳税调整项目金额包括两方面的内容：一是企业的财务会计处理和税收规定不一致时

应予以调整的金额；二是企业按税法规定准予扣除的税收金额。

工作实例 14－9

甲企业为一家居民企业，本年发生经营业务如下：

(1) 取得产品销售收入 4 000 万元。

(2) 发生产品销售成本 2 600 万元。

(3) 发生销售费用 770 万元（其中广告费和业务宣传费共计 650 万元）；管理费用 480 万元（其中业务招待费 25 万元）；财务费用 60 万元。

(4) 发生各种税费 160 万元（含增值税 120 万元，其他的税费均准予税前扣除）。

(5) 取得营业外收入 80 万元，营业外支出 50 万元（含通过公益性社会团体向贫困山区捐款 30 万元，支付税收滞纳金 6 万元）。

(6) 计入成本、费用中的实发工资总额 200 万元，拨缴职工工会经费 5 万元，发生职工福利费 31 万元，发生职工教育经费 18 万元。

工作要求：计算甲企业本年度实际应缴纳的企业所得税。

工作实施：(1) 会计利润总额＝4 000＋80－2 600－770－480－60－（160－120）－50＝80（万元）。

(2) 销售（营业）收入的 15%＝4 000×15%＝600（万元）＜650 万元，因此，广告费和业务宣传费应调增应纳税所得额＝650－600＝50（万元）。

(3) 销售（营业）收入的 5‰＝4 000×5‰＝20（万元）＞25×60%＝15（万元），因此，业务招待费应调增应纳税所得额＝25－15＝10（万元）。

(4) 当年年度利润总额的 12%＝80×12%＝9.6（万元）＜30 万元，因此，捐赠支出应调增应纳税所得额＝30－9.6＝20.4（万元）。

(5) 税收滞纳金不得税前扣除，应调增应纳税所得额 6 万元。

(6) 工资、薪金总额的 2%＝200×2%＝4（万元）＜5 万元，因此，工会经费应调增应纳税所得额＝5－4＝1（万元）。

(7) 工资、薪金总额的 14%＝200×14%＝28（万元）＜31 万元，因此，职工福利费应调增应纳税所得额＝31－28＝3（万元）。

(8) 工资、薪金总额的 8%＝200×8%＝16（万元）＜18 万元，因此，职工教育经费应调增应纳税所得额＝18－16＝2（万元）。

(9) 应纳税所得额＝80＋50＋10＋20.4＋6＋1＋3＋2＝172.4（万元）。

(10) 本年应纳企业所得税＝172.4×25%＝43.1（万元）。

二、境外所得抵扣税额的计算

企业取得的下列所得已在境外缴纳的所得税税额，可以从其当期应纳税额中抵免，抵免限额为该项所得依照《企业所得税法》规定计算的应纳税额；超过抵免限额的部分，可以在以后 5 个年度内，用每年度抵免限额抵免当年应抵税额后的余额进行抵补：

（1）居民企业来源于中国境外的应税所得。

（2）非居民企业在中国境内设立机构、场所，取得发生在中国境外但与该机构、场所有实际联系的应税所得。

居民企业从其直接或间接控制的外国企业分得的来源于中国境外的股息、红利等权益性投资收益，外国企业在境外实际缴纳的所得税税额中属于该项所得负担的部分，可以作为该居民企业的可抵免境外所得税税额，在《企业所得税法》规定的抵免限额内抵免。

直接控制，是指居民企业直接持有外国企业 20%以上股份。

间接控制，是指居民企业以间接持股方式持有外国企业 20%以上股份，具体认定办法由国务院财政、税务主管部门另行制定。

已在境外缴纳的所得税税额，是指企业来源于中国境外的所得依照中国境外税收法律以及相关规定应当缴纳并已经实际缴纳的企业所得税性质的税款。

抵免限额，是指企业来源于中国境外的所得，依照《企业所得税法》及其实施条例的规定计算的应纳税额。除国务院财政、税务主管部门另有规定外，该抵免限额应当分国（地区）不分项计算，计算公式如下：

抵免限额＝中国境内、境外所得依照《企业所得税法》及其实施条例的规定计算的应纳税总额×来源于某国（地区）的应纳税所得额÷中国境内、境外应纳税所得总额

该公式可以简化成：

抵免限额＝来源于某国（地区）的应纳税所得额×我国法定税率

自 2017 年 1 月 1 日起，企业可以选择按国（地区）别分别计算［即“分国（地区）不分项”］，或者不按国（地区）别汇总计算［即“不分国（地区）不分项”］其来源于境外的应纳税所得额，并按照上述公式中规定的税率，分别计算其可抵免境外所得税税额和抵免限额。上述方式一经选择，5 年内不得改变。企业选择采用不同于以前年度的方式（以下简称新方式）计算可抵免境外所得税税额和抵免限额时，对该企业以前年度按照财税〔2009〕125 号文件规定没有抵免完的余额，可在税法规定结转的剩余年限内，按新方式计算的抵免限额中继续结转抵免。

工作实例 14－10

甲企业为一家居民企业，本年境内应纳税所得额为 200 万元，适用 25%的企业所得税税率。另外，甲企业分别在 A、B 两国设有分支机构（我国与 A、B 两国已经缔结避免双重征税协定），在 A 国分支机构的应纳税所得额为 100 万元，A 国税率为 20%；在 B 国的分支机构的应纳税所得额为 60 万元，B 国税率为 30%。假设甲企业在 A、B 两国所得按我国税法计算的应纳税所得额和按 A、B 两国税法计算的应纳税所得额一致，两个分支机构在 A、B 两国分别缴纳了 20 万元和 18 万元的企业所得税。甲企业选择“分国（地区）不分项”的方法来计算其来源于境外的应纳税所得额。

工作要求：计算甲企业汇总时在我国应缴纳的企业所得税。

工作实施：(1) 甲企业按我国税法计算的境内、境外所得的应纳税额：＝（200＋100＋60）×25%＝90（万元）。

(2) A、B 两国的扣除限额：

A 国扣除限额＝90×［100÷（200＋100＋60）］＝25（万元）或＝100×25%＝25（万元）。

B 国扣除限额＝90×［60÷（200＋100＋60）］＝15（万元）或＝60×25%＝15（万

元)。

在 A 国缴纳的所得税为 20 万元，低于扣除限额 25 万元，可全额扣除。

在 B 国缴纳的所得税为 18 万元，高于扣除限额 15 万元，其超过扣除限额的部分 3 万元当年不能扣除。

(3) 汇总时在我国应纳所得税 = 90 − 20 − 15 = 55（万元)。

三、居民企业核定征收应纳税额的计算

为了加强企业所得税的征收管理，对部分中小企业采取核定征收的办法计算其应纳税额，根据《税收征收管理法》，核定征收企业所得税的有关规定如下。

(一) 确定所得税核定征收的范围

《税收征收管理法》适用于居民企业纳税人，纳税人具有下列情形之一的，核定征收企业所得税：

(1) 依照法律、行政法规的规定可以不设置账簿的。

(2) 依照法律、行政法规的规定应当设置但未设置账簿的。

(3) 擅自销毁账簿或者拒不提供纳税资料的。

(4) 虽设置账簿，但账目混乱或者成本资料、收入凭证、费用凭证残缺不全，难以查账的。

(5) 发生纳税义务，未按照规定的期限办理纳税申报，经税务机关责令限期申报，逾期仍不申报的。

(6) 申报的计税依据明显偏低，又无正当理由的。

特殊行业、特殊类型的纳税人和一定规模以上的纳税人不适用以上规定。上述特定纳税人由国家税务总局另行明确。

(二) 核定征收办法的有关规定

(1) 纳税人具有下列情形之一的，核定其应税所得率：

1) 能正确核算（查实）收入总额，但不能正确核算（查实）成本费用总额的；

2) 能正确核算（查实）成本费用总额，但不能正确核算（查实）收入总额的；

3) 通过合理方法，能计算和推定纳税人收入总额或成本费用总额的。

(2) 纳税人不属于以上情形的，核定其应纳所得税税额。

(3) 税务机关采用下列方法核定征收企业所得税：

1) 参照当地同类行业或者类似行业中经营规模和收入水平相近的纳税人的税负水平核定；

2) 按照应税收入额或成本费用支出额定率核定；

3) 按照耗用的原材料、燃料、动力等推算或测算核定；

4) 按照其他合理方法核定。

采用一种方法不足以正确核定应纳税所得额或应纳税额的，可以同时采用两种以上的方法核定。采用两种以上方法测算的应纳税额不一致时，可按测算的应纳税额从高核定。

(4) 采用应税所得率方式核定征收企业所得税的，应纳所得税税额计算公式如下：

应纳税额＝应纳税所得额×适用税率

应纳税所得额＝应税收入额×应税所得率

＝成本（费用）支出额÷（1－应税所得率）×应税所得率

应税所得率的范围如表 14－3 所示。

表 14－3 应税所得率表

行业	应税所得率/%
农、林、牧、渔业	3～10
制造业	5～15
批发和零售贸易业	4～15
交通运输业	7～15
建筑业	8～20
饮食业	8～25
娱乐业	15～30
其他行业	10～30

四、在中国境内未设立机构、场所的，或者虽设立机构、场所但取得的所得与其所设机构、场所没有实际联系的非居民企业查账征收应纳税额的计算

对于在中国境内未设立机构、场所的，或者虽设立机构、场所但取得的所得与其所设机构、场所没有实际联系的非居民企业的所得，其来源于中国境内的所得按照下列方法计算应纳税所得额：

（1）股息、红利等权益性投资收益和利息、租金、特许权使用费所得，以收入全额为应纳税所得额。

（2）转让财产所得，以收入全额减除财产净值后的余额为应纳税所得额。

（3）其他所得，参照前两项规定的办法计算应纳税所得额。

财产净值是指财产的计税基础减除已经按照规定扣除的折旧、折耗、摊销、准备金等后的余额。

对于在中国境内未设立机构、场所的，或者虽设立机构、场所但取得的所得与其所设机构、场所没有实际联系的非居民企业的应纳税额计算公式为：

应纳税额＝年应纳税所得额×税率（减按 10%）

工作实例 14－11

A 国的甲企业在中国境内未设立机构、场所，但在本年从中国境内取得了下列所得：股息 50 万元、利息 40 万元、特许权使用费 90 万元，同时，该企业转让了其在中国境内的财产，转让收入为 180 万元，该财产的净值为 140 万元。

工作要求：计算甲企业本年在中国境内应缴纳的企业所得税。

工作实施：甲企业取得的股息、利息和特许权使用费的应纳税所得额＝50＋40＋90＝

180（万元）。

甲企业取得财产转让所得的应纳税所得额＝180－140＝40（万元）。

甲企业在本年度应纳所得税＝（180＋40）×10%＝22（万元）。

五、非居民企业核定征收应纳税额的计算

非居民企业因会计账簿不健全，资料残缺难以查账，或者其他原因不能准确计算并据实申报其应纳税所得额的，税务机关有权采取以下方法核定其应纳税所得额。

（1）按收入总额核定应纳税所得额：适用于能够正确核算收入或通过合理方法推定收入总额，但不能正确核算成本费用的非居民企业。计算公式如下：

应纳税所得额＝收入总额×经税务机关核定的利润率

（2）按成本费用核定应纳税所得额：适用于能够正确核算成本费用，但不能正确核算收入总额的非居民企业。计算公式如下：

$$应纳税所得额＝成本费用总额÷\left(1-\frac{经税务机关}{核定的利润率}\right)×经税务机关核定的利润率$$

（3）按经费支出换算收入核定应纳税所得额：适用于能够正确核算经费支出总额，但不能正确核算收入总额和成本费用的非居民企业。计算公式如下：

应纳税所得额＝本期经费支出额÷（1－核定利润率）×核定利润率

（4）税务机关可按照以下标准确定非居民企业的利润率：

1）从事承包工程作业、设计和咨询劳务的，利润率为15%～30%；

2）从事管理服务的，利润率为30%～50%；

3）从事其他劳务或劳务以外经营活动的，利润率不低于15%。

税务机关有根据认为非居民企业的实际利润率明显高于上述标准的，可以按照比上述标准更高的利润率核定其应纳税所得额。

（5）非居民企业与中国居民企业签订机器设备或货物销售合同，同时提供设备安装、装配、技术培训、指导、监督服务等劳务，其销售货物合同中未列明提供上述劳务服务收费金额，或者计价不合理的，主管税务机关可以根据实际情况，参照相同或相近业务的计价标准核定劳务收入。无参照标准的，以不低于销售货物合同总价款的10%为原则，确定非居民企业的劳务收入。

（6）非居民企业为中国境内客户提供劳务取得的收入，凡其提供的服务全部发生在中国境内的，应全额在中国境内申报缴纳企业所得税。凡其提供的服务同时发生在中国境内外的，应以劳务发生地为原则划分其境内外收入，并就其在中国境内取得的劳务收入申报缴纳企业所得税。税务机关对其境内外收入划分的合理性和真实性有疑义的，可以要求非居民企业提供真实有效的证明，并根据工作量、工作时间、成本费用等因素合理划分其境内外收入。如非居民企业不能提供真实有效的证明，税务机关可视同其提供的服务全部发生在中国境内，确定其劳务收入并据以征收企业所得税。

（7）采取核定征收方式征收企业所得税的非居民企业，在中国境内从事适用不同核定利润率的经营活动，并取得应税所得的，应分别核算并适用相应的利润率计算缴纳企业所得税；凡不能分别核算的，应从高适用利润率，计算缴纳企业所得税。

（8）拟采取核定征收方式的非居民企业应填写《非居民企业所得税征收方式鉴定表》，

报送主管税务机关。主管税务机关应对企业报送的鉴定表的适用行业及所适用的利润率进行审核，并签注意见。

对经审核不符合核定征收条件的非居民企业，主管税务机关应自收到企业提交的鉴定表后15个工作日内向其下达税务事项通知书，将鉴定结果告知企业。非居民企业未在上述期限内收到税务事项通知书的，其征收方式视同已被认可。

（9）税务机关发现非居民企业采用核定征收方式计算申报的应纳税所得额不真实，或者明显与其承担的功能风险不相匹配的，有权予以调整。

项目引例解析1

第一步：逐笔分析经济业务，并计算出会计利润总额。

会计利润总额＝3 000－1 500－700－600－50－（200－150）＋100－2＋40＋35＋32－78＝227（万元）。

第二步：计算境外所得。

境外税后所得额＝35＋32＝67（万元）。

第三步：计算本期纳税调整增加额。

（1）广告费和业务宣传费的扣除限额＝3 000×15%＝450（万元），由于500万元＞450万元，因此，广告费和业务宣传费应调增应纳税所得额＝500－450＝50（万元）。

（2）业务招待费的扣除限额＝3 000×5‰＝15（万元），业务招待费发生额的60%＝20×60%＝12（万元），由于15万元＞12万元，因此，业务招待费应调增应纳税所得额＝20－12＝8（万元）。

（3）公益性捐赠支出的扣除限额＝227×12%＝27.24（万元），由于2万元＜27.24万元，因此，公益性捐赠支出无须进行纳税调整。

（4）支付的税收滞纳金应调增应纳税所得额＝76（万元）。

（5）工会经费扣除限额＝150×2%＝3（万元），实际拨缴3万元，因此无须进行纳税调整。

（6）职工福利费的扣除限额＝150×14%＝21（万元），由于25万元＞21万元，因此，职工福利费应调增应纳税所得额＝25－21＝4（万元）。

（7）职工教育经费的扣除限额＝150×8%＝12（万元），由于14.25万元＞12万元，因此，职工教育经费应调增应纳税所得额＝14.25－12＝2.25（万元）。

纳税调整增加额合计＝50＋8＋76＋4＋2.25＝140.25（万元）。

第四步：计算本期纳税调整减少额。

纳税调整减少额＝0。

第五步：计算免税、减计收入及加计扣除额。

（1）符合条件的居民企业之间的股息、红利等权益性投资收益额＝40（万元）。

（2）开发新技术、新产品、新工艺发生的研究开发费用加计扣除额＝50×100%＝50（万元）。

免税、减计收入及加计扣除额合计＝40＋50＝90（万元）。

第六步：计算本期应纳税所得额。

应纳税所得额＝227－67＋140.25－90＝210.25（万元）。

第七步：计算本期实际应纳所得税税额。

境内所得应纳企业所得税＝210.25×25%＝52.562 5（万元）。

境外所得换算为含税收入的所得：

A 国：35÷（1－30%）＝50（万元）。

B 国：32÷（1－20%）＝40（万元）。

境外所得应纳企业所得税＝（50＋40）×25%＝22.5（万元）。

A 国的抵扣限额＝50×25%＝12.5（万元）。

B 国的抵扣限额＝40×25%＝10（万元）。

在 A 国实际缴纳企业所得税 15 万元，高于抵扣限额，只能抵扣 12.5 万元，超过限额的 2.5 万元当年不得抵扣。

在 B 国实际缴纳企业所得税 8 万元，低于抵扣限额 10 万元，可全额抵扣。

境外所得抵免企业所得税＝12.5＋8＝20.5（万元）。

境外所得应补缴的企业所得税＝22.5－20.5＝2（万元）。

实际应纳企业所得税＝52.562 5＋22.5－20.5＝52.562 5＋2＝54.562 5（万元）。

第八步：计算山东宏远有限公司 2022 年度应补缴或退回的企业所得税。

山东宏远有限公司 2022 年度应补缴企业所得税＝52.562 5＋2－46.75＝54.562 5－46.75＝7.812 5（万元）。

任务九　企业所得税的特别纳税调整

一、调整范围

企业与其关联方之间的业务往来，不符合独立交易原则而减少企业或者其关联方应纳税收入或者所得额的，税务机关有权按照合理方法调整。

（一）关联方

关联方，是指与企业有下列关联关系之一的企业、其他组织或者个人，具体指：

（1）在资金、经营、购销等方面存在直接或者间接的控制关系。

（2）直接或者间接地同为第三者控制。

（3）在利益上具有相关联的其他关系。

（二）关联企业之间关联业务的税务处理

（1）企业与其关联方共同开发、受让无形资产，或者共同提供、接受劳务发生的成本，在计算应纳税所得额时应当按照独立交易原则进行分摊。

（2）企业与其关联方分摊成本时，应当按照成本与预期收益相配比的原则进行，并在税务机关规定的期限内，按照税务机关的要求报送有关资料。

（3）企业与其关联方分摊成本时违反以上（1）、（2）规定的，其自行分摊的成本不得在计算应纳税所得额时扣除。

（4）企业可以向税务机关提出与其关联方之间业务往来的定价原则和计算方法，税务机关与企业协商、确认后，达成预约定价安排。

预约定价安排，是指企业就其未来年度关联交易的定价原则和计算方法，向税务机关提出申请，与税务机关按照独立交易原则协商、确认后达成的协议。

（5）企业向税务机关报送年度企业所得税纳税申报表时，应当就其与关联方之间的业务往来，附送年度关联业务往来报告表。

税务机关在进行关联业务调查时，企业及其关联方，以及与关联业务调查有关的其他企业应当按照规定提供相关资料。相关资料是指：

1）与关联业务往来有关的价格、费用的制定标准、计算方法和说明等同期资料。

2）关联业务往来所涉及的财产、财产使用权、劳务等的再销售（转让）价格或者最终销售（转让）价格的相关资料。

3）与关联业务调查有关的其他企业应当提供的与被调查企业可比的产品价格、定价方式以及利润水平等资料。

4）其他与关联业务往来有关的资料。

（6）由居民企业，或者由居民企业和中国居民控制的设立在实际税负明显低于25%的税率水平的国家（地区）的企业，并非由于合理的经营需要而对利润不做分配或者减少分配的，上述利润中应归属于该居民企业的部分，应当计入该居民企业的当期收入。所指控制包括：

1）居民企业或者中国居民直接或者间接单一持有外国企业10%以上有表决权股份，且由其共同持有该外国企业50%以上股份。

2）居民企业，或者居民企业和中国居民持股比例没有达到第1）项规定的标准，但在股份、资金、经营、购销等方面对该外国企业构成实质控制。

3）上述所指的实际税负明显偏低是指实际税负明显低于《企业所得税法》规定的25%税率的50%。

（7）对资本弱化的行为的控制。

1）企业接受的投资类别。企业从其关联方接受的债权性投资，是指企业直接或间接从关联方获得的，需要偿还本金和支付利息或者需要以其他具有支付利息性质的方式予以补偿的融资。企业间接从关联方获得的债权性投资，包括：关联方通过无关联第三方提供的债权性投资；无关联第三方提供的、由关联方担保且负有连带责任的债权性投资；其他间接从关联方获得的具有负债实质的债权性投资。

企业的权益性投资是指企业接受的不需要偿还本金和支付利息，投资者对企业净资产拥有所有权的投资。

2）接受的债权性投资的利息支出。企业实际支付给关联方的利息支出，如果能够按照《企业所得税法》及其实施条例的有关规定提供相关资料，并证明相关交易活动符合独立交易原则的，或者该企业的实际税负不高于境内关联方的，其实际支付给境内关联方的利息支出，在计算应纳税所得额时准予扣除。除此之外，企业在计算应纳税所得额时，实际支付给关联方的利息支出，不超过规定比例（接受关联方债权性投资与其权益性投资的比例为：金融企业5∶1；其他企业2∶1）和《企业所得税法》及其实施条例有关规定计算的部分，准予扣除；超过部分，不得在发生当期和以后年度扣除。

特别提示 企业同时从事金融业务和非金融业务，其实际支付给关联方的利息支出，应按照合理方法分开计算；没有按照合理方法分开计算的，一律按上述其他企业的比例（即2∶1）计算准予税前扣除的利息支出。

3）债权性投资的利息收入。企业自关联方取得的不符合规定的利息收入应按照有关规定缴纳企业所得税。

（8）对母子公司间提供服务支付费用有关企业所得税的处理。

1）母公司为其子公司提供各种服务而发生的费用，应按照独立企业之间公平交易原则确定服务的价格，作为企业正常的劳务费用进行税务处理。

母子公司未按照独立企业之间的业务往来收取价款的，税务机关有权予以调整。

2）母公司向其子公司提供各项服务，双方应签订服务合同或协议，明确规定提供服务的内容、收费标准及金额等。凡按上述合同或协议规定所发生的服务费，母公司应作为营业收入申报纳税；子公司作为成本费用在税前扣除。

3）母公司向其多个子公司提供同类项服务，其收取的服务费可以采取分项签订合同或协议收取；也可以采取服务分摊协议的方式，即由母公司与各子公司签订服务费用分摊合同或协议，以母公司为其子公司提供服务所发生的实际费用并附加一定比例利润作为向子公司收取的总服务费，在各服务受益子公司（包括盈利企业、亏损企业和享受减免税企业）之间按《企业所得税法》第四十一条的规定合理分摊。

4）母公司以管理费形式向子公司提取费用，子公司因此支付给母公司的管理费，不得在税前扣除。

5）子公司申报税前扣除向母公司支付的服务费用，应向主管税务机关提供给母公司签订的服务合同或协议等与税前扣除该项费用相关的材料。不能提供相关材料的，支付的服务费用不得税前扣除。

二、调整方法

税法规定对关联企业所得不实的，调整方法如下：

（1）可比非受控价格法，是指按照没有关联关系的交易各方进行相同或者类似业务往来的价格进行定价的方法。

（2）再销售价格法，是指按照从关联方购进商品再销售给没有关联关系的交易方的价格，减除相同或者类似业务的销售毛利进行定价的方法。

（3）成本加成法，是指按照成本加合理的费用和利润进行定价的方法。

（4）交易净利润法，是指按照没有关联关系的交易各方进行相同或者类似业务往来取得的净利润水平确定利润的方法。

（5）利润分割法，是指将企业与其关联方的合并利润或者亏损在各方之间采用合理标准进行分配的方法。

（6）其他符合独立交易原则的方法。

工作实例 14-12

甲公司为一家居民企业，本年6月申报以25万元从境外关联公司购入一批产品，又将这批产品以22万元转售给无关联公司。税务机关可按其转售给无关联公司的价格减除合理的销售毛利，来调整甲公司与关联公司的交易价格。假定甲公司合理的销售毛利率为20%。

工作要求：按照再销售价格法调整甲公司从境外关联公司进货的价格（境外关联公司向甲公司销货的价格）。

工作实施：按照再销售价格法调整甲公司从境外关联公司进货的价格＝22×（1－20%）＝17.6（万元）。

税务机关可按这一价格调整甲公司从境外关联公司进货的价格。

三、核定征收

企业不提供与其关联方之间业务往来资料，或者提供虚假、不完整资料，未能真实反映其关联业务往来情况的，税务机关有权依法核定其应纳税所得额。核定方法有：

（1）参照同类或者类似企业的利润率水平核定。

（2）按照企业成本加合理的费用和利润的方法核定。

（3）按照关联企业集团整体利润的合理比例核定。

（4）按照其他合理方法核定。

企业对税务机关按照上述规定的方法核定的应纳税所得额有异议的，应当提供相关证据，经税务机关认定后，调整核定的应纳税所得额。

四、加收利息和追溯时限

企业实施其他不具有合理商业目的的安排而减少其应纳税收入或者所得额的，税务机关有权按照合理方法调整。不具有合理商业目的，是指以减少、免除或者推迟缴纳税款为主要目的。

（一）特别纳税调整的加收利息规定

税务机关根据税法和有关条例做出的纳税调整决定，应在补征税款的基础上，从每一调整年度次年6月1日起至补缴税款之日止的期限，按日加收利息。所称利息，应当按照税款所属纳税年度中国人民银行公布的与补税期间同期的人民币贷款基准利率加5个百分点计算。

特别纳税调整加收的利息，不得在计算应纳税所得额时扣除。

（二）特别纳税调整的追溯

企业与其关联方之间的业务往来，不符合独立交易原则，或者企业实施其他不具有合理商业目的的安排的，税务机关有权在该业务发生的纳税年度起10年内，进行纳税调整。

任务十　企业所得税的纳税申报

任务引例

我公司设有不具有法人资格的营业机构。请问对于是否汇总纳税的问题，企业所得税与增值税的纳税方式一样吗？

一、企业所得税的征收管理要求

（一）企业所得税的纳税期限

企业所得税按年计征，分月或者分季预缴，年终汇算清缴，多退少补。

企业所得税的纳税年度，自公历 1 月 1 日起至 12 月 31 日止。企业在一个纳税年度的中间开业，或者由于合并、关闭等原因终止经营活动，使该纳税年度的实际经营期不足 12 个月的，应当以其实际经营期为一个纳税年度。企业清算时，应当以清算期间作为一个纳税年度。

按月或按季预缴的，应当自月份或者季度终了之日起 15 日内，向税务机关报送预缴企业所得税纳税申报表，预缴税款。

自年度终了之日起 5 个月内，向税务机关报送年度企业所得税纳税申报表，并汇算清缴，结清应缴所得税款。对于 2021 年度及以后年度的企业所得税汇算清缴，纳税人在纳税年度内预缴企业所得税税款超过汇算清缴应纳税款的，纳税人应及时申请退税，主管税务机关应及时按有关规定办理退税，不再抵缴其下一年度应缴企业所得税税款。

企业在一个纳税年度中间开业，或者终止经营活动，使该纳税年度的实际经营期不足 12 个月的，应当以其实际经营期为一个纳税年度。企业依法清算时，应当以清算期间作为一个纳税年度。企业应当在办理注销登记前，就其清算所得向税务机关申报并依法缴纳企业所得税。

企业在年度中间终止经营活动的，应当自实际经营终止之日起 60 日内，向税务机关办理当期企业所得税汇算清缴。

（二）企业所得税的纳税地点

除税收法规、行政法规另有规定外，居民企业以企业登记注册地为纳税地点；但登记注册地在境外的，以实际管理机构所在地为纳税地点。企业登记注册地，是指企业依照国家有关规定登记注册的住所地。除国务院另有规定外，企业之间不得合并缴纳企业所得税。

居民企业在中国境内设立不具有法人资格的营业机构的，应当汇总计算并缴纳企业所得税。企业汇总计算并缴纳所得税时，应当统一核算应纳税所得额。

任务引例解析

对于企业所得税：根据《企业所得税法》的规定，居民企业在中国境内设立不具有法人资格的营业机构的，应当汇总计算并缴纳企业所得税；根据《企业所得税法实施条例》的规定，企业汇总计算并缴纳所得税时，应当统一核算应纳税所得额。

对于增值税：根据《增值税暂行条例》的规定，总机构和分支机构不在同一县（市）的，应当分别向各自所在地主管税务机关申报纳税；经国务院财政、税务主管部门或者其授权的财政、税务机关批准，可以由总机构汇总向总机构所在地的主管税务机关申报纳税。

因此，你公司设有不具有法人资格的营业机构，对于是否汇总纳税的问题，企业所得税与增值税的纳税方式是不一样的。

非居民企业在中国境内设立机构、场所的，应当就其所设机构、场所取得的来源于中国境内的所得，以及发生在中国境外但是与其所设机构、场所有实际联系的所得，以机构、场所所在地为纳税地点。非居民企业在中国境内设立两个或者两个以上的机构、场所的，经税务机关审核批准，可以选择由其主要机构、场所汇总缴纳企业所得税。非居民企业在中国未设立机构、场所的，或者虽然设立机构、场所但取得的所得与其所设机构、场所没有实际联系的所得，以扣缴义务人所在地为纳税地点。

（三）企业所得税征收管理的其他要求

企业在报送企业所得税纳税申报表时，应当按照规定附送财务会计报告和其他有关资料。

依照《企业所得税法》的规定，缴纳的企业所得税以人民币计算，所得以人民币以外的货币计算的，应当折合成人民币计算并缴纳税款。

企业在纳税年度内无论是盈利还是亏损，都应当依照《企业所得税法》第五十四条规定的期限，向税务机关报送预缴企业所得税纳税申报表、年度企业所得税纳税申报表、财务会计报告和税务机关规定应当报送的其他有关资料。

二、企业所得税的纳税申报实务

（一）企业所得税预缴纳税申报实务

实行查账征收企业所得税的居民企业在月（季）度预缴企业所得税时，应填报《中华人民共和国企业所得税月（季）度预缴纳税申报表（A类）》（见表14-4）及其附表（略）。实行核定征收企业所得税的居民企业在月（季）度申报缴纳企业所得税时，应填报《中华人民共和国企业所得税月（季）度预缴纳税申报表和年度纳税申报表（B类）》（略）。非居民企业预缴企业所得税时，应当填报《中华人民共和国非居民企业所得税预缴申报表》（略）及其附表（略）。

表14-4 中华人民共和国企业所得税月（季）度预缴纳税申报表（A类）

税款所属期间：2022年10月1日至2022年12月31日
纳税人识别号（统一社会信用代码）：91370722004056710T
纳税人名称：山东宏远有限公司　　　　金额单位：人民币元（列至角分）

优惠及附报事项有关信息									
项目	一季度		二季度		三季度		四季度		季度平均值
	季初	季末	季初	季末	季初	季末	季初	季末	
从业人数	400	400	400	400	400	400	400	400	400
资产总额（万元）	6 000	6 000	6 000	6 000	6 000	6 000	6 000	6 000	6 000
国家限制或禁止行业	□是 ☑否				小型微利企业				□是 ☑否
	附报事项名称								金额或选项

续表

事项 1		（填写特定事项名称）	略
事项 2		（填写特定事项名称）	略
		预缴税款计算	本年累计
1		营业收入	30 000 000.00
2		营业成本	15 000 000.00
3		利润总额	2 270 000.00
4		加：特定业务计算的应纳税所得额	
5		减：不征税收入	
6		减：资产加速折旧、摊销（扣除）调减额（填写 A201020）	
7		减：免税收入、减计收入、加计扣除（7.1＋7.2＋…）	400 000.00
7.1		符合条件的居民企业之间的股息、红利等权益性投资收益免征企业所得税	400 000.00
7.2		（填写优惠事项名称）	
8		减：所得减免（8.1＋8.2＋…）	
8.1		（填写优惠事项名称）	
8.2		（填写优惠事项名称）	
9		减：弥补以前年度亏损	
10		实际利润额（3＋4－5－6－7－8－9）\按照上一纳税年度应纳税所得额平均额确定的应纳税所得额	1 870 000.00
11		税率（25%）	25%
12		应纳所得税额（10×11）	467 500.00
13		减：减免所得税额（13.1＋13.2＋…）	
13.1		（填写优惠事项名称）	
13.2		（填写优惠事项名称）	
14		减：本年实际已缴纳所得税额	342 500.00
15		减：特定业务预缴（征）所得税额	
16		本期应补（退）所得税额（12－13－14－15）\税务机关确定的本期应纳所得税额	125 000.00
		汇总纳税企业总分机构税款计算	
17	总机构	总机构本期分摊应补（退）所得税额（18＋19＋20）	
18		其中：总机构分摊应补（退）所得税额（16×总机构分摊比例____%）	
19		财政集中分配应补（退）所得税额（16×财政集中分配比例____%）	
20		总机构具有主体生产经营职能的部门分摊所得税额（16×全部分支机构分摊比例____%×总机构具有主体生产经营职能部门分摊比例____%）	
21	分支机构	分支机构本期分摊比例	
22		分支机构本期分摊应补（退）所得税额	

续表

<table>
<tr><td colspan="4">实际缴纳企业所得税计算</td></tr>
<tr><td>23</td><td>减：民族自治地区企业所得税地方分享部分：□免征 □减征：减征幅度________%</td><td>本年累计应减免金额［(12－13－15)×40%×减征幅度］</td><td></td></tr>
<tr><td>24</td><td colspan="2">实际应补（退）所得税额</td><td></td></tr>
<tr><td colspan="4">谨声明：本纳税申报表是根据国家税收法律法规及相关规定填报的，是真实的、可靠的、完整的。
纳税人（签章）：山东宏远有限公司　　2023年01月12日</td></tr>
<tr><td colspan="2">经办人：略
经办人身份证：略
代理机构签章：
代理机构统一社会信用代码：</td><td colspan="2">受理人：
受理税务机关（章）：
受理日期：　　年　　月　　日</td></tr>
</table>

国家税务总局监制

（二）企业所得税汇算清缴纳税申报实务

实行查账征收企业所得税的居民企业在年度企业所得税汇算清缴时，应填报《中华人民共和国企业所得税年度纳税申报表（A类)》(见表14-10）及其附表（见表14-5至表14-9，包括但不限于，即部分附表略)。实行核定应税所得率方式征收企业所得税的居民企业，年度企业所得税汇算清缴时，应当填报《中华人民共和国企业所得税月（季）度和年度纳税申报表（B类)》(略)。非居民企业年度企业所得税汇算清缴时，应当填报《中华人民共和国非居民企业所得税年度纳税申报表》(略）及其附表（略)。

表14-5　纳税调整项目明细表

A105000　　单位：元

行次	项目	账载金额	税收金额	调增金额	调减金额
		1	2	3	4
1	一、收入类调整项目（2＋3＋4＋5＋6＋7＋8＋10＋11)	*	*		
2	（一）视同销售收入（填写A105010)	*			*
3	（二）未按权责发生制原则确认的收入（填写A105020)				
4	（三）投资收益（填写A105030)				
5	（四）按权益法核算长期股权投资对初始投资成本调整确认收益	*	*	*	
6	（五）交易性金融资产初始投资调整	*	*		*
7	（六）公允价值变动净损益		*		
8	（七）不征税收入	*	*		
9	其中：专项用途财政性资金（填写A105040)	*	*		
10	（八）销售折扣、折让和退回				

续表

行次	项目	账载金额	税收金额	调增金额	调减金额
		1	2	3	4
11	（九）其他				
12	二、扣除类调整项目（13+14+15+16+17+18+19+20+21+22+23+24+26+27+28+29+30）	*	*	1 402 500.00	
13	（一）视同销售成本（填写 A105010）	*		*	
14	（二）职工薪酬（填写 A105050）	2 922 500.00	2 860 000.00	62 500.00	
15	（三）业务招待费支出	200 000.00	120 000.00	80 000.00	*
16	（四）广告费和业务宣传费支出（填写 A105060）	*	*	500 000.00	
17	（五）捐赠支出（填写 A105070）	20 000.00	20 000.00		*
18	（六）利息支出	500 000.00	500 000.00		
19	（七）罚金、罚款和被没收财物的损失		*		*
20	（八）税收滞纳金、加收利息	760 000	*	760 000	*
21	（九）赞助支出		*		*
22	（十）与未实现融资收益相关在当期确认的财务费用				
23	（十一）佣金和手续费支出				*
24	（十二）不征税收入用于支出所形成的费用	*	*		*
25	其中：专项用途财政性资金用于支出所形成的费用（填写 A105040）	*	*		*
26	（十三）跨期扣除项目				
27	（十四）与取得收入无关的支出		*		*
28	（十五）境外所得分摊的共同支出	*	*		*
29	（十六）党组织工作经费				
30	（十七）其他				
31	三、资产类调整项目（32+33+34+35）	*	*		
32	（一）资产折旧、摊销（填写 A105080）				
33	（二）资产减值准备金		*		
34	（三）资产损失（填写 A105090）				
35	（四）其他				
36	四、特殊事项调整项目（37+38+39+40+41+42+43）	*	*		

续表

行次	项目	账载金额	税收金额	调增金额	调减金额
		1	2	3	4
37	（一）企业重组及递延纳税事项（填写 A105100）				
38	（二）政策性搬迁（填写 A105110）	*	*		
39	（三）特殊行业准备金（填写 A105120）（39.1＋39.2＋39.4＋39.5＋39.6＋39.7）				
39.1	1. 保险公司保险保障基金				
39.2	2. 保险公司准备金				
39.3	其中：已发生未报案未决赔款准备金				
39.4	3. 证券行业准备金				
39.5	4. 期货行业准备金				
39.6	5. 中小企业融资（信用）担保机构准备金				
39.7	6. 金融企业、小额贷款公司准备金（填写 A105120）	*	*		
40	（四）房地产开发企业特定业务计算的纳税调整额（填写 A105010）	*			
41	（五）合伙企业法人合伙人应分得的应纳税所得额				
42	（六）发行永续债利息支出				
43	（七）其他	*	*		
44	五、特别纳税调整应税所得	*	*		
45	六、其他	*	*		
46	合计（1＋12＋31＋36＋44＋45）	*	*	1 402 500.00	

表 14－6　职工薪酬支出及纳税调整明细表

A105050　　　　单位：元

行次	项目	账载金额	实际发生额	税收规定扣除率	以前年度累计结转扣除额	税收金额	纳税调整金额	累计结转以后年度扣除额
		1	2	3	4	5	6（1－5）	7（1＋4－5）
1	一、工资薪金支出	1 500 000.00	1 500 000.00	*	*	1 500 000.00		*
2	其中：股权激励			*	*			*
3	二、职工福利费支出	250 000.00	250 000.00	0.14	*	210 000.00	40 000.00	*

续表

行次	项目	账载金额	实际发生额	税收规定扣除率	以前年度累计结转扣除额	税收金额	纳税调整金额	累计结转以后年度扣除额
		1	2	3	4	5	6（1－5）	7（1＋4－5）
4	三、职工教育经费支出	142 500.00	142 500.00	*		120 000.00	22 500.00	22 500.00
5	其中：按税收规定比例扣除的职工教育经费	142 500.00	142 500.00	0.08		120 000.00	22 500.00	22 500.00
6	按税收规定全额扣除的职工培训费用			1.00	*			*
7	四、工会经费支出	30 000.00	30 000.00	0.02	*	30 000.00		*
8	五、各类基本社会保障性缴款	600 000.00	600 000.00	*	*	600 000.00		*
9	六、住房公积金	400 000.00	400 000.00	*	*	400 000.00		*
10	七、补充养老保险				*			*
11	八、补充医疗保险				*			*
12	九、其他			*				
13	合计（1＋3＋4＋7＋8＋9＋10＋11＋12）	2 922 500.00	2 922 500.00	*		2 860 000.00	62 500.00	22 500.00

表 14－7　广告费和业务宣传费等跨年度纳税调整明细表

A105060　　　　单位：元

行次	项目	广告费和业务宣传费	保险企业手续费及佣金支出
		1	2
1	一、本年支出	5 000 000.00	
2	减：不允许扣除的支出		
3	二、本年符合条件的支出（1－2）	5 000 000.00	
4	三、本年计算扣除限额的基数	30 000 000.00	
5	乘：税收规定扣除率	0.15	
6	四、本企业计算的扣除限额（4×5）	4 500 000.00	
7	五、本年结转以后年度扣除额（3>6，本行＝3－6；3≤6，本行＝0）	500 000.00	

续表

行次	项目	广告费和业务宣传费	保险企业手续费及佣金支出
		1	2
8	加：以前年度累计结转扣除额		
9	减：本年扣除的以前年度结转额 ［3＞6，本行＝0；3≤6，本行＝8与（6－3）孰小值］		
10	六、按照分摊协议归集至其他关联方的金额（10≤3与6孰小值）		*
11	按照分摊协议从其他关联方归集至本企业的金额		*
12	七、本年支出纳税调整金额 （3＞6，本行＝2＋3－6＋10－11；3≤6，本行＝2＋10－11－9）	500 000.00	
13	八、累计结转以后年度扣除额（7＋8－9）	500 000.00	

表14－8　捐赠支出及纳税调整明细表

A105070　　单位：元

行次	项目	账载金额	以前年度结转可扣除的捐赠额	按税收规定计算的扣除限额	税收金额	纳税调增金额	纳税调减金额	可结转以后年度扣除的捐赠额
		1	2	3	4	5	6	7
1	一、非公益性捐赠		*	*	*		*	*
2	二、限额扣除的公益性捐赠（3＋4＋5＋6）	20 000.00		272 400.00	20 000.00			
3	前三年度（2019年）	*		*	*	*		*
4	前二年度（2020年）	*		*	*	*		
5	前一年度（2021年）	*		*	*	*		
6	本年（2022年）	20 000.00	*	272 400.00	20 000.00		*	
7	三、全额扣除的公益性捐赠		*	*		*	*	*
8	1.		*	*		*	*	*
9	2.		*	*		*	*	*
10	3.		*	*		*	*	*
11	合计（1＋2＋7）	20 000.00		272 400.00	20 000.00			
附列资料	2015年度至本年发生的公益性扶贫捐赠合计金额	20 000.00	*	*	20 000.00	*	*	*

表 14-9　免税、减计收入及加计扣除优惠明细表

A107010　　单位：元

行次	项目	金额
1	一、免税收入（2＋3＋9＋…＋16）	400 000.00
2	（一）国债利息收入免征企业所得税	
3	（二）符合条件的居民企业之间的股息、红利等权益性投资收益免征企业所得税（4＋5＋6＋7＋8）	400 000.00
4	1. 一般股息红利等权益性投资收益免征企业所得税（填写 A107011）	400 000.00
5	2. 内地居民企业通过沪港通投资且连续持有 H 股满 12 个月取得的股息红利所得免征企业所得税（填写 A107011）	
6	3. 内地居民企业通过深港通投资且连续持有 H 股满 12 个月取得的股息红利所得免征企业所得税（填写 A107011）	
7	4. 居民企业持有创新企业 CDR 取得的股息红利所得免征企业所得税（填写 A107011）	
8	5. 符合条件的永续债利息收入免征企业所得税（填写 A107011）	
9	（三）符合条件的非营利组织的收入免征企业所得税	
10	（四）中国清洁发展机制基金取得的收入免征企业所得税	
11	（五）投资者从证券投资基金分配中取得的收入免征企业所得税	
12	（六）取得的地方政府债券利息收入免征企业所得税	
13	（七）中国保险保障基金有限责任公司取得的保险保障基金等收入免征企业所得税	
14	（八）中国奥委会取得北京冬奥组委支付的收入免征企业所得税	
15	（九）中国残奥委会取得北京冬奥组委分期支付的收入免征企业所得税	
16	（十）其他（16.1＋16.2）	
16.1	1. 取得的基础研究资金收入免征企业所得税	
16.2	2. 其他	
17	二、减计收入（18＋19＋23＋24）	
18	（一）综合利用资源生产产品取得的收入在计算应纳税所得额时减计收入	
19	（二）金融、保险等机构取得的涉农利息、保费减计收入（20＋21＋22）	
20	1. 金融机构取得的涉农贷款利息收入在计算应纳税所得额时减计收入	
21	2. 保险机构取得的涉农保费收入在计算应纳税所得额时减计收入	
22	3. 小额贷款公司取得的农户小额贷款利息收入在计算应纳税所得额时减计收入	

续表

行次	项目	金额
23	（三）取得铁路债券利息收入减半征收企业所得税	
24	（四）其他（24.1＋24.2）	
24.1	1. 取得的社区家庭服务收入在计算应纳税所得额时减计收入	
24.2	2. 其他	
25	三、加计扣除（26＋27＋28＋29＋30）	500 000.00
26	（一）开发新技术、新产品、新工艺发生的研究开发费用加计扣除（填写 A107012）	500 000.00
27	（二）科技型中小企业开发新技术、新产品、新工艺发生的研究开发费用加计扣除（填写 A107012）	
28	（三）企业为获得创新性、创意性、突破性的产品进行创意设计活动而发生的相关费用加计扣除（加计扣除比例及计算方法：____）	
28.1	其中：第四季度相关费用加计扣除	
28.2	前三季度相关费用加计扣除	
29	（四）安置残疾人员所支付的工资加计扣除	
30	（五）其他（30.1＋30.2＋30.3）	
30.1	1. 企业投入基础研究支出加计扣除	
30.2	2. 高新技术企业设备器具加计扣除	
30.3	3. 其他	
31	合计（1＋17＋25）	900 000.00

表 14-10　中华人民共和国企业所得税年度纳税申报表（A 类）

A100000
税款所属期间：2022 年 01 月 01 日至 2022 年 12 月 31 日
纳税人名称：山东宏远有限公司（公章）
纳税人识别号：91370722004056710N　　金额单位：元（列至角分）

行次	类别	项目	金额
1	利润总额计算	一、营业收入（填写 A101010＼101020＼103000）	30 000 000.00
2		减：营业成本（填写 A102010＼102020＼103000）	15 000 000.00
3		减：税金及附加	500 000.00
4		减：销售费用（填写 A104000）	7 000 000.00
5		减：管理费用（填写 A104000）	6 000 000.00
6		减：财务费用（填写 A104000）	500 000.00
7		减：资产减值损失	
8		加：公允价值变动收益	
9		加：投资收益	1 070 000.00

续表

行次	类别	项目	金额
10	利润总额计算	二、营业利润（1－2－3－4－5－6－7＋8＋9）	3 050 000.00
11		加：营业外收入（填写 A101010\101020\103000）	
12		减：营业外支出（填写 A102010\102020\103000）	780 000.00
13		三、利润总额（10＋11－12）	2 270 000.00
14	应纳税所得额计算	减：境外所得（填写 A108010）	670 000.00
15		加：纳税调整增加额（填写 A105000）	1 402 500.00
16		减：纳税调整减少额（填写 A105000）	
17		减：免税、减计收入及加计扣除（填写 A107010）	900 000.00
18		加：境外应税所得抵减境内亏损（填写 A108000）	
19		四、纳税调整后所得（13－14＋15－16－17＋18）	2 102 500.00
20		减：所得减免（填写 A107020）	
21		减：弥补以前年度亏损（填写 A106000）	
22		减：抵扣应纳税所得额（填写 A107030）	
23		五、应纳税所得额（19－20－21－22）	2 102 500.00
24	应纳税额计算	税率（25%）	0.25
25		六、应纳所得税额（23×24）	525 625.00
26		减：减免所得税额（填写 A107040）	
27		减：抵免所得税额（填写 A107050）	
28		七、应纳税额（25－26－27）	525 625.00
29		加：境外所得应纳所得税额（填写 A108000）	225 000.00
30		减：境外所得抵免所得税额（填写 A108000）	205 000.00
31		八、实际应纳所得税额（28＋29－30）	545 625.00
32		减：本年累计实际已缴纳的所得税额	467 500.00
33		九、本年应补（退）所得税额（31－32）	78 125.00
34		其中：总机构分摊本年应补（退）所得税额（填写 A109000）	
35		财政集中分配本年应补（退）所得税额（填写 A109000）	
36		总机构主体生产经营部门分摊本年应补（退）所得税额（填写 A109000）	
37	实际应纳税额计算	减：民族自治地区企业所得税地方分享部分：（□免征 □减征：减征幅度____%）	
38		十、本年实际应补（退）所得税额（33－37）	78 125.00

注：第 10 行“营业利润”填报纳税人当期的营业利润，根据上述项目计算填报。已执行《财政部关于修订印发 2019 年度一般企业财务报表格式的通知》（财会〔2019〕6 号）和《财政部关于修订印发 2018 年度金融企业财务报表格式的通知》（财会〔2018〕36 号）的纳税人，根据利润表对应项目填列，不执行本行计算规则。利润表中的营业利润＝3 000－1 500－50－700－600－50＋100－2＋40＋35＋32＝305（万元）。另外，发生固定资产处置净损益（收益）100 万元，不再计入营业外收入，而计入资产处置收益；发生无形资产处置净损益（损失）2 万元，不再计入营业外支出，而计入资产处置损失。

项目引例解析 2

（1）2023 年 1 月 12 日对 2022 年第四季度预缴企业所得税进行纳税申报，填写 2022 年第四季度预缴纳税申报表。

填制《中华人民共和国企业所得税月（季）度预缴纳税申报表（A 类）》（见表 14－4）以及附表（略）。

（2）2023 年 5 月 15 日进行企业所得税年度纳税申报，填写 2022 年度纳税申报表及其附表（企业所得税汇算清缴）。

填写《中华人民共和国企业所得税年度纳税申报表附表》（见表 14－5 至表 14－9，包括但不限于，即部分附表略）及《中华人民共和国企业所得税年度纳税申报表（A 类）》（见表 14－10）。

项目技能训练

一、单项选择题

1. 企业从事下列项目的所得，减半征收企业所得税的是（　　）。

A. 油料作物的种植　　B. 糖料作物的种植
C. 香料作物的种植　　D. 麻类作物的种植

2. 企业安置残疾人员时，计算企业所得税时，在按照支付给残疾职工工资据实扣除的基础上，按照支付给上述人员工资的（　　）加计扣除。

A. 10%　　B. 20%　　C. 50%　　D. 100%

3. 企业开展研发活动中实际发生的研发费用，未形成无形资产计入当期损益的，在按规定据实扣除的基础上，自 2023 年 1 月 1 日起，再按照实际发生额的（　　）在税前加计扣除。

A. 10%　　B. 50%　　C. 75%　　D. 100%

4. 根据企业所得税法律制度的规定，下列各项中，适用 15%的企业所得税税率的是（　　）。

A. 在中国境内未设立机构、场所的非居民企业

B. 在中国境内设立机构、场所，但其所得与所设机构、场所没有实际联系的非居民企业

C. 在中国境内设立机构、场所且其所得与所设机构、场所有实际联系的非居民企业

D. 国家重点扶持的高新技术企业

5. 企业缴纳的下列税种，在计算企业所得税应纳税所得额时，不准予从收入总额中扣除的是（　　）。

A. 企业所得税　　B. 房产税　　C. 消费税　　D. 土地增值税

6. 在计算应纳税所得额时，对企业发生的超限额标准的职工福利费和工会经费支出（　　）。

A. 应调增应纳税所得额

B. 应调减应纳税所得额

C. 不需要调整应纳税所得额

D. 视不同情况调增或调减应纳税所得额

7. 甲企业本年取得主营业务收入 4 000 万元，其他业务收入 1 500 元，债务重组收益 90 万元，固定资产所有权转让收入 60 万元；当年管理费用中的业务招待费 80 万元；甲企业当年度可在企业所得税税前扣除的业务招待费为（　　）万元。

A. 24　　B. 26　　C. 25.5　　D. 27.5

8. 根据企业所得税法律制度的规定，不得提取折旧的固定资产是（　　）。

A. 以经营租赁方式出租的固定资产

B. 以融资租赁方式租入的固定资产

C. 以经营租赁方式租入的固定资产

D. 季节性停用的机器设备

9. 本年甲居民企业取得主营业务收入 50 000 万元、营业外收入 800 万元，发生与收入配比的成本 41 000 万元，全年发生管理费用、销售费用和财务费用共计 7 000 万元，营业外支出 600 万元（其中含符合规定的公益性捐赠支出 500 万元），上年度经核定结转亏损额 300 万元。甲居民企业当年无其他纳税调整事项，则本年甲居民企业应缴纳企业所得税（　　）万元。

A. 475　　B. 534　　C. 536　　D. 543

10. 企业应自年度终了之日起（　　）个月内，向税务机关报送年度企业所得税纳税申报表，并汇算清缴，结清应缴所得税款。

A. 3　　B. 5　　C. 6　　D. 12

二、多项选择题

1. 下列税金中，可在企业所得税税前扣除的有（　　）。

A. 可抵扣的增值税　　B. 土地增值税　　C. 出口关税　　D. 资源税

2. 根据企业所得税法律制度的规定，下列各项中，属于纳税人在计算应纳税所得额时不得扣除的项目有（　　）。

A. 向投资者支付的股息

B. 计提的固定资产减值准备

C. 税收滞纳金

D. 企业所得税税款

3. 根据企业所得税法律制度的规定，下列说法中，不正确的有（　　）。

A. 销售商品采用托收承付方式的，在发出商品时确认收入

B. 销售商品采用预收款方式的，在收到预收款时确认收入

C. 销售商品采用支付手续费方式委托代销的，在收到代销清单时确认收入

D. 企业以买一赠一方式组合销售本企业商品的，对商品按照捐赠行为进行税务处理

4. 根据企业所得税法律制度的规定，固定资产的大修理支出，是指同时符合下列（　　）条件的支出。

A. 修理支出达到取得固定资产时的计税基础 30%以上

B. 修理支出达到取得固定资产时的计税基础 50%以上

C. 修理后固定资产的使用年限延长 2 年以上

D. 修理后固定资产的使用年限延长 3 年以上

5. 采用直接计算法计算应纳所得税额时，所涉及的项目有（　　）。

A. 收入总额　　B. 不征税收入　　C. 免税收入　　D. 各项扣除金额

6. 下列关于企业所得税纳税时间的说法中，描述正确的有（　　）。

A. 企业所得税的纳税年度，自公历 1 月 1 日起至 12 月 31 日止

B. 企业清算时，应当以清算期间作为一个纳税年度

C. 自年度终了之日起 5 个月内，向税务机关报送年度企业所得税纳税申报表，并汇算清缴，结清应缴所得税款

D. 企业在年度中间终止经营活动的，应当自实际经营终止之日起 60 日内，向税务机关办理当期企业所得税汇算清缴

三、判断题

1. 非居民企业在中国境内未设立机构、场所的，或者虽设立机构、场所但取得的所得与其所设机构、场所没有实际联系的，其来源于中国境内的所得应缴纳的所得税，实行源泉扣缴，以支付人为扣缴义务人。（　　）

2. 自 2021 年 1 月 1 日至 2030 年 12 月 31 日，对设在西部地区的鼓励类产业企业减按 15%的税率征收企业所得税。（　　）

3. 企业的不征税收入用于支出所形成的资产，其计算的折旧、摊销准予在计算应纳税所得额时扣除。（　　）

4. 通过捐赠、投资、非货币性资产交换、债务重组等方式取得的生产性生物资产，以该资产的公允价值为计税基础。（　　）

5. 无形资产的摊销年限不得低于 10 年。（　　）

6. 企业应当根据生产性生物资产的性质和使用情况，合理确定生产性生物资产的预计净残值。生产性生物资产的预计净残值一经确定，不得变更。（　　）

7. 企业债务重组发生债权转股权的，应当分解为债务清偿和股权投资两项业务，确认有关债务清偿所得或损失。（　　）

8. 企业在年度中间终止经营活动的，应当自实际经营终止之日起 30 日内，向税务机关办理当期企业所得税汇算清缴。（　　）

四、业务题

1. 甲公司为我国一家居民企业，本年按同期金融机构贷款利率从其关联方借款 7 200 万元，发生借款利息 540 万元。甲公司的注册资本为 2 300 万元。甲公司接受关联方债权性投资与其权益性投资比例为 2∶1。

要求：计算甲公司可以在企业所得税税前扣除的利息金额。

2. 甲企业为一家居民企业，本年发生相关经济业务如下：

全年取得产品销售收入 6 000 万元，发生产品销售成本 4 000 万元；其他业务收入 900 万元，其他业务成本 700 万元；取得购买国债的利息收入 50 万元；缴纳非增值税税金及

附加400万元；发生管理费用800万元，其中新技术的研究开发费用为80万元、业务招待费用90万元；发生财务费用300万元；取得直接投资其他居民企业的权益性收益50.5万元（已在被投资方所在地按25%的税率缴纳了所得税）；取得营业外收入200万元，发生营业外支出300万元（其中含公益性捐赠60万元）。

要求：计算甲企业本年应缴纳的企业所得税。

五、实务咨询题

1. 甲公司原经济类型是“有限责任公司”，现由于其他原因，拟将“有限责任公司”转变为“个人独资企业”。请问甲公司是否要进行企业所得税清算？

2. 甲公司当年度实际发生的水电费，由于各种原因未能及时取得该成本、费用的有效凭证。请问甲公司在预缴季度所得税时，如何进行核算？

3. 甲公司为员工定制工作服发生的支出，可否在企业所得税税前扣除？

项目十五　个人所得税计算与申报

学习目标

（1）能明确个人所得税的基本原理，会界定个人所得税纳税人，会判断哪些业务应当缴纳个人所得税，会选择个人所得税适用税率，能充分运用个人所得税优惠政策。

（2）能根据相关业务资料计算工资薪金所得、劳务报酬所得、稿酬所得、特许权使用费所得（统称为综合所得）的应纳税额，经营所得的应纳税额，利息、股息、红利所得的应纳税额，财产租赁所得的应纳税额，财产转让所得的应纳税额，偶然所得的应纳税额以及个人所得税几种特殊情况的应纳税额。

（3）能根据相关业务资料填写《个人所得税扣缴申报表》《个人所得税年度自行纳税申报表》等申报表，并能进行个人所得税的纳税申报。

素养目标

（1）增强依法纳税意识和社会责任感。

（2）增强制度自信，激发爱国情怀。

（3）树立严谨的工作作风，培养工匠精神。

（4）深入理解个人所得税相关政策，引导学生深入社会实践、关注现实问题，强化学生自觉纳税和依法纳税意识。

素养提升设计

素养提升设计举例见表 15－1。

表 15－1　素养提升设计举例

选取的知识点	素养提升元素
个人所得税应纳税额的计算	教师讲解“我国个人所得税‘赡养老人’专项附加扣除政策，该政策有利于减轻老百姓赡养老人的家庭支出负担，实现社会公平”，促进实施积极应对人口老龄化国家战略，强化学生孝敬父母的社会风尚。
个人所得税的纳税申报及扣缴	教师通过对“某演员偷逃个人所得税”等案例的分析、讨论和讲解，指出“坚持全面依法治国，推进法治中国建设”的重要性，增强学生自觉纳税和依法纳税的意识。

项目引例

个人所得税的计算与纳税申报

2024 年 2 月 15 日，山东宏远有限责任公司（纳税人识别号为：91370722900987654M）

对2024年1月发放的工资进行个人所得税全员全额扣缴申报，该公司有6名员工，“三险一金”的计提基数为个人的上年度月平均工资、薪金额（与本年度每月税前工资、薪金收入相等），养老保险、医疗保险、失业保险、住房公积金的计提比例分别为8%、2%、0.5%、8%，且该公司的所有员工的“三险一金”均未超过标准，都可税前扣除①。该公司的6名员工依法确定的其他扣除均为零，且这6名员工在上一完整纳税年度（2023年度）内全年工资、薪金收入均超过6万元。

其中：(1) 孙丽（法定代表人，身份证号：370702197802280000）每月税前工资、薪金收入75 000元，“三险一金”的计提基数为75 000元，个人负担的养老保险、医疗保险、失业保险、住房公积金分别为6 000元、1 500元、375元、6 000元，子女教育专项附加扣除额为1 000元，赡养老人专项附加扣除额为3 000元。

(2) 刘玉（财务负责人，身份证号：370702197902130141）每月税前工资、薪金收入42 000元，“三险一金”的计提基数为42 000元，个人负担的养老保险、医疗保险、失业保险、住房公积金分别为3 360元、840元、210元、3 360元，赡养老人专项附加扣除额为3 000元。

(3) 王强（经理，身份证号：370702198002150325）每月税前工资、薪金收入36 000元，“三险一金”的计提基数为36 000元，个人负担的养老保险、医疗保险、失业保险、住房公积金分别为2 880元、720元、180元、2 880元，住房贷款利息专项附加扣除额为1 000元，赡养老人专项附加扣除额为3 000元。

(4) 吴波（记账会计兼办税员，身份证号：370702198202190045）每月税前工资、薪金收入10 000元，“三险一金”的计提基数为10 000元，个人负担的养老保险、医疗保险、失业保险、住房公积金分别为800元、200元、50元、800元，子女教育专项附加扣除额为2 000元，住房贷款利息专项附加扣除额为1 000元。

(5) 徐升（销售人员，身份证号：370702198502130458）每月税前工资、薪金收入8 000元，“三险一金”的计提基数为8 000元，个人负担的养老保险、医疗保险、失业保险、住房公积金分别为640元、160元、40元、640元，住房贷款利息专项附加扣除额为1 000元。

(6) 赵平（采购人员，身份证号：370702198602130123）每月税前工资、薪金收入5 600元，“三险一金”的计提基数为5 600元，个人负担的养老保险、医疗保险、失业保险、住房公积金分别为448元、112元、28元、448元，住房贷款利息专项附加扣除额为1 000元。

要求：

1. 计算山东宏远有限责任公司2024年1月应代扣（预扣）的个人所得税税额。

2. 山东宏远有限责任公司2024年2月15日对2024年1月的个人所得税进行扣缴申报，填写《个人所得税基础信息表（A表）（适用于扣缴义务人填报）》和《个人所得税扣缴申报表》。

项目引例解析

见本项目的任务六和任务七。

① 该“三险一金”数据是理论数据，没有考虑实务中“三险一金”的缴费基数不能超过上年度本市职工平均工资的300%，下同。

任务一　个人所得税的基本原理认知

一、个人所得税的含义

个人所得税是对个人取得的各项应税所得征收的一种所得税。

二、个人所得税的发展

为了适应改革开放形势下对外经济往来、对外经济技术文化交流和合作的需要，同时为了维护国家的税收权益和保障外籍人员的合法权益，1980 年 9 月 10 日第五届全国人民代表大会第三次会议审议通过了《中华人民共和国个人所得税法》，并同时公布实施。同年 12 月 14 日，经国务院批准，财政部公布了《中华人民共和国个人所得税法实施细则》。该税法主要是针对来华工作的外籍人员设计的。

1986 年，国务院根据经济改革与发展，以及调节个人收入分配的需要，发布了《中华人民共和国城乡个体工商业户所得税暂行条例》和《中华人民共和国个人收入调节税暂行条例》。这样，我国对个人所得的课税制度即形成了个人所得税、城乡个体工商业户所得税和个人收入调节税三税并存的格局，在当时的经济条件下，对促进经济的发展，调节个人收入等方面起到了积极的作用。但是，随着社会政治、经济形势的发展，这些税收法律、法规逐渐暴露出一些矛盾和问题。

为了规范和完善对个人所得的课税制度，适应建立社会主义市场经济体制的需要，1993 年 10 月 31 日第八届全国人民代表大会常务委员会第四次会议通过了《关于修改〈中华人民共和国个人所得税法〉的决定》，同时公布了修改后的《中华人民共和国个人所得税法》，并自 1994 年 1 月 1 日起施行。1994 年 1 月 28 日国务院第 142 号令发布《中华人民共和国个人所得税法实施条例》。从 1999 年 8 月 30 日至今个人所得税法进行了七次修订。国务院相应地对《中华人民共和国个人所得税法实施条例》进行了四次修订。

2000 年 9 月，财政部、国家税务总局根据《国务院关于个人独资企业和合伙企业征收所得税问题的通知》有关“对个人独资企业和合伙企业停征企业所得税，只对其投资者的经营所得征收个人所得税”的规定，制定了《关于个人独资企业和合伙企业投资者征收个人所得税的规定》(以下简称《规定》)。《规定》明确从 2000 年 1 月 1 日起，个人独资企业和合伙企业投资者将依法缴纳个人所得税。

现行个人所得税法律制度的基本规范，是 2018 年 8 月 31 日，由第十三届全国人民代表大会常务委员会第五次会议修订通过，自 2019 年 1 月 1 日起施行的《中华人民共和国个人所得税法》(自 2019 年 1 月 1 日起施行，以下简称《个人所得税法》)，以及 2018 年 12 月 18 日中华人民共和国国务院令第 707 号第四次修订通过，自 2019 年 1 月 1 日起施行的《中华人民共和国个人所得税法实施条例》(以下简称《个人所得税法实施条例》)。

三、个人所得税的征收模式

一般说来，个人所得税的征收模式有三种：分类征收制、综合征收制和混合征收制。分类征收制，就是将纳税人不同来源、不同性质的所得项目，分别规定不同的税率进行征税；综合征收制，是对纳税人全年的各项所得加以汇总，就其总额进行征税；混合征收制，是对纳税人不同来源、性质的所得先分别按照不同的税率进行征税，然后将全年的各项所得进行汇总征税。三种不同的征收模式各有其优缺点。对于分类征收制而言，其优点是对纳税人全部所得区分性质进行区别征税，能够体现国家的政治、经济与社会政策。缺点是对纳税人整体所得把握得不一定全面，容易导致实际税负的不公平。对于综合征收制而言，可以对纳税人的全部所得都进行征税，从收入的角度体现税收公平的原则，但它不利于针对不同收入进行调节，不利于体现国家的相关社会、经济政策。对于混合征收制而言，集中了前面两种模式的优点，既可实现税收的政策性调节功能，也可体现税收的公平原则。

自 2019 年 1 月 1 日起，我国采用的是综合与分类相结合的个人所得税征收模式。

四、个人所得税的特点

我国个人所得税具有以下特点：（1）采用综合与分类相结合的个人所得税征收模式；（2）超额累进税率与比例税率并用；（3）费用扣除额较宽；（4）采取源泉扣缴和自行申报纳税。

任务二 个人所得税纳税人和扣缴义务人的确定

任务引例

外籍人员汤姆在中国境内无住所，从 2023 年 3 月 1 日来到中国起至 2023 年 4 月 1 日止都在中国工作，2023 年其余时间和 2023 年之前均不在中国境内。请问汤姆是否为我国居民个人？

一、个人所得税的纳税人

个人所得税的纳税人具体包括自然人个人、个体工商户、个人独资企业投资者、合伙企业自然人合伙人。

点拨指导 对于个人独资企业投资者和合伙企业自然人合伙人，不缴纳企业所得税，只对个人独资企业投资者和合伙企业自然人合伙人取得的生产、经营所得征收个人所得税。

在我国，依据住所和居住时间两个标准，将个人所得税的纳税人分为居民个人和非居民个人两大类，各自承担不同的纳税义务。

（一）居民个人

在中国境内有住所，或者无住所而一个纳税年度内在中国境内居住累计满 183 天的个人，为居民个人。居民个人从中国境内和境外取得的所得，依照《个人所得税法》的规定缴纳个人所得税。

特别提示 在中国境内有住所，是指因户籍、家庭、经济利益关系而在中国境内习惯性居住；从中国境内和境外取得的所得，分别是指来源于中国境内的所得和来源于中国境外的所得。

点拨指导 除国务院财政、税务主管部门另有规定外，下列所得，不论支付地点是否在中国境内，均为来源于中国境内的所得：

（1）因任职、受雇、履约等在中国境内提供劳务取得的所得。

（2）将财产出租给承租人在中国境内使用而取得的所得。

（3）许可各种特许权在中国境内使用而取得的所得。

（4）转让中国境内的不动产等财产或者在中国境内转让其他财产取得的所得。

（5）从中国境内企业、事业单位、其他组织以及居民个人取得的利息、股息、红利所得。

（二）非居民个人

在中国境内无住所又不居住，或者无住所而一个纳税年度内在中国境内居住累计不满183天的个人，为非居民个人。非居民个人从中国境内取得的所得，依照《个人所得税法》的规定缴纳个人所得税。

点拨指导 上述纳税年度，自公历1月1日起至12月31日止。

在中国境内无住所的个人，在中国境内居住累计满183天的年度连续不满6年的，经向主管税务机关备案，其来源于中国境外且由境外单位或者个人支付的所得，免予缴纳个人所得税；在中国境内居住累计满183天的任一年度中有一次离境超过30天的，其在中国境内居住累计满183天的年度的连续年限重新起算。

在中国境内无住所的个人，在一个纳税年度内在中国境内居住累计不超过90天的，其来源于中国境内的所得，由境外雇主支付并且不由该雇主在中国境内的机构、场所负担的部分，免予缴纳个人所得税。

知识链接

财政部税政司 税务总局所得税司 税务总局 国际税务司负责人就个人所得税183天居住时间判定标准答记者问

在中国境内无住所的个人（无住所个人）居住时间的判定标准规定如下：无住所个人一个纳税年度在中国境内累计居住满183天的，如果此前6年在中国境内每年累计居住天数都满183天而且没有任何一年单次离境超过30天，该纳税年度来源于中国境内、境外所得应当缴纳个人所得税；如果此前6年的任一年在中国境内累计居住天数不满183天或者单次离境超过30天，该纳税年度来源于中国境外且由境外单位或者个人支付的所得，免予缴纳个人所得税。这里的“此前6年”，是指该纳税年度的前1年至前6年的连续6个年度，此前6年的起始年度自2019年（含）以后年度开始计算。无住所个人一个纳税年度内在中国境内累计居住天数，按照个人在中国境内累计停留的

知识链接

《财政部 税务总局关于非居民个人和无住所居民个人有关个人所得税政策的公告》（财政部 税务总局公告2019年第35号）

天数计算。在中国境内停留的当天满 24 小时的，计入中国境内居住天数；在中国境内停留的当天不足 24 小时的，不计入中国境内居住天数。

任务引例解析

在中国境内有住所，或者无住所而一个纳税年度内在中国境内居住累计满 183 天的个人，为居民个人。在中国境内无住所又不居住，或者无住所且一个纳税年度内在中国境内居住累计不满 183 的个人，为非居民个人。

汤姆在中国境内无住所且一个纳税年度内在中国境内居住累计不满 183 天，因此，汤姆为我国的非居民个人，而非我国居民个人。

二、个人所得税的扣缴义务人

个人所得税以支付所得的单位或者个人为扣缴义务人。

任务三 个人所得税征税对象的确定

任务引例

我公司车辆登记人为本公司的股东张某，请问张某是否要缴纳个人所得税?

个人所得税的征税对象是个人取得的应税所得。应税所得包括现金、实物、有价证券和其他形式的经济利益。所得为实物的，应当按照取得的凭证上所注明的价格计算应纳税所得额；无凭证的实物或者凭证上所注明的价格明显偏低的，参照市场价格核定应纳税所得额。所得为有价证券的，根据票面价格和市场价格核定应纳税所得额。所得为其他形式的经济利益的，参照市场价格核定应纳税所得额。

下列各项个人所得，应当缴纳个人所得税：（1）工资、薪金所得；（2）劳务报酬所得；（3）稿酬所得；（4）特许权使用费所得；（5）经营所得；（6）财产租赁所得；（7）财产转让所得；（8）利息、股息、红利所得；（9）偶然所得。就居民个人而言，上述前四项所得统称为综合所得。

一、工资、薪金所得

工资、薪金所得，是指个人因任职或者受雇而取得的工资、薪金、奖金、年终加薪、劳动分红、津贴、补贴以及与任职或者受雇有关的其他所得。

“年终加薪、劳动分红”不分种类和取得情况，一律按工资、薪金所得征税。

不属于工资、薪金性质的补贴、津贴，不征收个人所得税，具体包括：（1）独生子女补贴；（2）执行公务员工资制度未纳入基本工资总额的补贴、津贴差额和家属成员的副食补贴；（3）托儿补助费；（4）差旅费津贴、误餐补助。

退休人员再任职取得的收入，在减除按税法规定的费用扣除标准后，按工资、薪金所得项目缴纳个人所得税。

离退休人员按规定领取离退休工资或养老金外，另从原任职单位取得的各类补贴、奖金、实物，不属于免税项目，应按工资、薪金所得项目的规定缴纳个人所得税。

对商品营销活动中，企业对营销业绩突出的雇员以培训班、研讨会、工作考察等名义组织旅游活动，通过免收差旅费、旅游费对个人实行的营销业绩奖励（包括实物、有价证券等），应根据所发生费用的金额并入营销人员当期的工资、薪金所得，按照工资、薪金所得项目征收个人所得税。

二、劳务报酬所得

劳务报酬所得是指个人从事设计、装潢、安装、制图、化验、测试、医疗、法律、会计、咨询、讲学、翻译、审稿、书画、雕刻、影视、录音、录像、演出、表演、广告、展览、技术服务、介绍服务、经纪服务、代办服务以及其他劳务报酬的所得。

个人担任董事职务所取得的董事费收入，属于劳务报酬性质，按劳务报酬所得项目征税。

特别提示 劳务报酬所得一般属于个人独立从事自由职业取得的所得或属于独立个人劳动所得。

点拨指导 区分劳务报酬所得和工资、薪金所得，主要看是否存在雇佣与被雇佣的关系。对于工资、薪金所得，单位与个人存在雇佣与被雇佣的关系；而对于劳务报酬所得，单位与个人不存在雇佣与被雇佣的关系。

在校学生因参与勤工俭学活动（包括参与学校组织的勤工俭学活动）而取得属于《个人所得税法》规定的应税所得项目的所得，应依法缴纳个人所得税。

对商品营销活动中，企业和单位对营销业绩突出的非雇员以培训班、研讨会、工作考察等名义组织旅游活动，通过免收差旅费、旅游费对个人实行的营销业绩奖励（包括实物、有价证券等），应根据所发生费用的全额作为该营销人员当期的劳务收入，按照劳务报酬所得项目征收个人所得税，并由提供上述费用的企业和单位代扣代缴。

三、稿酬所得

稿酬所得，是指个人因其作品以图书、报刊等形式出版、发表而取得的所得。作品包括文学作品、书画作品、摄影作品，以及其他作品。作者去世后，财产继承人取得的遗作稿酬，也应征收个人所得税。

点拨指导 《个人所得税法》将具有特许权使用费和劳务报酬性质的稿酬所得单独列为一个独立的税目，不仅因为稿酬所得有着不完全等同于特许权使用费所得和一般劳务报酬所得的特点，而且有利于单独制定征税办法，体现国家的优惠、照顾政策。

四、特许权使用费所得

特许权使用费所得是指个人提供专利权、商标权、著作权、非专利技术以及其他特许权的使用权取得的所得，但不包括稿酬所得。

作者将自己的文字作品手稿原件或复印件拍卖取得的所得，应按特许权使用费所得项目征收个人所得税。

个人取得特许权的经济赔偿收入，应按特许权使用费所得项目缴纳个人所得税，税款由支付赔偿的单位或个人代扣代缴。

从 2005 年 5 月 1 日起，编剧从电视剧的制作单位取得的剧本使用费，不再区分剧本的使用方是否为其任职单位，统一按特许权使用费所得项目征收个人所得税。

点拨指导 根据 12366 国家税务总局纳税服务平台的答复，个人转让专利权、商标权、著作权、非专利技术的所有权取得的所得，按照财产转让所得缴纳个人所得税。但全国会计专业技术资格考试《经济法基础》教材认为：个人转让专利权、商标权、著作权、非专利技术的所有权取得的所得，按照特许权使用费所得缴纳个人所得税。实务中，个人转让专利权、商标权、著作权、非专利技术的所有权取得的所得，具体按哪个项目缴纳个人所得税需要咨询当地税务机关。

特别提示 一般情况下，无形资产使用权的转让按特许权使用费所得征税，但土地使用权、股权、债权（股权、债权属于广义的无形资产范畴）例外，土地使用权、股权、债权的转让按财产转让所得征税。

五、经营所得

经营所得，是指：

（1）个体工商户从事生产、经营活动取得的所得，个人独资企业投资人、合伙企业的个人合伙人来源于境内注册的个人独资企业、合伙企业生产、经营的所得。

（2）个人依法从事办学、医疗、咨询以及其他有偿服务活动取得的所得。

（3）个人对企业、事业单位承包经营、承租经营以及转包、转租取得的所得。

（4）个人从事其他生产、经营活动取得的所得。

个体工商户、个人独资企业和合伙企业或个人从事种植业、养殖业、饲养业、捕捞业取得的所得，暂不征收个人所得税。

个体工商户和从事生产经营的个人，取得与生产、经营活动无关的其他各项应税所得，应分别按照有关规定，计算征收个人所得税。

六、财产租赁所得

财产租赁所得是指个人出租不动产、机器设备、车船以及其他财产取得的所得。

七、财产转让所得

财产转让所得是指个人转让有价证券、股权、合伙企业中的财产份额、不动产、机器设备、车船以及其他财产取得的所得。从 1997 年 1 月 1 日起，对个人转让上市公司股票取得的所得继续暂免征收个人所得税，但从 2010 年 1 月 1 日起，对个人转让上市公司限售股征收个人所得税。转让境外上市公司股票所得按照财产转让所得缴纳个人所得税。

特别提示 个人拍卖除文字作品原稿及复印件外的其他财产，应以其转让收入额减除财产原值和合理费用后的余额为应纳税所得额，按照财产转让所得项目适用 20%税率缴纳个人所得税。

个人通过招标、竞拍或其他方式购置债权以后，通过相关司法或行政程序主张债权而取得的所得，应按照财产转让所得项目计算缴纳个人所得税。

个人通过网络收购玩家的虚拟货币，加价后向他人出售取得的收入，属于个人所得税应税所得，应按照财产转让所得项目计算缴纳个人所得税。

个人以非货币性资产投资，属于个人转让非货币性资产和投资同时发生。对个人转让非货币性资产的所得，应按照财产转让所得项目依法计算缴纳个人所得税。

八、利息、股息、红利所得

利息、股息、红利所得，是指个人拥有债权、股权而取得的利息、股息、红利所得。

个人取得国债利息、国家发行的金融债券利息、教育储蓄存款利息，均免征个人所得税。

自2015年9月8日起，个人从公开发行和转让市场取得的上市公司股票，持股期限超过1年的，股息、红利所得暂免征收个人所得税。个人从公开发行和转让市场取得的上市公司股票，持股期限在1个月以内（含1个月）的，其股息、红利所得全额计入应纳税所得额；持股期限在1个月以上至1年（含1年）的，暂减按50%计入应纳税所得额。上述所得统一适用20%的税率计征个人所得税。

任务引例解析

根据《财政部 国家税务总局关于企业为个人购买房屋或其他财产征收个人所得税问题的批复》（财税〔2008〕83号）的规定，符合以下情形的房屋或其他财产，不论所有权人是否将财产无偿或有偿交付企业使用，其实质均为企业对个人进行了实物性质的分配，应依法计征个人所得税：（1）企业出资购买房屋及其他财产，将所有权登记为投资者个人、投资者家庭成员或企业其他人员的；（2）企业投资者个人、投资者家庭成员或企业其他人员向企业借款用于购买房屋及其他财产，将所有权登记为投资者、投资者家庭成员或企业其他人员，且借款年度终了后未归还借款的。对于不同的情况，具体来说，对个人独资企业、合伙企业的个人投资者或其家庭成员取得的上述所得，视为企业对个人投资者的利润分配，按照经营所得项目计征个人所得税。对除个人独资企业、合伙企业以外其他企业的个人投资者或其家庭成员取得的上述所得，视为企业对个人投资者的红利分配，按照利息、股息、红利所得项目计征个人所得税。对企业其他人员取得的上述所得，按照工资、薪金所得项目计征个人所得税。

因此，股东张某应按照利息、股息、红利所得项目计算缴纳个人所得税。

九、偶然所得

偶然所得是指个人得奖、中奖、中彩以及其他偶然性质的所得。

个人为单位或他人提供担保获得收入，按照偶然所得项目计算缴纳个人所得税。房屋产权所有人将房屋产权无偿赠与他人的，受赠人因无偿受赠房屋取得的受赠收入，按照偶然所得项目计算缴纳个人所得税。

企业对累积消费达到一定额度的顾客，给予额外抽奖机会，个人的获奖所得，按照偶然所得项目全额适用20%的税率缴纳个人所得税。企业在业务宣传、广告等活动中，随机向本单位以外的个人赠送礼品（包括网络红包，下同），以及企业在年会、座谈会、庆典以及其他活动中向本单位以外的个人赠送礼品，个人取得的礼品收入，按照偶然所得项目计算缴纳个人所得税，但企业赠送的具有价格折扣或折让性质的消费券、代金券、抵用券、优惠券等礼品除外。

任务四 个人所得税税率的判定

一、综合所得的适用税率

（一）工资、薪金所得，劳务报酬所得，稿酬所得，特许权使用费所得个人所得税的预扣率（预扣预缴）

1. 居民个人工资、薪金所得预扣预缴个人所得税的预扣率

居民个人工资、薪金所得预扣预缴个人所得税的预扣率见表 15-2。

表 15-2 居民个人工资、薪金所得预扣预缴个人所得税的预扣率表

级数	累计预扣预缴应纳税所得额	预扣率/%	速算扣除数/元
1	不超过 36 000 元的部分	3	0
2	超过 36 000 元至 144 000 元的部分	10	2 520
3	超过 144 000 元至 300 000 元的部分	20	16 920
4	超过 300 000 元至 420 000 元的部分	25	31 920
5	超过 420 000 元至 660 000 元的部分	30	52 920
6	超过 660 000 元至 960 000 元的部分	35	85 920
7	超过 960 000 元的部分	45	181 920

2. 居民个人劳务报酬所得预扣预缴个人所得税的预扣率

居民个人劳务报酬所得预扣预缴个人所得税的预扣率见表 15-3。

表 15-3 居民个人劳务报酬所得预扣预缴个人所得税的预扣率表

级数	预扣预缴应纳税所得额	预扣率/%	速算扣除数/元
1	不超过 20 000 元的部分	20	0
2	超过 20 000 元至 50 000 元的部分	30	2 000
3	超过 50 000 元的部分	40	7 000

3. 居民个人稿酬所得、特许权使用费所得预扣预缴个人所得税的预扣率

居民个人稿酬所得、特许权使用费所得适用 20%的比例预扣率。

（二）工资、薪金所得，劳务报酬所得，稿酬所得，特许权使用费所得个人所得税的适用税率（非预扣预缴）

1. 居民个人综合所得个人所得税的适用税率（按年汇算清缴）

工资、薪金所得，劳务报酬所得，稿酬所得，特许权使用费所得统称为综合所得。综合所得，适用3%至45%的超额累进税率。综合所得个人所得税的税率（按年）见表15-4。

表15-4　居民个人综合所得个人所得税税率表（按年）

级数	全年应纳税所得额	税率/%	速算扣除数/元
1	不超过36 000元的部分	3	0
2	超过36 000元至144 000元的部分	10	2 520
3	超过144 000元至300 000元的部分	20	16 920
4	超过300 000元至420 000元的部分	25	31 920
5	超过420 000元至660 000元的部分	30	52 920
6	超过660 000元至960 000元的部分	35	85 920
7	超过960 000元的部分	45	181 920

注：表15-4所称全年应纳税所得额是指依照《个人所得税法》第六条的规定，居民个人取得综合所得以每一纳税年度收入额减除费用60 000元以及专项扣除、专项附加扣除和依法确定的其他扣除后的余额。

2. 非居民个人工资、薪金所得，劳务报酬所得，稿酬所得，特许权使用费所得个人所得税的适用税率

非居民个人工资、薪金所得，劳务报酬所得，稿酬所得，特许权使用费所得个人所得税的税率①见表15-5（依照表15-4按月换算后）。

表15-5　非居民个人工资、薪金所得，劳务报酬所得，稿酬所得，特许权使用费所得个人所得税税率表

级数	应纳税所得额	税率/%	速算扣除数/元
1	不超过3 000元的部分	3	0
2	超过3 000元至12 000元的部分	10	210
3	超过12 000元至25 000元的部分	20	1 410
4	超过25 000元至35 000元的部分	25	2 660
5	超过35 000元至55 000元的部分	30	4 410
6	超过55 000元至80 000元的部分	35	7 160
7	超过80 000元的部分	45	15 160

二、经营所得的适用税率

经营所得，适用5%至35%的五级超额累进税率。经营所得适用的个人所得税税率见表15-6。

① 居民个人取得全年一次性奖金，在2027年12月31日前，可以选择不并入当年综合所得，以全年一次性奖金收入除以12个月得到的数额，按照按月换算后的综合所得税率表（简称月度税率表）（见表15-5），确定适用税率和速算扣除数，单独计算纳税。也就是说，“按照按月换算后的综合所得税率表（简称月度税率表）”和“非居民个人工资、薪金所得，劳务报酬所得，稿酬所得，特许权使用费所得个人所得税税率表”是同一个表。

表 15-6　经营所得适用的个人所得税税率表

级数	全年应纳税所得额	税率/%	速算扣除数/元
1	不超过 30 000 元的部分	5	0
2	超过 30 000 元至 90 000 元的部分	10	1 500
3	超过 90 000 元至 300 000 元的部分	20	10 500
4	超过 300 000 元至 500 000 元的部分	30	40 500
5	超过 500 000 元的部分	35	65 500

三、财产租赁所得，财产转让所得，利息、股息、红利所得和偶然所得的适用税率

财产租赁所得，财产转让所得，利息、股息、红利所得和偶然所得，适用比例税率，税率为 20%。

另外，为了配合国家住房制度改革，支持住房租赁市场的健康发展，从 2008 年 3 月 1 日起，对个人出租住房取得的所得暂减按 10%的税率征收个人所得税。

任务五　个人所得税优惠政策的运用

一、个人所得税的法定免税项目

个人所得税的免税项目主要有：

（1）省级人民政府、国务院部委和中国人民解放军以上单位，以及外国组织、国际组织颁发的科学、教育、技术、文化、卫生、体育、环境保护等方面的奖金。

特别提示 省政府给奥运会冠军颁发的体育奖金免税，县政府给奥运会冠军颁发的体育奖金仍需缴纳个人所得税。

（2）国债和国家发行的金融债券的利息。

（3）按照国家统一规定发给的补贴、津贴（如政府特殊津贴、院士津贴、资深院士津贴）。

（4）福利费、抚恤金、救济金。

福利费是指根据国家有关规定，从单位提留的福利费或者从工会经费中支付给个人的生活补助费。

（5）保险赔款。

（6）军人的转业费、复员费、退役金。

（7）按照国家统一规定发给干部、职工的安家费、退职费、基本养老金或者退休费、离休费、离休生活补助费。

（8）依照有关法律规定应予免税的各国驻华使馆、领事馆的外交代表、领事官员和其他人员的所得。

（9）中国政府参加的国际公约、签订的协议中规定免税的所得。

（10）国务院规定的其他免税所得。

上述第（10）项免税规定，由国务院报全国人民代表大会常务委员会备案。

二、个人所得税的法定减税项目

有下列情形之一的，可以减征个人所得税，具体幅度和期限，由省、自治区、直辖市人民政府规定，并报同级人民代表大会常务委员会备案：

（1）残疾、孤老人员和烈属的所得。

（2）因自然灾害遭受重大损失的。

国务院可以规定其他减税情形，报全国人民代表大会常务委员会备案。

三、个人所得税的其他免税和暂免征税项目

个人所得税的其他免税和暂免征税项目主要有：

（1）外籍个人以非现金形式或实报实销形式取得的住房补贴、伙食补贴、搬迁费、洗衣费。

（2）外籍个人按合理标准取得的境内、境外出差补贴。

（3）外籍个人取得的语言训练费、子女教育费等，经当地税务机关审核批准为合理的部分。

特别提示 2019 年 1 月 1 日至 2023 年 12 月 31 日期间，外籍个人符合居民个人条件的，可以选择享受个人所得税专项附加扣除，也可以选择按照相关法律文件规定，享受住房补贴、语言训练费、子女教育费等津补贴免税优惠政策，但不得同时享受。外籍个人一经选择，在一个纳税年度内不得变更。自 2024 年 1 月 1 日至 2027 年 12 月 31 日，上述政策继续执行。

（4）外籍个人从外商投资企业取得的股息、红利所得。

（5）个人在上海、深圳证券交易所转让从上市公司公开发行和转让市场取得的股票，转让所得暂不征收个人所得税。

（6）自 2018 年 11 月 1 日（含）起，对个人转让全国中小企业股份转让系统（新三板）挂牌公司非原始股取得的所得，暂免征收个人所得税。非原始股是指个人在新三板挂牌公司挂牌后取得的股票，以及由上述股票孳生的送、转股。

（7）个人举报、协查各种违法、犯罪行为而获得的奖金。

（8）个人转让自用达 5 年以上，并且是家庭唯一生活用房取得的所得。

（9）对个人购买福利彩票、赈灾彩票、体育彩票，一次中奖收入在 1 万元以下的（含 1 万元），暂免征收个人所得税；超过 1 万元的，全额征收个人所得税。

（10）达到离休、退休年龄，但确因工作需要，适当延长离休、退休年龄的高级专家（指享受国家发放的政府特殊津贴的专家、学者），其在延长离休、退休期间的工资、薪金所得，视同离休、退休工资。

（11）对国有企业职工，因企业依法被宣告破产，从破产企业取得的一次性安置费收入。

（12）职工与用人单位解除劳动关系取得的一次性补偿收入（包括用人单位发放的经济补偿金、生活补助费和其他补助费用），在当地上年职工平均工资 3 倍数额以内的部分，可免征个人所得税；超过该标准的一次性补偿收入，应按照国家有关规定征收个人所得税。

（13）城镇企业、事业单位及其职工个人按照《失业保险条例》规定的比例，实际缴付的失业保险费，均不计入职工个人当期的工资、薪金所得，免予征收个人所得税。城镇企业、事业单位和职工个人超过上述规定的比例缴付失业保险费的，将其超过规定比例缴付的部分计入职工个人当期的工资、薪金所得，依法计征个人所得税。

（14）企业和个人按照国家或地方政府规定的比例，提取并向指定金融机构实际缴付的住房公积金、医疗保险金、基本养老保险金。

（15）个人领取原提存的住房公积金、医疗保险金、基本养老保险金，以及具备《失业保险条例》中规定条件的失业人员领取的失业保险金。

（16）个人取得的教育储蓄存款利息所得和按照国家或省级人民政府规定的比例缴付的住房公积金、医疗保险金、基本养老保险金、失业保险金存入银行个人账户所取得的利息所得。

（17）自 2008 年 10 月 9 日（含）起，对储蓄存款利息所得暂免征收个人所得税。

（18）自 2019 年 7 月 1 日至 2024 年 6 月 30 日，个人持有全国中小企业股份转让系统挂牌公司的股票，持股期限超过 1 年的，对股息、红利所得暂免征收个人所得税。

（19）对被拆迁人按照国家有关城镇房屋拆迁管理办法规定的标准取得的拆迁补偿款。

（20）个体工商户、个人独资企业和合伙企业或个人从事种植业、养殖业、饲养业、捕捞业取得的所得。

（21）企业在销售商品（产品）和提供服务过程中向个人赠送礼品，属于下列情形之一的，不征收个人所得税：

1）企业通过价格折扣、折让方式向个人销售商品（产品）和提供服务；

2）企业在向个人销售商品（产品）和提供服务的同时给予赠品，如通信企业对个人购买手机赠话费、入网费，或者购话费赠手机等；

3）企业对累积消费达到一定额度的个人按消费积分反馈礼品。

（22）自 2019 年 1 月 1 日起至 2023 年 12 月 31 日，广东省、深圳市按内地与香港个人所得税税负差额，对在大湾区工作的境外（含港澳台，下同）高端人才和紧缺人才给予补贴，该补贴免征个人所得税。自 2024 年 1 月 1 日至 2027 年 12 月 31 日，上述政策继续执行。

在大湾区工作的境外高端人才和紧缺人才的认定和补贴办法，按照广东省、深圳市的有关规定执行。本规定适用范围包括广东省广州市、深圳市、珠海市、佛山市、惠州市、东莞市、中山市、江门市和肇庆市等大湾区珠三角九市。

（23）自 2020 年 1 月 1 日至 2024 年 12 月 31 日，对在海南自由贸易港工作的高端人才和紧缺人才，其个人所得税实际税负超过 15%的部分，予以免征。

享受上述优惠政策的所得包括来源于海南自由贸易港的综合所得（包括工资薪金、劳务报酬、稿酬、特许权使用费四项所得）、经营所得以及经海南省认定的人才补贴性所得。

纳税人在海南省办理个人所得税年度汇算清缴时享受上述优惠政策。

对享受上述优惠政策的高端人才和紧缺人才实行清单管理，由海南省商财政部、税务总局制定具体管理办法。

（24）自2019年1月1日至2023年12月31日，一个纳税年度内在船航行时间累计满183天的远洋船员，其取得的工资、薪金收入减按50%计入应纳税所得额，依法缴纳个人所得税。自2024年1月1日至2027年12月31日，上述政策继续执行。

远洋船员是指在海事管理部门依法登记注册的国际航行船舶船员和在渔业管理部门依法登记注册的远洋渔业船员。

在船航行时间是指远洋船员在国际航行或作业船舶和远洋渔业船舶上的工作天数。一个纳税年度内的在船航行时间为一个纳税年度内在船航行时间的累计天数。

远洋船员可选择在当年预扣预缴税款或者次年个人所得税汇算清缴时享受上述优惠政策。

（25）自2023年1月1日起至2027年12月31日，对个体工商户年应纳税所得额不超过200万元的部分，减半征收个人所得税。个体工商户在享受现行其他个人所得税优惠政策的基础上，可叠加享受本条优惠政策。个体工商户不区分征收方式，均可享受。

（26）自2022年1月1日起，对法律援助人员按照《中华人民共和国法律援助法》的规定获得的法律援助补贴，免征增值税和个人所得税。法律援助机构向法律援助人员支付法律援助补贴时，应当为获得补贴的法律援助人员办理个人所得税劳务报酬所得免税申报。

（27）自2022年1月1日起，对个人养老金实施递延纳税优惠政策。在缴费环节，个人向个人养老金资金账户的缴费，按照12 000元/年的限额标准，在综合所得或经营所得中据实扣除；在投资环节，计入个人养老金资金账户的投资收益暂不征收个人所得税；在领取环节，个人领取的个人养老金，不并入综合所得，单独按照3%的税率计算缴纳个人所得税，其缴纳的税款计入工资、薪金所得项目。个人缴费享受税前扣除优惠时，以个人养老金信息管理服务平台出具的扣除凭证为扣税凭据。取得工资薪金所得、按累计预扣法预扣预缴个人所得税劳务报酬所得的，其缴费可以选择在当年预扣预缴或次年汇算清缴时在限额标准内据实扣除。选择在当年预扣预缴的，应及时将相关凭证提供给扣缴单位。扣缴单位应按照有关要求，为纳税人办理税前扣除有关事项。取得其他劳务报酬、稿酬、特许权使用费等所得或经营所得的，其缴费在次年汇算清缴时在限额标准内据实扣除。个人按规定领取个人养老金时，由开立个人养老金资金账户所在市的商业银行机构代扣代缴其应缴纳的个人所得税。

任务六　个人所得税的计算

任务引例

赡养岳父岳母或公婆的费用是否可以享受个人所得税附加扣除？

一、居民个人综合所得应纳税额的计算

（一）居民个人综合所得预扣预缴个人所得税的计算

扣缴义务人向居民个人支付工资、薪金所得，劳务报酬所得，稿酬所得，特许权使用费所得时，按以下方法预扣预缴个人所得税，并向主管税务机关报送《个人所得税扣缴申报表》。年度预扣预缴税额与年度应纳税额不一致的，由居民个人于次年 3 月 1 日至 6 月 30 日向主管税务机关办理综合所得年度汇算清缴，税款多退少补。

1. 扣缴义务人向居民个人支付工资、薪金所得预扣预缴个人所得税的计算

（1）扣缴义务人向居民个人支付工资、薪金所得预扣预缴个人所得税的基本规定。

扣缴义务人向居民个人支付工资、薪金所得时，应当按照累计预扣法计算预扣税款，并按月办理全员全额扣缴申报。

具体计算公式如下：

本期应预扣预缴税额＝（累计预扣预缴应纳税所得额×预扣率－速算扣除数）－累计减免税额－累计已预扣预缴税额

累计预扣预缴应纳税所得额＝累计收入－累计免税收入－累计减除费用－累计专项扣除－累计专项附加扣除－累计依法确定的其他扣除

其中：累计减除费用，按照 5 000 元/月乘以纳税人当年截至本月在本单位的任职受雇月份数计算。自 2020 年 7 月 1 日起，对一个纳税年度内首次取得工资、薪金所得的居民个人，扣缴义务人在预扣预缴个人所得税时，可按照 5 000 元/月乘以纳税人当年截至本月月份数计算累计减除费用。首次取得工资、薪金所得的居民个人，是指自纳税年度首月起至新入职时，未取得工资、薪金所得或者未按照累计预扣法预扣预缴过连续性劳务报酬所得个人所得税的居民个人。自 2021 年 1 月 1 日起，对上一完整纳税年度内每月均在同一单位预扣预缴工资、薪金所得个人所得税且全年工资、薪金收入不超过 6 万元的居民个人，扣缴义务人在预扣预缴本年度工资、薪金所得个人所得税时，累计减除费用自 1 月起直接按照全年 6 万元计算扣除。即：在纳税人累计收入不超过 6 万元的月份，暂不预扣预缴个人所得税；在其累计收入超过 6 万元的当月及年内后续月份，再预扣预缴个人所得税。扣缴义务人应当按规定办理全员全额扣缴申报，并在《个人所得税扣缴申报表》相应纳税人的备注栏注明“上年各月均有申报且全年收入不超过 6 万元”字样。对按照累计预扣法预扣预缴劳务报酬所得个人所得税的居民个人，扣缴义务人比照上述规定执行。

专项扣除，包括居民个人按照国家规定的范围和标准缴纳的基本养老保险、基本医疗保险、失业保险等社会保险费和住房公积金等；专项附加扣除，包括子女教育、继续教育、大病医疗、住房贷款利息或者住房租金、赡养老人、3 岁以下婴幼儿照护等支出，具体范围、标准和实施步骤由国务院确定，并报全国人民代表大会常务委员会备案。

上述公式中，计算居民个人工资、薪金所得预扣预缴税额的预扣率、速算扣除数，按表 15－2 执行。

享受子女教育、继续教育、住房贷款利息或者住房租金、赡养老人、3 岁以下婴幼儿

照护专项附加扣除的纳税人，自符合条件开始，可以向支付工资、薪金所得的扣缴义务人提供上述专项附加扣除有关信息，由扣缴义务人在预扣预缴税款时，按其在本单位本年可享受的累计扣除额办理扣除；也可以在次年3月1日至6月30日内，向汇缴地主管税务机关办理汇算清缴申报时扣除。享受大病医疗专项附加扣除的纳税人，由其在次年3月1日至6月30日内，自行向汇缴地主管税务机关办理汇算清缴申报时扣除。

知识链接

图解税收：个税专项附加扣除增加到7项了！

点拨指导 纳税人选择在扣缴义务人发放工资、薪金所得时享受专项附加扣除的，首次享受时应当填写并向扣缴义务人报送《扣除信息表》；纳税年度中间相关信息发生变化的，纳税人应当更新《扣除信息表》相应栏次，并及时报送给扣缴义务人。

更换工作单位的纳税人，需要由新任职、受雇扣缴义务人办理专项附加扣除的，应当在入职的当月，填写并向扣缴义务人报送《扣除信息表》。

纳税人次年需要由扣缴义务人继续办理专项附加扣除的，应当于每年12月份对次年享受专项附加扣除的内容进行确认，并报送至扣缴义务人。纳税人未及时确认的，扣缴义务人于次年1月起暂停扣除，待纳税人确认后再行办理专项附加扣除。

扣缴义务人应当将纳税人报送的专项附加扣除信息，在次月办理扣缴申报时一并报送至主管税务机关。

纳税人选择在汇算清缴申报时享受专项附加扣除的，应当填写并向汇缴地主管税务机关报送《扣除信息表》。

特别提示 纳税人同时从两处以上取得工资、薪金所得，并由扣缴义务人减除专项附加扣除的，对同一专项附加扣除项目，在一个纳税年度内只能选择从一处取得的所得中减除。

居民个人向扣缴义务人提供有关信息并依法要求办理专项附加扣除的，扣缴义务人应当按照规定在工资、薪金所得按月预扣预缴税款时予以扣除，不得拒绝。居民个人未取得工资、薪金所得，仅取得劳务报酬所得、稿酬所得、特许权使用费所得需要享受专项附加扣除的，应当在次年3月1日至6月30日内，自行向汇缴地主管税务机关报送《扣除信息表》，并在办理汇算清缴申报时扣除。一个纳税年度内，纳税人在扣缴义务人预扣预缴税款环节未享受或未足额享受专项附加扣除的，可以在当年内向支付工资、薪金的扣缴义务人申请在剩余月份发放工资、薪金时补充扣除，也可以在次年3月1日至6月30日内，向汇缴地主管税务机关办理汇算清缴时申报扣除。

扣缴义务人办理工资、薪金所得预扣预缴税款时，应当根据纳税人报送的《个人所得税专项附加扣除信息表》为纳税人办理专项附加扣除。

纳税人年度中间更换工作单位的，在原单位任职、受雇期间已享受的专项附加扣除金额，不得在新任职、受雇单位扣除。原扣缴义务人应当自纳税人离职不再发放工资、薪金所得的当月起，停止为其办理专项附加扣除。

（2）个人所得税专项附加扣除的基本规定。

1）子女教育。自2023年1月1日起，纳税人的子女接受全日制学历教育的相关支出（子女教育专项附加扣除标准），由每个子女每月1 000元提高到2 000元。

学历教育包括义务教育（小学、初中教育）、高中阶段教育（普通高中、中等职业、技工教育）、高等教育（大学专科、大学本科、硕士研究生、博士研究生教育）。

年满 3 岁至小学入学前处于学前教育阶段的子女，按上述规定执行。

父母可以选择由其中一方按扣除标准的 100%扣除，也可以选择由双方分别按扣除标准的 50%扣除，具体扣除方式在一个纳税年度内不能变更。

纳税人需要留存备查的资料包括：子女在境外接受教育的，应当留存境外学校录取通知书、留学签证等境外教育佐证资料。

计算时间认定：学前教育阶段，为子女年满 3 周岁当月至小学入学前一月。学历教育，为子女接受全日制学历教育入学的当月至全日制学历教育结束的当月。学历教育的期间，包含因病或其他非主观原因休学但学籍继续保留的休学期间，以及施教机构按规定组织实施的寒暑假等假期。

2）继续教育。纳税人在中国境内接受学历（学位）继续教育的支出，在学历（学位）教育期间按照每月 400 元定额扣除。同一学历（学位）继续教育的扣除期限不能超过 48 个月。纳税人接受技能人员职业资格继续教育、专业技术人员职业资格继续教育的支出，在取得相关证书的当年，按照 3 600 元定额扣除。

个人接受本科及以下学历（学位）继续教育，符合《个人所得税专项附加扣除暂行办法》规定扣除条件的，可以选择由其父母扣除，也可以选择由本人扣除。

纳税人需要留存备查的资料包括：纳税人接受技能人员职业资格继续教育、专业技术人员职业资格继续教育的，应当留存相关证书等资料备查。

计算时间认定：学历（学位）继续教育，为在中国境内接受学历（学位）继续教育入学的当月至学历（学位）继续教育结束的当月，同一学历（学位）继续教育的扣除期限最长不得超过 48 个月。学历（学位）继续教育的期间，包含因病或其他非主观原因休学但学籍继续保留的休学期间，以及施教机构按规定组织实施的寒暑假等假期。技能人员职业资格继续教育、专业技术人员职业资格继续教育，为取得相关证书的当年。

3）大病医疗。在一个纳税年度内，纳税人发生的与基本医保相关的医药费用支出，扣除医保报销后个人负担（指医保目录范围内的自付部分）累计超过 15 000 元的部分，由纳税人在办理年度汇算清缴时，在 80 000 元限额内据实扣除。

纳税人发生的医药费用支出可以选择由本人或者其配偶扣除；未成年子女发生的医药费用支出可以选择由其父母一方扣除。

纳税人及其配偶、未成年子女发生的医药费用支出，按《个人所得税专项附加扣除暂行办法》第十一条的规定分别计算扣除额。

纳税人需要留存备查的资料包括：大病患者医药服务收费及医保报销相关票据原件或复印件，或者医疗保障部门出具的纳税年度医药费用清单等资料。

计算时间认定：为医疗保障信息系统记录的医药费用实际支出的当年。

4）住房贷款利息。纳税人本人或者配偶单独或者共同使用商业银行或者住房公积金个人住房贷款为本人或者其配偶购买中国境内住房，发生的首套住房贷款利息支出，在实际发生贷款利息的年度，按照每月 1 000 元的标准定额扣除，扣除期限最长不超过 240 个月。纳税人只能享受一次首套住房贷款的利息扣除。

首套住房贷款是指购买住房享受首套住房贷款利率的住房贷款。

经夫妻双方约定，可以选择由其中一方扣除，具体扣除方式在一个纳税年度内不能变更。

夫妻双方婚前分别购买住房发生的首套住房贷款，其贷款利息支出，婚后可以选择其中一套购买的住房，由购买方按扣除标准的100%扣除，也可以由夫妻双方对各自购买的住房分别按扣除标准的50%扣除，具体扣除方式在一个纳税年度内不能变更。

纳税人需要留存备查的资料包括：住房贷款合同、贷款还款支出凭证等资料。

计算时间认定：为贷款合同约定开始还款的当月至贷款全部归还或贷款合同终止的当月，扣除期限最长不得超过240个月。

5）住房租金。纳税人在主要工作城市没有自有住房而发生的住房租金支出，可以按照以下标准定额扣除：直辖市、省会（首府）城市、计划单列市以及国务院确定的其他城市，扣除标准为每月1 500元；除上述所列城市以外，市辖区户籍人口超过100万的城市，扣除标准为每月1 100元；市辖区户籍人口不超过100万的城市，扣除标准为每月800元。

纳税人的配偶在纳税人的主要工作城市有自有住房的，视同纳税人在主要工作城市有自有住房。

市辖区户籍人口，以国家统计局公布的数据为准。

主要工作城市是指纳税人任职受雇的直辖市、计划单列市、副省级城市、地级市（地区、州、盟）全部行政区域范围；纳税人无任职受雇单位的，为受理其综合所得汇算清缴的税务机关所在城市。

夫妻双方主要工作城市相同的，只能由一方扣除住房租金支出。

住房租金支出由签订租赁住房合同的承租人扣除。

纳税人及其配偶在一个纳税年度内不能同时分别享受住房贷款利息和住房租金专项附加扣除。

纳税人需要留存备查的资料包括：住房租赁合同或协议等资料。

计算时间认定：为租赁合同（协议）约定的房屋租赁期开始的当月至租赁期结束的当月。提前终止合同（协议）的，以实际租赁期限为准。

6）赡养老人。纳税人赡养一位及以上被赡养人的赡养支出，统一按照以下标准定额扣除：

自2023年1月1日起，赡养老人专项附加扣除标准，由每月2 000元提高到3 000元，其中，独生子女每月扣除3 000元；非独生子女与兄弟姐妹分摊每月3 000元的扣除额度，每人不超过1 500元。需要分摊享受的，可以由赡养人均摊或者约定分摊，也可以由被赡养人指定分摊。约定或者指定分摊的须签订书面分摊协议，指定分摊优先于约定分摊。

被赡养人是指年满60岁的父母，以及子女均已去世的年满60岁的祖父母、外祖父母。

纳税人需要留存备查的资料包括：约定或指定分摊的书面分摊协议等资料。

计算时间认定：为被赡养人年满60周岁的当月至赡养义务终止的年末。

7）3岁以下婴幼儿照护。

自2023年1月1日起，3岁以下婴幼儿照护专项附加扣除标准，由每个婴幼儿每月1 000元提高到2 000元。

父母可以选择由其中一方按扣除标准的100%扣除，也可以选择由双方分别按扣除标准的50%扣除，具体扣除方式在一个纳税年度内不能变更。

纳税人享受3岁以下婴幼儿照护专项附加扣除，应当填报配偶及子女的姓名、身份证件类型（如居民身份证、子女出生医学证明等）及其号码，本人与配偶之间扣除分配比例等信息。

纳税人需要留存备查的资料包括：子女的出生医学证明等资料。

计算时间认定：为婴幼儿出生的当月至年满3周岁的前一个月。

任务引例解析

根据《个人所得税专项附加扣除暂行办法》的规定，被赡养人是指年满60岁的父母，以及子女均已去世的年满60岁的祖父母、外祖父母。

因此，赡养岳父岳母或公婆的费用不可以享受个人所得税专项附加扣除。

实务咨询 住房租金要求留存备查的合同，有模板格式要求吗？

答：根据《国家税务总局关于发布〈个人所得税专项附加扣除操作办法（试行）〉的公告》（国家税务总局公告2018年第60号）的规定，纳税人享受住房租金专项附加扣除，应当填报主要工作城市、租赁住房坐落地址、出租人姓名及身份证件类型和号码或者出租方单位名称及纳税人识别号（社会统一信用代码）、租赁起止时间等信息；纳税人有配偶的，填写配偶姓名、身份证件类型及号码。

实务中，留存备查的住房租赁合同或协议，并无统一的模板要求，纳税人应参照以上规定，签订真实的租赁合同或协议，完整披露以上信息。

工作实例 15-1

我国居民个人张某就职于我国的甲公司。张某本年每月税前工资、薪金收入为30 000元，每月减除费用为5 000元。张某个人每月负担的基本养老保险为2 400元、基本医疗保险为600元、失业保险为150元、住房公积金为2 400元，“三险一金”合计为5 550元。张某本年每月专项附加扣除和依法确定的其他扣除金额合计均为2 000元。张某在上一完整纳税年度内全年工资、薪金收入超过6万元。居民个人工资、薪金所得预扣预缴个人所得税的预扣率表见表15-2。

工作要求：计算张某本年每月工资、薪金所得应由甲公司预扣预缴的个人所得税。

工作实施：张某1月工资、薪金所得应由甲公司预扣预缴的个人所得税＝（30 000－5 000－5 550－2 000）×3%＝17 450×3%＝523.5（元）。

张某2月工资、薪金所得应由甲公司预扣预缴的个人所得税＝（30 000×2－5 000×2－5 550×2－2 000×2）×3%－523.5＝34 900×3%－523.5＝1 047－523.5＝523.5（元）。

张某3月工资、薪金所得应由甲公司预扣预缴的个人所得税＝（30 000×3－5 000×3－5 550×3－2 000×3）×10%－2 520－523.5－523.5＝52 350×10%－2 520－523.5－523.5＝1 668（元）。

张某4月工资、薪金所得应由甲公司预扣预缴的个人所得税＝（30 000×4－5 000×4－5 550×4－2 000×4）×10%－2 520－523.5－523.5－1 668＝69 800×10%－2 520－523.5－523.5－1 668＝1 745（元）。

张某5月工资、薪金所得应由甲公司预扣预缴的个人所得税＝（30 000×5－5 000×5－5 550×5－2 000×5）×10%－2 520－523.5－523.5－1 668－1 745＝87 250×10%－2 520－523.5－523.5－1 668－1 745＝1 745（元）。

张某6月工资、薪金所得应由甲公司预扣预缴的个人所得税＝（30 000×6－5 000×6－5 550×6－2 000×6）×10%－2 520－523.5－523.5－1 668－1 745－1 745＝104 700×10%－2 520－523.5－523.5－1 668－1 745－1 745＝1 745（元）。

张某7月工资、薪金所得应由甲公司预扣预缴的个人所得税＝（30 000×7－5 000×7－5 550×7－2 000×7）×10%－2 520－523.5－523.5－1 668－1 745－1 745－1 745＝122 150×10%－2 520－523.5－523.5－1 668－1 745－1 745－1 745＝1 745（元）。

张某8月工资、薪金所得应由甲公司预扣预缴的个人所得税＝（30 000×8－5 000×8－5 550×8－2 000×8）×10%－2 520－523.5－523.5－1 668－1 745－1 745－1 745－1 745＝139 600×10%－2 520－523.5－523.5－1 668－1 745－1 745－1 745－1 745＝1 745（元）。

张某9月工资、薪金所得应由甲公司预扣预缴的个人所得税＝（30 000×9－5 000×9－5 550×9－2 000×9）×20%－16 920－523.5－523.5－1 668－1 745－1 745－1 745－1 745－1 745＝157 050×20%－16 920－523.5－523.5－1 668－1 745－1 745－1 745－1 745 －1 745＝3 050（元）。

张某10月工资、薪金所得应由甲公司预扣预缴的个人所得税＝（30 000×10－5 000×10－5 550×10－2 000×10）×20%－16 920－523.5－523.5－1 668－1 745－1 745－1 745－1 745－1 745－3 050＝174 500×20%－16 920－523.5－523.5－1 668－1 745－1 745－1 745－1 745－1 745－3 050－3 490（元）。

张某11月工资、薪金所得应由甲公司预扣预缴的个人所得税＝（30 000×11－5 000×11－5 550×11－2 000×11）×20%－16 920－523.5－523.5－1 668－1 745－1 745－1 745－1 745－1 745－3 050－3 490＝191 950×20%－16 920－523.5－523.5－1 668－1 745－1 745－1 745－1 745－1 745－3 050－3 490＝3 490（元）。

张某12月工资、薪金所得应由甲公司预扣预缴的个人所得税＝（30 000×12－5 000×12－5 550×12－2 000×12）×20%－16 920－523.5－523.5－1 668－1 745－1 745－1 745－1 745－1 745－3 050－3 490－3 490＝209 400×20%－16 920－523.5－523.5－1 668－1 745－1 745－1 745－1 745－1 745－3 050－3 490－3 490＝3 490（元）。

张某本年工资、薪金所得应由甲公司预扣预缴的个人所得税合计＝523.5＋523.5＋1 668＋1 745＋1 745＋1 745＋1 745＋1 745＋3 050＋3 490＋3 490＋3 490＝24 960（元）。

2. 扣缴义务人向居民个人支付劳务报酬所得、稿酬所得、特许权使用费所得预扣预缴个人所得税的计算

扣缴义务人向居民个人支付劳务报酬所得、稿酬所得、特许权使用费所得，按次或者按月预扣预缴个人所得税。

具体预扣预缴方法如下：

（1）劳务报酬所得、稿酬所得、特许权使用费所得以收入减除费用后的余额为收入额。其中，稿酬所得的收入额减按70%计算。

（2）劳务报酬所得、稿酬所得、特许权使用费所得每次收入不超过4 000元的，减除费用按 800 元计算；每次收入 4 000 元以上的，减除费用按 20%计算。

（3）劳务报酬所得、稿酬所得、特许权使用费所得，属于一次性收入的，以取得该项收入为一次；属于同一项目连续性收入的，以一个月内取得的收入为一次。

（4）劳务报酬所得、稿酬所得、特许权使用费所得，以每次收入额为预扣预缴应纳税所得额。劳务报酬所得适用 20%至 40%的超额累进预扣率（见表 15－3），稿酬所得、特许权使用费所得适用 20%的比例预扣率。计算公式如下：

劳务报酬所得应预扣预缴税额＝预扣预缴应纳税所得额×预扣率－速算扣除数

稿酬所得、特许权使用费所得应预扣预缴税额＝预扣预缴应纳税所得额×20%

特别提示 保险营销员、证券经纪人取得的佣金收入，属于劳务报酬所得，以不含增值税的收入减除 20%的费用后的余额为收入额，收入额减去展业成本以及附加税费后，并入当年综合所得，计算缴纳个人所得税。保险营销员、证券经纪人展业成本按照收入额的 25%计算。扣缴义务人向保险营销员、证券经纪人支付佣金收入时，应按照《国家税务总局关于发布〈个人所得税扣缴申报管理办法（试行）〉的公告》（国家税务总局公告 2018 年第 61 号）规定的累计预扣法计算预扣税款。

特别提示 自 2020 年 7 月 1 日起，正在接受全日制学历教育的学生因实习取得劳务报酬所得的，扣缴义务人预扣预缴个人所得税时，可按照《国家税务总局关于发布〈个人所得税扣缴申报管理办法（试行）〉的公告》（国家税务总局公告 2018 年第 61 号）规定的累计预扣法计算并预扣预缴税款。

工作实例 15－2

居民个人张某本年 3 月从兼职单位乙公司取得一次性劳务报酬收入共计 40 000 元，本年 6 月从丙出版社取得一次性稿酬收入共计 12 000 元，本年 10 月转让给丁公司专利权取得一次性特许权使用费收入共计 3 000 元。上述收入均为税前收入，且均来源于中国境内。假设不考虑增值税等因素。居民个人劳务报酬所得预扣预缴个人所得税的预扣率表见表 15－3。

工作要求：（1）计算张某劳务报酬所得应由乙公司预扣预缴的个人所得税。

（2）计算张某稿酬所得应由丙出版社预扣预缴的个人所得税。

（3）计算张某特许权使用费所得应由丁公司预扣预缴的个人所得税。

工作实施：（1）张某劳务报酬所得的应纳税所得额＝40 000×（1－20%）＝32 000（元），经查表 15－3 得知，适用税率为 30%，速算扣除数为 2 000 元。

张某劳务报酬所得应由乙公司预扣预缴的个人所得税＝32 000×30%－2 000＝7 600（元）。

（2）张某稿酬所得应由丙出版社预扣预缴的个人所得税＝12 000×（1－20%）×70%×20%＝1 344（元）。

（3）张某特许权使用费所得应由丁公司预扣预缴的个人所得税＝（3 000－800）×20%＝440（元）。

（二）居民个人综合所得汇算清缴个人所得税的计算

自 2019 年 1 月 1 日起，居民个人的综合所得（工资薪金所得、劳务报酬所得、稿酬所得、特许权使用费所得），以每一纳税年度的收入额减除费用 60 000 元以及专项扣除、专项附加扣除和依法确定的其他扣除后的余额，为应纳税所得额。各项所得的计算，以人民币为单位。所得为人民币以外的货币的，按照人民币汇率中间价折合成人民币缴纳税款。

居民个人的综合所得适用七级超额累进税率，其应纳税额的计算公式为：

应纳税额＝年应纳税所得额×适用税率－速算扣除数

＝（每一纳税年度的收入额－60 000－专项扣除、专项附加扣除和依法确定的其他扣除）×适用税率－速算扣除数

劳务报酬所得、稿酬所得、特许权使用费所得以收入减除 20%的费用后的余额为收入额。稿酬所得的收入额减按 70%计算。

专项扣除，包括居民个人按照国家规定的范围和标准缴纳的基本养老保险、基本医疗保险、失业保险等社会保险费和住房公积金等；专项附加扣除，包括子女教育、继续教育、大病医疗、住房贷款利息或者住房租金、赡养老人、3 岁以下婴幼儿照护等支出，具体范围、标准和实施步骤由国务院确定，并报全国人民代表大会常务委员会备案。其他扣除，包括个人缴付符合国家规定的企业年金、职业年金，个人购买符合国家规定的商业健康保险、税收递延型商业养老保险的支出，以及国务院规定可以扣除的其他项目。

特别提示 专项扣除、专项附加扣除和依法确定的其他扣除，以居民个人一个纳税年度的应纳税所得额为限额；一个纳税年度扣除不完的，不结转以后年度扣除。

居民个人取得综合所得，按年计算个人所得税；有扣缴义务人的，由扣缴义务人按月或者按次预扣预缴税款；需要办理汇算清缴的，应当在取得所得的次年 3 月 1 日至 6 月 30 日内办理汇算清缴。预扣预缴办法由国务院税务主管部门制定。

居民个人向扣缴义务人提供专项附加扣除信息的，扣缴义务人按月预扣预缴税款时应当按照规定予以扣除，不得拒绝。

工作实例 15-3

接【工作实例 15-1】【工作实例 15-2】，居民个人张某次年 3 月 1 日至 6 月 30 日内办理汇算清缴。居民个人综合所得个人所得税的税率（按年）见表 15-4。

工作要求：计算张某次年 3 月 1 日至 6 月 30 日内汇算清缴应补缴（或申请退回）的个人所得税。

工作实施：

本年张某综合所得的应纳税所得额＝30 000×12＋40 000×（1－20%）＋12 000×（1－20%）×70%＋3 000×（1－20%）－60 000－5 550×12－2 000×12＝250 520（元），经查表 15-4 得知，适用税率为 20%，速算扣除数为 16 920 元。

本年张某综合所得的应纳个人所得税＝250 520×20%－16 920＝33 184（元）。

由于本年各相关单位已经预扣代缴了个人所得税共计＝24 960＋7 600＋1 344＋440＝34 344（元），因此次年 3 月 1 日至 6 月 30 日内汇算清缴时，张某应申请退回个人所得税＝34 344－33 184＝1 160（元）。

二、非居民个人工资、薪金所得应纳税额的计算

非居民个人的工资、薪金所得，以每月收入额减除费用 5 000 元后的余额为应纳税所得额。

非居民个人的工资、薪金所得适用七级超额累进税率，其应纳税额的计算公式为：

应纳税额＝月应纳税所得额×适用税率－速算扣除数

＝（每月工资、薪金所得的收入额－5 000）×适用税率－速算扣除数

非居民个人取得工资、薪金所得，由扣缴义务人按月或者按次代扣代缴税款，不办理汇算清缴。

工作实例 15-4

本年 1 月，非居民个人杰克从任职单位取得工资 10 000 元。上述收入为税前收入。非居民个人工资、薪金所得，劳务报酬所得，稿酬所得，特许权使用费所得个人所得税税率表见表 15-5。

工作要求：计算杰克本年 1 月应缴纳的个人所得税。

工作实施：杰克本年 1 月工资、薪金所得的应纳税所得额＝10 000－5 000＝5 000（元），经查表 15-5 得知，适用税率为 10%，速算扣除数为 210 元。

杰克本年 1 月应纳（任职单位应代扣代缴）个人所得税＝5 000×10%－210＝290（元）。

三、非居民个人劳务报酬所得、稿酬所得、特许权使用费所得应纳税额的计算

非居民个人劳务报酬所得、稿酬所得、特许权使用费所得，以每次收入额为应纳税所得额。劳务报酬所得、稿酬所得、特许权使用费所得以收入减除 20%的费用后的余额为收入额。稿酬所得的收入额减按 70%计算。

非居民个人的劳务报酬所得适用七级超额累进税率，其应纳税额的计算公式为：

应纳税额＝应纳税所得额×适用税率－速算扣除数

＝每次收入额×适用税率－速算扣除数

＝劳务报酬所得收入×（1－20%）×适用税率－速算扣除数

非居民个人的稿酬所得适用七级超额累进税率，其应纳税额的计算公式为：

应纳税额＝应纳税所得额×适用税率－速算扣除数

＝每次收入额×适用税率－速算扣除数

＝稿酬所得收入×（1－20%）×70%×适用税率－速算扣除数

非居民个人的特许权使用费所得适用七级超额累进税率，其应纳税额的计算公式为：

应纳税额＝应纳税所得额×适用税率－速算扣除数

＝每次收入额×适用税率－速算扣除数

＝特许权使用费所得收入×（1－20%）×适用税率－速算扣除数

【知识串联】非居民个人取得劳务报酬所得、稿酬所得和特许权使用费所得，有扣缴义务人的，由扣缴义务人按月或者按次代扣代缴税款，不办理汇算清缴。

工作实例 15－5

本年 1 月，非居民个人玛丽一次性取得劳务报酬 16 000 元；一次性取得稿酬 6 000 元；一次性取得特许权使用费 3 500 元。上述收入均为税前收入。非居民个人工资、薪金所得，劳务报酬所得，稿酬所得，特许权使用费所得个人所得税税率表见表 15－5。

工作要求：计算玛丽本年 1 月应缴纳的个人所得税。

工作实施：玛丽本年 1 月劳务报酬所得的应纳税所得额＝16 000×（1－20%）＝12 800（元），经查表 15－5 得知，适用税率为 20%，速算扣除数为 1 410 元。

玛丽本年 1 月劳务报酬所得应纳（支付所得的单位应代扣代缴）个人所得税＝12 800×20%－1 410＝1 150（元）。

玛丽本年 1 月稿酬所得的应纳税所得额＝6 000×（1－20%）×70%＝3 360（元），经查表 15－5 得知，适用税率为 10%，速算扣除数为 210 元。

玛丽本年 1 月稿酬所得应纳（支付所得的单位应代扣代缴）个人所得税＝3 360×10%－210＝126（元）。

玛丽本年 1 月特许权使用费所得的应纳税所得额＝3 500×（1－20%）＝2 800（元），经查表 15－5 得知，适用税率为 3%。

玛丽本年 1 月特许权使用费所得应纳（支付所得的单位应代扣代缴）个人所得税＝2 800×3%＝84（元）。

玛丽本年 1 月应纳（支付所得的单位应代扣代缴）个人所得税合计＝1 150＋126＋84＝1 360（元）。

四、经营所得应纳税额的计算

经营所得，以每一纳税年度的收入总额减除成本、费用以及损失后的余额，为应纳税所得额。

经营所得应纳税额的计算公式为：

应纳税额＝应纳税所得额×适用税率－速算扣除数

＝（全年收入总额－成本、费用、损失）×适用税率－速算扣除数

式中，成本、费用是指生产、经营活动中发生的各项直接支出和分配计入成本的间接费用以及销售费用、管理费用、财务费用；损失是指生产、经营活动中发生的固定资产和存货的盘亏、毁损、报废损失，转让财产损失，坏账损失，自然灾害等不可抗力因素造成的损失以及其他损失。

取得经营所得的个人，没有综合所得的，计算其每一纳税年度的应纳税所得额时，应当减除费用 6 万元、专项扣除、专项附加扣除以及依法确定的其他扣除。专项附加扣除在办理汇算清缴时减除。

五、财产租赁所得应纳税额的计算

（一）应纳税所得额的计算

财产租赁所得，以一个月内取得的收入为一次。财产租赁所得，每次收入不超过

4 000 元的，减除费用 800 元；4 000 元以上的，减除 20%的费用，其余额为应纳税所得额。财产租赁所得应纳税所得额的计算公式如下：

（1）每次（月）收入不超过 4 000 元的：

$$\text{应纳税所得额}=\text{每次（月）收入额}-\text{准予扣除项目}-\text{修缮费用（800 元为限）}-800$$

（2）每次（月）收入超过 4 000 元的：

$$\text{应纳税所得额}=\left[\text{每次（月）收入额}-\text{准予扣除项目}-\text{修缮费用（800 元为限）}\right]\times(1-20\%)$$

个人出租财产取得的财产租赁收入，在计算缴纳个人所得税时，应依次扣除以下费用：

（1）准予扣除项目。主要指财产租赁过程中缴纳的税费。

（2）由纳税人负担的该出租财产实际开支的修缮费用。修缮费的扣除以每次 800 元为限。一次扣除不完的，准予在下次继续扣除，直到扣完为止。

（3）税法规定的费用扣除标准（即定额减除费用 800 元或定率减除 20%的费用）。

个人出租房屋的个人所得税应税收入不含增值税，计算房屋出租所得可扣除的税费不包括本次出租缴纳的增值税。个人转租房屋的，其向房屋出租方支付的租金及增值税税额，在计算转租所得时予以扣除。免征增值税的，确定计税依据时，租金收入不扣减增值税税额。

（二）应纳税额的计算

财产租赁所得适用 20%的比例税率，但对个人出租住房取得的所得暂减按 10%的税率征收个人所得税。财产租赁所得应纳税额的计算公式如下：

（1）每次（月）收入不超过 4 000 元的：

$$\text{应纳税额}=\text{应纳税所得额}\times\text{适用税率（20\%或 10\%）}$$

或

$$\text{应纳税额}=\left[\text{每次(月)收入额}-\text{准予扣除项目}-\text{修缮费用（800 元为限）}-800\text{ 元}\right]\times\text{适用税率（20\%或 10\%）}$$

（2）每次（月）收入超过 4 000 元的：

$$\text{应纳税额}=\text{应纳税所得额}\times\text{适用税率（20\%或 10\%）}$$

或

$$\text{应纳税额}=\left[\text{每次(月)收入额}-\text{准予扣除项目}-\text{修缮费用（800 元为限）}\right]\times(1-20\%)\times\text{适用税率（20\%或 10\%）}$$

实务咨询 本人以租赁方式取得的房屋，再转租出去，取得的租金收入是全部作为个人所得税的计税依据，还是可以扣除支付给原出租方的租金后作为个人所得税的计税依据?

答：根据《国家税务总局关于个人转租房屋取得收入征收个人所得税问题的通知》（国税函〔2009〕639 号）的规定，取得转租收入的个人向房屋出租方支付的租金，凭房屋租赁合同和合法支付凭据允许在计算个人所得税时，从该项转租收入中扣除。

计算财产租赁所得个人所得税税前扣除税费的扣除次序调整为：

（1）财产租赁过程中缴纳的税费。

（2）向出租方支付的租金。

（3）由纳税人负担的租赁财产实际开支的修缮费用。

（4）税法规定的费用扣除标准。

工作实例 15-6

李某从本年6月开始将其原居住的房屋租给张某用于居住，每月租金6 000元，租金按月支付，本年6月修缮费用为1 200元，相关税费为200元。

工作要求： 计算本年6月李某应缴纳的个人所得税。

工作实施： 应纳个人所得税＝（6 000－200－800）×（1－20%）×10%＝400（元）。

六、财产转让所得应纳税额的计算

（一）应纳税所得额的计算

财产转让所得一般以收入总额扣除财产原值和合理费用后的余额为应纳税所得额。

点拨指导 财产转让所得，按照一次转让财产的收入额减除财产原值和合理费用后的余额计算纳税。

财产转让所得应纳税所得额的计算公式为：

应纳税所得额＝收入总额－财产原值－合理费用

财产转让所得中允许减除的财产原值是指：

（1）有价证券。其原值为买入价以及买入时按规定缴纳的有关费用。

（2）建筑物。其原值为建造费或者购进价格以及其他有关税费。

（3）土地使用权。其原值为取得土地使用权所支付的金额、开发土地的费用以及其他有关税费。

（4）机器设备、车船。其原值为购进价格、运输费、安装费，以及其他有关费用。

（5）其他财产。其原值参照以上方法确定。

如果纳税人未提供完整、准确的财产原值凭证，不能正确计算财产原值，由主管税务机关核定其财产原值。

财产转让所得中允许减除的合理费用，是指卖出财产时按照规定支付的有关费用。

个人转让房屋的个人所得税应税收入不含增值税，其取得房屋时所支付价款中包含的增值税计入财产原值，计算转让所得时可扣除的税费不包括本次转让缴纳的增值税。免征增值税的，确定计税依据时，转让房地产取得的收入不扣减增值税税额。

（二）应纳税额的计算

财产转让所得应纳税额的计算公式为：

应纳税额＝应纳税所得额×适用税率

＝（收入总额－财产原值－合理税费）×20%

工作实例 15-7

刘某于本年1月转让私有住房一套，取得转让收入240 000元。该套住房购进时的原价为200 000元，转让时支付有关税费为16 000元。

工作要求： 计算刘某转让其私有住房应缴纳的个人所得税。

工作实施： 应纳个人所得税＝（240 000－200 000－16 000）×20%＝4 800（元）。

七、利息、股息、红利所得和偶然所得应纳税额的计算

利息、股息、红利所得和偶然所得个人所得税按次征收。利息、股息、红利所得，以支付利息、股息、红利时取得的收入为一次；偶然所得，以每次取得该项收入为一次。利息、股息、红利所得和偶然所得的应纳税所得额即为每次收入额。利息、股息、红利所得和偶然所得应纳税额的计算公式为：

应纳税额＝应纳税所得额×适用税率＝每次收入额×20%

八、个人所得税几种特殊情况的计算或处理

（一）全年一次性奖金及其他奖金个人所得税的计算

根据《财政部 税务总局关于延续实施全年一次性奖金个人所得税政策的公告》（财政部 税务总局公告 2023 年第 30 号）等文件的规定，在 2027 年 12 月 31 日前，居民个人取得全年一次性奖金，符合《国家税务总局关于调整个人取得全年一次性奖金等计算征收个人所得税方法问题的通知》（国税发〔2005〕9 号）规定的，不并入当年综合所得，以全年一次性奖金收入除以 12 个月得到的数额，按照按月换算后的综合所得税率表（简称月度税率表）（见表 15－5），确定适用税率和速算扣除数，单独计算纳税。计算公式为：

应纳税额＝全年一次性奖金收入×适用税率－速算扣除数

居民个人取得全年一次性奖金，也可以选择并入当年综合所得计算纳税。

雇员取得除全年一次性奖金以外的其他各种名目奖金，如半年奖、季度奖、加班奖、先进奖、考勤奖等，一律与当月工资、薪金收入合并，按税法规定缴纳个人所得税。

工作实例 15－8

中国居民个人王某本年 12 月取得全年一次性奖金 48 000 元（税前奖金）。王某选择该全年一次性奖金不并入当年综合所得计算缴纳个人所得税。按月换算后适用的综合所得税率如表 15－5 所示。

工作要求： 计算王某本年 12 月取得的全年一次性奖金应缴纳的个人所得税。

工作实施： 48 000÷12＝4 000（元）。

经查表 15－5 得知，适用税率为 10%，速算扣除数为 210。

王某本年 12 月取得的全年一次性奖金应纳个人所得税＝48 000×10%－210＝4 590（元）

（二）对公益救济性捐赠支出的扣除

自 2019 年 1 月 1 日起，公益慈善事业捐赠有关个人所得税政策规定如下：

（1）个人通过中华人民共和国境内公益性社会组织、县级以上人民政府及其部门等国家机关，向教育、扶贫、济困等公益慈善事业的捐赠（以下简称公益捐赠），发生的公益捐赠支出，可以按照《个人所得税法》的有关规定在计算应纳税所得额时扣除。

点拨指导 根据《个人所得税法》的规定，个人将其所得对教育、扶贫、济困等公益慈善事业进行捐赠，捐赠额未超过纳税人申报的应纳税所得额 30%的部分，可以从其

应纳税所得额中扣除；国务院规定对公益慈善事业捐赠实行全额税前扣除的，从其规定。

特别提示 境内公益性社会组织，包括依法设立或登记并按规定条件和程序取得公益性捐赠税前扣除资格的慈善组织、其他社会组织和群众团体。

（2）个人发生的公益捐赠支出金额，按照以下规定确定：

1）捐赠货币性资产的，按照实际捐赠金额确定。

2）捐赠股权、房产的，按照个人持有股权、房产的财产原值确定。

3）捐赠除股权、房产以外的其他非货币性资产的，按照非货币性资产的市场价格确定。

（3）居民个人按照以下规定扣除公益捐赠支出：

1）居民个人发生的公益捐赠支出可以在财产租赁所得、财产转让所得、利息股息红利所得、偶然所得（以下统称分类所得）、综合所得或者经营所得中扣除。在当期一个所得项目扣除不完的公益捐赠支出，可以按规定在其他所得项目中继续扣除。

2）居民个人发生的公益捐赠支出，在综合所得、经营所得中扣除的，扣除限额分别为当年综合所得、当年经营所得应纳税所得额的30%；在分类所得中扣除的，扣除限额为当月分类所得应纳税所得额的30%。

3）居民个人根据各项所得的收入、公益捐赠支出、适用税率等情况，自行决定在综合所得、分类所得、经营所得中扣除的公益捐赠支出的顺序。

（4）居民个人在综合所得中扣除公益捐赠支出的，应按照以下规定处理：

1）居民个人取得工资、薪金所得的，可以选择在预扣预缴时扣除，也可以选择在年度汇算清缴时扣除。

居民个人选择在预扣预缴时扣除的，应按照累计预扣法计算扣除限额，其捐赠当月的扣除限额为截至当月累计应纳税所得额的30%（全额扣除的从其规定，下同）。个人从两处以上取得工资、薪金所得，选择其中一处扣除，选择后当年不得变更。

2）居民个人取得劳务报酬所得、稿酬所得、特许权使用费所得的，预扣预缴时不扣除公益捐赠支出，统一在汇算清缴时扣除。

3）居民个人取得全年一次性奖金、股权激励等所得，且按规定采取不并入综合所得而单独计税方式处理的，公益捐赠支出扣除比例照上述分类所得的扣除规定处理。

（5）居民个人发生的公益捐赠支出，可在捐赠当月取得的分类所得中扣除。当月分类所得应扣除未扣除的公益捐赠支出，可以按照以下规定追补扣除：

1）扣缴义务人已经代扣但尚未解缴税款的，居民个人可以向扣缴义务人提出追补扣除申请，退还已扣税款。

2）扣缴义务人已经代扣且解缴税款的，居民个人可以在公益捐赠之日起90日内提请扣缴义务人向征收税款的税务机关办理更正申报追补扣除，税务机关和扣缴义务人应当予以办理。

3）居民个人自行申报纳税的，可以在公益捐赠之日起90日内向主管税务机关办理更正申报追补扣除。

居民个人捐赠当月有多项多次分类所得的，应先在其中一项一次分类所得中扣除。已经在分类所得中扣除的公益捐赠支出，不再调整到其他所得中扣除。

（6）在经营所得中扣除公益捐赠支出，应按以下规定处理：

1）个体工商户发生的公益捐赠支出，在其经营所得中扣除。

2）个人独资企业、合伙企业发生的公益捐赠支出，其个人投资者应当按照捐赠年度合伙企业的分配比例（个人独资企业分配比例为100%），计算归属于每一个人投资者的公益捐赠支出，个人投资者应将其归属的个人独资企业、合伙企业公益捐赠支出和本人需要在经营所得扣除的其他公益捐赠支出合并，在其经营所得中扣除。

3）在经营所得中扣除公益捐赠支出的，可以选择在预缴税款时扣除，也可以选择在汇算清缴时扣除。

4）经营所得采取核定征收方式的，不扣除公益捐赠支出。

（7）非居民个人发生的公益捐赠支出，未超过其在公益捐赠支出发生的当月应纳税所得额30%的部分，可以从其应纳税所得额中扣除。扣除不完的公益捐赠支出，可以在经营所得中继续扣除。

非居民个人按规定可以在应纳税所得额中扣除公益捐赠支出而未实际扣除的，可按照上述第（5）条规定追补扣除。

（8）国务院规定对公益捐赠全额税前扣除的，按照规定执行。个人同时发生按30%扣除和全额扣除的公益捐赠支出，自行选择扣除次序。

（9）公益性社会组织、国家机关在接受个人捐赠时，应当按照规定开具捐赠票据；个人索取捐赠票据的，应予以开具。

个人发生公益捐赠时不能及时取得捐赠票据的，可以暂时凭公益捐赠银行支付凭证扣除，并向扣缴义务人提供公益捐赠银行支付凭证复印件。个人应在捐赠之日起90日内向扣缴义务人补充提供捐赠票据，如果个人未按规定提供捐赠票据的，扣缴义务人应在30日内向主管税务机关报告。

机关、企事业单位统一组织员工开展公益捐赠的，纳税人可以凭汇总开具的捐赠票据和员工明细单扣除。

（10）个人通过扣缴义务人享受公益捐赠扣除政策，应当告知扣缴义务人符合条件可扣除的公益捐赠支出金额，并提供捐赠票据的复印件，其中捐赠股权、房产的还应出示财产原值证明。扣缴义务人应当按照规定在预扣预缴、代扣代缴税款时予以扣除，并将公益捐赠扣除金额告知纳税人。

个人自行办理或扣缴义务人为个人办理公益捐赠扣除的，应当在申报时一并报送《个人所得税公益慈善事业捐赠扣除明细表》。个人应留存捐赠票据，留存期限为5年。

工作实例 15-9

中国居民李某本年1月取得福利彩票中奖所得100 000元，当场拿出40 000元通过国家机关对贫困地区进行捐赠。

工作要求：计算李某本年1月应缴纳的个人所得税。

工作实施：(1) 计算应纳税所得额：

未扣除捐赠前的应纳税所得额＝100 000（元）。

(2) 计算捐赠税前扣除限额，确定税前扣除额：

捐赠税前扣除限额＝100 000×30%＝30 000（元）。

40 000＞30 000，只能税前扣除30 000元。

(3) 计算应纳税额：

扣除允许税前扣除的捐赠后的应纳税所得额＝100 000－30 000＝70 000（元），适用

20%的税率。

应纳个人所得税＝70 000×20%＝14 000（元）。

（三）个人无偿受赠房屋有关个人所得税的计算

房屋产权所有人将房屋产权无偿赠与他人的，受赠人因无偿受赠房屋取得的受赠收入，按照偶然所得项目计算缴纳个人所得税。但对于以下情形的房屋产权无偿赠与，对当事双方不征收个人所得税：

（1）房屋产权所有人将房屋产权无偿赠与配偶、父母、子女、祖父母、外祖父母、孙子女、外孙子女、兄弟姐妹。

（2）房屋产权所有人将房屋产权无偿赠与对其承担直接抚养或者赡养义务的抚养人或者赡养人。

（3）房屋产权所有人死亡，依法取得房屋产权的法定继承人、遗嘱继承人或者受遗赠人。

对受赠人无偿受赠房屋计征个人所得税时，其应纳税所得额为房地产赠与合同上标明的赠与房屋价值减除赠与过程中受赠人支付的相关税费后的余额。赠与合同标明的房屋价值明显低于市场价格或房地产赠与合同未标明赠与房屋价值的，税务机关可依据受赠房屋的市场评估价格或采取其他合理方式确定受赠人的应纳税所得额。

受赠人转让受赠房屋的，以其转让受赠房屋的收入减除原捐赠人取得该房屋的实际购置成本以及赠与和转让过程中受赠人支付的相关税费后的余额，为受赠人的应纳税所得额，依法计征个人所得税。受赠人转让受赠房屋价格明显偏低且无正当理由的，税务机关可以依据该房屋的市场评估价格或其他合理方式确定的价格核定其转让收入。

工作实例 15-10

2019 年 1 月，王大刚以 60 万元的价格购入一套住房。2021 年 1 月，王大刚将该住房无偿赠送给了自己的亲弟弟王小刚。王小刚取得房屋后，于 2023 年 3 月将该住房转让，取得转让收入 80 万元，在赠与和转让过程中王小刚支付的相关税费共计 2 万元。

工作要求：（1）计算房屋赠与过程中王大刚和王小刚应缴纳的个人所得税。

（2）计算王小刚转让房屋应缴纳的个人所得税。

工作实施：（1）房屋产权所有人将房屋产权无偿赠与配偶、父母、子女、祖父母、外祖父母、孙子女、外孙子女、兄弟姐妹，对当事双方不征收个人所得税。因此王大刚和王小刚均不缴纳个人所得税。

（2）受赠人转让受赠房屋的，以其转让受赠房屋的收入减除原捐赠人取得该房屋的实际购置成本以及赠与和转让过程中受赠人支付的相关税费后的余额，为受赠人的应纳税所得额，依法计征个人所得税。

王小刚转让房屋应缴纳的个人所得税＝（80－60－2）×20%＝3.6（万元）。

（四）境外所得已纳税款抵免的计算

下列所得，为来源于中国境外的所得：

（1）因任职、受雇、履约等在中国境外提供劳务取得的所得。

（2）中国境外企业以及其他组织支付且负担的稿酬所得。

（3）许可各种特许权在中国境外使用而取得的所得。

（4）在中国境外从事生产、经营活动而取得的与生产、经营活动相关的所得。

（5）从中国境外企业、其他组织以及非居民个人取得的利息、股息、红利所得。

（6）将财产出租给承租人在中国境外使用而取得的所得。

（7）转让中国境外的不动产、转让对中国境外企业以及其他组织投资形成的股票、股权以及其他权益性资产（以下称权益性资产）或者在中国境外转让其他财产取得的所得。但转让对中国境外企业以及其他组织投资形成的权益性资产，该权益性资产被转让前3年（连续36个公历月份）内的任一时间，被投资企业或其他组织的资产公允价值50%以上直接或间接来自位于中国境内的不动产的，取得的所得为来源于中国境内的所得。

（8）中国境外企业、其他组织以及非居民个人支付且负担的偶然所得。

（9）财政部、税务总局另有规定的，按照相关规定执行。

居民个人从中国境外取得的所得，可以从其应纳税额中抵免已在境外缴纳的个人所得税税额，但抵免额不得超过该纳税人境外所得依照我国《个人所得税法》规定计算的应纳税额。

点拨指导 已在境外缴纳的个人所得税税额，是指居民个人来源于中国境外的所得，依照该所得来源国家（地区）的法律应当缴纳并且实际已经缴纳的个人所得税税额。

居民个人从中国境内和境外取得的综合所得、经营所得，应当分别合并计算应纳税额；从中国境内和境外取得的其他所得，应当分别单独计算应纳税额。

纳税人境外所得依照《个人所得税法》规定计算的应纳税额，是居民个人抵免已在境外缴纳的综合所得、经营所得以及其他所得的个人所得税税额的限额（以下简称抵免限额）。除国务院财政、税务主管部门另有规定外，来源于中国境外一个国家（地区）的综合所得抵免限额、经营所得抵免限额以及其他所得抵免限额之和，为来源于该国家（地区）所得的抵免限额。

居民个人在中国境外一个国家（地区）实际已经缴纳的个人所得税税额，低于依照以上规定计算出的来源于该国家（地区）所得的抵免限额的，应当在中国缴纳差额部分的税款；超过来源于该国家（地区）所得的抵免限额的，其超过部分不得在本纳税年度的应纳税额中抵免，但是可以在以后纳税年度来源于该国家（地区）所得的抵免限额的余额中补扣。补扣期限最长不得超过5年。

特别提示 居民个人申请抵免已在境外缴纳的个人所得税税额，应当提供境外税务机关出具的税款所属年度的有关纳税凭证。

工作实例 15-11

中国居民个人张某在本年度从A国取得彩票收入20 000元。张某在A国已经缴纳个人所得税2 000元。

工作要求：计算张某在A国取得的彩票收入在我国应当补缴的个人所得税。

工作实施：张某偶然所得个人所得税扣除限额（按照中国税法规定应纳个人所得税税额）$=20\,000\times20\%=4\,000$（元），则张某应补缴个人所得税$=4\,000-2\,000=2\,000$（元）。

九、个人所得税的纳税调整

有下列情形之一的，税务机关有权按照合理方法进行纳税调整：

（1）个人与其关联方之间的业务往来不符合独立交易原则而减少本人或者其关联方应纳税额，且无正当理由。

（2）居民个人控制的，或者居民个人和居民企业共同控制的设立在实际税负明显偏低的国家（地区）的企业，无合理经营需要，对应当归属于居民个人的利润不做分配或者减少分配。

（3）个人实施其他不具有合理商业目的的安排而获取不当税收利益。

税务机关依照前款规定做出纳税调整，需要补征税款的，应当补征税款，并依法加收利息。

点拨指导 上述利息，应当按照税款所属纳税申报期最后一日中国人民银行公布的与补税期间同期的人民币贷款基准利率计算，自税款纳税申报期满次日起至补缴税款期限届满之日止按日加收。纳税人在补缴税款期限届满前补缴税款的，利息加收至补缴税款之日。

项目引例解析 1

第一步：计算孙丽应纳个人所得税［由山东宏远有限责任公司代扣（预扣）个人所得税］。

孙丽 2024 年 1 月工资、薪金所得的应纳税所得额＝75 000－5 000－（6 000＋1 500＋375＋6 000）－（1 000＋3 000）＝75 000－5 000－13 875－4 000＝52 125（元）；

孙丽 2024 年 1 月工资、薪金所得的应纳个人所得税［由山东宏远有限责任公司代扣（预扣）个人所得税］＝52 125×10%－2 520＝2 692.5（元）。

第二步：计算刘玉应纳个人所得税［由山东宏远有限责任公司代扣（预扣）个人所得税］。

刘玉 2024 年 1 月工资、薪金所得的应纳税所得额＝42 000－5 000－（3 360＋840＋210＋3 360）－3 000＝42 000－5 000－7 770－3 000＝26 230（元）；

刘玉 2024 年 1 月工资、薪金所得的应纳个人所得税［由山东宏远有限责任公司代扣（预扣）个人所得税］＝26 230×3%＝786.9（元）。

第三步：计算王强应纳个人所得税［由山东宏远有限责任公司代扣（预扣）个人所得税］。

王强 2024 年 1 月工资、薪金所得的应纳税所得额＝36 000－5 000－（2 880＋720＋180＋2 880）－（1 000＋3 000）＝36 000－5 000－6 660－4 000＝20 340（元）；

王强 2024 年 1 月工资、薪金所得的应纳个人所得税［由山东宏远有限责任公司代扣（预扣）个人所得税］＝20 340×3%＝610.2（元）。

第四步：计算吴波应纳个人所得税［由山东宏远有限责任公司代扣（预扣）个人所得税］。

吴波 2024 年 1 月工资、薪金所得的应纳税所得额＝10 000－5 000－（800＋200＋50＋800）－（2 000＋1 000）＝10 000－5 000－1 850－3 000＝150（元）；

吴波 2024 年 1 月工资、薪金所得的应纳个人所得税［由山东宏远有限责任公司代扣（预扣）个人所得税］＝150×3%＝4.5（元）。

第五步：计算徐升应纳个人所得税［由山东宏远有限责任公司代扣（预扣）个人所得税］。

徐升 2024 年 1 月工资、薪金所得的应纳税所得额＝8 000－5 000－（640＋160＋40＋640）－1 000＝8 000－5 000－1 480－1 000＝520（元）；

徐升 2024 年 1 月工资、薪金所得的应纳个人所得税［由山东宏远有限责任公司代扣（预扣）个人所得税］＝520×3%＝15.6（元）。

第六步：计算赵平应纳个人所得税［由山东宏远有限责任公司代扣（预扣）个人所得税］。

赵平 2024 年 1 月工资、薪金所得的应纳税所得额＝5 600－5 000－（448＋112＋28＋

448）－1 000＝5 600－5 000－1 036－1 000＝－1 436（元）；

因此，赵平不需要缴纳个人所得税［不需要由山东宏远有限责任公司代扣（预扣）个人所得税］。

2024 年 1 月山东宏远有限责任公司代扣（预扣）的个人所得税合计＝2 692.5＋786.9＋610.2＋4.5＋15.6 ＝4 109.7（元）。

2024 年 1 月山东宏远有限责任公司代扣的“三险一金”合计＝13 875＋7 770＋6 660＋1 850＋1 480＋1 036 ＝32 671（元）。

任务七 个人所得税的代扣代缴和自行纳税申报

一、个人所得税的代扣代缴

（一）个人所得税扣缴义务人的相关规定

我国实行个人所得税代扣代缴和个人自行申报纳税相结合的征收管理制度。个人所得税采取代扣代缴办法，有利于控制税源，保证税收收入，简化征纳手续，加强个人所得税管理。税法规定，个人所得税以支付所得的单位或者个人为扣缴义务人。纳税人有中国居民身份证号码的，以中国居民身份证号码为纳税人识别号；纳税人没有中国居民身份证号码的，由税务机关赋予其纳税人识别号。扣缴义务人扣缴税款时，纳税人应当向扣缴义务人提供纳税人识别号；扣缴义务人应当按照国家规定办理全员全额扣缴申报，并向纳税人提供其个人所得和已扣缴税款等信息。扣缴义务人在向纳税人支付各项应纳税所得时，必须履行代扣代缴税款的义务。扣缴义务人向个人支付应税款项时，应当依照《个人所得税法》的规定预扣或者代扣税款，按时缴库，并专项记载备查。支付，包括现金支付、汇拨支付、转账支付和以有价证券、实物以及其他形式的支付。扣缴义务人对纳税人的应扣未扣税款应由纳税人予以补缴。

税务机关对扣缴义务人按照所扣缴的个人所得税税款，付给 2%的手续费。不包括税务机关、司法机关等查补或者责令补扣的税款。

特别提示 根据《个人所得税法》的规定，对扣缴义务人按照所扣缴的税款，付给 2%的手续费。根据《国家税务总局 财政部 中国人民银行关于进一步加强代扣代收代征税款手续费管理的通知》（税总财务发〔2023〕48 号）的规定，自 2023 年 10 月 1 日起，法律、行政法规规定的代扣代缴税款，税务机关按不超过代扣税款的 0.5%支付手续费，且支付给单个扣缴义务人年度最高限额 70 万元，超过限额部分不予支付。对于法律、行政法规明确规定手续费比例的，按规定比例执行。由于税收法律的效力高于税收法规、税务规章、税务规范性文件，因此，就扣缴个人所得税税款的手续费比例而言，应当按照《个人所得税法》执行，即税务机关对扣缴义务人按照所扣缴的个人所得税税款，付给手续费的比例为 2%。

（二）个人所得税代扣代缴的范围

居民个人取得综合所得，按年计算个人所得税；有扣缴义务人的，由扣缴义务人按月或者按次预扣预缴税款；需要办理汇算清缴的，应当在取得所得的次年3月1日至6月30日内办理汇算清缴。预扣预缴办法由国务院税务主管部门制定。

居民个人向扣缴义务人提供专项附加扣除信息的，扣缴义务人按月预扣预缴税款时应当按照规定予以扣除，不得拒绝。

非居民个人取得工资、薪金所得，劳务报酬所得，稿酬所得和特许权使用费所得，有扣缴义务人的，由扣缴义务人按月或者按次代扣代缴税款，不办理汇算清缴。

纳税人取得利息、股息、红利所得，财产租赁所得，财产转让所得和偶然所得，按月或者按次计算个人所得税，有扣缴义务人的，由扣缴义务人按月或者按次代扣代缴税款。

扣缴义务人向个人支付应纳税所得（包括现金、实物和有价证券）时，不论纳税人是否属于本单位人员，均应代扣代缴其应纳的个人所得税税款。

扣缴义务人首次向纳税人支付所得时，应当按照纳税人提供的纳税人识别号等基础信息，填写《个人所得税基础信息表（A表）（适用于扣缴义务人填报）》，并于次月扣缴申报时向税务机关报送。

扣缴义务人对纳税人向其报告的相关基础信息变化情况，应当于次月扣缴申报时向税务机关报送。

点拨指导 全员全额扣缴申报是指扣缴义务人在代扣税款的次月15日内，向主管税务机关报送其支付所得的所有个人的有关信息、支付所得数额、扣除事项和数额、扣缴税款的具体数额和总额以及其他相关涉税信息资料。实行个人所得税全员全额扣缴申报的应税所得包括：（1）工资、薪金所得；（2）劳务报酬所得；（3）稿酬所得；（4）特许权使用费所得；（5）利息、股息、红利所得；（6）财产租赁所得；（7）财产转让所得；（8）偶然所得。

特别提示 纳税人、扣缴义务人应当按照规定保存与专项附加扣除相关的资料。税务机关可以对纳税人提供的专项附加扣除信息进行抽查，具体办法由国务院税务主管部门另行规定。税务机关发现纳税人提供虚假信息的，应当责令改正并通知扣缴义务人；情节严重的，有关部门应当依法予以处理，纳入信用信息系统并实施联合惩戒。

（三）个人所得税的代扣代缴期限

扣缴义务人每月或者每次预扣、代扣的税款，应当在次月15日内缴入国库，并向税务机关报送扣缴个人所得税申报表。

特别提示 支付工资、薪金所得的扣缴义务人应当于年度终了后两个月内，向纳税人提供其个人所得和已扣缴税款等信息。纳税人年度中间需要提供上述信息的，扣缴义务人应当提供。

点拨指导 纳税人取得除工资、薪金所得以外的其他所得，扣缴义务人应当在扣缴税款后，及时向纳税人提供其个人所得和已扣缴税款等信息。

（四）个人所得税的代扣代缴实务

扣缴义务人代扣代缴个人所得税时，应当填报《个人所得税基础信息表（A表）（适用于扣缴义务人填报）》（见表15-7）或《个人所得税基础信息表B表》（略）、《个人所得税扣缴申报表》（见表15-8）。

表 15-7　个人所得税基础信息表（A 表）

（适用扣缴义务人填报）

扣缴义务人名称：山东宏远有限责任公司

扣缴义务人纳税人识别号（统一社会信用代码）：91370722900987654M

序号	纳税人基本信息（带＊必填）						任职受雇从业信息					联系方式					银行账户		投资信息		其他信息		华侨、港澳台、外籍个人信息（带＊必填）					备注
	纳税人识别号	＊纳税人姓名	＊身份证件类型	＊身份证件号码	＊出生日期	＊国籍/地区	类型	职务	学历	任职受雇从业日期	离职日期	手机号码	户籍所在地	经常居住地	联系地址	电子邮箱	开户银行	银行账号	投资额（元）	投资比例	是否残疾/孤老/烈属	残疾/烈属证号	＊出生地	＊性别	＊首次入境时间	＊预计离境时间	＊涉税事由	
1	2	3	4	5	6	7	8	9	10	11	12	13	14	15	16	17	18	19	20	21	22	23	24	25	26	27	28	29
1	370702197802280000	孙丽	居民身份证	370702197802280000	19780228	中华人民共和国	雇员	略	略	略	略	略	略	略	略	略	略	略	略	略	略	略						
2	370702197902130141	刘玉	居民身份证	370702197902130141	19790213	中华人民共和国	雇员	略	略	略	略	略	略	略	略	略	略	略	略	略	略	略						
3	370702198002150325	王强	居民身份证	370702198002150325	19800215	中华人民共和国	雇员	略	略	略	略	略	略	略	略	略	略	略	略	略	略	略						
4	370702198202190045	吴波	居民身份证	370702198202190045	19820219	中华人民共和国	雇员	略	略	略	略	略	略	略	略	略	略	略	略	略	略	略						
5	370702198502130458	徐升	居民身份证	370702198502130458	19850213	中华人民共和国	雇员	略	略	略	略	略	略	略	略	略	略	略	略	略	略	略						
6	370702198602130123	赵平	居民身份证	370702198602130123	19860213	中华人民共和国	雇员	略	略	略	略	略	略	略	略	略	略	略	略	略	略	略						

谨声明：本表是根据国家税收法律法规及相关规定填报的，是真实的、可靠的、完整的。

扣缴义务人（签章）：山东宏远有限责任公司　　2024 年 02 月 15 日

经办人签字：略 经办人身份证件号码：略 代理机构签章： 代理机构统一社会信用代码：	受理人： 受理税务机关（章）： 受理日期：　年　月　日

表 15-8　个人所得税扣缴申报表

税款所属期：2024 年 01 月 01 日至 2024 年 01 月 31 日

扣缴义务人名称：山东宏远有限责任公司

扣缴义务人纳税人识别号（统一社会信用代码）：91370722900987654M

金额单位：人民币元（列至角分）

序号	姓名	身份证件类型	身份证件号码	纳税人识别号	是否为非居民个人	所得项目	本月（次）情况														累计情况（工资、薪金）										减按计税比例	准予扣除的捐赠额	税款计算							备注
							收入额计算			减除费用	专项扣除				其他扣除						累计收入额	累计减除费用	累计专项扣除	累计专项附加扣除						累计其他扣除			应纳税所得额	税率/预扣率	速算扣除数	应纳税额	减免税额	已扣缴税额	应补（退）税额	
							收入	费用	免税收入		基本养老保险费	基本医疗保险费	失业保险费	住房公积金	年金	商业健康保险	税延养老保险	财产原值	允许扣除的税费	其他				子女教育	赡养老人	住房贷款利息	住房租金	继续教育	3 岁以下婴幼儿照护											
1	2	3	4	5	6	7	8	9	10	11	12	13	14	15	16	17	18	19	20	21	22	23	24	25	26	27	28	29	30	31	32	33	34	35	36	37	38	39	40	41
1	孙丽	居民身份证	370702197802280000	370702197802280000	否	工资、薪金所得	75 000			5 000	6 000	1 500	375	6 000							75 000	5 000	13 875	1 000	3 000								52 125	10%	2 520	2 692.5			2 692.5	
2	刘玉	居民身份证	370702197902130141	370702197902130141	否	工资、薪金所得	42 000			5 000	3 360	840	210	3 360							42 000	5 000	7 770		3 000								26 230	3%		786.9			786.9	
3	王强	居民身份证	370702198002150325	370702198002150325	否	工资、薪金所得	36 000			5 000	2 880	720	180	2 880							36 000	5 000	6 660		3 000	1 000							20 340	3%		610.2			610.2	
4	吴波	居民身份证	370702198202190045	370702198202190045	否	工资、薪金所得	10 000			5 000	800	200	50	800							10 000	5 000	1 850	2 000	1 000								150	3%		4.5			4.5	

续表

							本月（次）情况														累计情况（工资、薪金）												税款计算							
							收入额计算				专项扣除				其他扣除									累计专项附加扣除																
序号	姓名	身份证件类型	身份证件号码	纳税人识别号	是否为非居民个人	所得项目	收入	费用	免税收入	减除费用	基本养老保险费	基本医疗保险费	失业保险费	住房公积金	年金	商业健康保险	税延养老保险	财产原值	允许扣除的税费	其他	累计收入额	累计减除费用	累计专项扣除	子女教育	赡养老人	住房贷款利息	住房租金	继续教育	3岁以下婴幼儿照护	累计其他扣除	减按计税比例	准予扣除的捐赠额	应纳税所得额	税率/预扣率	速算扣除数	应纳税额	减免税额	已扣缴税额	应补（退）税额	备注
1	2	3	4	5	6	7	8	9	10	11	12	13	14	15	16	17	18	19	20	21	22	23	24	25	26	27	28	29	30	31	32	33	34	35	36	37	38	39	40	41
5	徐升	居民身份证	370702198502130458	370702198502130458	否	工资、薪金所得	8 000			5 000	640	160	40	640							8 000	5 000	1 480			1 000							520	3%		15.6			15.6	
6	赵平	居民身份证	370702198602130123	370702198602130123	否	工资、薪金所得	5 600			5 000	448	112	28	448							5 600	5 000	1 036			1 000							0	3%		0			0	
合计							176 600			30 000	14 128	3 532	883	14 128							176 600	30 000	32 671	5 000	7 000	4 000							99 365			4 109.7			4 109.7	

谨声明：本扣缴申报表是根据国家税收法律法规及相关规定填报的，是真实的、可靠的、完整的。

扣缴义务人（签章）：山东宏远有限责任公司　2024 年 02 月 15 日

经办人签字：吴波 经办人身份证件号码：370702198202190045 代理机构签章： 代理机构统一社会信用代码：	受理人： 受理税务机关（章）： 受理日期：　　年　　月　　日

项目引例解析 2

第一步：填写《个人所得税基础信息表（A表）（适用于扣缴义务人填报）》（见表15-7）。
第二步：填写《个人所得税扣缴申报表》（见表15-8）。

二、个人所得税的自行申报

（一）个人所得税自行申报的范围

有下列情形之一的，纳税人应当依法办理纳税申报：
（1）取得综合所得需要办理汇算清缴。
（2）取得应税所得没有扣缴义务人。
（3）取得应税所得，扣缴义务人未扣缴税款。
（4）取得境外所得。
（5）因移居境外注销中国户籍。
（6）非居民个人在中国境内从两处以上取得工资、薪金所得。
（7）国务院规定的其他情形。

点拨指导 2019年1月1日至2023年12月31日居民个人取得的综合所得，年度综合所得收入不超过12万元且需要汇算清缴补税的，或者年度汇算清缴补税金额不超过400元的，居民个人可免于办理个人所得税综合所得汇算清缴。居民个人取得综合所得时存在扣缴义务人未依法预扣预缴税款的情形除外。自2024年12月31日至2027年12月31日，上述政策继续执行。

残疾、孤老人员和烈属取得综合所得办理汇算清缴时，汇算清缴地与预扣预缴地规定不一致的，用预扣预缴地规定计算的减免税额与用汇算清缴地规定计算的减免税额相比较，按照孰高值确定减免税额。

（二）个人所得税自行申报的期限

居民个人取得综合所得，按年计算个人所得税；有扣缴义务人的，由扣缴义务人按月或者按次预扣预缴税款；需要办理汇算清缴的，应当在取得所得的次年3月1日至6月30日内办理汇算清缴。预扣预缴办法由国务院税务主管部门制定。

纳税人取得经营所得，按年计算个人所得税，由纳税人在月度或者季度终了后15日内向税务机关报送纳税申报表，并预缴税款；在取得所得的次年3月31日前办理汇算清缴。

特别提示 自2022年7月14日起，按月申报预缴经营所得个人所得税的市场主体办理歇业后，可自下一季度起调整为按季预缴申报。被税务机关认定为非正常户的市场主体，在解除非正常状态之前，歇业期间不适用上述简化纳税申报方式。

纳税人取得应税所得没有扣缴义务人的，应当在取得所得的次月15日内向税务机关报送纳税申报表，并缴纳税款。

纳税人取得应税所得，扣缴义务人未扣缴税款的，纳税人应当在取得所得的次年6月30日前，缴纳税款；税务机关通知限期缴纳的，纳税人应当按照期限缴纳税款。

居民个人从中国境外取得所得的，应当在取得所得的次年 3 月 1 日至 6 月 30 日内申报纳税。

非居民个人在中国境内从两处以上取得工资、薪金所得的，应当在取得所得的次月 15 日内申报纳税。

纳税人因移居境外注销中国户籍的，应当在注销中国户籍前办理税款清算。

纳税人办理汇算清缴退税或者扣缴义务人为纳税人办理汇算清缴退税的，税务机关审核后，按照国库管理的有关规定办理退税。

特别提示 纳税人可以采用远程办税端、邮寄等方式申报，也可以直接到主管税务机关申报。

（三）个人所得税自行申报的地点及其他要求

（1）需要办理汇算清缴的纳税人，应当在取得所得的次年 3 月 1 日至 6 月 30 日内，向任职、受雇单位所在地主管税务机关办理纳税申报，并报送《个人所得税年度自行纳税申报表》。

（2）纳税人有两处以上任职、受雇单位的，选择向其中一处任职、受雇单位所在地主管税务机关办理纳税申报。

（3）纳税人没有任职、受雇单位的，向户籍所在地或经常居住地主管税务机关办理纳税申报。

（4）纳税人取得经营所得，按年计算个人所得税，由纳税人在月度或季度终了后 15 日内，向经营管理所在地主管税务机关办理预缴纳税申报，并报送《个人所得税经营所得纳税申报表（A 表）》。在取得所得的次年 3 月 31 日前，向经营管理所在地主管税务机关办理汇算清缴，并报送《个人所得税经营所得纳税申报表（B 表）》；从两处以上取得经营所得的，选择向其中一处经营管理所在地主管税务机关办理年度汇总申报，并报送《个人所得税经营所得纳税申报表（C 表）》。

（5）纳税人取得应税所得，扣缴义务人未扣缴税款的，应当区别以下情形办理纳税申报：

1）居民个人取得综合所得的，按照上述（1）、（2）、（3）项办理。

2）非居民个人取得工资、薪金所得，劳务报酬所得，稿酬所得，特许权使用费所得的，应当在取得所得的次年 6 月 30 日前，向扣缴义务人所在地主管税务机关办理纳税申报，并报送《个人所得税自行纳税申报表（A 表）》。有两个以上扣缴义务人均未扣缴税款的，选择向其中一处扣缴义务人所在地主管税务机关办理纳税申报。

非居民个人在次年 6 月 30 日前离境（临时离境除外）的，应当在离境前办理纳税申报。

3）纳税人取得利息、股息、红利所得，财产租赁所得，财产转让所得和偶然所得的，应当在取得所得的次年 6 月 30 日前，按相关规定向主管税务机关办理纳税申报，并报送《个人所得税自行纳税申报表（A 表）》。

税务机关通知限期缴纳的，纳税人应当按照期限缴纳税款。

（6）居民个人从中国境外取得所得的，应当在取得所得的次年 3 月 1 日至 6 月 30 日内，向中国境内任职、受雇单位所在地主管税务机关办理纳税申报；在中国境内没有任职、受雇单位的，向户籍所在地或中国境内经常居住地主管税务机关办理纳税申报；户籍所在地与中国境内经常居住地不一致的，选择其中一地主管税务机关办理纳税申报；在中国境内没有户籍的，向中国境内经常居住地主管税务机关办理纳税申报。

（7）纳税人因移居境外注销中国户籍的，应当在申请注销中国户籍前，向户籍所在地主管税务机关办理纳税申报，进行税款清算。

1）纳税人在注销户籍年度取得综合所得的，应当在注销户籍前，办理当年综合所得的汇算清缴，并报送《个人所得税年度自行纳税申报表》。尚未办理上一年度综合所得汇算清缴的，应当在办理注销户籍纳税申报时一并办理。

2）纳税人在注销户籍年度取得经营所得的，应当在注销户籍前，办理当年经营所得的汇算清缴，并报送《个人所得税经营所得纳税申报表（B表）》。从两处以上取得经营所得的，还应当一并报送《个人所得税经营所得纳税申报表（C表）》。尚未办理上一年度经营所得汇算清缴的，应当在办理注销户籍纳税申报时一并办理。

3）纳税人在注销户籍当年取得利息、股息、红利所得，财产租赁所得，财产转让所得和偶然所得的，应当在注销户籍前，申报当年上述所得的完税情况，并报送《个人所得税自行纳税申报表（A表）》。

4）纳税人有未缴或者少缴税款的，应当在注销户籍前，结清欠缴或未缴的税款。纳税人存在分期缴税且未缴纳完毕的，应当在注销户籍前，结清尚未缴纳的税款。

5）纳税人办理注销户籍纳税申报时，需要办理专项附加扣除、依法确定的其他扣除的，应当向税务机关报送《个人所得税专项附加扣除信息表》《商业健康保险税前扣除情况明细表》《个人税收递延型商业养老保险税前扣除情况明细表》等。

（8）非居民个人在中国境内从两处以上取得工资、薪金所得的，应当在取得所得的次月15日内，向其中一处任职、受雇单位所在地主管税务机关办理纳税申报，并报送《个人所得税自行纳税申报表（A表）》。

（四）个人所得税的自行纳税申报实务

纳税人自行申报个人所得税时，根据不同情况应当分别填报《个人所得税年度自行纳税申报表（A表）》（见表15-9）、《个人所得税经营所得纳税申报表》（略）等。

表15-9　个人所得税年度自行纳税申报表（A表）

（仅取得境内综合所得年度汇算适用）

税款所属期：2022年01月01日至2022年12月31日

纳税人姓名：李明

纳税人识别号：28069119780515××××　　金额单位：人民币元（列至角分）

基本情况					
手机号码	1315555××××	电子邮箱	123×××@163.com	邮政编码	210000
联系地址	江苏　省（区、市）南京 市　×× 区（县）××　街道（乡、镇）				
纳税地点（单选）					
1. 有任职受雇单位的，需选本项并填写“任职受雇单位信息”：			☑ 任职受雇单位所在地		
任职受雇单位信息	名称	江苏兴扬运咨询有限公司			
	纳税人识别号	91370722004021309P			

续表

2. 没有任职受雇单位的，可以从本栏次选择一地：	□户籍所在地　□经常居住地　□主要收入来源地	
户籍所在地/经常居住地/主要收入来源地	____省（区、市）____市____区（县）____街道（乡、镇）____	
申报类型（单选）		
☑首次申报　　□更正申报		
综合所得个人所得税计算		
项目	行次	金额
一、收入合计（第1行＝第2行＋第3行＋第4行＋第5行）	1	210 000.00
（一）工资、薪金	2	120 000.00
（二）劳务报酬	3	40 000.00
（三）稿酬	4	30 000.00
（四）特许权使用费	5	20 000.00
二、费用合计［第6行＝（第3行＋第4行＋第5行）×20%］	6	18 000.00
三、免税收入合计（第7行＝第8行＋第9行）	7	7 200.00
（一）稿酬所得免税部分［第8行＝第4行×（1－20%）×30%］	8	7 200.00
（二）其他免税收入（附报《个人所得税减免税事项报告表》）	9	
四、减除费用	10	60 000.00
五、专项扣除合计（第11行＝第12行＋第13行＋第14行＋第15行）	11	22 200.00
（一）基本养老保险费	12	9 600.00
（二）基本医疗保险费	13	2 400.00
（三）失业保险费	14	600.00
（四）住房公积金	15	9 600.00
六、专项附加扣除合计（附报《个人所得税专项附加扣除信息表》）（第16行＝第17行＋第18行＋第19行＋第20行＋第21行＋第22行＋第23行）	16	48 000.00
（一）子女教育	17	24 000.00
（二）继续教育	18	
（三）大病医疗	19	
（四）住房贷款利息	20	
（五）住房租金	21	
（六）赡养老人	22	24 000.00
（七）3岁以下婴幼儿照护	23	
七、其他扣除合计（第24行＝第25行＋第26行＋第27行＋第28行＋第29行＋第30行）	24	
（一）年金	25	

续表

项目			行次	金额
（二）商业健康保险（附报《商业健康保险税前扣除情况明细表》）			26	
（三）税延养老保险（附报《个人税收递延型商业养老保险税前扣除情况明细表》）			27	
（四）允许扣除的税费			28	
（五）个人养老金			29	
（六）其他			30	
八、准予扣除的捐赠额（附报《个人所得税公益慈善事业捐赠扣除明细表》）			31	
九、应纳税所得额 （第 32 行＝第 1 行－第 6 行－第 7 行－第 10 行－第 11 行－第 16 行－第 24 行－第 31 行）			32	54 600.00
十、税率（%）			33	10%
十一、速算扣除数			34	2 520.00
十二、应纳税额（第 35 行＝第 32 行×第 33 行－第 34 行）			35	2 940.00
全年一次性奖金个人所得税计算 （无住所居民个人预判为非居民个人取得的数月奖金，选择按全年一次性奖金计税的填写本部分）				
一、全年一次性奖金收入			36	
二、准予扣除的捐赠额（附报《个人所得税公益慈善事业捐赠扣除明细表》）			37	
三、税率（%）			38	
四、速算扣除数			39	
五、应纳税额［第 40 行＝（第 36 行－第 37 行）×第 38 行－第 39 行］			40	
税额调整				
一、综合所得收入调整额（需在“备注”栏说明调整具体原因、计算方式等）			41	
二、应纳税额调整额			42	
应补/退个人所得税计算				
一、应纳税额合计（第 43 行＝第 35 行＋第 40 行＋第 42 行）			43	2 940.00
二、减免税额（附报《个人所得税减免税事项报告表》）			44	
三、已缴税额			45	6 000.00
四、应补/退税额（第 46 行＝第 43 行－第 44 行－第 45 行）			46	－3 060.00
无住所个人附报信息				
纳税年度内在中国境内居住天数		已在中国境内居住年数		
退税申请 （应补/退税额小于 0 的填写本部分）				

续表

<table>
<tr><td colspan="4">☑申请退税（需填写“开户银行名称”“开户银行省份”“银行账号”）　□ 放弃退税</td></tr>
<tr><td>开户银行名称</td><td>中国工商银行</td><td>开户银行省份</td><td>江苏</td></tr>
<tr><td>银行账号</td><td colspan="3">6222023803013297×××</td></tr>
<tr><td colspan="4">备注</td></tr>
<tr><td colspan="4"></td></tr>
<tr><td colspan="4">谨声明：本表是根据国家税收法律法规及相关规定填报的，本人对填报内容（附带资料）的真实性、可靠性、完整性负责。
纳税人签字：李明　2023 年 06 月 10 日</td></tr>
<tr><td colspan="2">经办人签字：李明
经办人身份证件类型：身份证
经办人身份证件号码：28069119780515××××
代理机构签章：
代理机构统一社会信用代码：</td><td colspan="2">受理人：
受理税务机关（章）：

受理日期：　　年　　月　　日</td></tr>
</table>

工作实例 15－12

居民个人李明为中国境内甲公司员工，其身份证上载明的“公民身份号码”为：28069119780515××××，手机号码为 1315555××××，电子邮箱为 123×××@163.com，邮政编码为 210 000，联系地址为江苏省南京市××区××街道，任职受雇单位名称为江苏兴扬运咨询有限公司（纳税人识别号为 91370722004021309P），李明银行账号为 6222023803013297×××，开户银行名称为中国工商银行，开户银行省份为江苏。2022 年取得的收入情况如下：

（1）每月取得中国境内甲公司支付的税前工资、薪金收入 10 000 元。“三险一金”的计提基数为 10 000 元，每月个人负担的养老保险、医疗保险、失业保险、住房公积金分别为 800 元、200 元、50 元、800 元，每月子女教育专项附加扣除额为 2 000 元，每月赡养老人专项附加扣除额为 2 000 元。

（2）为中国境内乙公司提供咨询全年取得税前劳务报酬收入共计 40 000 元。

（3）出版小说一部，全年取得中国境内丙出版社支付的税前稿酬收入共计 30 000 元。

（4）全年取得中国境内丁公司支付的税前特许权使用费收入共计 20 000 元。

甲公司、乙公司、丙出版社、丁公司已经为李明预缴（代扣代缴）了个人所得税共计 6 000 元。

工作要求：（1）计算李明 2022 年综合所得的应纳税所得额。

（2）计算李明 2022 年综合所得的应纳个人所得税。

（3）计算李明 2022 年综合所得汇算清缴时应补缴的个人所得税。

（4）李明 2023 年 6 月 10 日对 2022 年度的综合所得的个人所得税进行汇算清缴，填写《个人所得税年度自行纳税申报表（A 表）（仅取得境内综合所得年度汇算适用）》。

工作实施：

(1) 李明2022年综合所得的应纳税所得额＝10 000×12＋40 000×（1－20%）＋30 000×（1－20%）×70%＋20 000×（1－20%）－60 000－800×12－200×12－50×12－800×12－2 000×12－2 000×12＝54 600（元）。

(2) 李明2022年综合所得的应纳个人所得税＝54 600×10%－2 520＝2 940（元）。

(3) 李明2022年综合所得的应退个人所得税＝6 000－2 940＝3 060（元）。

(4) 填写《个人所得税年度自行纳税申报表（A表）（仅取得境内综合所得年度汇算适用）》，见表15－9。

项目技能训练

一、单项选择题

1. 在中国境内有住所，或者无住所而一个纳税年度内在中国境内居住累计满（　　）天的个人，为居民个人。

A. 30　　B. 90　　C. 183　　D. 365

2. 居民个人的综合所得，以每一纳税年度的收入额减除费用（　　）以及专项扣除、专项附加扣除和依法确定的其他扣除后的余额，为应纳税所得额。

A. 60 000　　B. 72 000　　C. 84 000　　D. 96 000

3. 下列各项中，属于劳务报酬所得的是（　　）。

A. 个人仅担任董事职务取得的董事费收入

B. 个人提供非专利技术使用权获得的收入

C. 个人发表书画作品取得的收入

D. 个人出租财产取得的收入

4. 下列各项中，不属于稿酬所得征税范围的是（　　）。

A. 发表文学作品的所得

B. 公开拍卖文学作品手稿原件的所得

C. 发表摄影作品的所得

D. 发表书画作品的所得

5. 下列所得中，免征个人所得税的是（　　）。

A. 年终加薪

B. 拍卖本人文字作品手稿原件的收入

C. 个人保险所获赔偿

D. 从投资管理公司取得的派息分红

6. 我国居民个人李某本年1月中奖所得50 000元，则李某当月应缴纳的个人所得税为（　　）元。

A. 5 000　　B. 10 000　　C. 15 000　　D. 0

7. 对扣缴义务人按照所扣缴的税款，税务机关应付给（　　）的手续费。

A. 2%　　B. 3%　　C. 4%　　D. 6%

二、多项选择题

1. 下列各项中，属于个人所得税的居民个人的有（　　）。
A. 在中国境内无住所，但一个纳税年度中在中国境内居住满 183 天的个人
B. 在中国境内无住所且不居住的个人
C. 在中国境内无住所，而在中国境内居住超过 6 个月不满 1 年的个人
D. 在中国境内有住所的个人

2. 下列各项中，属于财产转让所得项目的有（　　）。
A. 转让股权取得的所得
B. 转让土地使用权取得的所得
C. 转让专利权使用权取得的所得
D. 转让有价证券取得的所得

3. 下列各项中，应当按特许权使用费所得缴纳个人所得税的有（　　）。
A. 编剧从电视剧制作单位取得的剧本使用费
B. 作者将自己收藏的古董拍卖取得的所得
C. 作者将自己的文学作品手稿原件拍卖取得的所得
D. 作者去世后，财产继承人取得的遗作稿酬

4. 居民个人的综合所得，以每一纳税年度的收入额减除费用 6 万元以及专项扣除、专项附加扣除和依法确定的其他扣除后的余额，为应纳税所得额。下列各项中，属于专项附加扣除的有（　　）。
A. 3 岁以下婴幼儿照护
B. 继续教育支出
C. 住房贷款利息或者住房租金支出
D. 赡养老人支出

5. 根据个人所得税法律制度的规定，有下列（　　）之一的，纳税人应当依法办理纳税申报。
A. 取得综合所得需要办理汇算清缴
B. 取得应税所得没有扣缴义务人
C. 取得应税所得，扣缴义务人未扣缴税款
D. 取得境外所得

三、判断题

1. 居民个人领取的原提存的住房公积金、医疗保险金、基本养老保险金免征个人所得税。（　　）

2. 利息、股息、红利所得和偶然所得个人所得税按次征收，以每次取得的收入为一次，不扣除任何费用。（　　）

3. 个人将其所得通过中国境内的社会团体、国家机关向教育和其他社会公益事业以及遭受严重自然灾害地区、贫困地区捐赠，捐赠额未超过纳税人申报的应纳税所得额 12% 的部分，可以从其应纳税所得额中扣除。（　　）

4. 非居民个人取得工资、薪金所得，劳务报酬所得，稿酬所得和特许权使用费所得，有扣缴义务人的，由扣缴义务人按月或者按次代扣代缴税款，不办理汇算清缴。（ ）

5. 个人所得税扣缴义务人每月所扣的税款应当在次月 15 日内缴入国库。（ ）

6. 纳税人有两处以上任职、受雇单位的，选择向其中一处任职、受雇单位所在地主管税务机关办理纳税申报。（ ）

四、业务题

1. 中国居民个人李某为一家外商投资企业 A 公司的高级管理人员，本年度其收入情况如下：

（1）每月获得工资、薪金 18 000 元，专项扣除、专项附加扣除和依法确定的其他扣除共计 15 000 元。A 公司全年共为李某代扣代缴个人所得税 11 580 元。

（2）在深圳证券交易所转让从上市公司公开发行和转让市场取得的股票，取得股票转让收益 100 200 元。

（3）购买福利彩票中奖获得奖金 25 000 元。

（4）受托为 B 公司做工程设计，历时 3 个月，一次性获得工程设计费 48 000 元。B 公司没有为李某代扣代缴个人所得税。

要求：计算李某本年个人所得税税负的合计数。

2. 本年 1 月 1 日，非居民个人彼得与我国甲商场签订劳务合同，为甲商场进行室外广告设计，取得劳务报酬共计 60 000 元。本年 1 月 28 日，甲商场代扣彼得个人所得税后，以银行存款一次性付清了其劳务报酬。

要求：计算彼得本年 1 月劳务报酬所得的应纳税所得额和甲商场应当代扣代缴的个人所得税。

五、实务咨询题

1. 张某通过淘宝网“秒杀”活动购买商品，如果以 9.9 元购买市场价格为 50 元的商品，是否需要缴纳个人所得税？

2. 甲医院本年 3 月聘请外地专家李某来坐诊 1 天，甲医院支付给专家李某所得时应如何扣缴个人所得税？

参考文献

［1］中国注册会计师协会．税法．北京：中国财政经济出版社，2024.

［2］全国税务师职业资格考试教材编写组．税法（Ⅰ）．北京：中国税务出版社，2024.

［3］全国税务师职业资格考试教材编写组．税法（Ⅱ）．北京：中国税务出版社，2024.

［4］东奥会计在线．2024年注册会计师考试应试指导及全真模拟测试：税法．北京：北京科学技术出版社，2024.

［5］财政部会计资格评价中心．经济法基础．北京：经济科学出版社，2023.

［6］梁文涛．中国税收：税费计算与申报（第五版）习题集．北京：中国人民大学出版社，2021.

［7］梁文涛．税务会计．5版．北京：中国人民大学出版社，2023.

［8］梁文涛．税务会计（第5版）习题集．北京：中国人民大学出版社，2023.

［9］梁文涛．税法．7版．北京：中国人民大学出版社，2023.

［10］梁文涛．税法（第7版）习题集．北京：中国人民大学出版社，2023.

［11］梁文涛．纳税筹划．7版．北京：中国人民大学出版社，2023.

［12］梁文涛．纳税筹划（第7版）习题集．北京：中国人民大学出版社，2023.